玉门·玉门关历史文化研究文集

中国秦汉史研究会
玉门市博物馆 编

文物出版社

图书在版编目（CIP）数据

玉门·玉门关历史文化研究文集／中国秦汉史研究会，玉门市博物馆编
. -北京：文物出版社，2023.12
　　ISBN 978-7-5010-7886-8

　　Ⅰ.①玉…　　Ⅱ.①玉…　　Ⅲ.①文化史-玉门-文集
Ⅳ.①K294.24-53

　　中国版本图书馆 CIP 数据核字（2022）第 224125 号

玉门·玉门关历史文化研究文集

编　　　者：中国秦汉史研究会　玉门市博物馆

责任编辑：刘良函　崔　华
封面设计：王文娴
责任印制：张道奇

出版发行：文物出版社
社　　址：北京市东城区东直门内北小街 2 号楼
邮　　编：100007
网　　址：http://www.wenwu.com
经　　销：新华书店
印　　刷：宝蕾元仁浩（天津）印刷有限公司
开　　本：787mm×1092mm　1/16
印　　张：21.5
版　　次：2023 年 12 月第 1 版
印　　次：2023 年 12 月第 1 次印刷
书　　号：ISBN 978-7-5010-7886-8
定　　价：108.00 元

序　言

　　玉门关是世界文化遗产，是中国古代最著名、文化意蕴最为深长的关塞之一。早在二千年前，西汉王朝因玉门关而设玉门县，故玉门与玉门关有着千丝万缕的联系，相伴而生，相伴而盛，共同经历、见证、演绎了丝绸之路上的大事要事，共同积淀为独具特色的历史文化遗产。

　　玉门是中国久负盛名的历史文化符号之一。为了挖掘"玉门"深厚的文化遗产，打好"玉门"文化品牌。玉门市 2017 年召开了"第一届玉门·玉门关历史文化与丝绸之路历史文化学术研讨会"，2018 年启动了"玉门境内玉门关遗址"考古研究项目。运用了遥感、物探等一些考古新技术，汇聚了国内外多方专家进行了研究，在北京、玉门、济南等地相继举办了多场次学术讲座，在玉门发现了许多新的遗迹，研究上出现了一些新的观点，国内核心期刊发表了许多成果，出版了许多著作。几年来使"玉门·玉门关"专题的历史文化研究走实走深。

　　汉代最早玉门关置于何处，关址曾否有过迁徙？这些问题曾在学术界已经是百年争论，沸沸扬扬，莫衷一是，直到今天仍然各执一词。其中有一种观点是最早的西汉玉门关设立在玉门市。为了对这一观点寻找更有说服力的论据，对汉代最早玉门关做进一步考证，深入贯彻落实好习近平总书记在甘肃考察调研时的重要讲话和指示精神，传承和弘扬玉门文化，将玉门的建设融合到一带一路建设当中，2020 年 9 月 12—14 日，第二届玉门·玉门关历史文化学术研讨会在甘肃玉门举办。会议由中国秦汉史研究会、中国科学院空天信息创新研究院主办，中共玉门市委、市政府承办。国内外相关研究领域的专家学者与会，共同研讨交流。大家围绕最早玉门关位置、玉门与玉门关关系等议题展开了深入地探讨和分析。

　　一、最早玉门关位置考证。谭世宝追源溯流，认为王国维、斯坦因之说正确，对"玉门关在燉（敦）煌以东说"作了继承与创新发展。从"玉门"的本意与来源、玉门设关与设县时间、《史记》《汉书》《后汉书》载玉门关口位置、《十三州志》的残存记载等四个角度进行分析，断定玉门关口只能位于玉门县城西北，不可能在于其东南 120 多里的石关峡。并进一步认为，汉武帝初设玉门关屯与玉门县，是从酒泉往西北扩张设立一系列军事亭障关塞，推进至较大的玉门绿洲。故先有玉门关屯与玉门县之设。

其后再向西北跨越千余里的戈壁沙漠，到达较小的燉（敦）煌绿洲，先建立燉（敦）煌军镇，再建为燉（敦）煌县、郡。作为通往西域最重要门户关口的原玉门县玉门关与是否实际成功设立存疑的龙勒县阳关、玉门关，不可同日而语，应须严格区分。他认为西汉最早的玉门关就设在西汉及清代的玉门县内，也就是在今玉门市的范围内。

王心源认为今玉门市黄花营段长城的十一墩遗址所在区域符合关城的设置条件。推测此关城或为汉武帝时期公元前101年前的玉门关，而敦煌西北小方盘处的玉门关是从十一墩在公元前101年之后西迁去的。作为国门的玉门关规划设置与开关的时间可能在汉武帝元鼎年间早、中期（公元前116—前113年）。在公元前109—前108年时，酒泉列亭鄣至黄花营的玉门，玉门关真正与长城联系了起来。而"金关"遗址，在张掖北、居延海南，控扼黑河的羌胡要路。十一墩，即是控疏勒河的羌-胡道。金、玉两关，在武帝早中期，共同护卫酒泉郡。

张俊民以小方盘遗址1944年出土简T14N3释文的再认定为出发点，探讨了玉门都尉的归属及其带来的玉门关迁移之说。他认为玉门都尉府初隶酒泉郡，敦煌设郡后西移，玉门关随之西迁是成立的。他认为敦煌郡设立之前的玉门都尉在今天玉门附近，当然玉门关也应该在今天的玉门附近。谭世宝、马晓菲提出以下观点：（1）西汉最早玉门关在玉门县，亦即在今玉门市境内；（2）《汉书》中的"玉门阳关""玉门关"与"阳关"，实为同一关口。

二、玉门历史文化探讨。贾小军提出，在西汉时期，玉门还存在一个玉门置的邮驿机构。王子今认为，有关"玉门枣"的相关信息具有神秘色彩，在一定程度上反映了中原人对于"玉门"的认识。"玉门枣"传说可以看作西汉张骞"凿空"事业的历史记忆的片段遗存。"玉门枣"故事从一个特殊侧面反映了丝路交通条件对于中外文化交流的重要意义，值得交通史和中外文化交流史研究者予以关注。晋文认为，玉门花海汉简中的买卖契约具有很高的史料价值。其中完整记录了买方、卖方和中间人，以及实物交换的内容、时间、违约规定等，对全面认识昭宣之际的货币流通和商品经济多有启迪。特别是实物交换的贳卖方式，更充分证明：在金属货币被越来越多使用的同时，实际也还存在"以物易物或实物货币"的买卖方式。而讨价还价和小规模酿酒的问题，则展现了汉代西北边疆的一些生活场景。

袁延胜认为，从汉简来看，汉代的玉门有玉门县、玉门关、玉门置等不同的指称。从肩水金关汉简来看敦煌郡曾辖玉门县。玉门县很可能是在酒泉郡分置敦煌郡时改属敦煌郡。到了汉宣帝时期，酒泉郡东部数县划归张掖郡后，其辖境缩小，中心西移，此时玉门县再次改属酒泉郡。当然，玉门县的改属也应该与敦煌郡辖境的扩大，玉门关的西迁有关。

史党社认为《山海经》的内容，有许多玉（包括金）的记载，这些记载主要与祭祀山川、治病求长生有关，代表了此时方士之流对玉用途的基本看法。这反应了中国古代自新时期时代以来玉之社会意义的重大转折和重要的历史阶段的到来，具有社会、文化史、思想史的多重意义。由此我们也可思考汉代"玉门"的另一层内涵。此外，《山海经》的个别内容，例如《大荒西经》所记日月所入的"丰沮玉门"，也可提供思考"玉门"的视角，可看作十分重要的历史资料。

易华讨论了地名玉门·玉门关与玉矿玉器之关系。认为汉武帝主要功绩是"开玉门、通西域"，而不是设玉门关，收取贡玉。玉门常在玉门关不常有，因为玉门所在地区并非总是中国或中央王朝边界，而是东西文化交流要冲和南北文化结合部，在中华民族与文明形成史上具有特别意义。玉门西有旱峡玉矿，北有马鬃山玉矿，东有齐家文化玉器大量存在，标志着中国进入真玉（透闪石）文化时代，玉门、酒泉地区是玉石出产转运中心。

玉门本是日月出入之天门，其功能在开不在关。金张掖银武威，春风已到玉酒泉。玉门市位于酒泉中心地区，左通西域，右达中原，北望蒙古，南靠祁连，古往今来都是交通要冲。疏勒河联通西域沙漠绿州，黑水又通达蒙古草原，东西南北文化汇合，在中华民族与文明形成过程中历史地理意义日益清楚。

赵凯认为，作为中国历史地名的玉门关，在古代朝鲜、日本、越南等汉字文化圈诸国中具有比较高的知名度。域外外籍中有大量与玉门有关的诗赋作品。研究玉门历史，发掘玉门历史文化资源，应当对域外汉籍中的玉门资料予以关注。

覃春雷通过研究火烧沟出土珠饰的材料、工艺、工具等，窥视四千年前火烧沟的生业方式、与周边交流及远程贸易。

三、关塞文化。李迎春认为，玉门关和阳关都是汉代以来西出敦煌通向西域的主要关塞。两座关塞有着深厚的文化积淀，不仅是通行道路上的关卡，更凭借历史记忆，而具有文化象征意义。魏晋以来的诗歌中多有关于玉门关和阳关的内容。但通过考察这些诗歌可以发现，以玉门关为主题的诗歌，多为边塞诗，以描绘军旅生活，歌颂报国情怀为主要内容。而以阳关为主题的诗歌则多离别诗，以描绘惜别情景，抒发离情别恨为主要内容。

薛瑞泽认为，两汉时期，玉门关作为汉朝与西域地区的重要交通关口，发挥着沟通中原王朝与西域的重要作用。由于两汉时期西域地区特殊的政治环境，为了保护中原地区不再遭受来自西域匈奴势力的威胁，汉政府在玉门关驻扎有军队以保护丝绸之路的畅通。为了更好地发挥并且保证玉门关的战略地位，在以玉门关、阳关一线，在玉门关候之下设置了近三十处烽燧，构建了彼此联防的防卫体系，形成了士吏、候长、候史、隧长、候令史等关与烽燧管理的管理层级。

邬文玲认为汉代敦煌郡设有四个都尉，分别是阳关都尉、玉门都尉、中部都尉、宜禾都尉。其性质为部都尉，受郡节制，在此基础上，她进一步梳理了玉门都尉府及其属官的情况。

王绍东认为，在农牧交错带的战略要地及山口关隘，形成了一个个关塞，它在农耕民族与游牧民族的征战交融中发挥着重要作用。是中原王朝防御游牧民族南下的战略要地，也是中原王朝进攻游牧民族的出发地。战争年代，关塞发挥着集结军队，抵御防守，预警报警，收拢失散军人等多重作用。和平时期，关塞则起着中原王朝与北方游牧民族间和平往来，关市贸易，维持秩序，提供交往便利等作用。关塞地区呈现出生业形式多样与文化生态多元、军事色彩突出与和平渴望热切、思乡情结浓郁与和爱国热情高涨的鲜明地域特色。

王健认为，从更广阔的基层社会史视野切入，透过诏书"布告天下"功能、地方官员的"奉宣诏书"职守、朝野士人诏书观以及民间乡里、边塞侯燧的诏书传播景观，来复原"诏书语境"构造下的汉代基层社会生态，解读诏书对于民间基层治理的社会意义以及皇权与社会的互动效应。

四、会后研究成果。召开学术会议进行研讨仅仅是一个契机，学术会以后，令我们惊喜的是又出现一些新的研究成果。

2022年10月26日，山东大学历史文化学院谭世宝教授作题为《西汉"玉门阳关"位置及通西域路线新论》的学术讲座。谭教授从"玉门"的本意与来源、玉门设关与设县时间、《史记》《汉书》《后汉书》载玉门关口位置、《十三州志》的残存记载等四个角度进行分析，断定玉门关口只能位于玉门县城西北，不可能在于其东南120多里的石关峡。并进一步认为，汉武帝初设玉门关屯与玉门县，是从酒泉往西北扩张设立一系列军事亭障关塞，推进至较大的玉门绿洲。故先有玉门关屯与玉门县之设。其后再向西北跨越千余里的戈壁沙漠，到达较小的敦煌绿洲，先建立敦煌军镇，再建为敦煌县、郡。

魏迎春、郑炳林《西汉敦煌郡玉门关设置时间、名称来源与功能》在2022年1月17日《光明日报》理论版登载。汉书·西域传》记载："于是汉列亭障至玉门矣。"表明这次修筑的亭障在酒泉郡境内，玉门关也在酒泉郡境内。《元和郡县图志》记载："汉罢玉门关屯戍，徙其人于此，因以名县。"玉门县以西110里就是西汉敦煌郡与酒泉郡的分界线，元封三年修筑的玉门关应当就在此范围内。考证最早玉门关在酒泉郡西部，即西汉乾齐县，现在属于玉门。

玉门与玉门关故址问题是一个跨越千年的学术命题，百年多来在国内外历史地理学界异常争纷活跃。杨永生《最早玉门关在西汉玉门县境内》通过梳理归辑2017、2020年两届"玉门·玉门关历史文化"学术研讨会专家学者观点，尤其是澳门理工学院谭世宝教授团队和中国科学院王心源研究员团队的项目研究成果，基本得出"西汉最早玉门关在古玉门县境（今玉门市）"的学术结论。

五、会前考察文章。此次文集还收入了课题研究中部分专家的相关考察玉门文章，叶舒宪《玉门·玉门关新探》，王仁湘《叩问玉门》，易华《走读玉门识雍州》，多丽梅《寻玉访古到玉门》。他们都从各自不同的侧面对玉门·玉门关关系进行了论述，是对这一课题的有益补充。

"玉门·玉门关"是学术界研究的热点课题，近年来，学术界也有许多研究的文章，对这一课题的研究有新的拓展和延伸。这几年玉门组织的这一学术研究仅仅是整个研究长河中的一点，有新的发现、新的观点、新的思想，对这一课题的研究提供了许多崭新的材料，这是沉甸甸的收获，是值得可喜可贺的事情。但这仅仅是这一课题研究短期的一个收获，要取得更大的收获，还需要我们进一步的挖掘研究。

目　录

《史记》《汉书》等书有关玉门关
与河西、西域等记述笺正

谭世宝　山东大学历史文化学院、澳门理工学院

说明与体例格式：

本笺正以厘清有关汉武帝开设玉门关的时间地点为中心，旁及相关的"阳关"、各亭障、城镇乃至酒泉、武威、张掖、敦煌、金城等郡县关屯的设置时间与词源以及汉武帝初通西域的南、北道路，诸国数目等问题。力求宏微兼注，古今汇通，结论精准。体例格式如下：

1. 《史记》《汉书》有关记述之原文摘录所注册数页码均为北京中华书局点校本。《史记》为 1959 年版；《汉书》为 1962 年版。用作主要参考的《资治通鉴》，为北京中华书局点校本 1956 年版。

2. 虽然录文以上述《史记》《汉书》的中华书局点校本为底本，但是将被其移置于各段之后的注文，仍然按照原本移回插入各段文中，加圆括号作夹注。标点则将其竖排标点改为横排标点。更改标点如果有重要意义者，随文所加笺正之文，用楷体字外加方括号作谭按语夹注，以清楚区别于加圆括号的《史记》《汉书》古注。

3. 摘录《史记》《汉书》原文用宋体字作正常的格式分段。笔者于摘录《史记》《汉书》文字段落之后所加笺正评论的"谭按"，用楷体字加方括号，缩排两格。

4. 其他引用于笺正参考的异本以及《资治通鉴》《说文解字》等古籍多用《四库全书》本（简称《四库》本），在初出或必要时注明。

5. "敦煌"与"燉煌"史籍互见甚多，孰正孰俗，历来众说纷纭。本文除部分引文忠实抄录原典外，其他均写作"敦煌"，特此说明。

一　司马迁撰《史记》

(一)《高祖本纪》

(项羽) 闻汉王复军成皋, 乃复引兵西拔荥阳, 诛周苛、枞公而虏韩王信, 遂围成皋。汉王跳, 独与滕公共车, 出成皋玉门, 北渡河驰宿脩武。

(第二册第 374 页)

[谭按: 据《项羽本纪》之异文可知此"玉门"指成皋之北门。参考发展被人忽视多年的今人研究成果, 以此本纪之文再次证明, "玉门"之本义与"金门"等相类, 形容其门之坚固重要而已, 与该地是否产金、玉或门的用料是否金、玉无关。据此足以澄清斯坦因以来流行之误说, 称武帝所设玉门关 (县) 是因为当地产玉或是玉石贸易的重要关口。由此可以基本推定, 玉门关 (县) 的"玉门"与同时代为汉朝设立的河西各郡县军屯名称, 诸如酒泉、武威、张掖、敦煌以及金城等, 皆为汉朝皇帝为首的中央政府按照在孔子时代已经确立的"名从主人"的原则, 以汉语词命名的, 绝非近现代流行了一百多年的所谓"胡语"地方名词的汉语译音的产物。首先明确这一点, 以之作为本研究的开端, 以便开启下文逐一厘清玉门关、阳关等所谓"两关"以及相关的酒泉、武威、张掖、敦煌、金城等郡县关屯的名称源流问题。]

(二)《李将军列传》

李陵既壮, 选为建章监, 监诸骑。善射, 爱士卒。天子以为李氏世将, 而使将八百骑。尝深入匈奴 [谭按:"匈奴"常简略异称为"胡", 往往在同一段文字上下互见。其他非匈奴之"胡", 则要在"胡"前加特指的地方种族之名词作定语。详论见下文《匈奴列传》有关部分] 二千余里, 过居延 [谭按: 现在网络上流行所谓"居延"为胡语之说, 或称"居延是匈奴语音译而来的, 意思是弱水流沙", 或说"居延是匈奴语, 是'天池'的意思"。其实, 按照汉语工具书对常见常用的"居"字的解释, 有居住和平安两个基本义项[1], 所以后世合起这两字两义就有"安居""居安"

---

〔1〕　[清] 张玉书等:《康熙字典》寅集上, 中华书局, 1958 年, 第 24 页尸部"居"字; 罗竹风:《汉语大词典》, 上海辞书出版社, 1986 年, 第 5088 页"居"字。

等双音节词。而"延"字有长（久）、永（远）两个基本义项〔1〕。由此可见，居延与延安、长安等地名的取义相同。此乃先因该地区适宜安居，才把有关自然的山水和后来人为建筑的城镇都名之为"居延"。详证参考下文《匈奴列传》有关部分〕（集解徐广曰："属张掖。" 正义《括地志》云："居延海在甘州张掖县东北六十四里。《地理志》云'居延泽古文以为流沙'。甘州在京西北二千四百六十里。"）〔谭按：其时尚未设立张掖郡县，《集解》及《正义》等皆用后出之汉语县、郡地名，追书前史匈奴等族无名地之例，必须认真研究厘清〕视地形，无所见虏而还。拜为骑都尉，将丹阳楚人五千人，教射酒泉、张掖〔谭按："酒泉、张掖"应该删顿号作"酒泉张掖"，意指酒泉郡县下的军屯城镇张掖〕，以屯卫胡〔谭按："胡"指上文的匈奴〕。

　　数岁，天汉二年〔谭按：约前99〕秋〔谭按：《通鉴》将"秋"字改为"夏，五月"〔2〕，无据。因为下文载武帝同时派李陵分路出兵，以分散匈奴兵力。无疑也是在秋天。这点在《汉书·李广苏建传》附《李陵传》有有力的旁证，这就是路建德提出反对，认为在匈奴人强马壮的秋天不宜出兵，而主张等到明年春天再出兵攻打匈奴，但被武帝否决，并下诏命李陵："以九月发，出遮虏鄣。"〔3〕而《通鉴》下文也转载了《汉书》这段记载〔4〕，就显得前后矛盾不一了〕，贰师将军李广利将三万骑击匈奴右贤王于祁连天山（集解徐广曰："出燉煌至天山。" 索隐案：晋灼云"在西域，近蒲类海"。又《西河旧事》云"白山冬夏有雪，匈奴谓之天山也"。正义《括地志》云："祁连山在甘州张掖县西南二百里。天山一名白山，今名初罗漫山，在伊吾县北百二十里。伊州在京西北四千四百一十六里。"）〔谭按："祁连天山"的"祁连"，笔者曾发文论证其并非纯属出于匈奴语的汉语音译，而是古汉语的"'天'及其又音'干'的某种方言的缓读，在匈奴等族的借用再回流给汉人通语的写音"〔5〕。又由此可见，其时及之前的该匈奴地区既无该族命名并为汉朝的汉族人所知的标志性固定地名，也无汉朝的汉族人为之命名的"燉煌"等县、郡级的行政地名，直至太初四年（约前101），仍然只设有酒泉都尉管治的敦煌军镇。所以才会由《集解》加注引徐广曰："出燉煌至天山。"详论见下文《匈奴列传》《大宛列传》有关部分〕，而使陵将其射士步兵五千人出居延北可千余里，欲以分匈奴兵，毋令专走贰师也。陵既至期还，而单于以兵八万围击陵军。陵军五千人，兵矢既尽，士死者过半，而所杀伤匈奴亦万余人。

------

〔1〕《康熙字典》寅集下，第14页廴部"延"字；《汉语大词典》，第2642页"延"字。

〔2〕〔宋〕司马光，胡三省：《资治通鉴》第二册，中华书局，1956年，第712页。

〔3〕〔汉〕班固：《汉书》第八册，中华书局，1962年，第2451页。

〔4〕《资治通鉴》第二册，第713页。

〔5〕谭世宝：《燉煌的辞源再探讨》，《敦煌研究》2014年第1期。

且引且战，连斗八日，还未到居延百余里，匈奴遮狭绝道，陵食乏而救兵不到，虏急击招降陵。陵曰："无面目报陛下。"遂降匈奴。其兵尽没，余亡散得归汉者四百余人［谭按：本传记事过于简略，参考下文《匈奴列传》《大宛列传》有关部分的考证，才可以适当还原若干细节］。

（第九册第 2877—2878 页）

　　［谭按：《汉书·李广苏建传》附《李陵传》所载与之同，唯于"数岁，天汉二年"前加了一段话："数年，汉遣贰师将军伐大宛，使陵将五校兵随后，……迎贰师还，复留屯张掖。"此可证当时张掖为护卫酒泉郡城之下的军屯城镇，并非可以与酒泉同级平列的郡城。故不可以沿用迄今通行的错误，将上文标点作"教射酒泉、张掖"，以致误解李陵同时在酒泉与张掖两城驻守练兵。后文的"复留屯张掖"，更足证前文所述是"教射"于"酒泉"的"张掖"，而非"教射"于"酒泉、张掖"。故由此可以进一步推断，张掖设郡当在天汉二年（前 99）或其稍后。而更深入的研究，则可以进一步推断张掖设郡在天汉二年至元凤三年（前 99—前 78）之间。同时，还可以进一步推断，汉语"燉煌"作为汉朝的军事或行政单位的设立及地名的出现，亦当在此之后数年间。详证参考下文《大宛列传》及《汉书·地理志·张掖郡》的考证。］

（三）《匈奴列传》

匈奴，其先祖夏后氏之苗裔也［谭按：笔者对本传作最新的研究解读后，认为必须否定当今认为匈奴及其文化是属于源自中亚的东伊朗语族高加索人种的"塞"种人，或斯基泰人（Scythians，希腊语 Σκύθαι）之类的流行之说，确认本传所记载的匈奴族是夏朝之后裔之说可信。因此进而认为，匈奴族与商、周、秦、汉的华夏族本为同源异流，至秦汉时期又由异流逐渐转变为合流。此可谓"分久必合"也，详证见下文］，曰淳维（集解《汉书音义》曰："匈奴始祖名。"索隐张晏曰"淳维以殷时奔北边"。又乐产《括地谱》云"夏桀无道，汤放之鸣条，三年而死。其子獯粥妻桀之众妾，避居北野，随畜移徙，中国谓之匈奴"。其言夏后苗裔，或当然也。故应劭《风俗通》云"殷时曰獯粥，改曰匈奴"。又服虔云"尧时曰荤粥，周曰猃狁，秦曰匈奴"。韦昭云"汉曰匈奴，荤粥其别名"。则淳维是其始祖，盖与獯粥是一也）。唐虞以上有山戎（正义《左传》庄三十年云"齐人伐山戎"，杜预云"山戎、北戎、无终三名也"。《括地志》云"幽州渔阳县，本北戎无终子国"）、猃狁、荤粥（集解晋灼云："尧时曰荤粥，周曰猃狁，秦曰匈奴。"）［谭按：韦昭指出"淳维是其始祖，盖与獯粥是一也"，是对的。"淳"本来是个褒义字，有质朴、纯真、大等义[1]。改写作从犬的"獧"，就由美褒义变成丑贬义了。荤粥、俭犹等号都是汉胡兼胡汉混合语的汉字转写的丑化贬称。这和当今民间流行的网络评论文字将无能的专家贬写为"砖家"，无德的教授丑写为"叫兽"，是同类型的。其它例子具论见下文]，居于北蛮，随畜牧而转移。其畜之所多则马、牛、羊，其奇畜则橐驼（索隐橐他。韦昭曰："背肉似橐，故云橐也。"包恺音托。他，或作"驼"。正义畜，许又反）、驴、骡（索隐案：《古今注》云"驴牡马牝，生骡"。正义曰骡音力戈反）、駃騠（集解徐广曰："北狄骏马。"索隐《说文》云"駃騠，马父骡子也"。《广异志》音决蹄也。《发蒙记》"刳其母腹而生"。《列女传》云"生七日超其母"）、騊駼（集解徐广曰："似马而青。"索隐按：郭璞注《尔雅》云"騊駼，马青色，音淘涂"。又《字林》云野马。《山海经》云"北海有兽，其状如马，其名騊駼"也）、驒騱（集解徐广曰："音颠。巨虚之属。"索隐驒奚。韦昭驒音颠。《说文》"野马属"。徐广云"巨虚之类"。一云青骊白鳞，文如鼍鱼。邹诞生本"奚"字作"騱"）。逐水草迁徙，毋城郭常处耕田之业，然亦各有分地（索隐上音扶粪反）。毋文书［谭按：假如夏朝有"文书"，作为其"苗裔"的匈奴也应该有。此可以反证笔者曾经发文指出，源远流长的汉字创造者仓颉就是"商颉"，亦即殷商始祖契[2]］，以言语为约束［谭按：这都是汉代崛起的冒顿单于汉化以前的情况］。儿能骑羊，引弓射鸟鼠；少长（索隐上音式绍反，下音陟两反。少长谓年稍长）则射狐兔：用为食。士力能毋弓（索隐上音弯，如字亦通也），尽为甲骑。其俗，宽则随畜，因射猎禽兽为生业，急则人习战攻以侵伐，其天性也。其长兵则弓矢，短兵则刀鋋（集解韦昭曰："鋋形似矛，铁柄。音时年反。"索隐音蝉。《埤苍》云"鋋，小矛铁矜"。《古今字诂》云"靬，通作'矜'"）。利则进，不利则退，不羞遁走。苟利所在，不知礼义。自君王以下，咸食畜肉，衣其皮革，被旃裘。壮者食肥美，老者食其余。贵壮健，贱老弱。父死，妻其后母；兄弟死，皆取其妻妻之。其俗有名不讳，而无姓字［谭按："无姓字"也是汉代崛起的冒顿单于汉化以前的情况。在接受汉化尤其是使用了胡汉混合汉语的汉文字之后，很多情况都起了翻天覆地的巨大变化。详证见下文］（集解《汉书》曰："单于姓挛鞮氏。"索隐挛音六缘反。鞮音丁啼反）。

（第九册第 2879—2881 页）

---

〔1〕《康熙字典》巳集上，第 30 页水部"淳"字。

〔2〕 谭世宝：《苍颉造字传说的源流考辨及其真相推测》，《文史哲》2006 年第 6 期。

　　[谭按：当今中外一些有关中国上古历史文献以及口述历史的研究者，受现代西方历史学术的主流影响，大多对司马迁《史记》有关夏商周的始祖皆同源出于黄帝之说持全盘否定的观点。对于有关匈奴的"先祖夏后氏之苗裔也"之说，自然也予以否定，而将其祖先判定为来自中亚的白种人之后代。笔者在 2019 年撰文指出"司马迁为孔子开创的史学理论原则与实践及成果的首位集大成的继承发展者，也是中国及全球史上首位'通古今之变，究天人之际'的专业通史编撰者。其对有关五帝及三代的历史与神话传说的历史编纂，完全继承发展了孔子的人本主义，实事求是，不语怪力乱神"等原则精神。从孔子到司马迁，乃奠定中国的严谨史学之祖及父，其历史著作的伟大成就，不但远超同时代充满"怪力乱神""荒诞不经"的西方欧洲口述流传的"荷马史诗"之类的作品，而且远超同样是只有神话故事流传而无严谨的历史编纂的古埃及、古印度等民族的作品，因而在 18 世纪得到了有"欧洲的孔子"之称的法国重农学派创始人魁奈（1694—1774）的高度推崇。故笔者认为，本传所述乃司马迁用严谨的精神，对有关匈奴的史籍和口传的文献资料作综合研究和实录的结果。显而易见，其有关记述是汉胡混合，大体是遵循孔子"毋意，毋必，毋固，毋我"的取态，作客观的历史记述，其中既含有华夏汉族蔑视丑化匈奴的贬词他述，又杂有汉化匈奴去丑复真的本族的自述。例如，其称匈奴"先祖夏后氏之苗裔也，曰淳维"，应该是出于汉化匈奴冒顿单于建立了统一长城以北的匈奴帝国，足以和汉朝分庭抗礼，在与汉文帝约为兄弟之际，而传出其始祖也是华夏族裔的世代相传的历史故事。本传将当时仍为汉朝头号大敌的匈奴史迹，记入其首创的正史的列传，既显示了其追求全面真实的历史之精神，亦表明了司马迁认为匈奴世代相传的历史故事具有相当真实的历史价值。因为治史严谨，无征不信的司马迁，将那些虽然广为流传而违理乖实的传说，全部都排除在《史记》之外。这就是司马迁《史记》公开宣称的"百家言黄帝，其文不雅驯，荐绅先生难言之"。请看其记述匈奴直到秦汉时期都是"居于北蛮，随畜牧而转移"的游牧民族。"逐水草迁徙，毋城郭常处耕田之业"，"毋文书，以言语为约束。儿能骑羊，引弓射鸟鼠；少长则射狐兔：用为食。士力能毋弓，尽为甲骑。其俗，宽则随畜，因射猎禽兽为生业，急则人习战攻以侵伐，其天性也。"其习俗异于华夏汉族，"不知礼义""贵壮健，贱老弱。父死，妻其后母；兄弟死，皆取其妻妻之。其俗有名不讳，而无姓字"等等，虽然含有先进于礼乐的华夏汉族鄙视化外后进民族之意，但就事实而言，基本符合汉化之前的匈奴部落社会家庭文化形态。匈奴相比于有文字礼教的社会宗族家庭文化传承发展的商周春秋战国秦汉的中国王朝，要落后一千五百多年。由于其无文字书籍，而又经常与商周至秦汉的中国王朝为敌，故其名被中国历代文献的他称转述贬写丑

化作"獯（荤）粥""猃狁""胡"与"匈奴"等等。其实"胡"与"匈"是阴阳对转的关系，与商朝称"衣"与"殷"是阴阳对转的关系是相同的。但是，商朝人已经自称"殷"之时或之后，却以"衣"或"戎衣"称之，则显然含有贬意。"匈"的 hun 作为国名变成 huna 又被汉译音写作"匈奴"，贬义尤为明显。原本尾音为 -n 的国名，往往在印欧语中变成 -na，例如，印度悉昙梵文将中国称为弋巧（Cina），龟兹称为乃丑巧（Kucīna）。-na 的音译汉字较为中性的有"那""罗"等，明显贬义的则为"奴""虏"等[1]。据目前文献所见，在秦朝始将"胡"与"匈奴"交替杂用[2]，汉朝普遍沿之。

　　王国维早已指出：上古中国文献有关匈奴的诸多异称，"皆中国人所加之名"，"或且以丑名加之"[3]。"鬼之为昆，为绲，为畎，为犬，古阴阳对转也。混、昆与獯、荤，非独同部，亦同母之字。……"[4] 而笔者作更深入的研究认为，"浑"与鬼、昆、混、獯、荤等皆是华夏汉语对胡族名称的丑化，在胡人本身对于本国族和王侯名称的命意，肯定也是光明正大美好的。故可以推定，鬼、昆、混、獯、荤等应与汉语的"君"同源。

　　中国王朝自殷周至明清，都惯用加犬旁或虫的部首的字作异族国家的名称，诸如本来是各族自称的族名蛮、貊、貉、狄、蜀、狨、猺、獞、獠（猺）、闽、蛋等的原始义，与造字者"苍颉（商偈）"自称的族名"殷"的原始义都是指"人"[5]。只是"苍颉（商偈）"及其继承者给本族的人称族名造了一个与"人"字同音的褒义字"殷"，而给他族的人称族名全部造了加虫、豸、犬等字旁的蛮、貊、貉、狄、蜀、狨、猺、獞、獠（猺）、闽、蛋等字，以达到丑化其他国族的目的[6]。这种造字和用字的手法，真是源远流长，滥觞于殷商始祖"苍颉（商偈）造字"之时[7]，在汉字的源流史中留下了一系列铁证。如上所述，其在人称族名的造字用字方面独尊而美化本族，同时普贬而丑化他族。这里补充一点，就是其

〔1〕谭世宝：《关于"China"、"Cina"等西文的中国名称的源流探讨——以利玛窦的看法为中心》，蔡鸿生编：《澳门史与中西交通研究：戴裔煊教授九十诞辰纪念文集》，广东高教出版社，1998 年；谭世宝：《马交支那诸名考》，香港出版社，2015 年，第 280—296 页。

〔2〕[汉] 司马迁：《史记》第一册，中华书局，1982 年，第 252—253、280 页。

〔3〕王国维：《鬼方昆夷猃狁考》，《观堂集林》第二册第十三卷《史林》五，中华书局，1961 年，第 583—584 页。

〔4〕王国维：《鬼方昆夷猃狁考》，第 592、593 页。

〔5〕谭世宝：《略论当今一些涉及中国公民意识的重要名词之改革》，李向玉主编：《澳门语言文化研究》(2012)，澳门理工学院，2012 年，第 214—226 页；《"蛋家"等词的历史源流新探》，广州市文物博物馆学会编：《广州文博（拾）》，文物出版社，2017 年，第 181—193 页。

〔6〕谭世宝：《〈说文〉崇殷商之举证》，《学术研究》2003 年第 9 期。

〔7〕[清] 段玉裁：《说文解字注》八篇上，上海古籍出版社，1981 年，第 5 页。

还特别为己造了一个"人"字旁的"俊"字,而对其前代的尧舜禹都没有造出"人"字旁的褒义字称之。特别是"禹"字的本义就是"虫也",可谓对夏始祖的极度丑化。但周朝的文献则爱假借本义同样是"虫也"的"离"字丑化殷祖"俊",以致造成后世久假多而难归正的情况。因此,值得提出纠正的,就是段玉裁在注解"离"时,违反《说文》对"俊"与"离"的正确定义解释,反过来认为"离"是正字,"俊"是假借俗字[1]。其实这是夏禹的后代及借尊夏以抑商的一些周人,"以其人之道还治其人之身"。因为在殷商创造的文字中,并没有为夏始祖之名造出一个"人"字旁的字,以致从商朝至今,人们都用表示一种虫的"禹"字来作夏始祖之名[2]。至于"鬼"字,清代以降至今粤地民间一直将西洋诸国人丑称为"西洋鬼"或"(某)国鬼",而全国普遍流行将日本等国的侵华者称为"(某)国鬼(子)"。这些都可以说是上古习俗民风之遗传。]

　　匈奴与汉朝的社会政治文化的巨大差距,决定了其在与汉朝的长期友好交往与敌对战争中,要不断学习借用汉语言文字系统中的各种名词术语。这可以说是整个东亚地区没有自身文字的各部族国家,都先后借用汉字系统,并移植中国政治官僚制度于本国的滥觞。从而产生一系列汉胡兼胡汉混合语的官制名词。对于此类情况,将在下文随时加以说明。]

　　当是之时[谭按:指秦朝时期],东胡强而月氏盛(正义 氏音支。《括地志》云:"凉、甘、肃、延、沙等州地,本月氏国。")。匈奴单于(集解《汉书音义》曰:"单于者,广大之貌,言其象天单于然。"索隐案:《汉书》"单于姓挛鞮氏,其国称之曰'撑黎孤涂单于'。而匈奴谓天为'撑黎',谓子为'孤涂',单于者,广大之貌也。言其象天,故曰撑黎孤涂单于"。又《玄晏春秋》云"士安读汉书,不详此言,有胡奴在侧,言之曰:'此胡所谓天子。'与古书所说符会也")曰头曼[谭按:"单于者,广大之貌"的解释是对的,因为"单"与"于"这两个字都含有广大之义。其"姓挛鞮氏"的"鞮"与"帝"同音,可以推测其原词应为"(祁)连帝氏",意即"天帝氏",被胡汉混合汉字丑化转写为"挛鞮氏"。至于"头曼"的"头"可用汉字原义解作首领或元首,"曼"也可用汉字原义解作长远。故可推定"头曼"之意为长远的首领或元首。当然,也可以作另一推测:"头曼二字反切合音亦为单,'头曼单于'即单单于亦即大单于[3]。因为其子冒顿曾去信汉文帝自称"匈奴大单于"]。头曼不

---

[1]《说文解字注》十四篇下,第18、19页。

[2]谭世宝:《〈说文〉崇殷商之举证》,《学术研究》2003年第9期。

[3]谭世宝:《单于、可汗、阿干等词源探讨》,王霄飞编:《吐鲁番与丝绸之路经济带高峰论坛暨第五届吐鲁番学国际学术研讨会论文集》,上海古籍出版社,2016年,第97页。

胜秦，北徙。十余年而蒙恬死，诸侯畔秦，中国扰乱，诸秦所徙适戍边者皆复去，于是匈奴得宽，复稍度河南与中国界于故塞。

（第九册第 2887—2888 页）

　　[谭按：《正义》引唐朝李泰的《括地志》云："凉、甘、肃、延、沙等州地，本月氏国。"由此可见，秦时游牧民族月氏所在的"河西"地方，既无该族命名并为秦朝的汉族人所知的标志性的固定地名，也无秦朝的汉族人为之命名的地名。所以，在汉武帝打通河西走廊之时及其后，才开始有汉族人为这一带地方赋予一系列的汉语地名。因而自汉朝的《史记》《汉书》以降的历代史籍，只能主要用后出的汉语的自然和行政地理的地名，来追书秦汉时期月氏的所在地域范围，以及后来占据月氏地区的匈奴地区范围。

　　"挛黎"，今本《汉书·匈奴传·上》作"撑犁"，《史记》本传及全书原文不载此号，而索隐始引《汉书·匈奴传·上》本文的"撑犁孤涂单于"，为"单于"作注。并指出"匈奴谓'天'为'撑犁'；谓'子'为'孤涂'；'单于'者，广大貌也。"由此可见，此号其实既非秦时匈奴所有，亦非司马迁写《史记》时所有，乃其死后至东汉时所有而为班固所知闻。笔者曾撰文考证："挛黎（撑犁）孤涂"之称，其实亦非纯属匈奴语的汉语音译，也是古汉语的"天子"的某种方言的缓读，经匈奴族借用再回流给汉人用汉字的写音兼释义。"[1] 显然是胡汉混合语言文字的一个典型例子。

　　《史记·匈奴列传》本文不载"撑犁孤涂"或"挛黎孤涂"之号，是今本《汉书·匈奴传上》的本文率先将匈奴的"天子"称号写音为"撑犁孤涂单于"，并指出"匈奴谓'天'为'撑犁'；谓'子'为'孤涂'；'单于'者，广大貌也。"这表明"挛黎（撑犁）孤涂单于"的称号是在司马迁死后至班固之前，才为匈奴译取自汉语而被回流给汉人，并被写进汉文献史籍。]

自淳维以至头曼千有余岁，时大时小，别散分离，尚矣，其世传不可得而次云。然至冒顿而匈奴最强大 [谭按：如上文所证，淳维和头曼皆非丑化的转写而可以照汉字的本意探究其名号之取义。而"冒顿"则显然被用了丑化的转写并被注了讹变的mak duk（墨毒）之音。而且"顿"字按照正常的古本音义，是指行凶礼的俯首磕头[2]。《康熙字典》引汉以前文献还有"僵也""瞢惛也"等贬义[3]。但是，以其领

〔1〕　谭世宝：《燉煌的辞源再探讨》，第 126 页；谭世宝：《单于、可汗、阿干等词源探讨》，第 96、97 页。
〔2〕　《说文解字注》九篇上，第 8 页"顿"字。
〔3〕　《康熙字典》戌集下，第 3 页页部"顿"字。

道匈奴走向极盛的文韬武略及伟大功业，可以肯定其生前在本族享有嘉名令誉，死后应会模仿汉天子获得美谥。笔者根据音变旁转及阴阳对转的情况作逆推还原，则其本名的汉字正写可能是"茂德"，死后的谥号应为"武帝"，如此方能与汉文帝称其为圣主吻合。正如本传上下文的记述表明：汉匈关系的历史转折点，就是从汉文帝时领导匈奴迅猛崛起的冒顿单于开始，在长城以外的东北至西北方形成足以与汉朝长期分庭抗礼，亦和亦战的强大的匈奴帝国]，尽服从北夷，而南与中国为敌国，其世传国官号乃可得而记云。

置左右贤王，左右谷蠡王（集解 服虔曰："谷音鹿。蠡音离。" 索隐 服虔音鹿离。蠡，又音黎）[谭按：这些王号都是汉胡兼胡汉混合语的名词。详论见下文]，左右大将，左右大都尉 [谭按：这些都是直接移用汉朝的武官职称]，左右大当户，左右骨都侯（集解 骨都，异姓大臣。索隐 按：《后汉书》云"骨都侯，异姓大臣"）[谭按：这里的"骨都侯"也是源于汉语的官称，其前的"骨"字是汉语词，是直接用其原义作"骨肉"解，就是"指最亲近的有血统关系的人"[1]，现移用于"异姓大臣"，意指其与同姓者皆为"骨肉"兄弟]。匈奴谓贤曰"屠耆"（集解 徐广曰："屠，一作'诸'。"），故常以太子为左屠耆王。自如左右贤王以下至当户 [谭按："当户"应是源于汉语的官名，其义为主管若干户人口之长官，例如，名将李广的长子也就是李陵之父即取名"当户"[2]] 大者万骑，小者数千，凡二十四长，立号曰"万骑"。诸大臣皆世官。呼衍氏，兰氏（正义 颜师古云："呼衍，即今鲜卑姓呼延者也。兰姓今亦有之。"），其后有须卜氏（集解 呼衍氏、须卜氏常与单于婚姻。须卜氏主狱讼。索隐 按：《后汉书》云"呼衍氏、须卜氏常与单于婚姻。须卜氏主狱讼"也。正义 《后汉书》云："呼衍氏、须卜氏常与单于婚姻。"），此三姓其贵种也。诸左方王将居东方，直上谷（索隐 案：姚氏云"古字例以'直'为'值'。值者，当也"。正义 上谷郡，今妫州也。言匈奴东方南出，直当妫州也）以往者，东接秽貉、朝鲜；右方王将居西方，直上郡（正义 上郡故城在泾州上县东南五十里。言匈奴西方南直当绥州也）以西，接月氏、氏、羌（索隐 西接氏、羌，案：《风俗通》云"二氏，本西南夷种。《地理志》武都有白马氏"。又鱼豢《魏略》云"汉置武都郡，排其种人，分窜山谷或号青氏，或号白氏"。《纂文》云"氏亦羊称"。《说文》云"羌，西方牧羊人"。

---

[1] [汉] 高诱：《淮南鸿烈解》卷十七上："亲莫亲于骨肉节族之属连也。"《四库全书》本；徐中舒：《汉语大字典》，四川辞书出版社，1990年，第4694页"骨"字；丁福保：《说文解字诂林》，诂林精舍，1932年，第1726页"骨"字。

[2] 《史记》第九册，第2876页。

《续汉书》云"羌，三苗姜姓之别，舜徙于三危，今河关之西南羌是也"）；而单于之庭直代、云中（索隐案：谓匈奴所都处为"庭"。乐产云"单于无城郭，不知何以国之。穹庐前地若庭，故云庭"［谭按：此足证匈奴居无定所和定址，所居为被汉人称为"穹庐"的大小帐篷。其既无宫殿房屋，更"无城郭，不知何以国之"，这就是《史记》《汉书》及历代注家皆以前代或后出的汉语城镇、山水之名记述匈奴单于及其左右东西各部区域的地理位置范围的原因］。正义代郡城，北狄代国，秦汉代县城也，在蔚州羌胡县北百五十里。云中故城，赵云中城，秦云中郡，在胜州榆林县东北四十里。言匈奴之南直当代、云中也）：各有分地，逐水草移徙。而左右贤王、左右谷蠡王最为大（国），左右骨都侯辅政。诸二十四长亦各自置千长、百长、什长（索隐案：《续汉书〈郡国〉〔百官〕志》云"里有魁，人有什伍。里魁主一里百家，什主十家，伍长五家，以相检察"。故贾谊《过秦论》以为"俯起什百之中"是也）［谭按："诸二十四长亦各自置千长、百长、什长"及下文所说的"禆小王"等，显然也都是模仿借用秦汉的军政官民编制和名号］、禆小王、相、封（集解徐广曰："一作'将'。"）都尉、当户、且渠之属［谭按："相、封"原应为"相邦"，避汉高祖讳改为"相封"，与相国同］（正义且，子余反。颜师古云："今之沮渠姓，盖本因此官。"）［谭按：汉武帝以前的匈奴族与华夏族的关系史，可以概述为：在商、周、秦时期为同源异流，至秦汉时期又由异流为主逐渐转变为合流为主。经过商、周、秦及汉初时期的长期分流为主，形成了汉初匈奴与汉朝的社会政治文化的巨大差距。决定了其在与汉朝的长期友好交往与敌对战争中，要不断学习借用汉语言文字系统中的各种名词术语。这可以说是整个东亚地区没有自身文字的各部族国家，都先后借用汉字系统，并移植中国政治官僚制度于本国的滥觞。由分流为主转向合流为主的历史转折点，就是从汉文帝时领道匈奴迅猛崛起的冒顿单于开始，其不但领导匈奴在汉朝的东北至西北方形成足以与汉朝分庭抗礼的强大帝国，而且其在政治军事制度文化方面全面学习模仿汉朝，并通过与汉朝建立和亲与兄弟国家的关系而迅速汉化，产生了一系列汉胡兼胡汉混合语的官制名词］。

（第九册第 2890—2892 页）

　　［谭按：从商周至秦汉形成的汉语言文字，不但是在整个东亚地区最先进强大的王朝之"天下"通用的文字，而且是整个东亚地区唯一的文字。故此，汉字长期成为东亚各国通用的文字。匈奴族与汉朝政治军事文化中心及其人物有最为接近的地缘与血缘、语缘等关系，是率先学习使用汉字的北方游牧民族。至今很多被《史记》等历史文献作丑化转写的匈奴王侯将相的各种称号及名字，都可以被

本研究合理地还原为汉语词。

显而易见，匈奴冒顿时期的这些王侯将尉等名称，多数是匈奴人自己学习模仿译取自秦汉的汉语官名，而形成的胡汉混合的产物。再经汉人杂用意译与音译的方法将其回译为胡汉混合通用的汉文。这与《西域传》下提到西域诸国多数受汉朝直接封立的十五个同类汉名的官职名称，并且接受汉朝所赐官印等信物[1]，可谓殊途同归。笔者曾考证其中的"单于"实际是汉语"大王"的音转，经匈奴借用再回流入汉籍[2]。在司马迁写的《史记》并未加上"撑犁孤涂"或"摲黎孤塗"亦即汉语"天子"之号，可见在此以前匈奴大王"单于"尚未敢自尊称为"天子"。因为以"天子"作为世上最高化身的王者之尊称，可以说是华夏族的祖先创立，而历经商周秦汉承传的独特政治语言文字概念。匈奴原有非常低级缓进的游牧文化，并没有产生出"天人合一"的"天"及"天子"之类的概念，其借用自然意义的"天"字的音译是较早进入匈奴语言的，故首先有匈奴语的汉语"天山"的借词回译为胡汉通用的祁连（"天"的分切音）山。至汉文帝时，冒顿单于领道的匈奴取得了突飞猛进的空前大发展，才开始学用了儒家"天人合一"的"天"，故其在致文帝的两封信中先后自称为"天所立匈奴大单于""天地所生日月所置大匈奴单于"[3]，可见其时虽然尚未采用"天子"之称，但是已很接近"天子"了[4]。而汉文帝于前六年（前174）回书匈奴冒顿单于，不但同意与其"约为兄弟"，还盛赞冒顿来信的主张为"古圣主之意也"[5]。至太初四年（前101），且鞮侯单于初立，因为匈奴连遭汉朝击败而甚为衰弱，故曾一度致书武帝假作谦卑说："我儿子，安敢望汉天子！汉天子，我丈人行也。"[6] 司马迁《匈奴列传》记事，于匈奴狐鹿姑单之前收笔[7]。而大约在征和三年末至四年初（前89初），狐鹿姑单于才致书武帝云："南有大汉，北有强胡。胡者，天之骄子也"。[8] 匈奴单于自称"天子"，应该由此开始。这是《史记》不载"摲黎孤涂"而《汉书》始载的原因。王国维很早就用汉字的音变及阴阳对转关系，论及匈奴、胡、鬼方、昆夷、犬（畎）夷（戎）、猃狁等名号的关系[9]。这里步武前贤，再

---

〔1〕《汉书》第十二册，第3928页。

〔2〕谭世宝：《单于、可汗、阿干等词源探讨》，第97页。

〔3〕《史记》第九册，第2896、2899页。

〔4〕谭世宝：《燉煌的辞源再探讨》，第126页。

〔5〕《史记》第九册，第2897页。

〔6〕《史记》第九册，第2917页。

〔7〕《史记》第九册，第2919页索隐之说。

〔8〕《汉书》第十一册，第3780页；此书信之时间参考《资治通鉴》第二册，第736、737页。

〔9〕王国维：《鬼方昆夷猃狁考》，第583、584、592、593页。

从音韵学补充说明一点，就是单（dan）与大（dai 或 da），于（wu 与胡同音）与王（wong 或 wang），都是阴阳对转关系。这与日文汉字的"东京"（とうきょう、Tōkyō）、"田"（だ、da）的日语对音，将阳声韵尾-ng、-n 读作阴声韵尾-o、-a，是同样的阴阳对转关系。如果中国人再将日语的"京""田"照其日本音转写为汉语文字，就会得出类似匈奴的"王"转写为"于"的结果。从而使得不知其为源于汉语文字者误会其为纯属日语词之音译。无疑，《史记》用"单于"回译转写匈奴的"大王"，本身含有早期汉朝官员文人史家有意蔑视贬称异族称王者之用心，结果因时移世易，日久失源，后世之人皆不知道"单于"就是源出于汉语的"大王"，所以就有各种探骊失珠的臆测音义之说，只有集解引《汉书音义》作音讹而义近的解释说："单于者，广大之貌，言其象天单于然。"而今人多从后世讹传误注之音，将"单于"读作 chán yu（或 yú），应予勘正。因为东汉许慎《说文解字》解释"单"字说："大也，从吅単，吅亦声，阙。都寒切。"可见许慎当时只知道"单"字读作 dān，义为"大也"。并不知道其有读作 chán 之音义[1]。而"于"字也有广大之义，其读音为"乌（wu）"[2]，与"王"为阴阳对转。因为"单于"与"大王"具有这种音义关系，并非如"獯（荤）粥""猃狁"之类的显而易见的丑称，所以汉朝时期匈奴的历代大王也都乐于用"单于"作为自己的汉字名号，自署于其致汉朝皇帝的书信中。

　　至于匈奴单于以下的各级王、侯、文武官员的名号，多从汉朝相关名号移植借用，然后再被回译为汉语汉字而产生各种义同而字异之词。"屠耆"与"谷蠡"等等，都是如此。

　　请看，"匈奴谓贤曰'屠耆'，故常以太子为左屠耆王。"裴骃《集解》引徐广曰："屠，一作诸。"笔者认为，"屠"字在汉晋时代可以对译梵文的 ddha、ddhi，音译作陀、提等，可见其声母可以是 d- 或 t-。故可推断"屠耆"二字合音为"德"，德与贤义近可以经常合为"贤德"一词。因此，匈奴将汉族儒家"德"的概念引入其族之后再回传汉语，而被解作"贤"，是来回反复的音义翻译转写的结果。早期汉人用"浮屠"对译 Buddha，含有对异族传入的宗教的蔑视贬称，实滥觞于此类西汉初年用"屠"字转写匈奴王侯尊贵的名号。

　　再看"置左右贤王，左右谷蠡王。"南朝宋裴骃的《史记集解》："服虔曰：'谷音鹿，蠡音离'。"笔者认为，"谷蠡"二字的合音为"礼"，这也是匈奴将汉族儒家的概念"礼"引入其族的表现。本来，"谷蠡"与"禄礼"同音，何以不

---

[1]《说文解字》二上，"单"字；《说文解字注》二篇上，第 30 页；《说文解字诂林》二上，第 661—663 页。
[2]《说文解字注》五篇上，第 33 页。

用"禄礼"而用"谷蠡"？特别是《说文》释"蠡"字之基本义为"虫啮木中也"[1]，其中无疑含有蔑视贬称之用心。这与"屠耆"既有音译又有义解不同，就在于"谷蠡"只有音译而无义解。这是史家之省文或原始文献之遗失，使得后人只能知或注其一而不能知或注其二。故笔者认为，按照"左右贤王"即"左右屠耆王"之例推断，"左右谷蠡王"即"左右礼王"。

其王侯将官分"左右"与其管辖的自然地域的左东右西的观念的结合，形成"诸左方王将居东方，直上谷以往者，东接秽貉、朝鲜；右方王将居西方，直上郡以西，接月氏、氐、羌"的分工制度，也都是受华夏汉族文化影响结果。因为华夏汉人不可移动的房屋、庙宇、宫殿等固定建筑，皆顺应自然的地理气候而座北向南，国主的帝王之主位也都是背北向南，因而也就有左东右西之官吏分列与政治人文地理的划分。

最后要指出，从匈奴语直接撰写的汉字有粥、谷、鹿、卜等汉语独有的入声字，可作匈奴语与汉朝语同为华夏族语之证，排除其为来源于中亚的"塞"种或斯基泰等民族语言的可能。]

其明年［谭按：前174］，单于遗汉书曰："天所立匈奴大单于敬问皇帝无恙。……今以小吏之败约故，罚右贤王，使之西求月氏击之。以天之福，吏卒良，马强力，以夷灭月氏，尽斩杀降下之。定楼兰（集解徐广曰："一云'楼湟'。"正义《汉书》云鄯善国名楼兰，去长安一千六百里也）、乌孙、呼揭（集解音桀。索隐音杰，又音丘列反。正义揭音桀，又其例反。二国皆在瓜州西北。乌孙，战国时居瓜州）及其旁二十六国［谭按：月氏、楼兰、乌孙、呼揭四国再加"其旁二十六国"，可知此时匈奴自称其所控制的西域约共有三十国。此一数目，应该维持到汉武帝初开西域时。而汉朝最早到过西域之人并且留下书面记录的，就是张骞于元朔三年（前126）中向武帝报告说及西域诸国只有"大宛、大月氏、大夏、康居，而传闻其旁大国五六"等约十个[2]。参见下文对《汉书》的《张骞传》及《西域传》的校注］，皆以为匈奴（索隐案：谓皆入匈奴一国）。诸引弓之民，并为一家。北州已定，愿寝兵休士卒养马，除前事，复故约，以安边民，以应始古，使少者得成其长，老者安其处，世世平乐。未得皇帝之志也，故使郎中系雩浅奉书（集解雩音火胡反。索隐系，胡计反。雩，火胡反）请，献橐他一匹，骑马二匹，驾二驷（正义颜师古云："驾，可驾车也。

---

［1］《说文解字》十三下，"蠡"字；《说文解字注》十三篇下，第3页。

［2］《史记》第十册，第3160页。

二驷，八匹马也。"）。皇帝即不欲匈奴近塞，则且诏吏民远舍。使者至，即遣之。"以六月中来至薪望之地（ 集解 《汉书音义》曰："塞下地名。" 索隐 望薪之地。服虔云："汉界上塞下地名，今匈奴使至于此也。"）。书至，汉议击与和亲孰便。公卿皆曰："单于新破月氏，乘胜，不可击。且得匈奴地，泽卤（ 正义 上音舄），非可居也。和亲甚便。"汉许之。

孝文皇帝前六年［谭按：前174］，汉遗匈奴书曰："皇帝敬问匈奴大单于无恙。使郎中系雩浅遗朕书曰：'……今以小吏败约，故罚右贤王使西击月氏，尽定之。愿寝兵休士卒养马，除前事，复故约，以安边民，使少者得成其长，老者安其处，世世平乐。'朕甚嘉之，此古圣主之意也。汉与匈奴约为兄弟，所以遗单于甚厚。倍约离兄弟之亲者，常在匈奴。然右贤王事已在赦前，单于勿深诛。单于若称书意，明告诸吏，使无负约，有信，敬如单书。使者言单于自将伐国有功，甚苦兵事。服绣夹绮衣、（ 索隐 案：小颜云"服者，天子所服也。以绣为表，绮为里"。以赐冒顿。《字林》云"夹衣无絮也。音公洽反"）绣夹长襦……使中大夫意、谒者令肩遗单于。"

（第九册第2896、2897页）

　　［谭按：这个时期匈奴单于冒顿已经派右贤王击走月氏而占有其在河西走廊之地。连带征服了"楼兰、乌孙、呼揭及其旁二十六国"，使得这西域二十九国"皆以为匈奴"，即成为匈奴的属国。于是就获得了相当于汉文帝的"天子"的地位，双方可以"约为兄弟"，文帝甚至将"天子"专用之服送给冒顿。再从匈奴"使郎中系雩浅"，可知其使者之官名已经袭用了汉朝中央政府的"郎中"，由此推断，冒顿本人要袭用天子之名号，也可以说是水到渠成，顺理成章的。

　　匈奴单于与汉帝的书信往来，都是用合格通顺的汉语文字直接书写，说明单于为首的匈奴官僚精英阶层，多数应该都学懂了汉语言文字。另外，《史记》《汉书》记载张骞等汉朝使节、官员与单于乃至西域国王官员的对话沟通，未见需要中方人士提供汉外翻译人员。应该是用口谈加笔谈便可达到完全的沟通。这说明随着汉朝的日益强盛，其时周边各落后国家民族学习掌握汉语言文字的人到处皆有，汉字其实已经逐渐成为东亚诸国的国际通用文字。最有力的证据，就是后来西域诸国很多在模仿汉朝设立时，同时设有两至四个翻译官，职称为"译长"[1]。显然，"译长"掌管对外翻译接待工作，主要应该是应对日益增多的汉朝使节和管理西域的都护等军政官长。而且如上文指出，包括"译长、城长、君、监、吏、大禄、百长、千长、都尉、且渠、当户、将、相至侯、王"等西域诸国的主要官

---

［1］《汉书》第十二册，第3875、3879、3880、3881、3897、3898、3911、3917、3918、3919、3921页。

职名称，都是直接从汉朝借用或直接受汉朝封立并赐予官印等信物的[1]。因此在匈奴及西域诸国，逐渐形成了各种匈胡汉混合通用的标准的或"洋泾浜"的汉语言文字。]

汉遗单于书牍以尺一寸，辞曰"皇帝敬问匈奴大单于无恙"，所遗物及言语云云。中行说令单于遗汉书以尺二寸牍，及印封皆令广大长，倨傲其辞曰"天地所生日月所置匈奴大单于敬问汉皇帝无恙"，所以遗物言语亦云云。

（第九册第 2899 页）

[谭按："尺一寸"为两汉皇帝诏令专用的简牍长度，故诏书常被称为"尺一书"或"尺一"。背叛汉朝投靠匈奴的宦官中行说充当了继承冒顿的老上单于的军师，教唆老上单于给文帝去信，要用比汉朝皇帝诏书的"尺一寸"书牍大一寸的"尺二寸牍"。所谓"印封皆令广大长"，就是要比文帝所用的"印封"都要加大，以显示其地位于威权都要比文帝高大。其自署名号为"天地所生日月所置匈奴大单于"，更是超越了其父的名号而要压倒文帝。故被《史记》贬书斥之为"倨傲其辞"。]

孝文帝后二年 [谭按：前 162]，使使遗匈奴书曰："皇帝敬问匈奴大单于无恙。使当户且居（索隐《汉书》作"且渠"，匈奴官号）雕渠难（索隐按：乐彦云"当户、且渠各自一官。雕渠难为此官也"。正义雕渠难者，其姓名也。且，子余反）、郎中韩辽遗朕马二匹，已至，敬受。先帝制：长城以北，引弓之国，受命单于；长城以内，冠带之室，朕亦制之。使万民耕织射猎衣食，父子无离，臣主相安，俱无暴逆。今闻渫恶民贪降其进取之利，倍义绝约，忘万民之命，离两主之欢，然其事已在前矣。书曰：'二国已和亲，两主欢说，寝兵休卒养马，世世昌乐，闿然更始（集解徐广曰："闿音搚，安定意也。"）。朕甚嘉之。圣人者日新，改作更始，使老者得息，幼者得长，各保其首领而终其天年。朕与单于俱由此道，顺天恤民，世世相传，施之无穷，天下莫不咸便。……朕闻古之帝王，约分明而无食言。单于留志，天下大安，和亲之后，汉过不先。单于其察之。"

单于既约和亲，于是制诏御史曰："匈奴大单于遗朕书，言和亲已定，亡人不足以益众广地，匈奴无入塞，汉无出塞，犯（令）〔今〕约者杀之，可以久亲，后无咎，俱便。朕已许之。其布告天下，使明知之。"

（第九册第 2902—2904 页）

---

[1]《汉书》第十二册，第 3928 页。

[谭按：汉文帝坚持以柔制刚，行文攻武卫之策，与老上单于缔结和亲友好之约，维持两国和平相处关系。再经景帝、武帝接力，汉朝的人力、物力与军力得到巨大的积累发展。相反，匈奴单于为首的领导层在汉朝不断提供的美女加美食美衣中走向了腐败堕落，兼受飞蝗、大旱、暴雪等自然灾害的影响，战斗力量大为减弱，终于在武帝中后期的反复较量中走向分崩瓦解。]

自马邑军 [谭按：此指武帝元光二年（前133），汉在马邑（今山西省朔州市朔城区）设伏，诱奸侵入汉塞的匈奴军臣单于失败之事] 后五年之秋，汉使四将军各万骑击胡关市下。将军卫青出上谷，至茏城，得胡首虏七百人。公孙贺出云中，无所得。公孙敖出代郡，为胡所败七千余人。李广出雁门，为胡所败，而匈奴生得广，广后得亡归。汉因敖、广，敖、广赎为庶人 [谭按：《卫青列传》所载大同小异（现将差异字句下加线显示）："元光五年，青为车骑将军，击匈奴，出上谷；太仆公孙贺为轻车将军，出云中；大中大夫公孙敖为骑将军，出代郡；卫尉李广为骁骑将军，出雁门：军各万骑。青至茏城，斩首虏数百。骑将军敖亡七千骑；卫尉李广为虏所得，得脱归：皆当斩，赎为庶人。贺亦无功。"[1] 而《汉书·卫青传》将上引《史记·卫青列传》的"元光五年"，改为"元光六年"[2]，《通鉴》沿之[3]。对此，二书的注家皆无考证，不言其据。笔者认为，这应是根据本传"自马邑军后五年之秋"推算。由于马邑之战在元光二年（前133）是确定无讹的，故其"后五年之秋"按照习惯的首尾计算法，就是元光六年（前129）。但是，此一"后五年之秋"之说本身，与《史记·李广列传》同类型的"其后四岁"之说[4]矛盾，虽然元光五年说有这两条资料，但是不足以否定"元光六年"说。因为下一段的记述可以证明"元光六年"说是对的]。其冬，匈奴数入盗边，渔阳尤甚。汉使将军韩安国屯渔阳备胡 [谭按：以下一段点校本原与此连接，现改为另起一段于下]。

其明年 [谭按：若照本传上一段事为元光五年（前130），则此"明年"应为元光六年（前129），这与《史记》《汉书》的其他部分记载有无法调和的矛盾，必须厘正。因为《卫青列传》所载较为翔实，其在这两段中间还有一段记述："元朔元年春，卫夫人有男，立为皇后。其秋，青为车骑将军，出雁门，三万骑击匈奴，斩首虏数千人。"[5] 显而易见，这段话的前半"元朔元年……立为皇后"，可以补这"其明年"

---

〔1〕《史记》第九册，第2923页。
〔2〕《汉书》第八册，第2472页。
〔3〕《资治通鉴》第二册，第596页。
〔4〕《史记》第九册，第2870页。
〔5〕《史记》第九册，第2923页。

之前的缺。其后半"其秋……斩首虏数千人",则为"其明年"及其后内容的省略记述。《汉书·卫青传》及《通鉴》应是据此而将立皇后及卫青此次出征,都系于元朔元年(前128)[1],这都是正确的,足以勘正本传此误,则本传上下文一系列时间之混乱矛盾讹误,也可顺势厘清]秋,匈奴二万骑入汉,杀辽西太守,略二千余人。胡又入败渔阳太守军千余人,围汉将军安国,安国时千余骑亦且尽,会燕救至,匈奴乃去。匈奴又入雁门,杀略千余人。于是汉使将军卫青将三万骑出雁门,李息出代郡[谭按:《卫青列传》附"李息"记载其"至武帝立八岁(前133),为材官将军,军马邑;后六岁(前128),为将军,出代。"[2]],击胡。得首虏数千人。

其明年[谭按:根据上段为元朔元年之事,则本段就是元朔二年(前127)之事[3]。故本段最后正确说"是岁,汉之元朔二年也"],卫青复出云中以西至陇西,击胡之楼烦、白羊王于河南,得胡首虏数千,牛羊百余万。于是汉遂取河南地,筑朔方,复缮故秦时蒙恬所为塞,因河为固。汉亦弃上谷之什辟县造阳地以予胡[谭按:《卫青列传》所载大同小异(现将差异字句下加线显示):"明年,匈奴入杀辽西太守,虏略渔阳二千余人,败韩将军军。汉令将军李息击之,出代;令车骑将军青出云中以西至高阙。遂略河南地,至于陇西,捕首虏数千,畜数十万,走白羊、楼烦王。遂以河南地为朔方郡。"[4]此文称卫青所获"畜数十万",应该比本传"牛羊百余万"较为准确。而此浮夸之说,乃出于汉武帝对卫青嘉奖之诏令[5]。故不但为本传采用,而且为《通鉴》所载[6]](集解什音斗。《汉书音义》曰:"言县斗辟,(西)〔曲〕近胡。"索隐按:孟康云"县斗辟,(西)〔曲〕近胡"也。什音斗。辟音僻。造阳即斗辟县中地。正义按:曲幽辟县入匈奴界者造阳地弃与胡也)。是岁,汉之元朔二年也。

(第九册第2906页)

[谭按:汉文帝之后,汉朝皇帝与匈奴单于各自更新换代,汉景帝时期汉匈时有和战,直至至汉武帝初期,尚能维持小战大和的局面。自武帝元光二年(前133),汉在马邑(今山西省朔州市朔城区)设伏,诱奸侵入汉塞的匈奴军臣单于不成之后五年,汉朝与匈奴终于在西北的长城内外至西域地区,展开了决一雌雄

---

〔1〕《汉书》第八册,第2473页;《资治通鉴》第二册,第598页。

〔2〕《史记》第九册,第2942页;《资治通鉴》第二册,第582页。

〔3〕《资治通鉴》第二册,第604页。

〔4〕《史记》第九册,第2923页。

〔5〕《史记》第九册,第2923、2924页。

〔6〕《资治通鉴》第二册,第604页。

之长期战争。至元朔二年（前127），只是取得这个战争的第一次胜利。虽然其后多年双方互有胜负，似乎陷入拉锯状态。但是汉朝比匈奴地广人多兵马钱粮多，可以维持较长期的持久战争而终获全面胜利。]

其后冬［谭按：即元朔二年冬（前126初）[1]］，匈奴军臣单于死。军臣单于弟左谷蠡王伊稚斜（ 索隐 伊稚斜。稚音持利反。斜音士嗟反，邹诞生音直牙反。盖稚斜，胡人语，近得其实）自立为单于，攻破军臣单于太子于单（ 索隐 音丹）。于单亡降汉，汉封于单为涉安侯，数月而死［谭按：于单被封"涉安侯"之时在元朔三年（前126）四月丙子，五月卒，无后，国除[2]。则只有一个月便死了］。

伊稚斜单于既立［谭按：此时应理解为伊稚斜单于已立之后不久，即在元朔三年（前126年）初[3]］，其夏，匈奴数万骑入杀代郡太守恭友，略千余人。其秋，匈奴又入雁门，杀略千余人。其明年［谭按：《通鉴》系于元朔四年（前125）夏[4]］，匈奴又复入代郡、定襄（ 正义 《括地志》云："定襄故城在朔州善阳县北三百八十里。《地理志》定襄郡，高帝置也。"）、上郡，各三万骑，杀略数千人［谭按：《卫青列传》所载大同小异，其文如下："其明年，匈奴入杀代郡太守友，入略雁门千余人。其明年，匈奴大入代、定襄、上郡，杀略汉数千人。"主要是"杀代郡太守（恭）友"之后缺了"略千余人。其秋，匈奴"］。匈奴右贤王怨汉夺之河南地而筑朔方，数为寇，盗边，及入河南，侵扰朔方，杀略吏民甚众［谭按：这末尾部分《卫青列传》不载。而《通鉴》系于元朔五年（前124）[5]］。

其明年春［谭按：若依《通鉴》将上段末尾之事系于元朔五年（前124），则此"其明年"即为元朔六年（前123）。故应按照本传所述，上段末尾部分仍为元朔四年（前125）之事，则此"其明年"即为元朔五年（前124）。《卫青列传》改载其时为"元朔之五年春"[6]，《通鉴》沿之系于元朔五年（前124）[7]，皆与之吻合］，汉以卫青为大将军，将六将军，十余万人［谭按：《卫青列传》记其出塞时为"车骑将军"，"将三万骑"，加上步兵应该只有七八万。其胜利班师回至汉塞，才被奉汉武帝之命迎军的使者于军前赐印加封为"大将军"[8]，其他"大行李息、岸头侯张次公"等由右

---

［1］《资治通鉴》第二册，第609页。
［2］《史记》第三册，第1031页。
［3］《资治通鉴》第二册，第609页。
［4］《资治通鉴》第二册，第613页。
［5］《资治通鉴》第二册，第616页。
［6］《史记》第九册，第2925页。
［7］《资治通鉴》第二册，第616页。
［8］《资治通鉴》第二册，第616页。

北平出塞的数万大军，都会合了统一由大将军卫青率领回朝，总数才有"六将军，十余万人"。可见这个记载较为具体准确]，出朔方、高阙击胡。右贤王以为汉兵不能至，饮酒醉，汉兵出塞六七百里，夜围右贤王。右贤王大惊，脱身逃走，诸精骑往往随后去。汉得右贤王众男女万五千人［谭按：《卫青列传》作"万五千余人"，应该较为准确］，裨小王十余人。其秋，匈奴万骑入杀代郡都尉朱英，略千余人［谭按：《卫青列传》不载"略千余人"］。

其明年春，汉复遣大将军卫青将六将军，兵十余万骑，乃再出［谭按："再出"指两次出兵。《通鉴》分别系于元朔六年（前 123）春二月及夏四月[1]，这与笔者对本传的上下文时间校正推算吻合］定襄数百里击匈奴，得首虏前后凡万九千余级，而汉亦亡两将军，军三千余骑（ 集解 徐广曰："合有三千耳。"）［谭按：《卫青列传》分作两次记载，第一次"斩首数千级而还。月余，悉复出定襄击匈奴，斩首虏万余人。"此外，汉只损失了前将军赵信以及两将军所部共三千余骑，其中赵信是率领其所部八百（或说五百）余骑残军投降匈奴，而"右将军苏建尽亡其军，独以身得亡去，自归大将军。"可见只损失了一将军。况且对卫青所率之主力部队约九万余骑，则只载其"斩首数千级"及"斩首虏万余人"，而不记其自身损失之兵骑数目，足见本文及《卫青列传》所载皆有严重缺陷。但是，《卫青列传》要好一些，因为它起码另起一段，记载了其下霍去病所部之得失。其文说："是岁也，大将军姊子霍去病年十八，幸，为天子侍中。善骑射，再从大将军，受诏与壮士，为剽姚校尉，与轻勇骑八百直弃大军数百里赴利，斩捕首虏过当（ 索隐 案：小颜云"计其所将之人数，则捕首虏为多，过于所当也。一云汉军亡失者少，而杀获匈奴数多，故曰过当也"）。"可见去病所部也只是损敌一千，自损三五百而已］。右将军建得以身脱（ 正义 建，苏武父也），而前将军翕侯赵信兵不利，降匈奴。赵信者，故胡小王，降汉，汉封为翕侯，以前将军与右将军并军分行［谭按：此语可以理解为苏建与赵信各领一千五百余骑分路并进］（ 正义 与大军别行也），独遇单于兵，故尽没。单于既得翕侯，以为自次王（ 正义 自次者，尊重次于单于），用其姊妻之，与谋汉。信教单于益北绝幕（ 集解 应劭曰："幕，沙幕，匈奴之南界。"瓒曰："沙土曰幕，直度曰绝），以诱罢汉兵，徼极而取之（ 索隐 按：徼，要也。谓要其疲极而取之。 正义 徼音古尧反。徼，要也。要汉兵疲极则取之，无近塞居止），无近塞。单于从其计。其明年［谭按：《通鉴》系于

---

[1]　《资治通鉴》第二册，第 619、620 页。

元狩元年（前122）五月〔1〕，胡骑万人入上谷，杀数百人。

其明年春［谭按：下文的《骠骑（霍去病）列传》记此时为"元狩二年春"〔2〕，《通鉴》沿之而系于元狩二年（前121）〔3〕］，汉使骠骑将军去病将万骑出陇西，过焉支山（ 正义 焉音烟。《括地志》云："焉支山一名删丹山，在甘州删丹县东南五十里。《西河故事》云'匈奴失祁连、焉支二山，乃歌曰："亡我祁连山，使我六畜不蕃息；失我焉支山，使我妇女无颜色。"其憀惜乃如此'。"）［谭按：其时该地区尚无秦汉的行政地名，只能以"祁连、焉支二山"之名作行军历程的标记点。然而此二名也是典型的原出汉语的胡汉混合的汉语名词，并非当今流行之说的所谓匈奴语词〔4〕。毫无疑问，从"亡我祁连山……"这首匈奴人用汉语文字说唱和写下的流传千古的民谣诗歌，可以看出当时匈奴人普遍懂得使用汉语，其上层首领单于等王侯大多懂得使用汉字。对于唐初李泰《括地志》云："焉支山一名删丹山"，当今《山丹县志》作了更具体的解说：删丹古城在焉支山谷地近钟山寺处，"以晓日出映，丹碧相间如'删'字，又名删丹山，而县以此得名"〔5〕。笔者认为，"删丹"原词应为"山丹"，故后来至今改用"山丹"，作为县名与花名是正确的，意思就是"山红"，乃"丹（红）山"的倒装。至今陕北民歌有"山丹丹花开红艳艳"之句，也可作"删丹"应为"山丹"之旁证。虽然，仅就"近钟山寺处"的焉支山谷地颜色为"丹碧相间如'删'字"，勉强可以讲的通。但是无法与满山通红色的焉支（胭脂）山意思相同。现在还可以看到从张掖到酒泉、敦煌等地都有如烟脂那样完全红色山，按理这些都可以称为焉支（胭脂）山。例如，杭州的"燕脂岭以土色成名"〔6〕，就是一个典型的例证。当然，究竟《史记》所说的焉支（胭脂）山是指哪一座或哪几座红色的山，可以根据文献作进一步的实地调查研究。据《括地志》说"在甘州删丹县东南五十里"。而当今有关旅游景点介绍则说，焉支山位于张掖市山丹县城南50公里处，亦名胭脂山、燕支山、删丹山、大黄山。焉支山是不会移动的，移动改变的只是县名及其位置。从上述有关介绍所附照片，该山的确有红彤彤的景象。按照常理，是先有红色的日常化妆用品被称为"焉支（胭脂）"，然后才有较为罕见的红色的山等物体被加以"焉支（胭脂）"色的描述或名称，例如，某种石榴的红色至今在粤语就被称为"胭脂红"。相传作为化妆品的胭脂

---

〔1〕《资治通鉴》第二册，第627页。

〔2〕《史记》第九册，第2929页。

〔3〕《资治通鉴》第二册，第630页。

〔4〕谭世宝：《单于、可汗、阿干等词源探讨》，第98页。

〔5〕山丹县地方志编纂委员会：《山丹县志》，甘肃人民出版社，1993年，第115页。

〔6〕［宋］周密：《武林旧事》卷五，文渊阁《四库全书》0590册，第34页b。

（又名燕脂）始于商朝纣王时[1]。此说历宋至清及当今，成为与胭脂源于匈奴之说对立的主流之说[2]。虽然，目前尚无殷商时期的实物为证，但是从"焉（与殷、燕同音）红"一词，可以看出此红色之名源于殷商，先秦文献《左传》已经有"朱殷"一词表红色[3]，可以说是当今流行的"中国红"一词的主要来源和组成部分，这是古今通行的"名从主人"的表现。故胭脂产生和流行于汉朝以前的华夏中州，应该毫无无疑问。因此，西汉时的汉人及匈奴人将红颜色的山称为"焉支（胭脂）山"，完全是因为汉语早已经有称红颜色的及同色的花、化妆品等称为"焉支（胭脂）"，至汉代已经成为胡汉通用语词。绝对不可能先有某山被匈奴人用匈奴语称为"焉支（胭脂）山"，并且率先将该山特产的花制作成名为"焉支（胭脂）"的这种妇女普遍使用的美颜化妆品。因为根据《匈奴列传》的描述，汉初以前的匈奴服装仍然处于穿兽皮的落后状态，故有关美颜的"焉支（胭脂）"之类的化妆品，应该由文明先进已久的汉人首先制造出来的，后来随着丝绸及汉代妇女、公主等被抢入或买入、送嫁入匈奴而为其上层贵族所知用。例如，东汉刘熙《释名·释首饰》载："唇脂以丹作之象唇赤也。"[4] 这说的是用丹砂粉加油脂制造涂口唇的胭脂红唇膏。"䏶（此字古今字典辞书不收，在《释名》之前的《说文》等文献及后来的文献都写作"䞓"），赤也，染粉使赤以著颊上也。"[5] 这里的"䏶（䞓）"本身只是表示"赤也"这种抽象的红色概念，并无说明其具体为何种物料。故可以推断，其应是音同义连而又是一种具体物料的"沬"字的同音假借。请看《说文》释"同音假借。请看《说文》"字之后，接着释"沬"字说："沬，䞓棠枣之汁"[6]，这就说明"沬"是䞓红色的棠枣汁。所以，是用具体的红色棠枣汁，才能将白色的粉染红作为涂红脸蛋的胭脂粉。这说明，汉朝以前的华夏汉人的红色胭脂化妆品的制造，已经用了矿物粉和植物花果汁等不同的红色原料。又如，《史记·佞幸列传》载："孝惠时郎侍中皆冠鵔鸃，贝带，傅脂粉"[7]。这里的"脂粉"其实包含多种原料和颜色的膏（脂）与粉。其中主要有红、

[1] 唐末五代时马缟《中华古今注》卷中《燕脂》："盖起自纣，以红蓝花汁凝作燕脂，以燕国所生，故曰燕脂，塗之作桃花妆。"笔者认为，所谓"燕国"就是"殷国"，"燕""焉""乌"皆为殷人崇拜的神鸟，故此特别为其造出不从属于凡鸟的鸟部字。《说文解字》四上"乌""燕""焉"三字之解释。
[2] ［清］张英、王士禛、王掞：《御定渊鉴类函》卷386《燕支一》《燕支二》，文渊阁《四库全书》0992册，第29页b—30页a。
[3] ［明］张自烈，［清］廖文英：《正字通》，中国工人出版社，1996年，第561页；《康熙字典》辰集下，第21页殳部"殷"字。
[4] ［汉］刘熙：《释名》卷四，文渊阁《四库全书》0221册，第14页b。
[5] 《释名》卷四，第15页a。
[6] 《说文解字》十下"䞓"与"沬"字之解释。
[7] 《史记》第十册，第3191页。

白两种，红色就是胭脂（又名燕脂、燕支）膏、粉[1]。而且并非女性专用，男性也可以使用。又如，西汉初长沙国軑侯利苍妻之墓（长沙马王堆一号汉墓，下葬于大约汉文帝前元十二年即前168年之后，至汉景帝中二年即前148年之间）已经出土装有胭脂的化妆盒[2]。这一铁证否定了胭脂原产于匈奴的"焉支（胭脂）山"，汉人是在武帝时攻占了此山才引进"焉支（胭脂）"之"胡说"。如果不否定诸如此类的误说，则本来属于汉人祖先创造的物产及名称，包括稻、麦等农产品，都会被说成是源出于中国或外国的"胡人"的[3]　千余里［谭按："出陇西，过焉支山千余里，"这样的文句及标点会造成误导，使人以为霍去病此行越过了"焉支山千余里"。故应改标点为"出陇西，过焉支山，千余里"。意思是指"出陇西，过焉支山"，征程总共为"千余里"。同样，《霍去病列传》所载武帝的嘉奖诏令称："骠骑将军率戎士踰乌盭，讨邀濮，涉狐奴，历五王国……转战六日，过焉支山千有余里。"[4]　其末句也应改标点为"过焉支山，千有余里。"因为从陇西（临洮）出塞至过了焉支山之处，正好是"千余里"。此外，诏令提及的"涉狐奴"，集解注引晋灼曰："水名也。"笔者认为似应还原为"涉胡卢（葫芦河）"，因为目前所知河西一带以"胡卢（瓠芦、葫芦）河"著称的有两条。其一是位于汉唐玉门关附近亦即后来唐玄奘偷渡出境前赴印度之河[5]。其二是流经宁夏南部与甘肃省东部的葫芦河］，击匈奴，得胡首房（骑）万八千余级［谭按：《霍去病列传》记载较为具体准确，所统计的数字为"首房八千余级"[6]，可知上文的"万"字为衍文。至于较后出的《汉书·霍去病传》载"捷首房八千九百六十级"[7]，竟然准确到十位数，则不知有何根据］，破得休屠王祭天金人［谭按：《霍去病列传》所载武帝的嘉奖诏令称："收休屠祭天金人"，文意较为简明准确］（集解《汉书音义》曰："匈奴祭天处本在云阳甘泉山下，秦夺其地，后徙之休屠王右地，故休屠有祭天金人，象祭天人也。"索隐韦昭云："作金人以为祭天主。"崔浩云："胡祭以金人为主，今浮图金人是也。"又《汉书音义》称"金人祭天，本在云阳甘泉山下，秦夺其地，徙之休屠王右地，故休屠有祭天金人，象祭天人也"。事恐不然。案：得休屠金人，后置之于甘泉也。正义《括地志》云："径路神祠在

［1］《御定渊鉴类函》卷381《粉一》《粉二》《粉三》，第24页b—26页a；［清］陈元龙：《格致镜原》卷五十五《燕脂》，文渊阁《四库全书》1032册，第17页b—19页a。

［2］张晓娅：《马王堆汉墓出土梳妆用具浅论》，《四川文物》2008年第4期。

［3］谭世宝：《以汉语字词音义源流变化论证中国历史文化源流》，《古籍整理研究学刊》2012年第3期。

［4］《史记》第九册，第2929页。

［5］《大正新脩大藏经》第50册，No.2052《大唐故三藏玄奘法师行状》，No.2053《大唐大慈恩寺三藏法师传》。

［6］《史记》第九册，第2930页。

［7］《汉书》第八册，第2479页。

雍州、云阳县西北九十里甘泉山下，本匈奴祭天处，秦夺其地，后徙休屠右地。"
按：金人即今佛像，是其遗法，立以为祭天主也）［谭按：匈奴"祭天金人"，当受
汉文化的"天人合一"思想影响，而以"祭天金人"象征拜祭天人。故《汉书音
义》称"祭天金人，象祭天人也"；韦昭云："作金人以为祭天主。"这是对的。秦
至西汉时期佛教尚未传入中国长城内外，南北朝以后之人以为是佛像，实为大误］。

其夏，骠骑将军复与合骑侯数万骑出陇西、北地二千里［谭按：《霍去病列传》
记载"骠骑将军与合骑侯敖俱出北地"[1]，并非先出陇西，后经北地］，击匈奴。过
居延（ 索隐 韦昭曰："张掖县。"）［谭按：从后人以"张掖县"注"居延"，可证其
时"居延"尚非县，亦无张掖郡。至于"居延"一词本身的汉语意思，本来是非常简
明的，有一定汉字知识者皆可以见字词而自明其义，故古代注家无释其字义。但是，
现在网络上流行所谓胡语说，或称"居延是匈奴语音译而来的，意思是弱水流沙"，或
说"居延是匈奴语，是'天池'的意思"。其实，按照汉语工具书对"居"字的解释，
有居住和平安两个基本义项，所以后世合起这两字两义就有"安居""居安"等双音
节词。而"延"字有长（久）、永（远）两个基本义项。由此可见，居延与延安、长
安等地名的取义相同，都是寄望其为可以长远安居，长治久安之地方或都市城镇。其
为原出汉语之词，无可置疑。因为"居延"城镇乃太初三年（前102）时建筑，故这
里是用后来建筑的"居延"城镇追书前事。在汉朝建居延城镇之前的该地区山水被称
为"居延"，也是胡汉混合汉语的产物］，攻祁连山（ 索隐 按：《西河旧事》云："山
在张掖、酒泉二界上，东西二百余里，南北百里，有松柏五木，美水草，冬温夏凉，
宜畜牧。匈奴失二山，乃歌云：'亡我祁连山，使我六畜不蕃息；失我燕支山［谭按：
"燕支"为上文"焉支"的异写，两者皆为"殷朱"的同实异写］，使我嫁妇无颜
色。'祁连一名天山，亦曰白山也）［谭按：其时该出尚无秦汉的行政地名，只能以
山名"祁连""焉支"作行军历程的标记点。又笔者认为："祁连"为古时"天"及其
又音"干"的某种方言的缓读在匈奴等族的借用再回流给汉人通语的写音。而"胭
脂""焉支""燕支"等词若作红色颜料解，其原词应为汉语"殷朱"[2]］，得胡首虏
三万余人，裨小王以下七十余人［谭按：《霍去病列传》记武帝称赞其杀敌和俘虏的具
体数字如下："得酋涂王，以众降者二千五百人，斩首虏三万二百级，获五王，五王
母，单于阏氏、王子五十九人，相国、将军、当户、都尉六十三人"］。是时匈奴亦来
入代郡、雁门，杀略数百人。汉使博望侯及李将军广出右北平，击匈奴左贤王。左贤
王围李将军，卒可四千人，且尽，杀虏亦过当。会博望侯军救至，李将军得脱，汉失

---

[1]《史记》第九册，第2930页。
[2] 谭世宝：《单于、可汗、阿干等词源探讨》，第98页。

亡数千人［谭按：《李将军列传》载"是时广军几没"〔1〕。而《通鉴》记李广军与匈奴接连战斗两次皆"死者过半"〔2〕，可知称其军"几没"较为准确］，合骑侯后骠骑将军期，及与博望侯皆当死，赎为庶人［谭按：《通鉴》将"合骑侯"公孙敖、"博望侯"张骞被"赎为庶人"之事，皆系于元狩二年（前121）〔3〕］。

其秋，单于怒浑邪王、休屠王居西方为汉所杀虏数万人，欲召诛之。浑邪王与休屠王恐，谋降汉（集解 徐广曰："元狩二年也。"）［谭按：前人对"浑邪王、休屠王"这两个名号的胡汉混合的源流鲜有论及，大多都视为纯粹的胡语。然而，王国维早已指出：上古中国文献有关匈奴的诸多异称，"皆中国人所加之名"，"或且以丑名加之"〔4〕。"鬼之为昆，为绲，为畎，为犬，古阴阳对转也。混、昆与獯、荤，非独同部，亦同母之字。……"〔5〕笔者认为，"浑邪王"作"昆邪王"〔6〕。由此可知"浑"与鬼、昆、混、獯、荤等皆是华夏汉语对胡族名称的丑化，在胡人本身对于本国族和王侯名称的命意，肯定也是光明正大美好的。故可以推定，"浑"与鬼、昆、混、獯、荤等应与汉语的"君"同源。至于"休屠王"的"休"与"右"为古音相同的异写字，故可推定"休屠王"应该就是"右屠耆王"亦即"右贤王"的异写。本传开头部分已经明确说右贤王、右谷蠡王是匈奴右方的最高掌管者。而上文已经记述元朔五年汉卫青将六将军出塞六七百里，夜围右贤王。右贤王脱身逃走，汉得右贤王众男女万五千人，裨小王十余人。至最近的本年夏天，"汉使骠骑将军去病将万骑"出击匈奴右地，此时的匈奴右地之最高王者已经改名为"休屠王"，汉军先在"焉支山"一带"得胡首虏（骑）万八千余级，破得休屠王祭天金人"。其后再至"祁连山"一带，"得胡首虏三万余人，裨小王以下七十余人"。在同时的匈奴左方地区的最高王者，仍旧称"左贤王"。而右方则因为接二连三的惨败，故愤怒的单于先将"右贤王"微变其名之音为"休屠王"，并将原本位于其下的"谷蠡王"微变其名之音为"浑邪王"，且将两者位次互易，变成了由"浑邪王、休屠王"作右方的最高掌管者。故可推定这两个新王号，其实就是旧王号的异写。可能是因为单于临时将右方的谷蠡王提升到屠耆王之上，同时两者的名号略有改变，从而导致汉文这种异写新名号的产生］，汉使骠骑将军往迎之。浑邪王杀休屠王，并将其众降汉。凡四万余人，号十万。于是汉得浑邪王，则陇西、北地、河西益少胡寇，徙关东贫民处所夺匈奴河南、新秦中（索隐 如

〔1〕《史记》第九册，第2873页。

〔2〕《资治通鉴》第二册，第630、631页。

〔3〕《资治通鉴》第二册，第631页。

〔4〕王国维：《鬼方昆夷猃狁考》，第583、584页。

〔5〕王国维：《鬼方昆夷猃狁考》，第592、593页。

〔6〕《汉书》第六册，第1613页；《汉书》第九册，第2959页；《汉书》第十一册，第3769页。

淳云"在长安以北，朔方以南"。《汉书·食货志》云"徙贫人充朔方以南新秦中"是也。正义服虔云："地名，在北地，广六七百里，长安北，朔方南。《史记》以为秦始皇遣蒙恬斥逐北胡，得肥饶之地七百里，徙内郡人民皆往充实之，号曰新秦中也。"）以实之，而减北地以西戍卒半。其明年［谭按：顺推其时为元狩三年（前120）］，匈奴入右北平、定襄各数万骑，杀略千余人而去。

其明年［谭按：顺推其时为元狩四年（前119）］春，汉谋曰"翕侯信为单于计，居幕北，以为汉兵不能至"。乃粟马［谭按："粟马"乃指专门喂粟用于打仗的军马[1]］发十万骑，（负）私〔负〕从（正义谓负担衣粮，私募从者，凡十四万匹）马凡十四万匹［谭按：有关此次出征的军马与"私负从马"的数目分合计算及损失数量下文出现混乱问题，参考下文《霍去病列传》有关部分］，粮重不与焉。令大将军青、骠骑将军去病中分军，大将军出定襄，骠骑将军出代［谭按：此非原定的分兵计画，乃刚出发后再临时易位，详证见下文《霍去病列传》有关部分］，咸约绝幕击匈奴。单于闻之，远其辎重，以精兵待于幕北。与汉大将军接战一日，会暮，大风起，汉兵纵左右翼围单于。单于自度战不能如汉兵，单于遂独身与壮骑数百溃汉围西北遁走。汉兵夜追不得。行斩捕匈奴首虏万九千级，北至阗颜山赵信城（集解如淳曰："信前降匈奴，匈奴筑城居之。"）而还［谭按：此段其实是将《霍去病列传》的有关两段话作删节合并，而将其"行斩捕匈奴首虏万九千级"的统计数字移于此，取代原文的"颇捕斩首虏万余级"。详见下文有关部分］。

（第九册第2907—2910页）

［谭按：以上记述显示匈奴已经没有可以与汉军正面对抗的兵力，汉朝对匈奴的反击进攻战逐步走向全面深入的胜利。

赵信本为匈奴相国（或称小胡王），降汉后于元光四年（前131）十月受封为翕侯。元朔六年（前123）四月卫青领各军出攻匈奴，赵信被任命为前将军，兵败率"其余骑可八百降匈奴"[2]。颇受单于重用，封其为地位为仅次于自己的"自次王"[3]，而其为匈奴于阗颜山所筑的"赵信城"，就是目前所知唯一的匈奴区内之城，以汉化胡人之汉名"赵信"命名的汉式军镇。在此前后《史记》所记有关匈奴地区的地标性地名，绝大多数都是采用汉族地名或汉族对其他民族的汉语名称，并无源于匈奴语的自然山水或人工城镇地名的音译[4]。

---

〔1〕 ［宋］吉天保：《孙子批注》卷九，载唐杜牧对"粟马肉食"的解释。

〔2〕 《史记》第九册，第2908—2910，2927、2934、2935、2944页。

〔3〕 《史记》第九册，第2908页。

〔4〕 谭世宝：《燉煌的辞源再探讨》，第127—129页。

从赵信及众多例子可知，其时胡人之王侯将相降汉后被封侯乃至最后拜相，任汉高官，成为皇帝亲信侍从之例不少，因而汉化且取汉族姓名者更是为数甚多，其中欲反叛图谋回匈奴而被诛杀者也时有发生。这在《史记》所载汉武帝封侯的年表，《汉书》所载景武诸帝的功臣年表，以及有关人士的传记都有记述[1]。又如，前文所引文帝时的匈奴使者"郎中系雩浅""郎中韩辽"，都应该是与赵信相同的胡人曾任汉朝郎中又归胡，而又保留汉官名及汉姓名者。此外，"将军公孙贺""其先胡种。贺父浑邪，景帝时为平曲侯……贺七为将军，出击匈奴无大功，而再侯，为丞相。"[2] 又"金日磾字翁叔，本匈奴休屠王太子也"。元狩中十四岁，被虏入汉宫廷为养马奴。后为武帝重用，得"武帝遗诏以讨莽何罗功封日磾为秺侯"[3]。

更值得注意的，就是先后成为匈奴与汉朝属国的西域一些国家，也有"翕侯"。如《西域传·上》载："大夏本无大君长，城邑往往置小长，民弱畏战，故月氏徙来，皆臣畜之，共禀汉使者。有五翕侯：一曰休密翕侯，治和墨城……"又《西域传·下》载乌孙国王之下有"诸翕侯"[4]，可见其为地位仅次于国王之高官。当今"有人认为这个名词源于伊朗语，有人认为它与后突厥语中之'叶护'系同一词"。此实为臆说，因为"翕"在汉语之义为"合、聚、和顺"等，这既与辅助国王的"相国"之职能吻合，也与匈奴之降汉归顺者的身份相符。这就是汉武帝将此一"翕侯"的称号，封赐给归顺汉朝并多次立下汗马功劳的赵信，而且将其列在同类封侯者之首位的原因。另方面，这也是其重回匈奴而继续保留汉姓名及"翕侯"称号的原因，因为这在其本人及匈奴国人看来，并非耻辱而是光荣，是可以借此学习或借用、传播高级的汉朝政治文化，以提高其本国族的政治文化。后来西域一些国家也有"翕侯"，也应是受汉朝先进而强大的政治文化影响的结果。与匈奴相似，西域诸国很多官名诸如侯、都尉、将等等[5]，都是仿效匈奴借用汉朝的。

至西晋末，匈奴首领刘渊仍以姓汉帝的刘氏为其建立汉国的政治资本，而北魏的鲜卑族孝文帝甚至下令强行使其族全盘汉化。以致绝大多数"胡人"都用了

---

[1] 《史记》第三册，第1095页，有关金日磾封"秺侯"部分，为褚先生所补而过于简略失实；《汉书》第三册，第666页，载"秺（敬）侯，原始二年封，一曰鼕"，内容较为翔实；《汉书》第九册，第2959—2967页。

[2] 《史记》第九册，第2941、2942页。

[3] 《汉书》第九册，第2959—2962页。

[4] 《汉书》第九册，第3891、3907页。

[5] 《汉书》第十二册，第3875、3879、3880、3881、3897、3898、3901、3910、3911、3917、3918、3919、3921页。

汉化的姓名。人的姓名尚且如此，则军事、政治的官名、机构名、地名也基本如此。《史记》《汉书》所载匈奴地区的自然地理的山水名称，大多数也是原出于汉语，再经胡语借用产生音变又回译汉语的结果，只有极个别是原出于胡语而经过汉语的翻译变成汉胡两语混合的产物。]

单于之遁走，其兵往往与汉兵相乱而随单于。单于久不与其大众相得，其右谷蠡王以为单于死，乃自立为单于［谭按：此右谷蠡王自立为单于，足见其有相当实力和野心。其后来虽然主动恢复原位，但是已经埋下与单于分裂对抗，最后叛降汉朝的导火线］。真单于复得其众，而右谷蠡王乃去其单于号，复为右谷蠡王。

汉骠骑将军之出代二千余里，与左贤王接战，汉兵得胡首虏凡七万余级，左贤王将皆遁走。骠骑封于狼居胥山，禅姑衍，临翰海（集解 如淳曰："翰海，北海名。"正义 按：翰海自一大海名，群鸟解羽伏乳于此，因名也）而还［谭按：《霍去病列传》载去病此战及武帝的嘉奖诏令称："出代、右北平千余里……军既还，天子曰：'骠骑将军去病率师，躬将所获荤粥之士，约轻齎，绝大幕，涉获章渠，以诛比车耆，转击左大将，斩获旗鼓，历涉离侯。济弓闾，获屯头王、韩王等三人，将军、相国、当户、都尉八十三人，封狼居胥山，禅于姑衍，登临翰海。执卤获丑七万有四百四十三级……'"[1] 其里程和经过以及所得首级数目等都较为具体准确，弄清这点非常重要。因为首级数目，乃秦汉以来论功封赏赐爵的主要依据，故诏令精确到个位数。另外，必须以此纠正当今学者及工具书多对狼居胥山等地的位置持否定或错误之见，皆由片面相信此文"汉骠骑将军之出代二千余里"之说。显然，这个里数应该是原定出兵计画之里程，而本传的"千余里"才是实际行军的里数。本来，这是汉武帝被错误情报误导而临时乱调霍、卫两军的结果："骠骑始为出定襄，当单于。捕虏言单于东，乃更令骠骑出代郡，令大将军出定襄。"这是偏爱去病的武帝刻意要让去病建立消灭单于的奇功，以平抑卫青的势力。结果是卫青很幸运，出塞即抓到俘虏，知道单于居处，即率领精兵前去突击[2]。而去病之军从东边出塞过大漠，只碰到不堪一击的单于非主力的少量人马，略有小胜俘虏，旋即回漠南"转击左大将"。这导致次主力的卫青孤军深入，虽然打败单于，但是损失惨重，无法穷追。因为其上文已经记载："赵信为单于谋曰：'汉兵既度幕，人马罢，匈奴可坐收虏耳。'乃悉远北其辎重，皆以精兵待幕北。而适值大将军军出塞千余里，见单于兵陈而待……"[3] 可见卫青从定襄出塞也只有千余里便与单于打了这一仗。再深入穷追就会陷入赵信预计之困境。当然，去病是非常

---

[1]《史记》第九册，第2936页。

[2]《史记》第九册，第2874页；《资治通鉴》第二册，第641页。

[3]《史记》第九册，第2934、2935页。

聪明的，可能他知道即使自己如约继续往西北与卫青会师，也无济于事。只会导致更大的损失。所以干脆回师漠南，全力扫荡塞北漠南的匈奴左贤王军队。自然可以用较小损失而大获全胜。汉武帝也因此而达到在论功行赏时扬霍抑卫的预定政治结果[1]。

（第九册第2910—2911页）

　　[谭按:《集解》及《正义》对"狼居胥山"和"姑衍"山不加注解，可能是认为不存在注解的必要，或者缺乏有关文献可供注解之用。然而，自唐代至今，对"狼居胥山"的位置主要有四种异说: 1. 从河套西北的榆林出塞至今内蒙五原县黄河西北的狼山[2]; 2. 今河北怀来县附近的狼山[3]; 3. 约今蒙古国乌兰巴托东或肯特山[4]; 4. 罗列1、3两说，再加2说变异的"今内蒙古克什克腾旗西北至阿巴嘎旗一带"说，而作全盘否定，却没有提出其所认同之新说[5]。笔者认为: 第1说合理合实。另补充一个铁证，就是从"狼居胥"的三字词之音义看，"狼居"应据"居"字的本义作"狼踞"解[6]，"胥"应作"相望"解[7]，故"狼居胥"三字合起来就是指两座山像狼一样蹲踞守护相望。据上引网上文章说: "现在所称呼的两狼山，一是位于临河正北70公里的狼山，属乌拉特中旗，东边的一座狼山，叫大狼山，西边的叫二狼山，合起来统称两狼山。山沟北口可望见有战国时赵武灵王修的高阙塞，有两狼山水库……"由此可见，霍去病这次攻打匈奴是从左方出塞至沙漠再往右边横扫，把塞北漠南的匈奴左贤王的势力杀绝赶尽。最后胜利回到河套西北的汉朝控制区的狼居胥山和姑衍山，才能代表汉武帝搞封禅大典。至于"姑衍"也是原出汉语之词，乃"居延"的音变异写。

　　如前所述，匈奴的王号、官名、地名、物名多有从汉朝相关名号移植借用，然后再回归汉语汉字而产生各种义同而字变之词。"屠耆"与"谷蠡"等也都是如此。

　　《史记·匈奴列传》: "匈奴谓贤曰'屠耆'，故常以太子为左屠耆王。"裴骃《集解》引徐广曰: "屠，一作诸。"笔者认为，"屠"字在汉晋时代可以对译梵文

〔1〕《史记》第九册，第2936、2937页。

〔2〕王文墀等:《临河县志》卷上《山隘要塞考》，成文出版社，1968年，第104页；商务印书馆编辑部等:《辞源》修订本，商务印书馆，1988年，第1085页"狼居胥"条。

〔3〕[元]杨士，张震:《唐音》卷一《正音》，解释唐朝高适《燕歌行》，并列1、2两说；陈衍:《元诗纪事》卷十六周伯琦《扈从集·扈从诗后序》，主2说。

〔4〕谭其骧:《中国历史地图集》第2册，中国地图出版社，1982年，第39页；《汉语大词典》，第6515页"狼居胥"条。

〔5〕征农:《辞海》缩印本，上海辞书出版社，1989年，第928页"狼居胥山"条。

〔6〕《说文解字》八上，"居"字释义: "居，蹲也。""踞，居俗从足。"

〔7〕《汉语大词典》，第9221页"胥"字项；《汉语大字典》，第2213页"胥"字项。

的 ddha、ddhi，异译作陀、提等，可见其声母可以是 d-或 t-。可见"屠耆"二字反切合音为"德"，德与贤义近可以经常合为"贤德"一词。故匈奴将汉族儒家的"德"概念引入其族之后再回传汉语而被解作贤也是可以合理的。

《史记·匈奴列传》："置左右贤王，左右谷蠡王。"裴骃《史记集解》："服虔曰：'谷音鹿，蠡音离'。"笔者认为，"谷蠡"二字反切合音为"礼"，这也是匈奴将汉族儒家的概念"礼"引入其族的表现。与"屠耆"既有音译又有义解不同，就在于"谷蠡"只有音译而无义解。这是史家之省文或原始文献之遗失，使得后人只能知或注其一而不能知或注其二。故笔者认为，按照"左右贤王"即"左右屠耆王"之例推断，"左右谷蠡王"即"左右礼王"。]

是后匈奴远遁，而幕南无王庭 [谭按：如上所述，霍去病此役并没有能力远征漠北犁庭扫穴，消灭或驱逐单于离开其漠北的老巢。其获得的胜利果实就是"是后匈奴远遁，而幕南无王庭"]。汉度河自朔方以西至令居（集解 徐广曰："在金城。"索隐 徐广云在金城。《地理志》云张掖令居县。姚氏令音连。小颜云音零），往往通渠置田，官吏卒五六万人，稍蚕食，地接匈奴以北（正义 匈奴旧以幕以王庭。今远徙幕北，更蚕食之，汉境连接匈奴旧地以北也）[谭按：以上这段记事，《汉书·匈奴传》基本抄录本传，而今点校本将"往往通渠置田，官吏卒五六万人"改为"往往通渠置田官，吏卒五六万人"[1]，点校本《通鉴》沿之，胡注说："置官以主屯田。"而系于元狩四年（前 119）中[2]。笔者认为《汉书》《通鉴》之标点正确。因为"田官"乃先秦至汉代常见主管官田之官，汉武帝于河西及西域常设主管屯田之官。最有力的例证就是《史记·平准书》载："而上郡、朔方、西河、河西开田官，斥塞卒（集解 如淳曰："塞候斥卒。"）六十万人戍田之。"[3] 其次之证为《汉书·西域传上》载："都护治乌垒城，去阳关二千七百三十八里，与渠犁田官相近。"[4] 还有现存一些汉代文献皆可为旁证，例如刘向《新序》："请置以为田官"[5]；桓宽《盐铁论》："孝武皇帝攘九夷，平百越，师旅数起。粮食不足，故立田官，置钱入谷，射官救急，淡（赡）不给"[6]；王褒《四子讲德论》："减膳食，卑宫观，省田官，损诸苑，疏徭役，振乏困，

〔1〕《汉书》第十一册，第 3770 页。

〔2〕《资治通鉴》第二册，第 645 页。

〔3〕《史记》第四册，第 1439 页。

〔4〕《汉书》第十二册，第 3874 页。

〔5〕［汉］刘向：《新序》卷四《杂事第四》，《四库全书》本。

〔6〕［汉］桓宽：《盐铁论》卷二《复古》，《四库全书》本，第 11 页 a。

恤民灾害，不遑游宴。"〔1〕〕。

（第九册第 2911 页）

　　[谭按：扫清了塞北漠南的匈奴，所以就出现"汉度河自朔方以西至令居，往往通渠置田，官吏卒五六万人，稍蚕食，地接匈奴以北"的新局面。集解等注"令居"在"金城"或"张掖令居县"，皆以后出地名注前地。"令居"也是见字明义的汉语词，就是指美好适宜居住的地方〔2〕。"令"字就是按常用之善美之义读作 lìng，后人所注"音连（lián）""音零（líng）"，皆误道匪浅。]

　　初，汉两将军大出围单于，所杀虏八九万，而汉士卒物故（索隐汉士物故。案：《释名》云"汉以来谓死为'物故'，物就朽故也"。又《魏台访议》高堂崇对曰"闻之先师：物，无也；故，事也。言无复所能于事者也。"）亦数万，汉马死者十余万 [谭按：《史记·平准书》改作"汉军马死者十余万匹"〔3〕，这里的"汉军马"即"汉马"，显然不能指《霍去病列传》所说的卫青与霍去病各领"五万骑"的"粟马"，应该也只能指"塞阅官及私马凡十四万匹"中的"十余万匹"，故此是这部分回来"入塞者不满三万匹"。如果是指十万匹战马死了"十余万匹"，则无论如何不能成立，也就不可能还有"入塞者不满三万匹"了。有关此次出征的军马与"私负从马"的数目分合计算及损失数量的疑问，上文已略有提及，详证参考下文《霍去病列传》有关部分]。匈奴虽病，远去，而汉亦马少，无以复往 [谭按：此将汉朝不能继续发动对匈奴的攻击主因，归于"匈奴虽病，远去，而汉亦马少"，不够全面准确。实际应是本次出征已经将国库储备及民力耗尽，无法在南方进攻两越的情况下，再出动十四万匹以上的"私负从马"支持对匈奴更加远程的进攻。因为在下文说到，汉朝完成"灭南越"之后，旋即在前 111 至前 110 连续两年，派出万骑以上精锐军队远征挑战匈奴。而匈奴则坚持远远避战。与此同时，汉武帝亲自率师"巡边，至朔方，勒兵十八万骑以见武节"。由此可见，上次攻打匈奴损失的主要是担任随军运输的"私负从马"，"粟马"亦即军马损失不大。《汉书·武帝纪》载："（元狩五年，前 118）天下马少，平牡马匹二十万（如淳曰：'贵平牡马贾，欲使人竞畜马。'）。"〔4〕这也是指民间私养的马少，导致官府为鼓励人民增加马的养殖，而将雄马的收购价提高到每匹二十万钱]。匈奴用赵信之计，遣使于汉，好辞请和亲。天子下其议，或言和亲，或言遂臣之。丞相长史

〔1〕 [汉] 王褒：《四子讲德论》，引自 [清] 严可均辑：《全汉文》卷四十二。
〔2〕《诗经·大雅·韩奕》："庆既令居，韩姞燕誉。"[宋] 朱熹：《诗经集传》注解说："令，善也，喜其有此善居也。"
〔3〕《史记》第四册，第 1428 页。
〔4〕《汉书》第一册，第 179 页。

任敞曰："匈奴新破，困，宜可使为外臣，朝请于边。"汉使任敞于单于。单于闻敞计，大怒，留之不遣［谭按：《通鉴》系于元狩四年（前119）末[1]］。先是汉亦有所降匈奴使者，单于亦辄留汉使相当。汉方复收士马，会骠骑将军去病死［谭按：去病死于元狩六年（前117）九月］，于是汉久不北击胡。

（第九册第2911页）

　　　　［谭按：两国强弱之势已经分清而不可逆转。因此汉武帝君臣讨论后，拒绝恢复平等的"和亲"关系，要求匈奴俯首称为汉之"外臣"。］

数岁，伊稚斜单于立十三年死，子乌维立为单于。是岁，汉元鼎三年［谭按：前114初—前113初］也。乌维单于立，而汉天子始出巡郡县。其后汉方南诛两越（正义 南越、东越），不击匈奴，匈奴亦不侵入边。

乌维单于立三年［谭按：前111初—前110初］，汉已灭南越［谭按：《通鉴》系于元鼎六年（前111）中[2]］，遣故太仆贺［谭按：即公孙贺］将万五千骑出九原二千余里，至浮苴井（索隐 苴音子余反。臣瓒云："去九原二千里，见汉舆地图。"）而还，不见匈奴一人。汉又遣故从骠侯赵破奴万余骑出令居数千里，至匈河水（索隐 臣瓒云："水名，去令居千里。"）［谭按：此注实际将"数千里"修正为"千里"。"匈河水"，《汉书·匈奴传》作"匈奴河水"，因为"匈奴"可以音转异写作"胡"，故可以推断此"匈（奴）河水"可能是"狐奴（胡卢、瓠芦、葫芦）"的又一异写］而还，亦不见匈奴一人。

［谭按：《通鉴》将其与公孙贺"至浮苴井"同系于元鼎六年（前111）[3]。而此段之事其实是与下段的"是时（元鼎六年冬十月）天子巡边"之事相连的。此外，《通鉴》又载"破姑师"是在元封二年冬十二月（前108初）[4]，但这是不对的。因为根据《史记》的《骠骑（霍去病）列传》《大宛列传》等最古的文献更具体之记述，并参考《史记·建元以来侯者年表》《汉书·景武昭宣元成功臣表》的记载，可以分清正误，明确"击破姑师，虏楼兰王"是在元封二年（前109年）中。又据《史记·大宛列传》载："于是天子以故遣从骠侯破奴将属国骑及郡兵数万，至匈河水，欲以击

〔1〕《资治通鉴》第二册，第645页。

〔2〕《资治通鉴》第二册，第670、671页。

〔3〕《资治通鉴》第二册，第675页。

〔4〕《资治通鉴》第二册，第687页。

胡，胡皆去。其明年，击姑师，破奴与轻骑七百余先至，虏楼兰王，遂破姑师。"[1]
将这两条较为原始的资料结合起来分析，可以反过来推定：赵破奴"至匈河水"时在
元封元年（前110）。照此顺次推算，则"其明年，击姑师""破姑师"之事也就是在
元封二年（前109）中。这与《史记·建元以来侯者年表》的记载完全吻合[2]。而
《汉书·景武昭宣元成功臣表》却误记为元封三年（前107）[3]。《通鉴》沿误而再加
发展，将此事连接其增加的下句之事皆系于元封三年"春，正月甲申（前107年2—3
月）"[4]，这样，就可以明确将前述《汉书》与《通鉴》将有关事件提前了一年半载
之误说都勘正了。]

是时［谭按：《通鉴》系于元鼎六年冬十月（约前111末），[5]可证上段破奴至
匈河水之事与此同时发生］天子巡边，至朔方，勒兵十八万骑以见武节，而使郭吉风
告单于。郭吉既至匈奴，匈奴主客（ 集解 韦昭曰："主使来客官也。" 正义 官名，若鸿
胪卿）问所使，郭吉礼卑言好，曰："吾见单于而口言。"［谭按："口言"的"口"与
"孔"为同音假借，"孔言"就是"嘉言""好言"之意］单于见吉，吉曰："南越王
头已悬于汉北阙。今单于（能）即〔能〕前与汉战，天子自将兵待边；单于即不能，
即南面而臣于汉。何徒远走，亡匿于幕北寒苦无水草之地，毋为也。"语卒而单于大
怒，立斩主客见者，而留郭吉不归，迁之北海上（ 正义 北海即上海也，苏武亦迁也）
［谭按：其实本文需要注解的是"北海上"的"上"字，其意是指北方，"北海上"就
是指北海之北。正义舍此不注，而释"北海即上海"，实在是将原本大半明白的"北海
上"，变成令人完全费解的"上海上"了］。而单于终不肯为寇于汉边，休养息士马，
习射猎，数使使于汉，好辞甘言求请和亲。
　　……
汉使杨信于匈奴［谭按：《通鉴》系于元封四年（前107）[6]］。是时汉东拔秽
貉、朝鲜以为郡（ 正义 即玄菟、乐浪二郡）［谭按：《通鉴》于元封三年（前108）中
载："定朝鲜，为乐浪、临屯、玄菟、真番四郡。"[7]］，而西置酒泉郡（ 正义 今肃
州）以隔绝胡与羌通之路［谭按："置酒泉郡"时在元封三年冬十二月（前108初），

〔1〕《史记》第十册，第3171页。
〔2〕《史记》第三册，第1041页。
〔3〕《汉书》第三册，647、648页。
〔4〕《资治通鉴》第二册，第687页。
〔5〕《资治通鉴》第二册，第676页。
〔6〕《资治通鉴》第二册，第691页。
〔7〕《资治通鉴》第二册，第689页。

具论见下文]。汉又西通月氏、大夏，（正义《汉书·西域传》云："大月氏国去长安城万一千六百里，本居燉煌、祁连闲，[谭按：据下文《大宛列传》的有关考证，敦煌设军镇应该在元封四年正月（前107年2月12日—3月12日）之后，"酒泉列亭鄣至玉门"之时或其后。故《史记》此文不载月氏"本居燉煌、祁连闲"，《汉书·西域传》乃以后出地名注前史。今人或以此为其时已经有敦煌郡县之据，实误[1]冒顿单于破月氏，而老上单于杀月氏王，以头为饮器，月氏乃远去，过大宛西，击大夏而臣之，都妫水北，为王庭也。"），又以公主妻乌孙王[谭按：《汉书·西域传·乌孙》笼统系于元封中[2]。而《通鉴》具体系于元封鼎六年（前105）秋天之后[3]]，以分匈奴西方之援国。又北益广田至眩雷为塞（集解《汉书音义》曰："眩雷，地名，在乌孙北。"），而匈奴终不敢以为言。是岁，翕侯信死[谭按：现在互联网有文章说赵信死于前108年，实误]，汉用事者以匈奴为已弱，可臣从也。杨信为人刚直屈强，素非贵臣，单于不亲。单于欲召入，不肯去节，单于乃坐穹庐外见杨信。杨信既见单于，说曰："即欲和亲，以单于太子为质于汉。"单于曰："非故约。故约，汉常遣翁主，给缯絮食物有品，以和亲[谭按：这反映了匈奴以单于为首的上层人士长期追求汉化的衣食物质文化及与汉朝的和亲关系的要求。故其被汉朝的武力征服加和平演变的文化同化，以及血缘融合，已经形成必然的历史潮流趋势]，而匈奴亦不扰边。今乃欲反古，令吾太子为质，无几矣。"（正义几音记。言反古无所冀望也）[谭按：《通鉴》系于元封四年（前107）[4]]匈奴俗，见汉使非中贵人，其儒先（集解先，先生也。《汉书》作"儒生"也）[谭按："先"或写作"生"，皆表示"先生"。至今粤语仍将"先生"促读合音作单音节的xiang（生），就是这方面的孑遗]，以为欲说，折其辩；其少年，以为欲刺，折其气。每汉使入匈奴，匈奴辄报偿。汉留匈奴使，匈奴亦留汉使，必得当乃肯止。

杨信既归，汉使王乌，而单于复谄以甘言，欲多得汉财物，绐谓王乌曰："吾欲入汉见天子，面相约为兄弟。"王乌归报汉，汉为单于筑邸于长安。匈奴曰："非得汉贵人使，吾不与诚语。"匈奴使其贵人至汉，病，汉予药，欲愈之，不幸而死。而汉使路充国佩二千石印绶往使，因送其丧，厚葬直数千金，曰"此汉贵人也"。单于以为汉杀吾贵使者，乃留路充国不归。诸所言者，单于特空绐王乌，殊无意入汉及遣太子来质。于是匈奴数使奇兵侵犯边。汉乃拜郭昌为拔胡将军，及浞野侯（集解徐广曰赵破奴）

〔1〕 谭世宝：《燉煌的辞源再探讨》，第123—125页。
〔2〕《汉书》第十二册，第3903页。
〔3〕《资治通鉴》第二册，第695页。
〔4〕《资治通鉴》第二册，第691页。

屯朔方以东，备胡 [谭按：《霍去病列传》附"郭昌"载"元封四年（前107），以太中大夫为拔胡将军，屯朔方"[1]。其将"屯朔方以东"删节为"屯朔方"，有失准确。《通鉴》沿本传之准确记载[2]]。路充国留匈奴三岁，单于死 [谭按：《通鉴》系于元封六年（前105）[3]]。

（第九册第2912—2914页）

乌维单于立十岁而死，子乌师庐立为单于（集解徐广曰："乌，一作'詹'。"）。年少，号为儿单于。是岁元封六年 [谭按：（前105初—前104初）] 也。自此之后，单于益西北，左方兵直云中，右方直酒泉、燉煌郡（正义《括地志》云："铁勒国，匈奴冒顿之后，在突厥国北。乐胜州经秦长城、太羹长路正北，经沙碛，十三日行至其国。"）[谭按：正义之注可谓驴唇不对马嘴。在此要特别厘清之问题，就是"右方直酒泉、燉煌郡"，《汉书》作"右方兵直酒泉、燉煌"。笔者认为，应该删改标点加括注为"右方（兵）直酒泉（郡）"。至于敦煌郡的设置，则迟至后元元年（前88），可资参考。至于《通鉴》仍然将"自此之后，单于益西北徙，左方兵直云中，右方兵直酒泉、燉煌郡"系于元封六年（前105）[4]，造成误导，使一些专家学者以为这些都是发生在前105年的，甚至以为在此之前已经设立了敦煌郡]。

儿单于立，汉使两使者，一吊单于，一吊右贤王，欲以乖其国。使者入匈奴，匈奴悉将致单于。单于怒而尽留汉使。汉使留匈奴者前后十余辈，而匈奴使来，汉亦辄留相当。

是岁，汉使贰师将军广利西伐大宛，而令因杅（正义音于）将军敖 [谭按：全名为公孙敖。而《史记》明确记载其与公孙贺皆为"义渠人"，并且说公孙贺"其先胡种。贺父浑邪，景帝时为平曲侯"[5]。由此可知汉代义渠胡人之后代虽然已经完全汉化，并在景帝武帝时担任朝廷的文武要职，但"贺父浑邪"显示其家族与匈奴右部的"浑邪"王有血缘关系。诸如此类的典型例证甚多，不胜枚举，充分说明先秦至秦汉时期的胡汉之间是你中有我，我中有你，互相在长期的战争与和平交织的历史过程中逐

〔1〕《史记》第九册，第2944页。

〔2〕《资治通鉴》第二册，第691、692页。

〔3〕《资治通鉴》第二册，第697页。

〔4〕《资治通鉴》第二册，第697页，笔者认为"单于益西北徙，左方……"应改标点作"单于益西北，徙左方……"。因为"单于益西北"为一句读，乃《史记》《汉书》相同，就已经是指单于将兵力转移增加到西北方。如果句末再加"徙"字，就是画蛇添足了。将"徙"加于后两句之首，则是对上文的"益西北"作进一步说明，文意就比《史记》《汉书》更清晰。

〔5〕《史记》第九册，第2941—2943页。

渐混合已久。此实开两晋五胡十六国南北朝隋唐时期，"胡汉"各民族在战争与和平中大融合之先河。而其滥觞，则可以追溯至夏末至春秋战国时期的夏夷互变，特别是"其后义渠之戎筑城郭以自守，而秦稍蚕食，至于惠王，遂拔义渠二十五城。惠王击魏，魏尽入西河及上郡于秦。秦昭王时，义渠戎王与宣太后乱，有二子"〔1〕。说明经过漫长的各族互化历史过程，"义渠戎"已经完全接受了华夏的城市文化，并且和同样是"西戎"华夏化的的秦人融合] 筑受降城 [谭按：《通鉴》系于太初元年（前104）〔2〕并将此事记于匈奴左大都尉使人闲告汉之后]。其冬，匈奴大雨雪，畜多饥寒死。儿单于年少，好杀伐，国人多不安。左大都尉欲杀单于，使人闲告汉曰："我欲杀单于降汉，汉远，即兵来迎我，我即发。" [谭按：《通鉴》系于太初元年（前104）〔3〕] 初，汉闻此言，故筑受降城，犹以为远。

其明年 [谭按：太初二年（前103）] 春，汉使浞野侯破奴将二万余骑出朔方西北二千余里，期至浚稽山（索隐 应劭云："在武威县北。"）而还。浞野侯既至期而还，左大都尉欲发而觉，单于诛之，发左方兵击浞野。浞野侯行捕首虏得数千人。还，未至受降城四百里，匈奴兵八万骑围之。浞野侯夜自出求水，匈奴闲捕，生得浞野侯，因急击其军。军中郭纵为护，维王为渠（正义 为渠帅也），相与谋曰："及诸校尉畏亡将军而诛之，莫相劝归。"军遂没于匈奴 [谭按：《大宛列传》载："其（太初二年）夏，汉亡浞野之兵二万余于匈奴"〔4〕。此可知破奴之兵全部降于匈奴的具体时间]。匈奴儿单于大喜，遂遣奇兵攻受降城。不能下，乃寇入边而去 [谭按：《通鉴》系于太初二年（前103）〔5〕]。其明年 [谭按：《汉书》唯删"其"字作"明年"，其无疑应在太初三年（前102），但是《通鉴》却删除"（其）明年"，遂将以下文字之事略加修改而直接前文，而同系于太初二年（前103）〔6〕实误]，单于欲自攻受降城，未至，病死。

儿单于立三岁而死。子年少，匈奴乃立其季父乌维单于弟右贤王呴（集解 音鉤，又音吁。索隐 音鉤，又音吁）犁湖 [谭按：按照前述"冒顿""谷蠡"等名的逆推还原法，可以推测"呴犁湖"可能是其原王号"福禄王"或"右（谷）蠡王"的丑化转写，其时已经晋升为"右贤王"] 为单于。是岁太初三年 [谭按：约前102 初—前101 初] 也。

---

〔1〕《史记》第九册，第2881—2885页。

〔2〕《资治通鉴》第二册，第699页。

〔3〕《资治通鉴》第二册，第699页。

〔4〕《史记》第十册，第3176页。

〔5〕《资治通鉴》第二册，第702页。

〔6〕《资治通鉴》第二册，第702页。

（第九册第 2914—2916 页）

响犁湖单于立，汉使光禄徐自为出五原塞（正义即五原郡榆林塞也。在胜州榆林县四十里也）数百里，远者千余里，筑城鄣列亭（正义顾胤云："鄣，山中小城。亭，候望所居也。"）至庐朐（集解音衢，匈奴地名，又山名。索隐服虔云："匈奴地名。"张晏云："山名。"正义《地理志》云五原郡稒阳县北出石门鄣，得光禄城，又西北得支就城，又西北得头曼城，又西北得虏河城，又西北得宿房城〔谭按："宿"字取守卫防止之义，其本名应为"遮虏鄣"〕。按：即筑城鄣列亭至庐朐也。服虔云："庐朐，匈奴地名也。"张晏云："山名也。"）〔谭按：《通鉴》胡注："杜佑曰：庐朐在麟州银城县北，犹谓之光禄塞。银城，汉圁阴县地。"〔1〕此可证"庐朐"为城镇名而非山名。笔者认为，"庐朐"是汉朝为其此次新建并命名的一系列城镇障亭的最后一个城镇名，今人受所谓"匈奴地名"说之误导，以为这是原出于匈奴语的地名。其实如前所述，汉以前的中国西北各游牧民族尤其是月氏、匈奴等居无定址，更无任何固定的房屋和城镇等建筑，根本不存在以本族的名词为各地命名的需要和意识。故此可以肯定，"庐朐"与其他一系列汉朝的新城镇名一样，都是按照名从主人命名汉语地名词，其"庐"字指房舍，毋庸赘论。其"朐"字不可以误写为从肉字旁，意为肉干的"朐"〔2〕。而应是从月部〔3〕，而当今的工具书乃将不同部首这两字的音义合二为一，对今人误道甚大。笔者认为应取其从"月部"的"远方"之义〔4〕。而集解注其"音衢"，则可以推定此词的"朐"字，其实是"衢"的同音假借而表示"衢"的音义。故综合而言，"庐朐（衢）"乃指其为位于这条新开的要道通衢最边远处的军用房舍。正义《地理志》（即《汉书·地理志》）提及其前面的一系列城镇名：光禄城、支就城、头曼城、虏河城〔5〕、宿房城等，全部都是用汉语之义理命名的。其中"头曼"虽然是匈奴单于名，上文已经指出其为匈奴汉化名字的典型例子，用汉字"头曼"之音义"为长远的首领或元首"。笔者还曾发文指出："冒顿则是靠搞阴谋射杀其亲生父亲头曼单于而夺取单于之位。"汉朝特别将一个边疆要地新建的"城镇以'头曼'命名，这与清朝为被明朝子民造反逼得自杀的崇祯皇帝礼葬建陵相比，乃异曲同工，而且具有更加重大的政治道德文化的意义。其核心的意义，就是完成由汉文帝时派使节向匈

---

〔1〕《资治通鉴》第二册，第 703 页。
〔2〕《康熙字典》未集下，第 26 页肉部"朐"字。
〔3〕《康熙字典》辰集上，第 17 页月部"朐"字。
〔4〕《汉语大词典》，第 9218 页"朐"字。
〔5〕《汉书·地理志》原文及《史记》之《正义》所转引皆作"虏河城"，而当今互联网常有文章将《正义》所转引的《地理志》改作《括地志》，有关城名也多有乱改，如"虏河城"被改作"牟河城"。

奴发起的文明道德攻势，证明倡行儒家的家庭伦理道德的汉朝文明远远高于匈奴的"贱老""父子兄弟死，娶其妻妻之"等野蛮落后的习俗。通过"燉煌县"及"头曼城"的命名，宣示汉朝战胜匈奴，不是单纯的武力胜利，而更重要的是文明对野蛮的胜利。借此让匈奴的主动归降者或被动投降者永远记住，汉朝将靠弑父起家的冒顿单于王国消灭是正义合理的，汉朝将会在新设立的郡县继续推行文明道德以取代其野蛮习俗。"[1]]，而使游击将军韩说、长平侯卫伉屯其旁，使强弩都尉路博德筑居延泽上（正义《括地志》云："汉居延县故城在甘州张掖县东北一千五百三十里，有汉遮虏鄣，强弩都尉路博德之所筑。李陵败，与士众期至遮虏鄣，即此也。长老传云鄣北百八十里，直居延之西北，是李陵战地也。"）[谭按：《霍去病列传》附"路博德"载"其后坐法失侯。为强弩都尉，屯居延"，这是汉朝在名为"居延"的地方由路博德建筑前沿军镇城障，并开始屯守之时间。如上文所证：居延与延安、长安等地名的取义相同，都是寄望其为可以长远安居，长治久安之地方或都市城镇。其为原出汉语之词，无可置疑。至于"居延泽上"，这里的"上"字指北岸。正如上文指出，在有关城镇建筑之前的该地山水有胡汉通用的"居延"之名，应是胡汉混合汉语的产物。故此文之正义《括地志》之注是以后出之县城名追书前事。因为据正义《括地志》所云可知，当时路博德最早建筑之城镇名为"遮虏鄣"，可见其时还没有名叫居延的城镇。与此相类似，《大宛列传》载：约在太初三年（前102）夏秋之间，武帝派李广利第二次出征大宛时，"益发戍甲卒十八万酒泉。张掖北置居延、休屠以卫酒泉"。对此集解如淳曰："立二县以卫边也。或曰置二部都尉以卫酒泉。"[2] 其实当时尚未设张掖郡，也无居延县及县城之设。故笔者将以上引文的标点改了，并要指出"居延、休屠"都是用后名追书。可参考下文对《李陵传》及《大宛列传》的考证]。

　　其[谭按：指太初三年（前102）]秋，匈奴大入定襄、云中，杀略数千人，败数二千石而去，行破坏光禄所筑城列亭鄣[谭按：可证此时在后来设立居延县的地区只有"光禄所筑城列亭鄣"]。又使右贤王入酒泉、张掖[谭按：原文的"酒泉张掖"应理解为"酒泉"的"张掖"，故不可标点为"酒泉、张掖"。详证见下文《大宛列传》相关部分的校注]，略数千人。会任文（集解《汉书音义》曰："汉将也。"）击救，尽复失所得而去。是岁，贰师将军破大宛，斩其王而还。匈奴欲遮之，不能至。其冬，欲攻受降城，会单于病死。呴犁湖单于立一岁死。匈奴乃立其弟左大都尉且鞮（索隐上音子余反，下音低）[谭按：还原推测其原名号可能是"祖德"或"祖帝"]侯为单于。

---

[1] 谭世宝：《燉煌的辞源再探讨》，第129页。

[2] 《史记》第十册，第3176页。

汉既诛大宛［谭按：约在太初三年（前102）[1]］，威震外国［谭按：约在太初二年（前101）[2]］。天子意欲遂困胡，乃下诏曰："高皇帝遗朕平城之忧，高后时单于书绝悖逆。昔齐襄公复九世之仇，《春秋》大之。"［谭按：此下诏时间，《通鉴》系于太初四年冬十二月（约前100初）[3]］（集解《公羊传》曰："九世犹可以复仇乎？曰虽百世可也。"）是岁太初四年［谭按：前101初—前100初］也。

（第九册第2916、2917页）

　　且鞮侯单于既立，尽归汉使之不降者。路充国等得归。单于初立，恐汉袭之，乃自谓"我儿子，安敢望汉天子！汉天子，我丈人行（正义胡朗反）也"［谭按：如上文指出，此乃假作谦卑之词。《通鉴》紧接上面武帝发诏文，仍系此段文字于太初四年冬（约前100初）[4]］。汉遣中郎将苏武厚币赂遗单于。单于益骄，礼甚倨，非汉所望也［谭按：《通鉴》系于天汉元年（约前100初—前99初）[5]］。

　　其明年［谭按：照上段顺推，此显然是天汉二年（前99初—前98初），因此本录文改将其另起一段］，浞野侯破奴得亡归汉［谭按：《霍去病列传》附载"赵破奴"误称其居匈奴十年始得逃归汉，集解引徐广称其于"天汉元年亡归"[6]，《通鉴》沿之[7]，皆误］。其明年［谭按："明"字为衍文当删，因为其下之事与上文之事为同年发生。故删"明"字并将点校本的两段合并为一段］，汉使贰师将军广利以三万骑出酒泉，击右贤王于天山（正义在伊州）［谭按：《史记·李广列传》附"李陵"记其时为"天汉二年秋"[8]，而《通鉴》系于天汉二年（约前99）夏五月[9]。应以《史记》为准。因为《通鉴》又用《汉书·李广传》附"李陵"之说，之说，载李陵同时在遮虏鄣出塞的具体时间是"九月"[10]，与其上文"夏五月"之说为自相矛盾］，得胡首虏万余级而还。匈奴大围贰师将军，几不脱。汉兵物故什六七。汉复使因杅将军敖出西河，与强弩都尉会涿涂山（集解徐广曰："涂音邪。"索隐涿音卓。涂音以奢

---

［1］《资治通鉴》第二册，第706页。

［2］《资治通鉴》第二册，第707页。

［3］《资治通鉴》第二册，第709页。

［4］《资治通鉴》第二册，第708页。

［5］《资治通鉴》第二册，第709页。

［6］《史记》第九册，第2945、2946页。

［7］《资治通鉴》第二册，第712页。

［8］《史记》第九册，第2877页。

［9］《资治通鉴》第二册，第712页。

［10］《汉书》第八册，第2451页；《资治通鉴》第二册，第713页。

反。正义匈奴中山也。[谭按:《汉书·匈奴传》将"涿涂"改作"涿邪",而《通鉴》沿《史记》仍作"涿涂"[1]。]),毋所得。又使骑都尉李陵将步、骑五千人,出居延北千余里[谭按:本传文校点本标点作"将步骑五千人",现加了顿号,明确指步兵与骑兵共五千人。而《史记·李广列传》附"李陵"记作:"而使陵将其射士步兵五千人出居延北可千余里"。据此,可以推算出李陵除本身原有的八百骑士之外,外加本传所载其后来"将丹阳楚人五千人"选出的"射士步兵",合共五千人。又《汉书·李广传》附"李陵"所载司马迁答武帝之问,而为李陵兵败辩解说:"陵提步卒不满五千"[2],由此确证李陵所率步兵四千多人,加上其原统骑兵八百(或五百)[3],共五千多人。虽然《汉书·李广传》附"李陵"所载,李陵请求出征时,曾对武帝声称不用给他骑兵,接着说:"臣愿以少击众,步兵五千人涉单于庭。"[4]实际只是说不用给他增发骑兵,因为如上文所述,其在酒泉驻地原本就有骑兵八百或五百。仅就常识而言,其时身为"骑都尉"的李陵,绝对不可能在手下毫无骑兵的情况下,带领五千步兵远征匈奴],与单于会,合战[谭按:本传载李陵是按期出征到达目的地,完成了干扰分散匈奴兵力的任务后,在撤军回汉塞途中,接连遭到匈奴单于率军追击,最后被"单于以兵八万围击"[5],并非出征后直接与单于会战,较为准确],陵所杀伤万余人,兵及食尽,欲解归,匈奴围陵,陵降匈奴,其兵遂没,得还者四百人[谭按:本传载其"且引且战,连斗八日,还未到居延百余里,匈奴遮狭绝道,陵食乏而救兵不到,虏急击招降陵。陵曰:'无面目报陛下。'遂降匈奴。其兵尽没,余亡散得归汉者四百余人。又据上文正义《括地志》云:"汉居延县故城在甘州张掖县东北一千五百三十里,有汉遮虏鄣,强弩都尉路博德之所筑。李陵败,与士众期至遮虏鄣,即此也。长老传云鄣北百八十里,直居延之西北,是李陵战地也。"可证其时尚无居延县城之设,文中的"居延"应指"居延"山水之地区。而正义之注乃据后来的县城名追书。李陵战败投降之处,实在是距离其要逃回的汉朝边塞"遮虏鄣"一百八十里之地]。单于乃贵陵,以其女妻之[谭按:据《汉书·李广传》附"李陵"所载,在汉武帝误信传言说李陵投降并为匈奴训练军队,因而族灭其家"母弟妻子"之后,单于始"以女妻之,立为右校王",使李陵得到与卫律同样尊贵的地位。而《通鉴》乃用《汉书》的记事

---

[1]《汉书》第十一册,第3777页;《资治通鉴》第二册,第713页。

[2]《汉书》第八册,第2456页。

[3]《史记》第九册,第2877页,载李陵原统骑兵八百;《汉书》第八册,第2451页,载李陵原统骑兵五百留屯张掖。

[4]《汉书》第八册,第2451页。

[5]《史记》第九册,第2877页。

而系于天汉四年（前97）四月之前[1]，是较为具体准确。又《史记》本传载："单于既得陵，素闻其家声，及战又壮，乃以其女妻陵而贵之。汉闻，族陵母妻子。自是之后，李氏名败，而陇西之士居门下者皆用为耻焉。"[2] 此亦颠倒了李陵被匈奴单于"招驸马"和汉武帝"族陵母妻子"的先后]。

后二岁［谭按：照上段顺推，此显然是天汉四年（前97）］，复使贰师将军将六万骑，步兵十万［谭按：《汉书·匈奴传》及《通鉴》皆记作"步兵七万"[3]，不知何据］，出朔方。强弩都尉路博德将万余人，与贰师会。游击将军说［谭按：即韩说］将步、骑三万人［谭按：校点本标点作"将步骑三万人"，现加了顿号，以明确所指为步兵与骑兵。《汉书·匈奴传》及《通鉴》皆记作"步兵三万人"[4]，不知何据］，出五原。因杅将军敖［谭按：即公孙敖］将万骑、步兵三万人［谭按：校点本标点作"将万骑步兵三万人"，现加了顿号，以明确区分步兵与骑兵。《汉书·匈奴传》及《通鉴》皆能沿《史记》本传正确区分两兵种，而记作"将骑万，步兵三万人"[5]，唯把"将万骑"改作"将骑（兵）万（人）"，似乎与"步兵三万人"结构一致，文意更清晰］，出雁门。匈奴闻，悉远其累重于余吾水北（集解 徐广曰："余，一作'斜'，音邪。" 索隐 徐广云："一作'斜'，音邪。"《山海经》云："北鲜之山，鲜水出焉，北流注余吾。" 正义 累，力为反。重，丈用反），而单于以十万骑待水南，与贰师将军接战。贰师乃解而引归，与单于连战十余日。贰师闻其家以巫蛊族灭，因并众降匈奴（集解 徐广曰："案《史记·将相年表》及《汉书》，征和二年，巫蛊始起。三年，广利与商丘成出击胡军，败，乃降。"），得来还千人一两人耳。游击［将军］说无所得。因杅敖与左贤王战，不利，引归。是岁（集解 徐广曰："天汉四年。" 正义 自此以下，上至贰师闻其家，非天汉四年事，似错误，人所知）［谭按：此处及上文的一些混乱错误或失准之处，可能都与司马迁收笔前的不幸遭遇有关，其书文涉及当时人事，被迫自行删改或被人删改，实属必然之事。《通鉴》也否定《史记》此段记载[6]］汉兵之出击匈奴者不得言功多少，功不得御（正义 御音语。其功不得相御当也）。有诏捕太医令随但，言贰师将军家室族灭，使广利得降匈奴［谭按：《汉书·匈奴传》载其在知道武帝以其"妻子坐巫蛊收"监之后，才在忧惧中反胜为败投

［1］《汉书》第八册，第2457页；《资治通鉴》第二册，第721页。

［2］《史记》第九册，第2878页。

［3］《汉书》第十一册，第3777页；《资治通鉴》第二册，第720页。

［4］《汉书》第十一册，第3777页；《资治通鉴》第二册，第720页。

［5］《汉书》第十一册，第3777页；《资治通鉴》第二册，第720页。

［6］《资治通鉴》第二册，第720、721页。

降匈奴。《通鉴》系于征和三年（前90）六月之后[1]）（索隐《汉书》云："明年，且鞮死，长子狐鹿姑单于立。"[谭按："狐鹿姑"似可还原为"胡禄君"]张晏云："自狐鹿姑单于已下，皆刘向、褚先生所录，班彪又撰而次之，所以《汉书·匈奴传》有上下两卷。"）[谭按：由此可知，这是造成《史记》上述一些混乱错误或失准的部分重要原因]。

太史公曰：孔氏著《春秋》，隐、桓之闲则章，至定、哀之际则微（索隐案：讳国恶，礼也。仲尼仕于定哀，故其著《春秋》，不切论当世而微其词也），为其切当世之文而罔褒，忌讳之辞也（索隐案：罔著，无也。谓其无实而褒之是也，忌讳当代故也）。世俗之言匈奴者，患其徼一时之权（集解徐广曰："徼音皎。"索隐按：徐音皎，刘伯庄音叫，皆非也。按其字宜音侥。徼者，求也，言求一时权宠），而务谄纳其说（索隐音税），以便偏指，不参（索隐案：谓说者谋匈奴，皆患其直徼求一时权幸，但务谄进其说，以自便其偏指，不参详终始利害也）彼己；将率（集解诗云："彼己之子。"索隐彼己者，犹诗人讥词云"彼己之子"是也。将率则指樊哙、卫、霍等也）席中国广大，气奋，人主因以决策，是以建功不深。尧虽贤，兴事业不成，得禹而九州宁（正义言尧虽贤圣，不能独理，得禹而九州安宁。以刺武帝不能择贤将相，而务谄纳小人浮说，多伐匈奴，故坏齐民。故太史公引禹圣成其太平，以攻当代之罪）。且欲兴圣统，唯在择任将相哉！唯在择任将相哉！

（第九册第2917—2920页）

[谭按：以上《匈奴列传》的传文及司马迁的总结语，表明其继承发扬了孔子写《春秋》的传统，详明彰显远古之史而略微隐晦近今之事，尤其对所亲历今上武帝末年的复杂人事，下笔诸多忌讳，无法秉笔直书，并非单纯出于对孔子儒家的传统史学的继承，而是有其壮年惨受"宫刑"的切身之痛的后果。所谓"不切论当世而微其词也"，就是这篇结语的主旨与行文的示范。]

（四）《卫将军骠骑列传》

1. 卫青

元光五年[谭按：《汉书·卫青传》所载与本文大同小异，但是，将"元光五年"

---

[1]《汉书》第十一册，第3779、3780页；《资治通鉴》第二册，第736页。

误改作"元光六年"[1]，《通鉴》沿之[2]。笔者对"元光六年（前129）"说之勘正，可参考上文《匈奴列传》有关部分]，青为车骑将军，击匈奴，出上谷；太仆公孙贺为轻车将军，出云中；大中大夫［谭按：《汉书·卫青传》作"太中大夫"］公孙敖为骑将军，出代郡；卫尉李广为骁骑将军，出雁门：军各万骑。青至茏城，斩首虏数百。骑将军敖亡七千骑；卫尉李广为虏所得，得脱归：皆当斩，赎为庶人。贺亦无功［谭按：对于此次出征，《匈奴列传》所记为："自马邑军后五年之秋，汉使四将军各万骑击胡关市下。将军卫青出上谷，至茏城，得胡首虏七百人。公孙贺出云中，无所得。公孙敖出代郡，为胡所败七千余人。李广出雁门，为胡所败，而匈奴生得广，广后得亡归。汉囚敖、广，敖、广赎为庶人。"两者差异，上文已经作了比较分析，此处不赘]。

元朔元年［谭按：（前128）[3]］春，卫夫人有男（索隐即卫太子据也），立为皇后。其秋，青为车骑将军，出雁门，三万骑击匈奴，斩首虏数千人［谭按：《匈奴列传》载："于是汉使将军卫青将三万骑出雁门，李息出代郡，击胡。得首虏数千人。"《汉书·匈奴传》及《通鉴》基本沿之[4]。这显然将此年与二年两次出兵的人物、地点混淆了。应以本传所载为准，详见上文《匈奴列传》的有关考证]。

明年［谭按：元朔二年（前127），《通鉴》系于去年秋[5]，实误］，匈奴人杀辽西太守，虏略渔阳二千余人［谭按：《匈奴列传》载："秋，匈奴二万骑入汉，杀辽西太守，略二千余人。胡又入败渔阳太守军千余人，围汉将军安国，安国时千余骑亦且尽，会燕救至，匈奴乃去。匈奴又入雁门，杀略千余人。于是汉使将军卫青将三万骑出雁门，李息出代郡，击胡。得首虏数千人。"］，败韩［安国］将军军。汉令将军李息击之，出代；令车骑将军青出云中以西至高阙［谭按：《匈奴列传》载："其明年秋，匈奴二万骑入汉，杀辽西太守，略（渔阳）二千余人。胡又入败渔阳太守军千余人，围汉将军（韩）安国，安国时千余骑亦且尽，会燕救至，匈奴乃去。于是汉使将军卫青将三万骑出雁门，李息出代郡，击胡。得首虏数千人。"上文已指出其末两句是将两次出征混为一谈。"卫青将三万骑出雁门"显然属于去年秋之事］（索隐按：按：山名也。小颜云"一曰塞名，在朔方之北"）。遂略河南地，至于陇西，捕首虏数千，畜数十万，走白羊、楼烦王。遂以河南地为朔方郡（索隐按：谓北地郡之北，黄河之

〔1〕《汉书》第八册，第2472页。
〔2〕《资治通鉴》第二册，第596页。
〔3〕《资治通鉴》第二册，第596页。
〔4〕《汉书》第十一册，第3766页；《资治通鉴》第二册，第598页。
〔5〕《资治通鉴》第二册，第598页。

南。正义今夏州也）［谭按：有关《匈奴列传》的异文及失准，可参考上文］。以三千八百户封青为长平侯。青校尉苏建有功，以千一百户封建为平陵侯。使建筑朔方城（正义《括地志》云："夏州朔方县北什贲故城是。"按：苏建筑，什贲之号盖出蕃语也）。青校尉张次公有功，封为岸头侯（索隐案：晋灼云"河东皮氏县之亭名也"。正义服虔云："乡名也。"）。天子曰："匈奴逆天理，乱人伦，暴长虐老，以盗窃为务，行诈诸蛮夷，造谋借兵，数为边害（集解张晏曰："从蛮夷借兵钞边也。"），故兴师遣将，以征厥罪。《诗》不云乎，'薄伐猃狁（索隐薄伐猃狁。此《小雅·六月》诗，美宣王北伐也。薄伐者，言逐出之也），至于太原'，'出车彭彭，城彼朔方'（索隐《小雅·出车》之诗也）。今车骑将军青度西河（正义即云中郡之西河，今胜州东河也）至高阙，获首虏二千三百级，车辎畜产毕收为卤，已封为列侯，遂西定河南地，按榆谿旧塞（集解如淳曰："案，行也。榆谿，旧塞名。"或曰按，寻也。索隐按榆谷旧塞。如淳云："按，行也，寻也。榆谷，旧塞名也。"案：《水经》云"上郡之北有诸次水，东经榆林塞为榆谿"，是榆谷旧塞也）。绝梓领，梁北河（集解如淳曰："绝，度也。为北河作桥梁。"正义《括地志》云："梁北河在灵州界也。"），讨蒲泥，破符离（集解晋灼曰："二王号。"索隐晋灼云："二王号。"崔浩云："漠北塞名。"），斩轻锐之卒，捕伏听者三千七十一级（集解张晏曰："伏于隐处，听军虚实。"），执讯获丑（正义讯，问也。丑，众。言执其生口问之，知虏处，获得众类也），驱马牛羊百有余万，全甲兵而还，益封青三千户。"其明年［谭按：有关《匈奴列传》的异文及失准，可参考上文］，匈奴入杀代郡太守友（集解徐广曰："友者，太守名也。姓共也。"），入略雁门千余人［谭按：《匈奴列传》本文载："其夏，匈奴数万骑入杀代郡太守恭友，略千余人。其秋，匈奴又入雁门，杀略千余人。"匈奴入侵时间、人数及杀代郡太守的姓名以及同时所略人数都较为具体］。

其明年［谭按：元朔三年（前127）］，匈奴大入代、定襄、上郡［谭按：《匈奴列传》本文载入侵这三郡的匈奴为"各三万骑"，其他异文详上文《匈奴列传》的有关考证］，杀略汉数千人。

（第九册第 2923、2924 页）

2. 霍夫病

其夏［谭按：时为元狩二年（前121）］，骠骑将军与合骑侯敖俱出北地，异道；博望侯张骞、郎中令李广俱出右北平，异道：皆击匈奴。郎中令将四千骑先至，博望侯将万骑在后至。匈奴左贤王将数万骑围郎中令，郎中令与战二日，死者过半，所杀亦过当。博望侯至，匈奴兵引去。博望侯坐行留，当斩，赎为庶人。而骠骑将军出北地，已遂深入，与合骑侯失道，不相得。骠骑将军踰居延至祁连山，捕首虏甚多。天子曰："骠骑将军踰居延（ 集解 张晏曰："水名也。"）［谭按：其时的"居延"为河水名而非城镇名，足证该出并无胡人的不动产建筑］，遂过小月氏（ 索隐 韦昭云："音支。"《西域传》："大月氏本居敦煌、祁连闲，余众保南山，遂号小月氏。"），攻祁连山（ 索隐 小颜云："即天山也。匈奴谓天〔为〕祁连。"《西河旧事》谓白山，天山。祁连恐非即天山也。），得酋涂王，（ 集解 张晏曰："胡王也。"索隐酋音才由反。涂音徒。《汉书》云："扬武乎鱳得，得单于单桓、酋涂王"，此文省也。）［谭按："单于"为匈奴最高首领，"单桓"则为西域小国及城名，都与此战无关。《汉书》增加"单于单桓"于武帝诏中，显为衍文。《汉书》所载此诏文与《史记》差异甚多，显然有后人或班固本人加工修改的成分。其明显之错还有将下文的汉朝"千骑将"篡改为匈奴的"右千骑将"，被索隐加按语纠正。真可谓"尽信《书》，则不如无书"〔1〕］。以众降者二千五百人，斩首虏三万二百级，获五王、五王母，单于阏氏、王子五十九人，相国、将军、当户、都尉［谭按：这是匈奴借用汉朝的王侯将相名号建立起汉化的军政系统的表现。与后来西域诸国由汉朝赐予有关名号制度略的来源路径略有不同。详见下文有关《汉书》之《西域传》上、下的研究考证］六十三人，师大率（ 正义 率音律也。）减什三（ 索隐 案：《汉书》云"减什七"，不同也。小颜云"破匈奴之师，十减其七。一云汉兵亡失之数，下皆类此"。案：后说为是也）［谭按：今点校本《汉书》原文与《史记》同，也无注释〔2〕，看来当为索隐之后的改正本］，益封去病五千户［谭按：上引《汉书》本传载"五千四百户"］。赐校尉从至小月氏爵左庶长。鹰击司马破奴再从骠骑将军斩遫濮（ 正义 速卜二音）［谭按：就此音而言，可能是《匈奴列传》所载的"须卜"的异写］王，捕稽沮王（ 索隐 沮音子余），千骑将得王、王母各一人（ 索隐 按：《汉书》云"右千骑将王"，然则此千骑将汉之将，属赵破奴，得匈奴五王及王母也。或云右千骑将即匈奴王之名），王子以下四十一人，捕虏三千三百三十人，前行捕虏千四百人，以千五百户封破奴为从骠侯（ 集解 张晏曰："从骠骑将军有功，因以为号。"）。校尉句王高不识（ 集解 徐广曰："句音鉤。匈奴以为号。" 索隐 案：二人并匈奴人也），从骠骑将军捕呼于屠王（ 索隐 案：三字共为王号）王子

---

〔1〕［战国］孟子：《孟子·尽心章句下》。

〔2〕《汉书》第八册，第2480页。

以下十一人，捕虏千七百六十八人，以千一百户封不识为宜冠侯（[正义]孔文祥云："从冠军将军战故。宜冠，从骠之类也。"）。校尉仆多（[索隐]案：《汉百官表》作"仆朋"，疑多是误）有功，封为辉渠侯。"（[索隐]辉音晖）合骑侯敖坐行留不与骠骑会，当斩，赎为庶人。诸宿将所将士马兵亦不如骠骑，骠骑所将常选（[索隐]音宣变反。谓骠骑常选择取精兵），然亦敢深入，常与壮骑先其大（将）军，军亦有天幸，未尝困绝也。然而诸宿将常坐留落不遇（[索隐]案：谓迟留零落，不偶合也）。由此骠骑日以亲贵，比大将军。

（第九册第 2930、2931 页）

其秋，单于怒浑邪王居西方数为汉所破，亡数万人，以骠骑之兵也。单于怒，欲召诛浑邪王。浑邪王与休屠王等谋欲降汉，使人先要边（[索隐]案：谓先于边境要候汉人，言其欲降）[谭按：与《匈奴列传》基本相同，可参考上文有关考证]。是时大行李息将城河上，得浑邪王使，即驰传以闻。天子闻之，于是恐其以诈降而袭边[谭按：以上一段《匈奴列传》不载]，乃令骠骑将军将兵往迎之。骠骑既渡河，与浑邪王众相望。浑邪王裨将见汉军而多欲不降者，颇遁去。骠骑乃驰入与浑邪王相见，斩其欲亡者八千人，遂独遣浑邪王乘传先诣行在所，尽将其众渡河，降者数万，号称十万。既至长安，天子所以赏赐者数十巨万。封浑邪王万户，为漯阴侯（[索隐]漯音他合反。案地理志，县名，在平原郡）。封其裨王呼毒尼（[集解]文颖曰："胡王名。"）为下摩侯，鹰庇为辉渠侯（[集解]徐广曰：一云'篇訾'。[索隐]《汉书》鹰作"雁"。庇音必二反，又音疋履反。案：《汉书·功臣表》云元狩二年以辉渠封仆朋，至三年又封鹰庇。其地俱属鲁阳，未详所以。[正义]辉渠，表作"顺梁"），禽梨（[集解]徐广曰："禽，一作'鸟'。"[索隐]案：表作"鸟梨"）为河綦侯，大当户铜离（[集解]徐广曰："一作'稠离'也。"[索隐]徐广一作"稠离"，与《汉书·功臣表》同。此文云"铜离"，文异也）为常乐侯。于是天子嘉骠骑之功曰："骠骑将军去病率师攻匈奴西域王浑邪，王及厥众萌咸相奔，率以军粮接食，并将控弦万有余人，诛獥駻（[集解]晋灼曰："獥音欺谯反。"[索隐]上音丘昭反。《说文》作"趫"，行遮貌。遮，一作"疾"。駻音胡旦反），获首虏八千余级，降异国之王三十二人，战士不离伤，十万之众咸怀集服，仍与之劳，爰及河塞，庶几无患（[正义]言匈奴右地浑邪王降，而塞外并河诸郡之民无忧患也），幸既永绥矣。以千七百户益封骠骑将军。"减陇西、北地、上郡戍卒之半，以宽天下之徭[谭按：以上一段《匈奴列传》所载简略而微异，其文如下："汉使骠骑将军往迎之。浑邪王杀休屠王，并将其众降汉。凡四万余人，号十万。于是汉得浑邪王，则陇西、北地、河西益少胡寇，徙关东贫民处所夺匈奴河南、新秦中以实之，而减北地以西戌卒半"，两者互为补充校正，方为全面]。

居顷之，乃分徙降者边五郡故塞外（正义 五郡谓陇西、北地、上郡、朔方、云中，并是故塞外，又在北海西南），而皆在河南，因其故俗，为属国（正义 以降来之民徙置五郡，各依本国之俗而属于汉，故言"属国"也）［谭按：此为汉朝在边郡安置归降的匈奴各部，实行逐渐汉化的一国两俗制度］。其明年，匈奴入右北平、定襄，杀略汉千余人。

其明年［谭按：时为元狩三年（前120）］，匈奴入右北平、定襄各数万骑，杀略千余人而去。

其明年［谭按：《匈奴列传》作"其明年春"］，天子与诸将议曰："翕侯赵信为单于画计，常以为汉兵不能度幕轻留（索隐 案：幕即沙漠，古字少耳。轻留者，谓匈奴以汉军不能至，故轻易留而不去也），今大发士卒，其势必得所欲。"是岁元狩四年［前119］也。

元狩四年春，上令大将军青、骠骑将军去病将各五万骑，步兵转者踵军数十万（正义 言转运之士及步兵接后又数十万人）［谭按：《匈奴列传》作"乃粟马发十万骑，（负）私〔负〕从（正义谓负担衣粮，私募从者，凡十四万匹。）马凡十四万匹，粮重不与焉。"两者可互为补充］，而敢力战深入之士皆属骠骑。骠骑始为出定襄，当单于。捕虏言单于东，乃更令骠骑出代郡，令大将军出定襄。郎中令为前将军，太仆为左将军，主爵赵食其为右将军，平阳侯襄为后将军，皆属大将军。兵即度幕，人马凡五万骑，与骠骑等咸击匈奴单于［谭按：其实武帝是有意安排让去病率领强将猛士主攻单于，孰料"有心栽花花不发"，结果是卫青所部意外成为主攻单于之军。参考上文《匈奴列传》及下文《霍去病列传》有关考证］。赵信为单于谋曰："汉兵既度幕，人马罢，匈奴可坐收虏耳。"乃悉远北其辎重，皆以精兵待幕北。而适值大将军军出塞千余里，见单于兵陈而待［谭按：卫青与单于并非突然遭遇之战。《李将军（李广）列传》已经明确记载卫青出塞即探知单于在漠北的位置，便直接前去攻打他。详见上文《匈奴列传》的考证］，于是大将军令武刚车自环为营（集解 《孙吴兵法》曰："有巾有盖，谓之武刚车也。"），而纵五千骑往当匈奴。匈奴亦纵可万骑。会日且入，大风起，沙砾击面，两军不相见，汉益纵左右翼绕单于。单于视汉兵多，而士马尚强，战而匈奴不利，薄莫，单于遂乘六骡，壮骑可数百，直冒汉围西北驰去。时已昏，汉匈奴相纷挐（正义 《三苍解诂》云："纷挐，相牵也。"），杀伤大当（索隐 以言所杀伤大略相当）。汉军左校捕虏言单于未昏而去，汉军因发轻骑夜追之，大将军军因随其后。匈奴兵亦散走。迟明（集解徐广曰："迟，一作'黎'。"索隐上音值，待也。待天欲明，谓平明也。诸本多作"黎明"。邹氏云"黎，迟也"。然黎，黑也，候天将明犹黑也。正义迟音值），行二百余里，不得单于，颇捕斩首虏万余级〔谭按：《匈奴列传》载："行斩捕匈奴首虏万九千级。"乃将下段删节而将其统计数字移于此〕，遂至寘颜山赵信城（集解徐广曰："寘音田。"），得匈奴积粟食军。军留一日而还，悉烧其城余粟以归〔谭按：《匈奴列传》载："北至阗颜山赵信城（集解如淳曰："信前降匈奴，匈奴筑城居之。"）而还。"本传较为详尽〕。

大将军之与单于会也，而前将军广、右将军食其军别从东道，或失道，后击单于。大将军引还过幕南，乃得前将军、右将军。大将军欲使使归报，令长史簿责前将军广，广自杀。右将军至，下吏，赎为庶人。大将军军入塞，凡斩捕首虏万九千级〔谭按：此统计数字应该包含上段卫青之军，以及本段提及的李广等军所斩捕首虏。如上所述，《匈奴列传》对这两段作了错误的删节合并〕。

……

两军之出塞，塞阅官及私马凡十四万匹，而后入塞者不满三万匹〔谭按：本传上文载"上令大将军青、骠骑将军去病将各五万骑，步兵转者踵军数十万"；而《匈奴列传》作"乃粟马发十万骑，（负）私〔负〕从（正义谓负担衣粮，私募从者，凡十四万匹）马凡十四万匹，粮重不与焉。"两者互为补充，可知当时出塞的军队战马共十万匹，而边郡城塞"私募从者"的"私马"就共有十四万匹。由此可见，本文所谓"塞阅官及私马凡十四万匹"并不包含十万匹军队战马。这部分军马及获得匈奴的军民马匹返回汉朝共有多少，似乎没有包含在"而后入塞者不满三万匹"的私马之内。又上文《匈奴列传》部分已经考证该传"汉马死者十余万匹"[1]，与《平准书》："汉军马死者十余万匹"[2]这两句的"汉（军）马"显然不能指卫青与霍去病各领"五万骑"的"粟马"，应该也只能指"塞阅官及私马凡十四万匹"中的"十余万匹"，故此只能指这部分私马回来"入塞者不满三万匹"。如果是指十万匹战马死了"十余万匹"，则无论如何不能成立，也就不可能还有"入塞者不满三万匹"了。而目前互联网络上流行很多文章都误称汉朝出征战马十四万匹，回来不足三万。值得注意纠正。再据本传文所描述的具体战况，卫青之军"纵五千骑往当匈奴。匈奴亦纵可万骑。……汉匈奴相纷挐，杀伤大当"。或可以推断卫青之军于此战是损敌一万，自损七八千。加上李广

---

〔1〕《史记》第九册，第2911页。

〔2〕《史记》第四册，第1428页。

所率四千骑近乎全军覆没[1]，可推定其全军损失约一万多骑。而霍去病之"师率减什三"[2]，即损失了十分之三，约一万五千骑。两军合计损失不到三万骑]。乃益置大司马位，大将军、骠骑将军皆为大司马（集解 晋灼曰："悉加大司马者，欲令骠骑将军去病与大将军青等耳。"）。定令，令骠骑将军秩禄与大将军等。自是后，青日衰而去病日益贵。青故人门下多去事去病，辄得官爵，唯独任安不肯去（师古曰："安，荥阳人，后为益州刺史，即遗司马迁书者。"）。

（第九册第 2933—2938 页）

最骠骑将军去病，凡六出击匈奴，其四出以将军，斩捕首虏十一万余级。及浑邪王以众降数万，遂开河西酒泉之地（正义 河谓陇右兰州之西河也。"酒泉"谓凉、肃等州。《汉书·西域传》云：骠骑将军击破匈奴右地，置酒泉郡，后分置武威、张掖、燉煌等郡[3]）[谭按：校点本将"河西酒泉之地"误点作"河西、酒泉之地"，这使人误会当时已经开设了河西郡及酒泉郡。今据"正义河谓陇右兰州之西河也"，可知"河西酒泉之地"，其实是指原为匈奴占有，而被后来唐称"兰州"之"西河"西岸的汉称"酒泉"之地]，西方益少胡寇。"[谭按：此段追述有点混乱，必须厘清。首先，"浑邪王以众降数万"事在元狩二年（前 121）秋。而笔者下文的研究考证，推定酒泉设郡于元封三年冬十二月（前 107 年 1 月 13 日—2 月 11 日），因为霍去病卒于元狩六年（前 117）[4]故其"开河西酒泉之地"是指在"河西酒泉"开疆辟地，在此时充其量开设了酒泉城塞，并未开设酒泉郡或酒泉县。两者相差十多年。所谓"西方益少胡寇"，应该是指在汉朝设立了酒泉城塞之后，其以西的匈奴原占而汉朝又未建立一系列边塞城镇的河西走廊地区，日益少见匈奴人马。这其实就是《大宛列传》所描述的如下情况："其明年（前 121），浑邪王率其民降汉，而金城、河西西并南山至盐泽空无匈奴。匈奴时有候者到，而希矣。"[5]而《匈奴列传》所记则说："于是汉得浑邪王，则陇西、北地、河西益少胡寇，徙关东贫民处所夺匈奴河南、新秦中以实之，而减北地以西戍卒半。"有关这段话的考证，见下文。]

将军路博德，平州人（正义《汉书》云：西河平州。按：西河郡今汾州）。以右北平太守从骠骑将军有功，为符离侯[谭按：时在元狩四年（前 119）六月[6]《汉

[1]《史记》第九册，第 2872、2873 页。

[2]《史记》第九册，第 2936 页。

[3]《史记》第九册，第 2945 页。然其误将"河西酒泉"点作"河西、酒泉"。

[4]《史记》第九册，第 2939 页。

[5]《史记》第十册，第 2367 页；《汉书》第八册，第 2487 页；《资治通鉴》第二册，第 643 页。

[6]《史记》第三册，第 1043 页。

书》《通鉴》称"符离侯"为"邳离侯",实误[1]。因为"符离"乃胡汉混合语的匈奴王[2]或匈奴地名,用作丑称时可以写作狐狸。其获此之侯名,应因攻打匈奴而俘获匈奴"符离王"等人立功而获封]。骠骑死后,博德以卫尉为伏波将军,伐破南越,益封[谭按:《通鉴》系于元鼎六年(前111)[3]]。其后坐法失侯[谭按:时在太初元年(前104)[4]]。为强弩都尉,屯居延[谭按:《匈奴列传》载太初三年(前102),武帝"使强弩都尉路博德筑(城障)居延泽上。"《正义》引《括地志》称其本名为"遮虏鄣"[5]。《通鉴》系此筑城及屯兵之时均在同一年[6],卒[谭按:《匈奴列传》载其最后一次出征匈奴与贰师将军李广利会师是在天汉四年(前97)春[7],故可推断其卒在此时之后]。

将军赵破奴,故九原人(正义 今胜州)。尝亡入匈奴,已而归汉,为骠骑将军司马。出北地时有功,封为从骠侯[谭按:事在元狩二年(前121)夏]。坐酎金失侯[谭按:事在元鼎五年(前112)]。后一岁,为匈河将军,攻胡至匈河水,无功[谭按:事在元鼎六年(前111)]。后二岁[谭按:据前文推算为前109年,亦即后文所注引徐广说的"元封二年"](集解 徐广曰:"元封二年"),后六岁[谭按:据前文推算为前103年,亦即后文所注引徐广说的"太初二年"](集解 徐广曰:"太初二年。"),击虏楼兰王,复封为浞野侯[谭按:此文对破奴的简介是高度浓缩的,应参考《史记》的原始记载作修改和补充说明。例如,《大宛列传》载:"于是天子以故遣从骠侯破奴将属国骑及郡兵数万,至匈河水,欲以击胡,胡皆去。其明年(集解 徐广曰:"元封三年。"),击姑师。破奴与轻骑七百余先至,虏楼兰王,遂破姑师。因举兵威以困乌孙、大宛之属。还,封破奴为浞野侯。"[8]又《史记·建元以来侯者年表》《汉书·景武昭宣元成功臣表》皆载此年封破奴为浞野侯而不载其具体月份[9]。由此可证,破奴由出征到班师回朝获得封侯,皆在元封三年这一年之内。而《通鉴》却先错系"虏楼兰王"之事系于元封二年十二月,然后接着将后一事画蛇添足说:"(元封

〔1〕《汉书》第八册,第2487页;《资治通鉴》第二册,第643页。
〔2〕《史记》第三册,第1045页;《汉书》第三册,652页,皆载匈奴"符离王"降汉后被封为"湘成侯"。
〔3〕《资治通鉴》第二册,第671页。
〔4〕《史记》第三册,第1043页;《汉书》第三册,第650页,具载其所犯为"坐见知子犯逆不道罪"。
〔5〕《史记》第九册,第2916页。
〔6〕《资治通鉴》第二册,第703、705页。
〔7〕《史记》第九册,第2918页;《资治通鉴》第二册,第720页。
〔8〕《史记》第十册,第3172页。
〔9〕《史记》第九册,第2945、2946页。

三年）春，正月，甲申，封破奴为浞野侯。"[1] 显而易见，这两件事是不可能在一头半月内完成的。对其误之深入分析纠正，见下文《张骞传》有关部分。在此还要说明，破奴被封"浞野侯"，以其"虏楼兰王，遂破姑师"之功。其侯名号的"浞"是"捉"的同音假借，"浞野"的意思就是捕捉野蛮的楼兰及姑师之国王。"野"可以代表所有人、物、地的鄙俗之称，相当于当今通语的"东西"。至今粤语保留了这个源远流长而极为普遍频繁使用的口语词，并为之创造了方言字"嘢"。这足以否定王宗维提出的"张掖一名是涿邪（浞野）的同名异译，是涿邪部人曾居于此而得名"之说。因为"浞野侯"的命名，远在"张掖"与"涿涂（邪）"之前六年及九年。因为"张掖"作为设郡之前的军镇之名，目前最早见于太初三年（前102）[2]，而"涿邪（涂）"作为山名，始见于天汉二年（前99）[3]。可见"浞野"侯之封与"张掖"镇之设，"涿涂（邪）"山之载，三者的时间和地点皆相差甚远，可谓风马牛不相及，不可混为一谈]。后六岁（集解徐广曰："太初二年。"），为浚稽将军，将二万骑击匈奴左贤王，左贤王与战，兵八万骑围破奴，破奴生为虏所得，遂没其军。居匈奴中十岁，复与其太子安国亡入汉（集解徐广曰："以太初二年入匈奴，天汉元年亡归，涉四年。"）[谭按：破奴被匈奴俘虏时在太初二年，本无疑问。《通鉴》却先系于太初二年，后又在天汉元年"赵破奴自匈奴亡归"下加注说："太初元年，破奴为匈奴所获。"[4] 前后矛盾，应予纠正]。后坐巫蛊，族。

（第九册第 2945、2946 页）

[谭按：众所周知霍去病卒于元狩六年（前 117），如笔者于上下文之考证，元狩四年至五年间，霍去病之武功只是"开河西酒泉之地"，其时并未开设酒泉郡或酒泉县，更谈不上十多年之后成立了酒泉郡。至于后来再陆续由酒泉郡分拆增设的敦煌、武威、张掖三郡，其实都是在司马迁和汉武帝都死后才发生之事。故在司马迁的《史记》中根本没有所谓"河西四郡"之说。但是，唐朝张守节的《正义》却对此文误引《汉书》作注说："河谓陇右兰州之西河也。'酒泉'谓凉、肃等州。《汉书·西域传》云：骠骑将军击破匈奴右地，置酒泉郡，后分置武威、张掖、燉煌等郡。"如此含混地以后出之州、郡的地名注解西汉司马迁《史记》有关记述之事，加上今人对"置酒泉郡"的错误标点，就使得很多古今人误以为"分置武威、张掖、燉煌等郡"都是《史记》所述霍去病之事的省略。当然，其

---

[1]《资治通鉴》第二册，第 687 页。

[2]《史记》第九册，第 2917 页。

[3]《史记》第九册，第 2917 页。

[4]《资治通鉴》第二册，第 702、712 页。

所谓"河谓陇右兰州之西河也。'酒泉'谓凉、肃等州"之说，有助于我们了解《史记》的"河西酒泉"在唐代乃至今天的范围。这就是"河西"乃指"兰州之西河"以西，亦即《史记·大宛列传》所载的"金城河西西"，故将可此文勘正为"金城西河西"。而"酒泉"的范围则甚为广大，包括了唐代的"凉、肃等州"。有关详证容下文《大宛列传》等部分再继续做。]

（五）《大宛列传》

……于寘之西，则水皆西流，注西海；其东水东流，注盐泽（索隐 盐水也。……正义 《汉书》云："盐泽去玉门、阳关三百余里，广袤三四百里。其水皆潜行地下，南出于积石山为中国河。《括地志》云："蒲昌海一名泑泽，一名盐泽，亦名辅日海，亦名穿兰，亦名临海，在沙州西南。玉门关在沙洲寿昌县西六里。"）。

（第十册第3160页）

[谭按："玉门阳关"不见于《史记》原文，以其为"盐泽"及以西的西域诸国与汉朝边地的地标距离，乃滥觞于《汉书·西域传》。这本身就属于班固以后名追书前史之例，必须认真研究厘清。最重要的一个误解，就是"玉门阳关"通常被班固以后之人看作是平列的两个关，故《正义》引《汉书·西域传·上》之文而被今人将其标点作"玉门、阳关"。笔者认为"玉门阳关"应理解为玉门（县）的阳关，因为此关位于古玉门县城的南边，故称"玉门阳关"。而敦煌以西的所谓玉门关遗址与其南边的阳关距离有70公里（140里），则显然不能认为两关与盐泽是等距离，而说"盐泽去玉门、阳关三百余里"。]

……及得大宛汗血马益壮，更名乌孙马曰"西极马"名大宛马曰"天马"云。而汉始筑令居以西 [谭按：原标作"，"，今改作"。"，且将下句另起一段，因为前后两件事是发生在不同时间和地点的]（集解 徐广曰："属金城"）。

初置酒泉郡，以通西北国。因益发使抵安息、奄蔡、黎轩、条枝、身毒国。而天子好宛马，使者相望于道。

（第十册第3170页）

[谭按：笔者下文将证明"汉始筑令居以西"之事，在元封三年冬十二月（前107年1月13日—2月11日）之前便已完成。而《集解》徐广曰："属金城"，此乃用后出的郡名注解前史。"金城郡"始设于武帝始元六年（前81）。在汉朝于元狩二年（前121）击败匈奴之前或其稍后一段时间，并不存在汉朝拥有和

命名的"金城"的郡、县、镇或河等有关地名。正如《通鉴》转述原出《史记·大宛列传》的"金城河西"的胡注指出："金城郡昭帝于元始六年（前81）方置，史追书也"由于不明此而误以为其时已经有"金城河西"等地名，东汉以降的史书如《汉书》《后汉书》《通典》等多有此类错误的综合追书记述，误导当今学者匪浅。例如，王宗维曾提出如下之误说：

> "金城"一名，最早见于《史记·大宛列传》"而金城，河西西并南山 至盐泽，空无匈奴"一语，时在武帝元狩年间。初为城名，后为县名、郡名[1]。

虽然，"金城"这个名字最早见于《史记·大宛列传》，但是《大宛列传》记事至太初四年（前101）"燉煌置酒泉都尉……而仑头有田卒数百人，因置使者护田积粟，以给使外国者"。当今有学者认为司马迁写《史记》全书，就是到此年为止。而《史记》点校本的"出版说明"指出：司马迁编写《史记》"到武帝征和二年（前91年）就基本完成了"。并且是在"大概过一二年或者三四年，他死了"[2]。笔者赞同此说，故可以断定当时司马迁所用此一"金城"地名，绝对不是郡、县之城名，充其量只是其时刚刚建立的一个军屯城镇之名，用作追书前事。至于王宗维据《大宛列传》的"大行李息将城河上"，而主张"这个城是在汉武帝元狩二年（前121），由大行李息督建"的金城，并且指其位在"大河（黄河）南侧"[3]。笔者认为，此说有点武断。首先，因为"李息将城河上"，只是说其将要建一座城于河上，并没有说他已经建了名叫"金城"的城在"河上"。其次，即使他后来建了这座无名之城而且确实在多年之后被命名为"金城"，也应该是在大河以北而非大河以南。因为古汉语历史地理文献的"上""下"，就是指北、南，所谓"北上""南下"，是众所周知的古今通语用词。例如，古史书及诗文的"塞上"指长城的边塞以北；"塞下"指长城的边塞以南[4]。故此文的"将城河上"，无疑就是指将要建城于河的北岸。由于当时汉军已经渡过了大河，是要在大河北岸建立城镇作为对匈奴发动进攻和接应匈奴归降者的前沿据点，所以不会建城于南岸而取防守之态势。

但是，有学者只用《汉书》的笼统记述，就误认为"《汉书》记载，武帝元狩二年前……先后在河西设四郡、置两关，在今永登县庄浪河谷移民屯田，筑令居塞……"还进一步认为"汉昭帝始元六年前，在河湟地区设置了金城郡，在兰

---

〔1〕　王宗维：《金城麹氏的活动及其族属问题》，《兰州学刊》1986年第5期。

〔2〕　《史记》第1册，《出版说明》第2页。

〔3〕　王宗维：《汉朝对金城的开发与建设》，《兰州学刊》1988年第1期。

〔4〕　张天野：《闲话塞上、塞下及塞外》，《潮州日报》2019年6月21日第4版。

州市区设置了金城县"〔1〕，实在粗疏。因为如上所述，司马迁的《史记》是最接近史源的第一手记述，其书根本没有提及"河西设四郡"，也没有提及所谓"据两关"，这都是班固及其后之人作含混的层累追书的误导结果。有关较后设置的金城县城的位置，后代文献及论著众说不一，今人刘满考定"在今兰州市城关"〔2〕。但是，"金城郡"的开设则较晚。《汉书·地理志》载"金城郡"始设于武帝始元六年（前81）〔3〕同样，《史记·匈奴列传》载："是后匈奴远遁，而幕南无王庭。汉度河自朔方以西至令居（ 集解 徐广曰："在金城。" 索隐 徐广云在金城。《地理志》云：张掖令居县。姚氏令音连。小颜云音零。），往往通渠置田，官吏卒五六万人……"〔4〕其注引"《地理志》云：张掖令居县。"这张掖也是以后出之郡名，如笔者下文论证，张掖设郡在天汉二年至元凤三年（前99初—前78年）之间。那么，在张掖设郡之前的令居，显然不属于张掖郡之县。而从上引"汉度河自朔方以西至令居"及参考《通鉴》的相关记述，则"令居"在汉朝于元狩四年（约前119），为属于朔方郡向西扩展建设一系列军镇要塞的西端边塞〔5〕联系该书之后所记"其明年（元封三年），击姑师……虏楼兰王"之事，兼参考《资治通鉴·汉纪十三》对此史事的转述，则可推断此文"汉始筑令居以西"之事，在元封三年冬十二月（前107年1月13日—2月11日）之前便已完成。而《史记·平准书》载："又数万人度河筑令居（ 集解 徐广曰：元鼎六年）初置张掖、酒泉郡。"〔6〕则不但把"筑令居"及张掖、酒泉郡的初置时间提前至元鼎六年（前111）及之后不久，显然必须勘正。至于所谓"筑令居塞"之语，不见于《史记》《汉书》等两汉史籍，而始见于《后汉书·西羌传》载：

及武帝征伐四夷，开地广境。北却匈奴，西逐诸羌。乃度河湟，筑令居塞（唐李贤注：令居县，属金城郡。令音零）〔谭按：本文所说"筑令居塞"，显然就是李贤此条以下各条所注郡、县，皆以追书后出之名追书入前史〕。初开河西，列置四郡（唐李贤注：酒泉、武威、张掖、敦煌也）。通道玉门，隔绝羌、胡，使南北不得交关。于是障塞亭燧出长城外数千里。时，先零羌与封养牢姐种解仇结盟，与匈奴通合兵十余万，共攻令居、安故，遂围枹罕（唐李贤注：安故，县，属陇西郡；枹罕，县，属金城郡。枹音鈇）。汉遣将军李息、郎中令徐自为将兵十

---

〔1〕　王宗元：《汉金城县治地考》，《丝绸之路》2011年第16期。
〔2〕　刘满：《汉金城县治所地理位置考辨》，《中国历史地理论丛》1997年第1期。
〔3〕　《汉书》第六册，第1610页。
〔4〕　《史记》第九册，第2911页。
〔5〕　《资治通鉴》第十九册，第645页。
〔6〕　《史记》第四册，第1439页。

万人击平之。始置护羌校尉，持节统领焉。羌乃去湟中，依西海、盐池左右（唐李贤注：金城郡临羌县有盐池也）。汉遂因山为塞，河西地空，稍徙人以实之[1]。

由此可见，距离史源五百多年的"筑令居塞。初开河西，列置四郡。……"的综合记述，其为范晔追书加工之处甚多。因为其史源最早见载文献就是上文的《史记·大宛列传》"汉始筑令居以西。初置酒泉郡，以通西北国。……"的记载。而范晔这种错误的追书综述，其所受误导主要源于班固《汉书·西域传上》这段文字："始筑令居以西。初置酒泉郡，后稍发徙民充实之，分置武威、张掖、敦煌。列四郡，据两关焉。"可见《汉书》及《后汉书》这两段文字，对后来历代的文献及现代学者误导甚大。对于班固此文记述前史而乱加追书后出之名物人事，笔者在下文再加厘清。

至于《大宛列传》下文接着记述的"初置酒泉郡，以通西北国"，则应是在元封三年冬十二月。再接记述的"因益发使抵安息、奄蔡、黎轩……使者相望于道"之事，则应是出现在封王恢为浩侯（元封四年正月甲申，约前107年2—3月）之后不久，与从"酒泉列亭鄣至玉门"的系列建设工程同时展开。因此，可以断定从在元封三年冬十二月设置酒泉郡时，令居这个边塞就开始归属于酒泉郡了，后来在酒泉郡治之下逐渐建设为县。其后随着从酒泉东边分置张掖而归于张掖，再随着从张掖等三郡各取二县以成立金城郡而归于金城。

但是，以往不少论著对以上史文有误解，而无法确定弄清酒泉设郡的年代及相关的一系列问题，例如，较早系统研究此问题并将三十多种说法列表加以排谬求正的王宗维，仍然对此条史料有微少的误解，其早年论文所列之表，曾引此文及《平准书》以及《河渠书》之文为酒泉郡设于"元鼎六年以后"之证；另外又引《匈奴列传》之文为"元封三年以后"之证；而其全文的结论则较为正确地认为"酒泉郡始设于元封三年"[2]。但非常遗憾的是，其后来的专著又选择了将上限前推了好几年的模糊主张："汉朝在酒泉设置管理机关，不会早于元鼎六年（前111）。"[3] 这就为各种误说留下了余地。]

……于是天子以故遣从骠侯破奴将属国骑及郡兵数万，至匈河水，欲以击胡，胡皆去［谭按：上文《霍去病列传》附"赵破奴"已考证其事在元鼎六年（约前111）］。其明年（集解徐广曰："元封三年［前108］。"），击姑师［谭按：《史记》

---

[1]　[南朝宋] 范晔，[唐] 章怀太子：《后汉书》卷一百十七《西羌传》，《四库全书》本，第7页b—第8页b。
[2]　王宗维：《汉代河西四郡始设年代问题》，《西北史地》1986年第3期。
[3]　王宗维：《汉代丝绸之路的咽喉——河西路》，昆仑出版社，2001年，第4页。

全书原文都记作"姑师"，《汉书》乃有"车师"与"姑师"杂出，可知"姑师"乃原名，"车师"乃《史记》之后新改之名。治汉史者当记住此两名之异，乃来自西汉与东汉不同史源在史籍的划时代的名词标志之一］。破奴与轻骑七百余先至，虏楼兰王［谭按：与上述"姑师"之名改变相似，《史记》全书原文都记作"楼兰"，《汉书》乃据后改之名称为"鄯善"。治汉史者也当记住此两名在《史记》《汉书》之异，并结合其他差异，以厘清两书不同史源及其可信度之差异］，遂破姑师。因举兵威以困乌孙、大宛之属。还，封破奴为浞野侯［谭按：上文《霍去病列传》附"赵破奴"已考证其事在元封三年（前108）］。王恢数使为楼兰所苦，言天子。天子发兵，令恢佐破奴击破之，封恢为浩侯（集解 徐广曰："捕得车师王，元封四年封浩侯）［谭按：《通鉴》误将此事载于元封三年正月甲申。上文于《霍去病列传》附"赵破奴"的研究已作勘正，证明王恢封侯是在元封四年正月甲申[1]（前107年2—3月）］。于是酒泉列亭鄣至玉门矣（集解 韦昭曰："玉门关在龙勒界。"索隐 韦昭又云："玉门，县名，在酒泉。"正义《括地志》云："沙州龙勒山在县南百六十五里，玉门关在县西北百一十八里。"）［谭按：上述诸家注释，多以后出的县名如沙州龙勒县、酒泉玉门县等说明玉门关所属行政区名及位置。特别容易使人误以为其时已经有玉门县。其实此时尚未设立玉门县，玉门关乃新设的酒泉郡所设，详证见下文］。

（第十册第3171、3172页）

　　［谭按：据《史记·大宛列传》以上原始而具体之记述，兼参考《史记·建元以来侯者年表第八》《汉书·景武昭宣元成功臣表》的记载，兼参考和纠正《资治通鉴·汉纪十三》有关史事的略有错误的转述，"击姑师……虏楼兰王"是在元封二年冬十二月。而"酒泉列亭鄣至玉门"则在封王恢为浩侯之后不久。故可以推定酒泉设郡于元封三年冬十二月（前107年1—2月）。而从"酒泉列亭鄣至玉门"的系列建设工程的展开，则在封王恢为浩侯的元封四年正月甲申[2]（约前107年2—3月）之后不久。对《通鉴》错误的勘正，详见下文《张骞传》的有关考证。据此，可以破除《汉书》以降至今的种种误述错解。尤其是流行极广的"玉门关在龙勒界"和"沙州龙勒山在县南百六十五里，玉门关在县西北百一十八里"这两说，皆用后设的州县来说明玉门关的位置，实误。唯《索隐》另引"韦昭又云'玉门，县名，在酒泉'"最为接近事实，因为虽然只解释"玉门"为县名，未提及其初为关名及其位置。然而玉门县乃罢改玉门关屯而设，则玉门关屯

---

［1］《史记》第三册，第1056页；《汉书》第三册，第660页。
［2］《史记》第三册，第1056页；《汉书》第三册，第660页。

就应该在新设的玉门县城附近的兵农屯田区，乃为最合理的推定。正如以前是先在酒泉开设边塞军镇，后来再开设酒泉县和郡，以及后来先设敦煌关屯，然后再就近增加或改设为敦煌县。故绝对不可能罢弃位于西面几百里之外的玉门关屯，再后退东移另外拨地改为玉门县。

此外，近年流行所谓最古和最近的玉门关皆在嘉峪关石关峡之说也是错的。因为从石关峡到古玉门县距离起码 120 多里，不可能罢弃位于石关峡的军屯而向西推进 120 多里改设玉门县。至于阚骃《十三州志》所说的"汉罢玉门关屯，徙其人于此，故曰玉门县"，有些学者将此事误解为"罢玉门关"而设县。笔者认为，其实是将名为"玉门关屯"的军事屯田戍区这个军政单位，罢改为就地建立军民兼治的玉门县，只是将屯田戍区内原本由军事都尉管辖的兵农人户都转移为玉门县县长管治而已，是"徙其人"而非徙其关，故"玉门关"的不动产建筑并不会因此而废毁或迁移。又徐文靖撰《禹贡会笺》卷十一载："徐退山曰：'出玉门以西，都是沙碛。魏太武自玉门度流沙是也。'"由此可以推断，汉武帝初设的玉门关与玉门县，都应是设立在从酒泉往西的一系列军事亭障关塞，推进至较大的绿洲与较大的沙碛交界之处。因此直至北魏，仍然有"出玉门以西，都是沙碛"之情况与说法。据此也可以推定：玉门关既不可能设在敦煌以西的沙碛，也不可能设在玉门县绿洲东边同样处于绿洲的嘉峪关石关峡。从这次约一年多的边防军事工程建设扩展顺利成功的合理角度看，汉武帝所派遣从酒泉向西进发的大军，既不可能进至石关峡，就以该地为本次军事扩张的终点，而就地建立为西边最前沿的要塞玉门关，而将嘉峪关以西至玉门县的绿洲留给故军进驻，更不可能一下子就将亭障关塞的建设从酒泉一直推进到近千里之外的敦煌。况且在还没有建立从玉门县城到后来开设的敦煌县城之间的一系列亭障的情况下，就把玉门关建立在后起的敦煌城以西 90 公里（173 汉里）的沙碛戈壁中，是绝对不可能有之事。

又按：《汉书·地理志·下》："酒泉郡，武帝太初元年（前 104）开。莽曰辅平。""玉门，莽曰辅平亭。"其实此说皆误，应予勘正。根据本人上文对《史记》等相关部分文字的考证，已推定酒泉设郡于元封三年冬十二月（约前 107 年 1 月至 2 月）。而从"酒泉列亭鄣至玉门"的系列建设工程的展开，则在封王恢为浩侯的元封四年正月甲申[1]（约前 107 年 2 月至 3 月）之后不久。其时玉门乃为酒泉郡最西边的重要军镇，尚未成县。此文的"玉门"，《索隐》引"韦昭又云：'玉门，县名，在酒泉。'"这显然是将后来成立的县名追解其前身的军镇关屯名，造成了一定的混乱与误导，必须作精准的厘清。笔者认为，汉朝将酒泉郡下的"玉

---

[1] 《史记》第三册，第 1056 页；《汉书》第三册，第 660 页。

门关屯"改为"玉门县"，其时也应在"玉门关屯"设立之后几年，至大约在天汉二、三年间（前99初—前97初）之前几年完成。参考其他资料，取其中间之数，玉门设县应该大约在太初二年（前103）之前两年亦即元封六年（前105）间完成。因为在此之后三四年间，汉武帝接连两次发动对西域大宛等国的征讨，就是以玉门为接送大军的主要基地。这点请参考下文的进一步考证分析。故可以肯定，必须在完成了玉门县的设立并且发展稳固，而支持征讨西域获得巨大新胜利的情况下，汉朝才进而借助开展从敦煌西至盐水（泽）的一系列亭障建设工程，为敦煌军镇升级为县、郡创造条件。］

……于是天子大怒，诸尝使宛姚定汉等言："宛兵弱，诚以汉兵不过三千人，强弩射之，即尽虏破宛矣。"天子已尝使涩野侯攻楼兰，以七百骑先至，虏其王［谭按：上文已证此事是在元封二年冬十二月（前108年初）］，以定汉等言为然，而欲侯宠姬李氏，拜李广利为贰师将军，发属国六千骑，及郡国恶少年数万人，以往伐宛。期至贰师城取善马，故号贰师将军。赵始成为军正，故浩侯王恢使导军（集解 徐广曰："恢先受封，一年，坐使酒泉矫制，国除。"），而李哆（索隐 音尺奢反，又尺者反）为校尉，制军事。是岁太初元年（前104）也［谭按：此为本年发生唯一重大事件，而《汉书·地理志》却将张掖郡与酒泉郡开设之年皆误记于本年，详证见上、下文有关部分］。而关东蝗大起，蜚西至燉煌［谭按：厘清"燉煌"这个与"玉门关"密切相关的名词产生的时间和族源，有助于破解聚讼百多年的西汉"玉门关"原址何处的悬案。因为前者也是近现代百多年间聚讼纷纭的悬案。笔者曾于2014年发文，致力破除流行了百多年的"燉（敦）煌"非汉语而为胡语之说[1]，可资参考］。

（第十册第3174、3175页）

　　［谭按：此时敦煌只是汉朝新近设置的一个军事关塞之名，弄清这个问题，也是非常重要。因为东汉至现代很多学者都据此文推定汉朝当时已经设立敦煌郡，并由此误导当今一些学者提出玉门关最早设置于敦煌郡治以西之说。笔者近年的研究，也曾认为其时敦煌虽然尚未设郡，但已经设县。而现在根据"燉煌置酒泉都尉"的时间是在太初四年完成伐宛之后，又过了"年余"的天汉二年（前99），则可以再作细微的改进推定，敦煌设县应在此后一两年间（前97—前96）实行。正如上文已经论证，"玉门"是先有实行军事屯田的玉门关屯田区，然后再将其提级改为玉门县。这种先建边防要塞的城、障，再将部分城、障建县的过程，是汉

---

[1]　谭世宝：《燉煌的辞源再探讨》。

武帝向西北开疆拓土的惯例。例如，早在太初三年（前 102）"强弩都尉路博德筑居延泽上"的"遮虏障"[1]，此事在别处记作"益发戍甲卒十八万酒泉。张掖北置居延、休屠以卫酒泉"。这显然是为了保卫新建立的酒泉郡及其郡治之城。对此《集解》载"如淳曰：立二县以卫边也，或曰置二部都尉以卫酒泉"[2]。窃以为应是先"置二部都尉以卫酒泉"，而"立二县"是其后两三年间之事。又如比玉门设县稍后的，就是后来属于敦煌郡的效谷县，其前身为渔泽障[3]，肯定是在元封六年（前 105）之后才建县。而方诗铭以《汉书·孙宝传》载哀帝时唐林曾任"燉煌渔泽障"，以及"燉煌简簿书六一"有"永平十八年正月"的"渔泽尉印"的文字，认为"元封六年改渔泽障为效谷之说已不足为信"，并由此认为"元封六年前有渔泽障之说亦殊难令人置信也"[4]。笔者认为此说难以成立，因为在原有障塞的地方设置县乃至郡，大多数不会因此而将原有关障塞城拆毁并将主管军官罢免，或将有关军官与其管辖的关障一起迁移别处。]

贰师将军既西过盐水，当道小国恐，各坚城守，不肯给食。攻之不能下，下者得食，不下者数日则去。比至郁成，士至者不过数千，皆饥罢。攻郁成，郁成大破之，所杀伤甚众。贰师将军与哆、始成等计："至郁成尚不能举，况至其王都乎？"引兵而还。往来二岁。还至燉煌，士不过什一二。使使上书言："道远多乏食，且士卒不患战，患饥。人少，不足以拔宛。愿且罢兵，益发而复往。"天子闻之，大怒。而使使遮玉门［谭按：如上文所述，大约在此之前两年，玉门由关屯升级为县的工作已经完成。而此时的敦煌，则仍然只是酒泉郡玉门县下辖的一个边塞军镇。假如敦煌已经成为与玉门的地位和军需物资皆同的县城，则容许其入燉煌而不准入玉门，并无特别的意义]，曰："军有敢入者辄斩之！"贰师恐，因留燉煌［谭按：《通鉴》将以上一段之事皆系于太初二年（前 103）秋至冬十二月之间[5]，显然不够准确，因为这与《李广利传》所说的"往来二岁"之说不符。可以推定，李广利之军最快也应该是在太初三年（前 102）初回到敦煌，派人去长安报告并且得到武帝禁令而留屯敦煌，就要推后约一个月，大约在前 102 年 3 月间。详见下文《李广利传》的有关考证］。

（第十册第 3175 页）

---

[1]　《史记》卷一百十《匈奴列传》第五十。

[2]　《史记》卷一百二十三《大宛列传》。

[3]　《前汉书》卷二十八下《地理志下·敦煌郡》。王国维曾证"效谷县本渔泽障"乃班固自注，非颜师古之注。

[4]　方诗铭：《太初二年前玉门关位置在敦煌西北说献疑》，《民国日报·史与地周刊》1947 年 1 月 7 日、14 日；方诗铭：《玉门位置辨》，《西北通讯》1947 年第 1 卷第 1 期。

[5]　《资治通鉴》第二册，第 702 页。

[谭按:"天子闻之,大怒,而使使遮玉门,曰:'军有敢入者辄斩之!'贰师恐,因留燉煌。"据下文的考证,其时在太初三年初(约前102年3月间),这段话足证此时玉门县的关城,肯定在敦煌以东而不在敦煌以西。因为贰师的军队已经"还至燉煌",所以武帝派使者到敦煌东面近千里的玉门县的关塞布防拦截,并宣告命令说:"军有敢入者辄斩之!"从而使得"贰师恐,因留燉煌"。又《汉书·西域传》及《通鉴》等载武帝于征和四年(前89—前88)下诏答桑弘羊等臣下上书请求置轮台屯田的诏书,其中忆述迎接第二次西征车师之大军班师事说:"朕发酒泉驴、橐驼负食,出玉门迎军吏卒,起张掖不甚远,然尚厮留甚众。"可见,其"军入玉门"时当在太初三年末(前102末—前101初),而武帝派人"出玉门迎军"则应在此稍早约一个月。这也可证其时玉门县的关塞仍属于酒泉郡,而且距离酒泉郡城及张掖郡城皆不太远,故肯定其位于敦煌以东。

又如清《钦定皇舆西域图志》指出:

又汉班超疏言:"不敢望到酒泉郡,但愿生入玉门关。"酒泉郡即今玉门县地,在党河东七百六十里。超当时自疏勒东归,先由玉门而后至酒泉,语意亦合五代高居诲《使于阗记》:"肃州渡金河,西百里出天门关,又西百里出玉门关。"是即玉门县西关距酒泉郡仅二百余里[1]。

由此可见,从西汉初设玉门关,到东汉班超时所进入的玉门关,乃至五代高居诲《使于阗记》所记载的玉门关,都是指位于玉门县的西关口。由于入玉门关即进入其位于绿洲的县城,距酒泉郡城仅二百余里。其表面上是说"不敢望到酒泉郡(城)",其实是以非常悲情感人的口吻,极其委婉巧妙地表达想要回京城的迫切心愿。最终感动了武帝而得偿所愿。]

其夏,汉亡浞野之兵二万余于匈奴(集解 徐广曰:"太初二年[约前103],赵破奴为浚稽将军,二万骑击匈奴,不还也)。公卿议者皆愿罢宛军,专力攻胡。天子业出兵诛宛,宛小国而不能下,则大夏之属[谭按:《四库》本多一"渐"字]轻汉,而宛善马绝不来,乌孙、仑头[谭按:《四库》本作"轮台"]易苦汉使矣[谭按:《四库》本少"矣"字],为外国笑。乃按言伐宛尤不便者邓光等,赦囚徒材官,益发恶少年及边骑,岁余[约前102]而出燉煌者六万人,负私从者不与。牛十万,马三万余匹,驴骡橐它[谭按:《四库》本作"驼"]以万数,多赍粮,兵弩甚设,天下骚动,传相奉伐宛,凡五十余校尉。宛王城中无井,皆汲城外流水,于是乃遣水工徙其城下水空以空其城(集解 徐广曰:"空一作穴,盖以水荡败其城也。言'空'者,令城中

---

[1] [清]傅恒等:《钦定皇舆西域图志》卷八,《四库全书》本。

渴乏。"）。益发戍甲卒十八万酒泉。张掖北置居延、休屠以卫酒泉（ 集解 如淳曰："立二县以卫边也。或曰置二部都尉以卫酒泉。"）。而发天下七科适（ 正义 音谪。张晏云："吏有罪一，亡命二，赘婿三，贾人四，故有市籍五，父母有市籍六，大父母有籍七，凡七科。武帝天汉四年［前98］，发天下七科谪出朔方也。"）［谭按：唐张守节正义转引张晏对《汉书》武帝天汉四年之注于此，容易造成误会此次征伐大宛之时也在天汉四年。故有必要加以说明］，及载糒给贰师。转车人徒相连属至燉煌。而拜习马者二人为执驱校尉，备破宛择取其善马云。

（第十册第3176页）

[谭按："益发戍甲卒十八万酒泉。张掖北置居延、休屠以卫酒泉。"校点本《史记》《汉书》皆误标此作"益发戍甲卒十八万酒泉、张掖北置居延、休屠以卫酒泉"，至今无人提出质疑，特此加勘正说明：因为史、汉两书多处所述河西四郡的设郡年代矛盾不一，自宋代以降就成为治汉武史者聚讼纷纭的千古悬案。例如，王国维主张"武威、酒泉郡（元狩三年）。后又分置张掖、敦煌郡（元鼎六年）。"[1] 而李炳泉则主张：汉廷于元狩末年（前118）在浑邪、休屠二王"故地"置酒泉郡；元鼎初年（前116），分酒泉郡东部（即"故匈奴休屠王地"）以武威县为中心的区域置武威郡；元鼎六年（前111），又分酒泉郡东部（即"故匈奴休屠王地"）以张掖、令居二县为中心的地区置张掖郡……而酒泉郡全部疆域更拓展至张掖郡以西直至"盐泽"一带……后元元年（前88），又分酒泉郡西部疆域置敦煌郡[2]。

笔者研究了诸家之说，尤其是参考王宗维所主张的张掖设郡"似在太初三年末至四年初（约前101初）"之说，而武威郡则最后"似设于宣帝地节二年（前68）。"[3] 窃以为首先可以确定一点，河西四郡中，酒泉先设郡于元封三年冬十二月（前107年1月13日—2月11日），这点上文已经考证。其后张掖、敦煌由酒泉郡先后划地分设。再由上述文字可以进一步推断，张掖设郡当在"张掖北置居延、休屠以卫酒泉"这个事件之中或之后。显然，当时的张掖并非与酒泉平级的郡城，而是隶属于酒泉郡之下，充其量是一个县级之城镇。由于这次发兵西征大宛兼北防匈奴的军事中心单位为酒泉郡城，而从其下属的张掖向北新设的居延与休屠这两个都尉之城镇，目的就是保卫酒泉郡城。以防止匈奴北方侵入酒泉，破坏西征大宛的后方补给枢纽。

〔1〕 王国维：《流沙坠简·序》；罗振玉、王国维合撰：《流沙坠简》，东山学社，1914年。
〔2〕 李炳泉：《西汉河西四郡的始置年代及疆域变迁》，《东岳论丛》2013年第12期。
〔3〕 王宗维：《汉代河西四郡始设年代问题》，《西北史地》1986年第3期。

《史记·李将军列传》："李陵……拜为骑都尉，将丹阳楚人五千人，教射酒泉张掖，以屯卫胡。数岁，天汉二年，……"《汉书·李陵传》所载与之同，唯于"数岁，天汉二年"前加了一段话："数年，汉遣贰师将军伐大宛，使陵将五校兵随后，……迎贰师还，复留屯张掖。"此亦可证当时张掖为护卫酒泉郡城之下的军屯城镇，并非可以与酒泉同级平列的郡城[1]。故不可以沿用迄今通行的错误，将上文标点作"教射酒泉、张掖"，以致误解李陵同时在酒泉与张掖两城驻守练兵。后文的"复留屯张掖"足证前文所述是"教射"于"酒泉"的"张掖"，而非"教射"于"酒泉、张掖"。故由此可以进一步推断，张掖设郡当在天汉二年或其稍后。而下文更进一步推定张掖设郡当在天汉二年至元凤三年（约前99—前78）之间。

又《史记·武帝纪》载：太初三年（前102）秋，匈奴"入张掖酒泉杀都尉"。其后《匈奴列传》也载"其秋，……又使右贤王入酒泉张掖略数千人"。李炳泉正确指出："以上两处所载实为同年发生的同一次事件。"[2] 这里必须补充说明，后条的"酒泉张掖"同样应理解为"酒泉"的"张掖"，不可标点为"酒泉、张掖"。而前一条则是将"酒泉张掖"误记作"张掖、酒泉"，都应勘正。]

初，贰师起燉煌西，以为人多，道上国不能食，乃分为数军，从南北道。……

初，贰师后行……贰师将军之东，诸所过小国闻宛破，皆使其子弟从军入献，见天子，因以为质焉。贰师之伐宛也，而军正赵始成力战，功最多；及上官桀敢深入，李哆为谋计，军入玉门者万余人，军马千余匹。

（第十册第3177、3178页）

[谭按：据《通鉴》卷二十一记载，可知"贰师起燉煌西"之时在太初三年（前102）中，其胜利回师"军入玉门"之时在太初三年末（前102末—前101初），因为要减去大军及俘虏在玉门休整及路途的时间约三个月。才是其抵达京师的时间。而其回到京师长安之时在太初四年（前101）春。由敦煌向西出征时人多马众，故称"贰师起燉煌西，以为人多"。最后班师回到玉门关内时损失人马大半，故称"军入玉门者万余人，军马千余匹。"结合下文有关记述，也可以推断此玉门关在敦煌以东的玉门县，而非敦煌以西的沙碛戈壁。]

---

〔1〕 王宗维虽然对李陵练兵酒泉张掖的标点有误，但是却能较为正确地指出："'张掖北置居延、休屠以卫酒泉'，而不提卫张掖……这就是太初二年末至三年初张掖尚未设郡的明证。"见王宗维：《中国西北少数民族史论集》，三秦出版社，2009年，第349、350页；又见王宗维：《汉代丝绸之路的咽喉——河西路》，第228、229页。李炳泉则错误地反对此说。见李炳泉：《西汉河西四郡的始置年代及疆域变迁》，第81页。

〔2〕 李炳泉：《西汉河西四郡的始置年代及疆域变迁》，第81页。

　　而汉发使十余辈至宛西诸外国，求奇物，因风览以伐宛之威德，而燉煌置（集解徐广曰："一本无置字。"）酒泉都尉（集解徐广曰："一云'置都尉'。"又云敦煌有渊泉县，或者"酒"字当为"渊"字也。）；西至盐水，往往有亭，而仑头有田卒数百人，因置使者护田积粟，以给使外国者。

（第十册第3179页）

　　［谭按：这是说自太初四年（前101）在"燉煌置酒泉都尉"这个时间开始（而《汉书》则谓"自燉煌"城这个地点起），从敦煌西至盐水（泽）建一系列"亭"的工程。结合《盐铁论》《汉书》《通鉴》等文献的有关记载，可以推断这个从敦煌西至盐水（泽）的亭障建设工程，大约在天汉二、三年间（前99初—前97初）进行和完成。故其与前一项酒泉列亭、障至玉门的工程约有近十年之差。故由此也可推定：在这两个工程之前便已经存在的玉门关城，肯定在敦煌以东而不在敦煌以西。而"燉煌置酒泉都尉"的时间是在太初四年完成伐宛之后，其主要目的应该是为管理新开展的敦煌以西至西域的军事交通工程建设以及建成后的人员设施。

　　还要提请注意一点，就是其末所记"而仑头有田卒数百人，因置使者护田积粟，以给使外国者"之史事，既然是被记载在第二个工程之后，则应该是在天汉三年（前97初—前96初）以后的几年间曾经临时性存在过。

　　至于敦煌设县，则应在建城此工程之后的天汉三年末至天汉四年中（前97初—前96）实行。正如上文已经论证，"玉门"是先有实行军事屯田的玉门关屯田区，然后再将其改为玉门县。这种先建边防要塞的城、障，再将部分城、障建县的过程，是汉武帝向西北开疆拓土的惯例。如果敦煌已经设了郡县而其下又设了敦煌关，则似应将"燉煌置酒泉都尉"改为"燉煌置敦煌都尉"。在敦煌未设郡县之前，敦煌只是酒泉郡玉门县最西边的一个重镇。既可以将酒泉都尉之治所设置在该镇，同时就可以由该都尉在该时该地指挥和管理向西建设至盐水（泽）的一系列"亭"的军事交通工程。另外，鉴于史、汉两书皆不载由玉门至敦煌的亭障建设工程，所以可以推断元封四年正月（约前107年2月）之后不久的"酒泉列亭、障至玉门"的工程，也不应如大多数前人那样以为只到达当时的玉门关城（即在后来罢关屯改设玉门县的县城附近）为止，而应理解为到达酒泉都尉管辖的最西边境亦即敦煌，因为敦煌也是属于玉门关屯（县）管辖的地方。这样才能解释在"酒泉列亭、障至玉门"的工程之后，接着就是由敦煌西至盐水的工程。同时，这还可以证明最早的玉门关既不可能在嘉峪关的石关峡，也不可能在敦煌以西的小方盘城。可参考下文对《汉书·西域传》等的相关记载的厘清。］

二 班固等撰《汉书》

（一）《高帝纪》

……（项）羽亨（师古曰："亨，谓煮而杀之，音普庚反。他皆类此。"）［谭按：即烹］周苛，并杀枞公，而虏韩王信，遂围成皋。汉王跳（如淳曰："跳音逃，谓走也。《史记》作逃。"晋灼曰："跳，独出意也。"师古曰："晋说是也。音徒雕反。"），独与滕公共车出成皋玉门（张晏曰："成皋北门。"），北渡河，宿小脩武（晋灼曰："在大脩武城东。"）。

（第一册第42页）

［谭按：据《高祖本纪》也作"汉王跳"，唯《项羽本纪》之异文作"汉王逃"，可知"跳"即"逃"的异写。］

（二）《地理志·下》

武威郡，故匈奴休屠王地（师古曰："休音许虯反，屠音直闾反。其后并同。"），武帝太初四年开。莽曰张掖。户万七千五百八十一，口七万六千四百一十九。县十：姑臧，南山，谷水所出，北至武威入海，行七百九十里。张掖，武威，休屠泽在东北，古文以为猪野泽。休屠，莽曰晏然。都尉治熊水障。北部都尉治休屠城。揖次，（孟康曰："揖音子如反。次音咨，诸本作恣。"）莽曰播德。

（第六册第1612页）

［谭按：武威郡开设的时间《史记》《汉书》所述歧解甚多，跨度从元狩二年（前121）到神爵元年（前61），长达六十多年。至少肯定不是"太初四年（前101）开"。前文分析《史记·大宛列传》的相关部分，已经引用据王宗维所主张的武威郡"似设于宣帝地节二年（前68）"之说，可资参考。］

张掖郡（应劭曰："张国臂掖，故曰张掖也。"）［谭按：东汉应劭此一注释，完全符合"张掖"这个汉语词的原义以及历史的事实，故自汉至清以前从来没有人提出异义，遑论胡语说。惟近代以来由日本及欧洲汉学家质疑否定应劭对"敦煌"郡的注解，提出了其为源于匈奴或月氏、羌、吐火罗等"胡"族语词对音之臆测误说，误导影响极大，至今有人连带提出"张掖"等郡名也是胡语词音译说。详论见下文］故匈奴昆邪王地［谭按：《史记·大宛列传》载：是后（元狩三年，约前118年）天子数问骞大夏之属。骞既失侯，因言曰："……厚币赂乌孙，招以益东居故浑（昆）邪之地，与汉结昆弟，其势宜听，听则是断匈奴右臂（掖）也。"[1] 可见其时汉朝尚以"故浑（昆）邪之地"为"匈奴右臂（掖）"。而乌孙后来并没有应邀为汉朝"断匈奴右臂（掖）"，反而长期坚持在汉匈之间同时通婚结交，行首鼠两端，投机图利的平衡外交策略。所以汉朝只能靠自己扫除匈奴在该地区的残余势力以及降服乌孙等国，才可以说是彻底斩断了匈奴的右臂而张开了汉朝自己的"国臂掖"，这就是"张掖"设郡和命名的历史背景过程。应劭所注其为汉语词之词义，无可置疑]。武帝太初元年（前104）开。莽曰设屏 [谭按：本年发生的大事，如前所述为汉武帝"拜李广利为贰师将军，发属国六千骑，及郡国恶少年数万人，以往伐宛。期至贰师城取善马，故号贰师将军"。只是这次出征以失败而回告终。然后人或有以此为据，误认张掖设郡于此年。笔者于上文《李将军列传》附《李陵传》的论证中已经推断"张掖设郡当在天汉二年（前99）或其稍后"。而《汉书》《通鉴》首载"张掖太守"于昭帝元凤三年（前78）[2]，此亦"张掖太守"在所有古籍首见之年，故可更进一步推断张掖设郡当在天汉二年至元凤三年（前99初—前78年）之间。更准确的时间，容后有便再作探讨]。户二万四千三百五十二，口八万八千七百三十一。县十：觻得，千金渠西至乐涫入泽中，羌谷水出羌中，东北至居延入海，边郡二，行二千一百里。莽曰官式（应劭曰："觻得渠西入泽羌谷。"孟康曰："觻音鹿。"师古曰："孟音是也。涫音官。其下并同。"）[谭按："觻得"亦非纯属源于胡语的对音，笔者下文指出："觻得"可以还原为"鹿得"或"禄得"，即"得鹿"或"得禄"之意，是寓意非常美好吉祥的胡汉混合通用的汉语词]。昭武，莽曰渠武。删丹 [谭按：上文考证《匈奴列传》已经据古今多种文献证明"删丹（山）"为"焉支（山）"以及"胭脂（山）"等词的异名，都是汉语词。"删丹"原词应为"山丹"，故后来至今改用"山丹"作为县名与花名是正确的，意思就是"山红"，乃"丹（红）山"的倒装]，桑钦以为道弱水自此，西至酒泉合黎。莽曰贯虏。氐池，莽曰否武。屋兰，莽曰传武。（曰）〔日〕勒，都尉治泽索谷。莽曰勒治（师古曰："泽音铎。索音先各反。"）。骊靬（师古曰："骊音力迟反。靬音虔是也。今其土俗呼骊靬，疾言之曰力虔。揭音其谒反。"），莽曰揭虏。番和（师古曰："番音盘。"），农都尉治。莽曰罗虏。居延，居延泽在东北，古文以为流沙。都尉治。莽曰居成（师古曰："阚骃云：武帝使伏波将军路博德筑遮虏障于居延城。"）[谭按：颜师古注所引阚骃之说有两点混乱错误，必须厘清。其一，如笔者上文已经引述《霍去病列传》附"路博德"载："其后坐法失侯。为强弩都尉，

[1]《史记》第十册，第3168页。
[2]《汉书》第十一册，第3713页；《资治通鉴》第二册，第767页。

屯居延"，由此可知"伏波将军"乃路博德前些年征讨南越国时的官名，而此时已经改任"强弩都尉"。其二，笔者上文已经论证：当时并无"居延城"，路博德所建边塞城镇名为"遮虏障"，乃后建的居延县治"居延城"的前驱，只有从广义上，"遮虏障"才可以说是后来形成的居延县区域内的城镇之一]。显美。

（第六册第 1613 页）

[谭按：张掖郡开设的时间，古今人对于《史记》《汉书》所述歧解甚多，而以元鼎六年（前 111）说居多，还有元狩二年（前 121）和太初元年（前 104）之异说。但是肯定不是"太初元年（前 104）开"。前文分析《史记·大宛列传》的相关部分，已经引述王宗维所主张的张掖设郡"似在太初三年末至四年初（前 102—前 101）"之说，而作了不断深入的论证推断，目前推定张掖设郡当在天汉二年至元凤三年（前 99—前 78）。]

酒泉郡（应劭曰："其水若酒，故曰酒泉也。"师古曰："旧俗传云：城下有金泉，泉味如酒。"），武帝太初元年（前 104）开 [谭按：这与上文张掖郡的记述相同而产生更大的误导，故要作同样的勘正。笔者考证本郡开设于元封三年冬十二月（前 107 年 1 月 13 日—2 月 11 日），而在其后的太初元年（前 104）发生的大事，如前所述为汉武帝"拜李广利为贰师将军，发属国六千骑，及郡国恶少年数万人，以往伐宛。期至贰师城取善马，故号贰师将军"。只是这次出征以失败而回告终]。莽曰辅平。户万八千一百三十七，口七万六千七百二十六。县九：禄福（呼蚕水出南羌中，东北至会水入羌谷。莽曰显德）；表是（莽曰载武）；乐涫（莽曰乐亭）；天䧇（师古曰：音衣，此地有天䧇阪，故以名）；玉门 [谭按：上文已经考证玉门设县应该大约在元封六年（前 105）间]，莽曰辅平亭（师古曰：阚骃云："汉罢玉门关屯，徙其人于此。"）；会水（北部都尉治偃（前）〔泉〕障。东部都尉治东部障。莽曰：萧武。师古曰："阚骃云：众水所会，故曰会水。"）；池头；绥弥（如淳曰："今曰安弥。"）；乾齐，西部都尉治西部障，莽曰测虏（孟康曰："乾音干。"）。

[谭按：从"其水若酒，故曰酒泉也"可知当时该城的某眼泉水之水质异常，因为酒味乃多少带有酸甜苦辣，如果喝了该泉水，有酒味还有醉酒的感觉，应非好水。然而，从汉唐至明清，所有历史文献对于酒泉的名称来源的这种解释，均无疑议。唯自近代日本学者提倡"燉（敦）煌"为源于胡语的译音之说后，"河西四郡"等很多汉语地名多被一些外人乃至国人误以为皆译自胡语。王宗维就是其中一个代表。最为无稽的，就是其提出所谓"酒泉"为"占据酒泉盆地的小月氏部落王名""茜涂"的别译之说，其实是将匈奴之地及匈奴之王名误作"小月

氏部落王名"。应予勘正。笔者上文已经对匈奴之王侯百官名称及人名所用的混合汉语作了还原探讨，可资参考。现再查《史记·骠骑列传》原文及后人之注如下：

其（元狩二年，前121）夏，骠骑将军与合骑侯敖俱出北地，异道；博望侯张骞、郎中令李广俱出右北平，异道：皆击匈奴。……骠骑将军踰居延至祁连山，捕首虏甚多。天子曰："骠骑将军踰居延（集解张晏曰："水名也。"）遂过小月氏（索隐韦昭云："音支。"《西域传》："大月氏本居敦煌、祁连闲，余众保南山，遂号小月氏。"），攻祁连山（索隐小颜云："即天山也。匈奴谓天〔为〕祁连。"《西河旧事》谓白山，天山。祁连恐非即天山也），得酋涂王（集解张晏曰："胡王也。"索隐酋音才由反。涂音徒。《汉书》云："扬武乎鱳得，得单于单桓、酋涂王"，此文省也），以众降者二千五百人，斩首虏三万二百级，获五王，五王母，单于阏氏、王子五十九人，相国、将军、当户、都尉六十三人……[1]

显而易见，司马迁之书记述霍去病是追击匈奴而"踰居延至祁连山"，而接着引汉武帝之诏文说其"遂过小月氏，攻祁连山"，可知汉军是先越过小月氏所据之"南山"，然后所俘虏的为匈奴"酋涂王"以下"二千五百人"，其中包括"五王，五王母，单于阏氏、王子五十九人，相国、将军、当户、都尉六十三人……"都是匈奴的王侯贵族及家属和军政高官，与王宗维所谓"原居酒泉盆地的小月氏"无关。当时的"胡"字就是"匈奴"两字的合音或省略异译[2]，《史记》有不胜枚举之例证。例如，《史记·匈奴列传》："是时济北王反，文帝归，罢丞相击胡之兵。""自马邑军后五年之秋，汉使四将军各万骑击胡关市下。将军卫青出上谷，至茏城，得胡首虏七百人。""汉以卫青为大将军，将六将军，十余万人，出朔方、高阙去胡。""单于从其计。其明年，胡骑万人入上谷，杀数百人。""汉使骠骑将军去病将万骑出陇西，过焉支山千余里，击匈奴，得胡首虏（骑）万八千余级，破得休屠王祭天金人。其夏，骠骑将军复与合骑侯数万骑出陇西、北地二千里，击匈奴。过居延，攻祁连山，得胡首虏三万余人，裨小王以下七十余人。"《集解》张晏将《汉书》所载此役被汉俘虏的"酋涂王"解作"胡王"就是指其为匈奴王。其引《汉书》云："扬武乎鱳得，得单于单桓、酋涂王。"可证所俘虏之地在匈奴的"鱳得"。《汉书》原注引郑氏曰："鱳音鹿，张掖县也。"师古曰："郑说非也。此鱳得，匈奴中地名，而张掖县转取其名耳。"[3]按："鱳得"，《地理志》作"觻得"，至于"单于单桓"的"单于"应是衍文，因为"单于"从来没有被

---

〔1〕《史记》第九册，第2931、2932页。
〔2〕王国维：《鬼方昆夷猃狁考》，第583页。
〔3〕《汉书》第八册，第2481页。

汉军俘虏。《通鉴》卷十九转述此文即删去"单于"[1]。而《通鉴》卷二百九，胡三省注云："张掖，故匈奴浑邪王地，汉武帝开置张掖郡及觻得县。应劭曰：'张国臂掖，故曰张掖。觻得，郡所治，匈奴王号也。'……"笔者认为，"觻"与"鹿""禄"同音[2]，故可以推定"觻得"可以还原为"鹿得"或"禄得"，即"得鹿"或"得禄"之意，是寓意非常美好吉祥的胡汉混合通用的汉语词。至于"酋涂王"的"酋"应读作"酉"音，至今粤语仍然读作"由"（jou⁴）。而"涂"则为"塗"之假借，故可以推断其还原应为"右塗王"。这与霍去病此次出征主要扫荡匈奴右方，所俘虏为匈奴右方诸侯王将相符。故对于前引王宗维所谓"酒泉"为"占据酒泉盆地的小月氏部落王名""酋涂"的别译之说，实难苟同。

再看，酒泉郡开设的时间，古今人对于《史记》《汉书》所述也歧解甚多，而以元鼎六年（前111）说居多。首先，就是上引《汉书·地理志·下》此文所谓"武帝太初元年（前104）开"酒泉郡之说不足信，正如上文考证《史记》有关记载时，已经否定此说，并且推定张掖设郡当在天汉二年至元凤三年（前99—前78）。

还有，上引《汉书·地理志·下》载："玉门（县），莽曰'辅平亭'。""师古曰：阚骃云'汉罢玉门关屯，徙其人于此'。"上文已论证此"徙其人"不可误解为徙其关，玉门关并不会因"罢玉门关屯"而被废除或迁移。"罢玉门关屯"的意思应是将原本在"玉门关"一带屯田的军民就地安置改为新设的玉门县民。由阚骃所云还可推知玉门县在王莽时曾一度改名为"辅平亭"，则可以推断在"玉门关"与"玉门县"之间可能曾有"玉门亭"。因为西汉有很多由亭建设为同名之县，在王莽时又改异名而复称亭。诸如酒泉郡的乐涫县、玉门县，王莽改称为乐亭、辅平亭；安定郡的乌氏县、三水县，王莽改称为乌亭、广延亭；此类例子甚多。又"表是"，后世史书如《后汉书》之《五行志》及《郡国志》，《三国志·魏书·二李臧文吕许典二庞阎传》之《庞淯传》，《晋书》之《地理志》上均作"表氏"，窃以为"表"意为于新开疆土立石碑界标[3]，"氏"指其地原多"南羌月氏"居住。其实就是《汉书·西域传》所说的"表河曲"的战果之一。详见下文对"表河曲"之新论。

根据上述《汉书·地理志·下》有关酒泉郡玉门县的记载，以及"阚骃云'汉罢玉门关屯，徙其人于此'。"我们可以进一步推断：当时的"玉门关"及其

---

〔1〕《资治通鉴》卷十九《汉纪》十一《世宗孝武皇帝》中之上。

〔2〕《康熙字典》酉集上，第13页角部"觻"字。

〔3〕《汉书》卷七十五《李寻传》有"千里立表，万里连纪"之语，其"表"字就是指国界上所立之界碑。

屯田都在新设的玉门县城附近一带的绿洲上，绝对不可能设在按照当时的曲折路程约千里之外的敦煌城以西173里的沙碛戈壁中。况且，汉武帝的大军逐步胜利向西推进，与亭、障、关以及屯田和县、郡的逐渐成功向西设置是同步的。故绝对不可能发生这种怪事：就是将所谓已经设于敦煌以西的玉门关屯之军民，向东撤退到玉门绿洲设立玉门县。]

敦煌郡，武帝后元年［谭按：约前88—前87初］分酒泉置。正西关外有白龙堆沙，有蒲昌海。莽曰敦德（应劭曰："敦大也；煌盛也。敦音屯。"）［谭按：东汉应劭此一注释，完全符合"敦（燉）煌"这个汉语词的原义以及历史的事实，故自汉至清以前从来没有人提出异义，遑论胡语说。惟近代以来由欧洲及日本汉学家质疑否定应劭说，提出了其为源于匈奴或月氏、羌、吐火罗等"胡"族语词对音之臆测误说，误导影响极大，至今仍为占据敦煌学的主流之说］。户万一千二百，口三万八千三百三十五。县六：敦煌［谭按：上文已证本县开设于约前88~前87初］，（中部都尉治部广候官。杜林以为古瓜州地，生美瓜。莽曰敦德（师古曰：即《春秋左氏传》所云："允姓之戎，居于瓜州者也。其地今犹出大瓜，长者狐入瓜中食之，首尾不出。"）。冥安，南籍端水出南羌中，西北入其泽，溉民田（应劭曰："冥水出北入其泽。"）。效谷（师古曰："本鱼泽障也。"桑钦说："孝武元封六年，济南崔不意为鱼泽尉，教力田，以勤效得穀，因立为县名。"），渊泉（师古曰：阚骃云："地多泉水，故以为名。"宋祁曰："渊泉一本作拼泉"），广至，宜禾都尉治昆仑障。莽曰广桓。龙勒，有阳关、玉门关，皆都尉治。氐置水出南羌中，东北入泽，溉民田。

（第六册第1614、1615页）

[谭按："敦煌"与"燉煌"史籍互见甚多，孰正孰俗，历来众说纷纭。此处《汉书》原文为"敦煌"。敦煌郡开设的时间，古今人对于《史记》《汉书》所述也歧解甚多，而以元鼎六年（前111）说居多，还有元封四、五、六年，太初元一、二年，后元一、二年等异说。而王宗维先主张"大概在后元元年或二年（前88—前87）"之说，后又改主"太初四年（前101）后至天汉元年（前100）间"之说。窃以为应该按本《地理志》之文，定敦煌郡始设于后元元年（前88—前87初）。由此可以推定，属于敦煌郡下的龙勒县的阳关与玉门关的设置，更应该在后元元年（前88—前87初）之后。由于班固此志所记应为根据东汉时宫中所藏武帝有关诏令写，究竟龙勒县有没有落实设立玉门关及阳关以及相应的职官，目前只能存疑。因为武帝病逝于后元二年的二月丁卯，而有关敦煌郡县的设立，有关官员的任命到赴任就职，这从武帝下令到完全落实，没有两三年时间是不可能完成的。故此，敦煌郡及龙勒县设立两关之计画是否落实，都应该是武帝身后之事，

也就是汉昭帝有没有继续延续落实武帝的临终决策之事。另外值得注意之点，就是正如上文有关《史记·大宛列传》之考证，已经否定了后人对汉武帝初设的玉门关引"正义《括地志》云："沙州龙勒山在县南百六十五里；玉门关在县西北百一十八里。"在此有必要补充说明，汉武帝计划在位于玉门县南如此远的地方增设龙勒县，并在其中设立都尉治的阳关与玉门关的之目的，已经不是为了加强对西域的交通及管治，因为武帝于征和四年（前89—前88）有关轮台屯田的诏书，已经明确暂停增加西域军事屯田的政策，故可以推定其临终提出此一设置的新玉门关与阳关的计画，目的应该是为了加强对南羌地区的管治与控制。而实际上，正如本文对《西域传·下》的有关考证，昭帝元凤四年（前77）六月已经按照被武帝否定的桑弘羊建议，重新加强对西域的交通与管治，开始在西域地区的轮台等地推行军事屯田，最后实现汉朝对河西走廊以北至西北的西域地区的完全控制管治。

值得注意纠正的一个重要问题，就是王宗维将酒泉与张掖、敦煌等汉语名词都断为源于胡语的音译。声称："酒泉、张掖、敦煌3个郡名，从语源上说，它不是汉语，而是由其他民族的语言音译而来，不管历代汉学家如何解释，都不能圆满地从汉语意义上做出令人信服的解释。"[1] 这完全违背了汉朝对河西四郡的命名完全遵照"名从主人"的基本原则以及匈奴等没有文字的游牧民族基本通用胡汉混合语言文字名物的事实。除了本文在上文对一系列的"胡名"的还原考证可资参考之外，在此再说明，有关敦（燉）煌非胡语而实为汉语的论证，可参考拙作《燉（焞、敦）煌考释》和《燉煌的辞源再探讨》，尤其在后文总结指出：

由于大月氏等"行国"没有固定的城郭或乡镇之类的居民点，故不可能有相应的地名留下。假如在大月氏、乌孙、匈奴控制时期中，河西地区曾有零星而短暂的土著居民点，应该就是汉武开边驱逐匈奴以前的华夏族农耕之民流亡于该地区所建立。在缺乏强大的中原王朝的军事力量保护下，它们不可能有几年时间在游牧民族对土著居民的残酷打击抢掠下生存。因此，在汉武开边驱逐匈奴以后，才开始陆续在原来基本没有土著居民的河西走廊尤其是在敦煌地区，建立起以汉族兵农为主的一系列乡村城镇县郡等定居点，并开始有相应的地名[2]。

有关敦（燉）煌等地名的族源及意义成为难以理解的历史问题，乃因时过境迁，使得原来完整的汉朝历史档按资料在两千多年来不断递减的过程中变成碎片流传于今世，而导致当代片面的历史研究者的困惑不断增加。特别是由于有关问

〔1〕 王宗维：《汉代丝绸之路的咽喉——河西路》，第233页。
〔2〕 谭世宝：《燉煌的辞源再探讨》。

题实际是由原来对中国历史文化及《史记》《汉书》缺乏全面深入研究理解的现代欧洲汉学家提出的伪问题，然后由他们及同样一知半解的日本汉学家对伪问题作出的种种错答案，形成了先入为主的一些误论的影响，而导致了所谓敦煌为胡语的音译词之说在中国普遍流行。甚至还有学者仅据唐以后一度占领过河西走廊的藏族留下的"庄浪"一词在"今藏语义为野牛沟，因而得晤（悟）张掖的原义是野牛之乡"，从而认定"张掖""删丹"与"敦煌"等都是羌语词："敦煌之为羌语译音，盖与庄浪、张掖、删丹等相同。""最终由索南杰同志提出'朵航'的对音来，这在现代的藏语中是'颂经地'或'诵经处'的含义。"如此胡乱找来比"张掖"后出一千多年的"庄浪"以及比"敦煌"后出两千多年的"朵航"作为"张掖"与"敦煌"的辞源，实在令人匪夷所思[1]。

拙文之论证相当繁复详尽，在此不再赘引。再看，前引王宗维对张掖为胡语音译的具体论证说：

张掖一名是涿邪（涅野）的同名异译，是涿邪部人曾居于此而得名。涿邪为突厥别部处月（朱邪）的先祖。匈奴休屠部占领谷水中下游以前，这里是涿邪部人居住的地方。匈奴休屠王占领此地后，涿邪改为休屠，猪野泽改为休屠泽，李陵在此练兵时又把当地人所称的涿邪地名，异译为张掖。张掖不是什么"张国臂掖"之意，而是涿邪"的别译[2]。

以上之论，将被《史记》陆续始载于元狩二年（前 121）的"休屠"王名[3]，元封三年（前 108）的"涅野"侯名[4]，太初三年（前 102）的"张掖"镇名[5]，天汉二年（前 99）的"涿涂（邪）"山名[6]，都混为一谈了。此外，其立论的基本方法之错误，就是与其他持敦煌、张掖等名为胡语音译说者相同，都是首先主观否定汉唐以降的汉族史家应劭等人为这些郡县地名的汉语词源所作的合情合理注释，然后再找一些后出的音近而且地近却不知其词义和实际使用的具体时间地点的汉文异词，就称为某胡族的胡语词之音译，进而称之为有关郡县等地名的真正词源。窃以为事实恰恰相反，与汉语词义同而音字怪异不能见词明义的所谓胡语词，大多是胡人译自汉语再回译为汉语的胡汉混合汉语文字的结果。例如，拙作《单于、可汗、阿干等词源探讨》曾指出：

〔1〕　谭世宝：《燉煌的辞源再探讨》。

〔2〕　王宗维：《汉代丝绸之路的咽喉——河西路》，第 230、231 页。

〔3〕　《史记》第九册，第 2908 页。

〔4〕　《史记》第九册，第 2945 页。

〔5〕　《史记》第九册，第 2917 页。

〔6〕　《史记》第九册，第 2917 页。

　　匈奴的"左右贤王，左右谷蠡王，左右大将，左右大都尉，左右大当户，左右骨都侯……"这些王侯将尉等官名多数是匈奴译取自汉语，而汉人再杂用意译与音译的方法将其回译为汉文。因为匈奴本身是夏朝灭亡时的淳维之遗裔，其文化至先秦时一直停滞于上古的游牧部落阶段，至秦汉时期才开始学习移植汉族的先进文化与政治制度于其部族，故此必须大量借用汉语的名词术语，在官制方面尤其多例证。在此，本文将从音义等方面进一步论证匈奴最高首领"撑犁孤涂单于"之号也是出于汉语。其嫡妻称"阏氏"，其子称"屠耆""谷蠡"，其女称"居次"等等之名号也是出于汉语，经匈奴借用之后再回译为汉语的变异结果[1]。

　　笔者进而举例分析指出：

　　《史记·匈奴列传》："匈奴谓贤曰'屠耆'，故常以太子为左屠耆王。"裴骃《集解》引徐广曰："屠，一作诸。"笔者认为，"屠"字在汉晋时代可以对译悉昙梵文的 ❀ddha、❀（ddhi），异译作陀、提等，可见其声母可以是 d- 或 t-。而"屠耆"二字反切合音为"德"，德与贤义近可以经常合为"贤德"一词。故匈奴将汉族儒家的"德"概念引入其族之后再回传汉语而被解作贤也是可以合理的。

　　《史记·匈奴列传》："置左右贤王，左右谷蠡王。"裴骃《史记集解》："服虔曰：'谷音鹿，蠡音离。'"笔者认为，谷蠡二字反切合音为"礼"，这也是匈奴将汉族儒家的概念"礼"引入其族的表现。与"屠耆"既有音译又有义解不同，就在于"谷蠡"只有音译而无义解。这是史家之省文或原始文献之遗失，使得后人只能知或注其一而不能知或注其二。故笔者认为，按照"左右贤王"即"左右屠耆王"之例推断，"左右谷蠡王"即"左右礼王"[2]。

　　再看，有关休屠与涿邪（涅野）、猪野的问题。窃以为休屠的"休"，在古方音应与右字相同，或者可以说是，匈奴人在借用汉语的右字时，读音稍有变异，再被汉人回写为汉字，就成了"休"，至今保留古汉语音最多的粤语，"休［jau¹］"与"右［jau⁴］"为声韵相同而只有声调的阴平与阳平之别。由此推断，"休屠王"应该是"右屠耆王"的略异之称。据《史记》《汉书》所载，休屠王所驻守管辖为同属汉与匈奴的西方亦即右部又称右臂之地。例如，《汉书》之《金日磾传》："武帝元狩中，票（骠）骑将军霍去病将兵击匈奴右地……昆邪、休屠居西方"[3]；《匈奴传·上》："休屠王祭天金人"之注引"孟康曰：匈奴祭天处，

──────────

〔1〕　谭世宝：《单于、可汗、阿干等词源探讨》，《吐鲁番与丝绸之路经济带高峰论坛暨第五届吐鲁番学国际学术研讨会论文集》，上海古籍出版社，2016年。

〔2〕　谭世宝：《单于、可汗、阿干等词源探讨》。

〔3〕　《汉书》第九册，第2959页。

本在云阳甘泉山下，秦击夺其地后，徙之休屠王右地"〔1〕；《西域传·上》："……其后骠骑将军击破匈奴右地，降浑邪、休屠王，遂空其地，始筑令居以西，初置酒泉郡。"〔2〕

又《史记·大宛列传》载：

"是后天子数问骞大夏之属。骞既失侯，因言曰：'……厚币赂乌孙，招以益东居故浑邪之地，与汉结昆弟，其势宜听，听则是断匈奴右臂也。'"〔3〕

综上所述，可以断定酒泉、张掖、敦煌等郡县名，都是用汉语字义命名的汉语名而非胡语的音译名。假如这些汉语的见词明义的行政城市地区的政治地名，都可以被随意曲解为胡语名的音译，则"玉门"也可以用同类方法曲解为胡语名的音译了。因为早在清初的《钦定皇舆西域图志》，就发现在新疆土尔番（吐鲁番）有一个名叫"玉门口"的地方，被人误称为"古玉门关"，亦即西汉的酒泉郡玉门县的玉门关。故纠正此误说指出："土尔番即车师，焉得有玉门关乎？盖其国慕中国玉门关之名，故以名其山口。后中国人至此，谓即汉玉门关者，非也。"〔4〕这就已经把被颠倒了的源流拨乱反正了。同时，与"玉门关"密切相关的"阳关"也有类似的颠倒混淆之误说。乾隆皇帝发现在乌鲁木齐西境有一个名叫"阳巴尔噶逊"的城镇，被《肃州新志》说成是古阳关的"旧者"之名，故特撰《阳关考》作厘正，指出："或据《肃州新志》载乌鲁木齐西境有地名'阳巴尔噶逊'，以为阳关之旧者。殊不知'阳'乃回语，盖谓新；而'巴尔噶逊'则厄鲁特（清代对明代蒙古瓦拉部之称）语，盖谓城，亦非为关也。况乌鲁木齐地在天山之北，揆其方位悬隔，奚啻谬以千里计耶！"〔5〕可见其误乃将元朝以后出现的蒙回混合语词"阳巴尔噶逊（新城）"，误解为汉代的古阳关了。此误实为现代学者将玉门、酒泉、张掖等汉语词都说成是源于胡语对音谬说之滥觞。而乾隆及刘统勋等人的考证，实为本研究开先河。对此成果我们必须继承发扬光大，不可任由此类误说发展，否则所有中国的自然和政治文化的汉语地名，包括玉门关、阳关，都会被颠倒源流先后，被说成是胡语的对音了。]

〔1〕《汉书》第十一册，第3769页。
〔2〕《汉书》第十二册，第3873页。
〔3〕《史记》第十册，第3168页。
〔4〕［清］刘统勋等：《钦定皇舆西域图志》卷八《疆域》，《古玉门关》及《玉门口》。
〔5〕［清］刘统勋等：《钦定皇舆西域图志》卷八《疆域》，《古阳关》引《阳关考》。原文见乾隆：《御制文》二集卷二十一《阳关考》。

（三）《张骞李广利传》

1. 张骞

骞身所至者，大宛、大月氏、大夏、康居，而传闻其旁大国五六，具为天子言其地形，所有［谭按：点校本《史记·大宛列传》所载原文："骞身所至者大宛、大月氏、大夏、康居，而传闻其旁大国五六，具为天子言之。"［1］可见《汉书》此文基本袭用《史记·大宛列传》。足证司马迁知道张骞所知道和报告的西域诸国，就只有约十个。而《西域传》所载的三十六国，其中显然有二十六个是班固根据东汉的新知识追加的。却造成了其后至今的普遍错误，以为张骞时西域已经有三十六国，并由他向武帝及国人报告了。详证参考上文《西域传·上》的有关部分］（师古曰："土地之形及所生之物也。"）。语皆在《西域传》。

（第九册第 2689 页）

骞以校尉从大将军击匈奴，知水草处，军得以不乏，乃封骞为博望侯（师古曰："取其能广博瞻望。"）。是岁元朔六年［前 123］也。后二年［前 121］，骞为卫尉，与李广俱出右北平击匈奴。匈奴围李将军，军失亡多，而骞后期当斩，赎为庶人。是岁骠骑将军破匈奴西边，杀数万人，至祁连山。其秋，浑邪王率众降汉，而金城［谭按：前文已考证"金城郡"始设于武帝始元六年（前 81），《汉书》此处正文也是用后出的郡名记述前史之例］、河西（西）［谭按：笔者于前文已将《史记·大宛列传》所载的"金城河西西"，解释为"金城西河西"。可资参考］并南山至盐泽，空无匈奴（师古曰："并音步浪反。"）。匈奴时有候者到，而希矣。后二年［前 119］，汉击走单于于幕北。

（第九册第 2691 页）

骞还，拜为大行［谭按：《通鉴》系于元鼎二年（前 115）［2］］。岁余，骞卒。后岁余，其所遣副使通大夏之属者皆颇与其人俱来［谭按：《通鉴》直接记此于张骞"拜为大行"而非"骞卒"的"后岁余"［3］，孰是孰非，姑存疑待考］（晋灼曰："其国人。"），于是西北国始通于汉矣。然骞凿空（苏林曰："凿，开也。空，通也。骞始开通西域道也。"）师古曰："空，孔也。犹言始凿其孔穴也。故此下言'当空道'，

［1］《史记》第十册，第 3160 页。
［2］《资治通鉴》第二册，第 657 页。
［3］《资治通鉴》第二册，第 657 页。

而《西域传》谓'孔道'也。"），诸后使往者皆称博望侯，以为质于外国（李奇曰："质，信也。"），外国由是信之。其后，乌孙竟与汉结婚［谭按：上文已考证《汉书·西域传·乌孙》，此事笼统系于元封中[1]。而《通鉴》具体系于元封鼎六年（前105）秋天之后[2]］。

初，天子发书，《易》（邓展曰："发《易》书以卜。"）曰："神马当从西北来。"得乌孙马好，名曰"天马"。及得宛汗血马，益壮，更名乌孙马曰"西极马"，宛马曰"天马"云。而汉始筑令居以西（臣瓒曰："令居，县名也，属金城。筑塞西至酒泉也。"师古曰："令音零。"），初置酒泉郡［谭按："始筑令居以西"之事，在元狩二年（前121）秋至元封三年冬十二月（前107年1月13日—2月11日）之间完成。由此可以推断，本郡开设于元封三年冬十二月（前107年1月13日—2月11日），参考下文对《西域传·上》的有关考证］，以通西北国。因益发使抵安息、奄蔡、犂靬、条支、身毒国（李奇曰："靬音轩。"服虔曰："犂靬，张掖县名也。"师古曰："抵，至也。自安息以下五国皆西域胡也。犂靬即大秦国也。张掖骊靬县盖取此国为名耳。骊犂声相近。靬读与轩同。李奇音是也，服说非也。"）。而天子好宛马，使者相望于道，一辈大者数百，少者百余人，所赍操，大放博望侯时（师古曰："操，持也。所赍持，谓节及币也。放，依也，音甫往反。"）。其后益习而衰少焉（师古曰："以其串习，故不多发人。"）。汉率一岁中使者多者十余，少者五六辈，远者八九岁，近者数岁而反（师古曰："道远则还迟，近则来疾。"）［谭按：《通鉴》将以上《汉书》这段话系于元鼎二年（前115）[3]，这就导致了酒泉郡的初置时间，被提前了八年。今人只批评《通鉴》的错记误导影响，而没有发现和批评"始作俑者"是《汉书》对《通鉴》的误导[4]。真可谓舍本逐末了。连宋代司马光、胡三省等最优秀的历史编纂学家都受《汉书》混合前后古今的记述所误导，后世迄今之人未能识破《汉书》存在大量诸如此类之弊病，也就可以给予同情的理解了］。

……楼兰、姑师小国，当空道（师古曰："空即孔也。"）［谭按：将"当空道"解释为"当孔道"是可以的，问题在于颜师古将《西域传》的"孔道"误解作"穴径"。笔者在研究中已作纠正，指出"孔道"应解作通路或大路[5]，或平路、要路[6]

---

[1] 《汉书》第十二册，第3903页。

[2] 《资治通鉴》第二册，第695页。

[3] 《资治通鉴》第二册，第658页。

[4] 王宗维：《汉代河西四郡始设年代问题》，第91、92页。

[5] 《汉语大字典》，第1081页。"孔"字的第3义项作形容词之（2）释为"通达"，所举书证即为本文的"辟在西南，不当孔道"。其（3）释为"大"，"如：孔硕（硕大）；孔德（大德）"。

[6] 《正字通》寅集上，第28、29页。子部"孔"字，释为"孔德之容"的"孔"字为"大"；又释"孔道如夷"的"孔道"为"要道"。

等等，可供解释"当空道"者参考]，攻劫汉使王恢等尤甚，而匈奴奇兵又时时遮击之，使者争言外国皆有城邑，兵弱易击。于是天子遣从票侯破奴（师古曰："赵破奴。"），将属国骑及郡兵数万，以击胡，胡皆去 [谭按：《通鉴》误将以上《汉书》这段话的前文照录，而将末尾攻击匈奴的将领军队，改为分别由浮沮将军公孙贺、匈河将军赵破奴所领而且分道出击，皆系于元鼎六年（前111)[1]。其实如笔者上文指出，应参考《史记》的原始记载作修改和补充说明。例如，《大宛列传》载："于是天子以故遣从骠侯破奴将属国骑及郡兵数万，至匈河水，欲以击胡，胡皆去。其明年，击姑师。破奴与轻骑七百余先至，虏楼兰王，遂破姑师。因举兵威以困乌孙、大宛之属。还，封破奴为浞野侯。"[2] 前文已考证其事在元封三年（前108)。又《史记·建元以来侯者年表》《汉书·景武昭宣元成功臣表》皆载此年封破奴为浞野侯而不载其具体月份[3]。由此可证，破奴由出征到班师回朝获得封侯，皆在元封三年这一年之内。而《通鉴》却先错系"虏楼兰王"之事系于元封二年十二月，然后接着将后一事画蛇添足说："（元封三年）春，正月，甲申，封破奴为浞野侯。"[4] 显而易见，这两件事是不可能在一头半月内完成的。对其误之深入分析纠正，另见《张骞传》的有关部分研究]。明年 [谭按：如照《通鉴》误将上文之事载在元鼎六年（前111)，则此一"明年"就应在元封元年（前110)。而笔者上文已经勘正为"元封三年（前108)"]击破姑师，虏楼兰王 [谭按：《史记·建元以来侯者年表》也将此事载于元封三年[5]，《汉书·景武昭宣元成功臣表》沿之[6]。《通鉴》则误加发展，将此事连接其增加的下句之事皆系于元封三年"春，正月甲申（约前107年2—3月）"[7] 亦如上文指出，出征击破姑师与班师回朝被封侯，这两件事是不可能在一头半月内完成的]，酒泉列亭鄣至玉门矣 [谭按：《通鉴》将此句增改为"王恢佐破奴击楼兰，封恢为浩侯。于是酒泉列亭障至玉门矣。"皆系于元封三年[8]。这是忽略了《史记·建元以来侯者年表》的记载，误将《汉书》的错误记述与《史记》的正确记述混合改写的结果。笔者于前文《史记·大宛列传》及下文的有关考证，逐步深入具体地证明从"酒泉列亭鄣至玉

---

[1] 《资治通鉴》第二册，第674、675页；《史记》第九册，第2941、2942页，所载公孙贺事；《史记》第九册，第2945、2946页，所载赵破奴事。这三处记载可以互为印证。

[2] 《史记》第十册，第3172页。

[3] 《史记》第九册，第2945、2946页。

[4] 《资治通鉴》第二册，第687页。

[5] 《史记》第三册，第1041页。

[6] 《汉书》第三册，第647、648页。

[7] 《资治通鉴》第二册，第687页。

[8] 《资治通鉴》第二册，第687页。

门"的系列建设工程的展开，则在封王恢为浩侯的元封四年正月甲申[1]（前 107 年 2—3 月）之后不久。由此可见，这段话也是将前后六七年间发生的几件大事混合在一起记述，导致了其最后的两件记事起码提前了一年。可资参考］（韦昭曰："玉门关在龙勒界。"）。

（第九册第 2693—2695 页）

　　［谭按：如果将上述这两段的记述合看，就可以看出其前后矛盾，混乱不一。但是，仅看上一段文字，则会以为酒泉郡之设置在元封三年（前 108）以前。如果仅看下一段文字，会以为"酒泉列亭鄣至玉门"之事是在赵破奴"击破姑师，虏楼兰王"之后紧接着就发生了。其实，据《史记》的《匈奴列传》和《骠骑（霍去病）列传》《大宛列传》等最古的文献更具体之记述，并参考《史记·建元以来侯者年表》《汉书·景武昭宣元成功臣表》的记载，可以修正以上《汉书》和《资治通鉴》的含混和错误记述，明确"击破姑师，虏楼兰王"是在元封二年（前 109）中。而其以此功获封"浞野侯"则在元封三年，两处皆不载其具体月份。《通鉴》却先错系前事于元封二年十二月，然后接着将后一事画蛇添足说："（元封三年）春，正月，甲申，封破奴为浞野侯。"显然，赵破奴绝对不可能在一个月内完成这两件大事：在遥远的西域"击破姑师，虏楼兰王"，就班师回朝获封为侯。其实这个"（元封三年）春，正月，甲申"之日，是《史记》记载王恢在"元封四年正月，甲申"（前 107 年 2—3 月）被封为浩侯之时[2]。可见《通鉴》误把两人封侯的时间都提前变成是同年同月同日受封。至于"酒泉列亭鄣至玉门"，则既非如《汉书》所说在紧接"击破姑师，虏楼兰王"（事在元封二年）之后，亦非如《通鉴》所说在紧接赵破奴与王恢被封浩侯（事在元封三年正月甲申）之后，而是在元封四年正月甲申（前 107 年 2—3 月）之后不久。由此可见《汉书》记事前后不一，有失严谨真实之一斑，其误导司马光及后人匪浅。另外，韦昭之注则误导其时及后人以为元封四年时的"玉门关在龙勒界。"笔者上文已经否定了《史记·大宛列传》的集解所引韦昭之注及正义《括地志》的同类之说，证明其时玉门关屯就应该在新设的玉门县城或其附近。

　　其实，《汉书》与《通鉴》皆有参考《史记·大宛列传》有关记载而有错改。请看《大宛列传》原文及注解：

　　于是天子以故遣从骠侯破奴将属国骑及郡兵数万，至匈河水，欲以击胡，胡皆去［谭按：时在元鼎六年（约前 111）］。

[1]《史记》第三册，第 1056 页；《汉书》第三册，第 660 页。
[2]《史记》第三册，第 1056 页；《汉书》第三册，第 660 页。

其明年，击姑师，破奴与轻骑七百余先至，虏楼兰王，遂破姑师［谭按：时在元封元年（前 110）］。因举兵威以困乌孙、大宛之属。还，封破奴为涅野侯（ 集解 徐广曰："元封三年。"）［谭按：点校本原来将下文连接于此，今为纠正以往《通鉴》将王恢与破虏的封侯混为一年之弊，特将其另起一段］。

王恢（ 集解 徐广曰："为中郎将。"）数使，为楼兰所苦，言天子，天子发兵令恢佐破奴击破之，封恢为浩侯（ 集解 徐广曰："捕得车师王，元封四年封浩侯。"）。于是酒泉列亭鄣至玉门矣（ 集解 徐广曰：韦昭曰："玉门关在龙勒界。" 索隐 韦昭云："玉门，县名，在酒泉。又有玉关，在龙勒也。" 正义 《括地志》云："沙州龙勒山在县南百六十五里。玉门关在县西北百一十八里。"）

只要将《史记》《汉书》与《通鉴》等三书有关记述作认真细致的对比，真伪正误，便可昭然若揭。]

而大宛诸国发使随汉使来，观汉广大，以大鸟卵及黎轩眩人献于汉［谭按：《通鉴》系以上诸事于元封六年（前 105）秋之后至冬十月之间[1]］（应劭曰："卵大如一二石罋也。眩，相诈惑也。邓太后时，西夷檀国来朝贺，诏令为之。而谏大夫陈禅以为夷狄伪道不可施行。后数日，尚书陈忠案《汉旧书》，乃知世宗时黎轩献见幻人，天子大悦，与俱巡狩，乃知古有此事。"师古曰："鸟卵如汲水之罋耳，无一二石也。应说失之。眩读与幻同。即今吞刀吐火，植瓜种树，屠人截马之术皆是也。本从西域来。罋音瓮。"），天子大说（师古曰："说读曰悦。"）。而汉使穷河源，其山多玉石，采来（臣瓒曰："汉使采取持来至汉。"），天子案古图书，名河所出山曰昆仑云［谭按：连自然之无名大山，也要由汉武帝据中国古图书而亲自命名，则其余山水之及酒泉等郡县要塞之名，在汉武帝严格管治下的中央或地方政府官员，岂会随便用只知其音，不知其义的胡语词的对音命名］。

（第九册第 2696 页）

2. 李广利

李广利，女弟李夫人有宠于上，产昌邑哀王。太初元年［前 104］，以广利为贰师将军，发属国六千骑及郡国恶少年数万人以往（师古曰："恶少年谓无行义者。"），期至贰师城取善马，故号"贰师将军"。故浩侯王恢使道军，既西过盐水，当道小国各坚城守，不肯给食。攻之不能下，下者得食，不下者数日则去。比至郁成（师古曰：

────────────────
［1］《资治通鉴》第二册，第 627 页。

"比，音必寐反。"），士财有数千，皆饥罢（师古曰："财与才同，罢读曰疲。"）。攻郁成城，郁成距之，所杀伤甚众。贰师将军与左右计，至郁成尚不能举，况至其王都乎？引而还。往来二岁，至敦煌，士不过什一二（师古曰："十人之中一二人得还。"）。使使上书言："道远多乏食，且士卒不患战，而患饥，人少不足以拔宛，愿且罢兵，益发而复往（师古曰："益，多也。"）。天子闻之，大怒，使使遮玉门关，曰："军有敢入，斩之！"贰师恐，因留屯敦煌［谭按：此处用了"屯"字，当与敦煌其时尚为军事屯田之城乡有关。又据文中"往来二岁"之说，可知李广利此次出征所花时间为两年。但是，《通鉴》先将"以广利为贰师将军"，至"故浩侯王恢使道军"这段话加工后，系于太初元年（前104）"秋，八月，上行幸安定"等事之后〔1〕。然后将"西过盐水"以下至"留屯敦煌"这段话，系于太初二年（前103）"秋，蝗"之后，并且是在当年十二月的赵破奴出兵及丧师等事之前〔2〕。按实际看，李广利军队是在太初二年秋（约前103年8月）出征，"西过盐水"后，沿途受西域各国阻击，进展缓慢。约10月中旬到达大宛国东边境重镇郁成时，剩下饥饿疲劳至极的数千兵马，结果被以逸待劳的敌军"杀伤甚众"，铩羽而归，其不可能只花了一个多月时间，在十二月底就回到敦煌。况且，这与《李广利传》所说的"往来二岁"之说不符。故作合理的推定，李广利之军最快应该是在太初三年初（约前102年2月间）回到敦煌。派人去长安报告并且得到武帝禁令而留屯敦煌，就要推后约一个月，应该在前102年3月间了］。

　　其夏［谭按：这里的"其夏"不可能是与上段所说诸事同为一年的太初二年（前103）之夏。因为没有理由先记述秋天之事，再另开一段记述夏天之事。这也可以倒过来证明，上段之末所记之事，是在太初三年（前102）春，而本段的"其夏"就是指太初三年（前102）夏］，汉亡浞野之兵二万余于匈奴［谭按：《史记·大宛列传》注引集解徐广曰："太初二年，赵破奴为浚稽将军，二万骑击匈奴，不还也。"其实，根据上文的考证，再参考其他史料，作合理的推算应为太初三年而非二年，徐广之说误。例如，《史记·建元以来侯者年表》载元封三年封破奴为浞野侯而不载其具体月份〔3〕。参考上文《史记·霍去病列传》附载"赵破奴"有关考证］（师古曰："赵破奴后封浞野侯，浞音土角反。"），公卿及议者皆愿罢击宛军，专力攻胡。天子业出兵诛宛，宛小国而不能下，则大夏之属渐轻汉，而宛善马绝不来，乌孙、轮台易苦汉使，为外国笑。乃按言伐宛尤不便者邓光等（师古曰："按其罪而行罚。"）。赦囚徒扞寇盗（如

〔1〕《资治通鉴》第二册，第699、700页。
〔2〕《资治通鉴》第二册，第701、702页。
〔3〕《史记》第三册，第1040、1041页。

淳曰："放囚（徙）〔徒〕使其扞御寇盗。"师古曰："使从军为斥候。"），发恶少年及边骑，岁余〔谭按：约前102〕而出敦煌者六万人，负私从者不与。牛十万，马三万余匹，驴骡橐驼以万数齎粮，兵弩甚设〔谭按：此次出征汉朝政府尚能调动官民之牛、马及驴骡橐驼的数量如此多，足见汉朝实力雄厚〕。天下骚动，转相奉伐宛，凡五十余校尉。宛城中无井，皆汲城外流水。于是乃遣水工徙其城下水空以穴其城（师古曰："空孔也，徙其城下水者，令从他道流，不迫其城也。空以穴其城者，围而攻之，令作孔使穿穴也。……"）。益发戍甲卒十八万酒泉，张掖〔谭按：点校本原标点作"益发戍甲卒十八万酒泉、张掖北，置居延、休屠以卫酒泉。"今笔者以酒泉为郡乃发十八万大军之政府，其时张掖尚为酒泉郡下辖的一个边关重镇而已，不可与酒泉并列为同等的郡级政府。故必须如此改标点。今点校本《通鉴》沿用此错误标点，系于太初三年（前102）中[1]〕北置居延、休屠以卫酒泉（如淳曰："立二县以卫边也，或曰置二部都尉。"）。而发天下七科适（师古曰："适读若谪。七科，解在《武纪》"）及载糒给贰师（师古曰："糒干饭，音备。"），转车人徒相连属至敦煌（师古曰："'属'，音之欲反。"），而拜习马者二人为执、驱校尉（师古曰："习犹便也。一人为执马校尉，一人为驱马校尉。"），备破宛择取其善马云〔谭按：本段自"汉亡浞野之兵二万余于匈奴"至末句"备破宛择取其善马云"皆被《通鉴》全文抄录，系于太初三年（前102）[2]〕。

（第九册第2699、2700页）

　　〔谭按：以上两段文字，基本抄自《史记·大宛列传》，有关事件时间的考证，可以照《史记·大宛列传》的考证。其异者主要是"遮玉门"加一字作"遮玉门关"。有必要再加榷清，因为有的学者认为此字加得合适，并引为玉门关在敦煌以西之证。笔者认为班固所加"关"字，并不能改变"玉门县"或"玉门关"都在当时尚未设郡、县的敦煌军屯城镇以东的事实。笔者上文考证"天子闻之，大怒，而使使遮玉门，曰：'军有敢入者辄斩之！'贰师恐，因留燉煌。"已经论证其时为太初三年初（约前102年3月）间，并指出这段话足证此时玉门县的关城，肯定在敦煌以东而不在燉煌以西。因为贰师的军队已经"还至燉煌"，所以武帝派使者到敦煌城镇东面的玉门县的关塞布防拦截，并宣告命令说："军有敢入者辄斩之！"从而使得"贰师恐，因留燉煌"。又《汉书·西域传·下》及《通鉴》等载征和

〔1〕《资治通鉴》第二册，第705页。
〔2〕《资治通鉴》第二册，第704、705页。

四年（前89）中，桑弘羊等上书请求置轮台等处屯田，以及武帝答覆诏书[1]，其诏书忆述迎接第二次西征车师之大军班师事说："朕发酒泉驴、橐驼负食，出玉门迎军吏卒，起张掖不甚远[2]，然尚厮留甚众。"其"军入玉门"时当在太初三年末（前102末—前101初），而武帝派人"出玉门迎军"则应在此稍早约一个月。也可证其时玉门县的关塞仍属于酒泉郡，而且距离酒泉郡城及张掖郡城皆不太远，故肯定其位于敦煌以东。

　　至于有学者基于主观认定：罢玉门关屯而设玉门县在征和三年（前90）之后，其时尚未有玉门县，而且已经有敦煌郡及其西边的玉门关，将玉门与敦煌设县的先后有无完全颠倒了。于是进一步错误认定："西汉时期，玉门关外必然还有相当面积的水草地。李广利所率领的残部不过数千人，在这里暂时屯扎并非不可能。"[3] 此论相当自相矛盾混乱，既违史实，又不合情理。据笔者上文已经证明在元封四年正月（前107年2月12日—3月12日）之后不久，汉朝就已经从"酒泉列亭鄣至玉门"，其时的玉门关屯就应该在后来大约在元封六年（前105）间新设的玉门县城或其附近。而敦煌设县，则应在较后的天汉三年（前97初—前96初）实行。因此，汉武帝不可能从几千里之外的酒泉郡城派使者领兵，到仍然是一个边陲军屯城镇的敦煌以西，即使已经设立，充其量就是孤立于沙碛戈壁的玉门关前哨瞭望台拦截李广利。而李广利率领残部，不可能回军至敦煌以西的沙碛戈壁的玉门关前哨瞭望台之外不知何处的"水草地"，就停留下来，然后派使者到长安向汉武帝请求"罢兵"，而其所谓"罢兵"其实是要进入靠近酒泉的玉门县城的关口，以便让残部得到休整。故此，汉武帝给他的答覆就是"使使遮玉门，曰：'军有敢入者辄斩之！'"显而易见，这个玉门（关）所在之地，不但是有水草的绿洲，而且必须是有人民、城市、房屋和军队，可以支援接济残兵居留休息。无论李广利或汉武帝都不可能让几千残部在广大的沙碛戈壁中找一块所谓"有相当面积的水草地"就屯扎下来。而有关误论之所谓"暂时屯扎"，实际如《史记·大宛列传》所载，是要过了岁余至前102年，才获得汉武帝下诏补充大量的兵马粮草，再度从敦煌出征西域大宛。由此可见，在真正的玉门关以西又能容许

〔1〕　《汉书》第十二册，第3192、3193页，然此文不载下诏时间。今据荀悦：《前汉纪》卷十五《孝武六》载于征和四年。［宋］王益之：《西汉年纪》卷十七《武帝》；［清］严可均：《全汉文》卷四《报桑弘羊等请屯田轮台诏》；《资治通鉴》第二册，第738—742页，载于征和四年三月至八月的事件之间。

〔2〕　今点校本作"出玉门迎军。吏卒起张掖不甚远"实误。按《史记》的《孝文本纪》《卫将军骠骑列传》等，以及《汉书》的《高帝纪》《卫青霍去病传》等皆有不可分隔两句的"军吏卒"一词，故可推定所"出玉门"迎接者为远道而归的"军吏卒"。且本文是以"发酒泉驴、橐驼负食"者为"起张掖不甚远"，不可以理解"发酒泉"迎军者为"吏卒"，"起张掖不甚远"。

〔3〕　马雍：《西汉时期的玉门关和敦煌郡的西境》，《中国史研究》1981年第1期。

李广利残部"留屯敦煌"的地方，就只有当时尚未设县的敦煌城镇所在的绿洲。绝对不可能在敦煌以西的沙碛戈壁上的所谓"玉门关"或其更西之某地。汉武帝的高明之处，就是让李广利的军队在最靠近西域的燉煌城镇休整，以便第二次伐宛时可以让他们减少了两千多里的行军，达到兵贵神速之效。正如以上传文之末段记载汉武帝发动第二次征伐大宛之战说：

"益发戍甲卒十八万酒泉，张掖北置居延、休屠以卫酒泉。而发天下七科适及载糒给贰师，转车人徒相连属至敦煌。而拜习马者二人为执、驱校尉，备破宛择取其善马云。"

再从我们上文对《史记·大宛列传》的考证可知，汉朝是在这次伐宛胜利之后，才开始在"燉煌置酒泉都尉"，并且大约在天汉二、三年间（前99初—前97初）进行从敦煌西至盐水（泽）建一系列"亭"的工程。所以，在敦煌城镇以西的至盐水的亭障，包括位于小方盘城的所谓"玉门关"的瞭望烽火台，也只能在此时建立。]

　　[谭按：以下一段话，基本抄自《史记·大宛列传》，其中《史记》有而《汉书》无或异字者，用［］加楷体字标示；《汉书》有而《史记》无者，用［］加斜体字标示。]

于是贰师后复行，兵多，而所至小国莫不迎，出食给军。至仓台［头］，仓台［头］不下，攻数日，屠之［谭按：此为"仓台（《史记》原作仓头，《汉书》又作轮台）"国覆灭之时，《通鉴》仍将此事系于太初三年（前102）中[1]。后来"仓台（头）"故土逐渐成为汉朝首个派驻西域的军事屯田区。如下文考证，其时在太初四年（前101）之后不久]。自此而西，平行至宛城［（师古曰："平行，言无寇难。"）］，［汉］兵到者三万［人］。宛兵迎击汉兵，汉兵射败之，宛［兵］走入保［葆乘］其城。贰师［兵］欲［行］攻郁成，恐留行而令宛益生诈，乃先至宛，决其水原［源］，移之，则宛固已忧困。围其城，攻之四十余日［谭按：李广利以兵强粮足的十万多大军西伐大宛，一路进军顺利，沿途得到西域诸小国的迎接并提供粮食支持，唯一敢反对汉军的"仓台（头）"就被"攻数日，屠之"。但是在其主力的三万多大军平安到达大宛都城后，却接连攻打了四十余日都未能攻破，险遭"滑铁卢"]，宛贵人［相与］谋曰："［汉所为攻宛以］王毋寡匿善马，［而］杀汉使。今杀王［毋寡］而出善马，汉兵宜解；即不，乃力战而死，未晚也。"宛贵人皆以为然，共杀［其］王［毋寡]。[其外城坏，虏宛贵人勇将煎靡。宛大恐，走入中城，相与谋曰："汉所为攻宛，以王毋寡。"] 持其头，遣 [贵] 人使贰师，约曰："汉无 [毋] 攻我，我尽出善马，恣所取，而给汉军食。即不听我，[我] 尽杀善马，[而] 康居之救又且至。至，我居内，康居居外，与汉军战。孰 [熟] 计之，何从？"是时，康居候视汉兵尚盛，不敢进。贰师 [与赵始成李哆等计] 闻宛城中新得汉 [秦] 人知穿井 [谭按：此处将《大宛列传》的"秦人"改为"汉人"，有违当时的史实。《大宛列传》和《汉书·匈奴传》及其注文皆载卫律所用为"秦人"〔1〕，以"管蠡窥豹"的合理推论，可知在秦朝时期，就有华夏族人入居河西走廊至西域一带，先后与大月氏、乌孙、匈奴及西域诸国人同居共处，并非只是在秦亡之时，方有秦人逃亡进入河西走廊的大月氏与乌孙的混居地区，从而否定《史记》对该地区在汉武帝的军民进入之前，一直为纯胡人之住地的片面记述。根据《史记》偶有记及汉武帝时期仍然有以"秦人"自称和被称之群体，发挥其建城守城、筑楼储谷、挖井取水的知识技能，帮助匈奴及西域大宛国对抗汉朝军队进攻之事例，可以推知自秦朝以来，匈奴及西域国家通过"秦人"及后来入胡的汉人，对于华夏汉族的语言文化及各种知识技术都有相当的了解和掌握。至于汉文帝时及其前已经有无数汉人高官及民众自愿或被掳掠入匈奴。其中原为汉朝宦官兼使者的中行说，投降匈奴后充当了单于的高级顾问军师，"教单于左右疏记"等事，用对等乃至高于文帝的规格多次致信与文帝谈判。使得文帝在最后一次复信要保证"使两国之民若一家子"，"释逃虏民"亦即赦免逃亡匈奴的汉朝人民之罪〔2〕。因此，华夏族的秦、汉人的先进语言文字以及政治军事和经济生活文化知识，逐渐广泛传播于匈奴及西域各国族，乃势所必然之事实。这些都是秦至汉朝时期匈奴及西域诸国多通行胡汉混合汉语言文字的原因和重要证据]，而其内食尚多。所为来诛首恶者毋寡，毋寡头已至，如此不许，则坚守，而康居候汉兵罢来救宛，破汉军必矣。军吏皆以为然，许宛之约。宛乃出其 [善] 马，令汉自择之，而多出食食汉军 [（师古曰："下'食'读若饮"）]。汉军取其善马数十匹，中马以下牡牝三千余匹，而立宛贵人之故时 [待] 遇汉善者名 [为] 昧蔡 [以] 为宛王 [（师古曰："昧音本末之末，蔡音千曷反。"）] 与盟而罢兵，终不得入中城。[与盟而] 罢 [兵，终不得入中城。乃罢] 而引归 [谭按：照战前汉朝君臣的估计，打下大宛国是轻而易举的。例如，《史记·大宛列传》载：一些出使西域归来的"使者争遍言外国灾害，皆有城邑，兵弱易击。于是天子以故遣从骠侯破奴将属国骑及郡兵数万，至匈河水，欲以击胡，胡皆去。其明年，

〔1〕《汉书》第十一册，第 3782、3783 页。
〔2〕《史记》第九册，第 2897—2903 页。

击姑师，破奴与轻骑七百余先至，虏楼兰王，遂破姑师。因举兵威以困乌孙、大宛之属。"〔1〕本来，汉朝以往攻打的匈奴没有固定的城市驻地，都是在大草原大沙漠来无踪去无影的亦牧亦军的骑兵，较难追踪攻打。而华夏汉族已有几千年建筑居住城市的经验，以及拥有攻打和摧毁城市的丰富的军事战略战术和武器技术的强大军队，理应不难征服守城而居的大宛国王。故汉武帝相当轻敌，派李广利第一次出征大宛时只给他"发属国六千骑，及郡国恶少年数万人，以往伐宛"。结果"比至郁成（此为大宛都城之外的东方边境城镇），士至者不过数千，皆饥罢。攻郁成，郁成大破之，所杀伤甚众。贰师将军与哆、始成等计：'至郁成尚不能举，况至其王都乎？'引兵而还。"〔2〕在此铩羽而归之后，汉武帝仍然坚信"（赵）破奴与轻骑七百余先至，虏楼兰王，遂破姑师"的成功经验，故力排反对派的众议，采信出使过大宛国的"姚定汉等言宛兵弱，诚以汉兵不过三千人，强弩射之，即尽虏破宛矣"〔3〕之说，决定倾全力进行第二次征大宛。但是，结果却是"惨胜"归来。其中一个重要原因，就是大宛乃具有相当强大的军事力量之国。据《史记·大宛列传》载"其属邑大小七十余城，众可数十万。其兵弓矛骑射"〔4〕，而本传下文也载大宛国有"户六万，口三十万，胜兵六万人"〔5〕。故其国王虽然因为狂妄自大而坚持与汉朝为敌，惹来战祸而最终被大臣杀掉献出，但其大臣是有勇有谋并与民众团结一致，终于在一边决死守城一边谈判的情况下，取得了双方都保持了国家体面的和平停战]。

（第九册第 2701、2702 页）

[谭按：以下两段话，也基本抄自《史记·大宛列传》，其中《史记》有而《汉书》无或异字者，用 [ ] 加楷体字标示；《汉书》有而《史记》无者，用 [ ] 加斜体字标示。其文倒叙总结贰师将军李广利前后两次伐宛，是由太初元年至四年（前 104—前 101），总共花了"四岁而得罢焉"。虽然后者个别地方有优于前者之处，但是基本要以《史记》所述为先出的原始主证。]

初，贰师起敦煌西，[以] 为人多，道上国不能食，[乃] 分为数军，从南北道 [谭按：此乃倒叙插入追述前事之文，其时应在太初二年（前 103）。而编年体的《通鉴》不加说明便照录并非编年体的《史记》《汉书》之文，故将此文亦系于太初三年

---

〔1〕《史记》第十册，第 3171 页。

〔2〕《史记》第十册，第 3175 页。

〔3〕《史记》第十册，第 3174 页。

〔4〕《史记》第十册，第 3160 页。

〔5〕《汉书》第十二册，第 3894 页。

（前 102）〔1〕。这容易造成误导，必须作厘清说明〕。

……

初〔，〕贰师后行，天子使使告乌孙，大发兵〔并力〕击宛。乌孙发二千骑往，持两端，不肯前。贰师将军之东，诸所过小国〔，〕闻宛破，皆使其子弟从〔军〕入〔贡〕献，见天子，因以为质焉。〔贰师之伐宛也，而军正赵始成力战，功最多；及上官桀敢深入，李哆为谋计，〕军〔还，〕入玉门者万余人，〔军〕马千余匹。〔贰师〕后行，〔军〕非乏食，战死不〔能〕〔甚〕多，而将吏贪，〔多〕不爱〔士〕卒，侵牟之，以此物故者众。〔（师古曰："'侵牟'，言如牟贼之食苗也。物故，谓死也。解具在《景纪》及《苏武传》。）〕天子为万里而伐〔宛〕，不录〔其〕过……伐宛再反（师古曰："'再反'，犹今言两回。"），凡四岁而得罢焉〔谭按：上文载贰师第二次伐宛到达宛城者三万人，至回军"入玉门者万余人，马千余匹。"可谓损失惨重。然而，其胜利征服了大宛国，并获取了坚持与汉朝为敌的大宛王之首级，以及如武帝所愿，"取其（大宛）善马数十匹，中马以下牡牝三千余匹"回国。并且在回国途中，使得以往追随大宛匈奴而与汉朝为敌的各国纷纷归顺汉朝，"皆使其子弟从（军）入贡献，见天子，因以为质焉。"故武帝虽然明知其军队之损失惨重非因缺粮饿死或战死甚多，乃因"将吏贪，不爱卒，侵牟之，以此物故者众"，但是仍以其功大于过而给其为首的将士加以封侯、进爵、赐金等赏赐。当然，比起第一次出征"发属国六千骑及郡国恶少年数万人以往"，却无功而返，到达"敦煌士不过什一二"的惨败，这次的"惨胜"的确值得武帝高兴〕。

（第九册第 2702—2704 页）

（四）《韦贤传》

成帝崩〔谭按：《通鉴》载成帝崩于绥和二年（前 7）三月丙戌〔2〕〕，哀帝即位〔谭按：《通鉴》载哀帝即位于绥和二年（前 7）四月丙午〔3〕〕。丞相孔光、大司空何武奏言："永光五年制书，高皇帝为汉太祖，孝文皇帝为太宗。建昭五年制书，孝武皇帝为世宗。损益之礼，不敢有与。臣愚以为迭毁之次，当以时定，非令所为擅议宗庙之意也。臣请与群臣杂议。"奏可。于是，光禄勋彭宣、詹事满昌、博士左咸等五十三人皆以为继祖宗以下，五庙而迭毁，后虽有贤君，犹不得与祖宗并列。子孙虽欲褒大

〔1〕《资治通鉴》第二册，第 706 页。
〔2〕《资治通鉴》第三册，第 1053 页。
〔3〕《资治通鉴》第三册，第 1055 页。

显扬而立之，鬼神不飨也。孝武皇帝虽有功烈，亲尽宜毁。

太仆王舜、中垒校尉刘歆议曰："……孝武皇帝愍中国罢劳无安宁之时，乃遣大将军、骠骑、伏波、楼船之属，南灭百粤，起七郡；北攘匈奴，降昆邪十万之众，置五属国，起朔方，以夺其肥饶之地；东伐朝鲜，起玄菟、乐浪，以断匈奴之左臂；西伐大宛，并三十六国［谭按："西伐大宛，并三十六国"之说不合史实，是王、刘原议之误，还是《汉书》传讹错书之失，容后有便再考究］，结乌孙，起敦煌、酒泉、张掖，以鬲婼羌，裂匈奴之右肩［谭按：汉武帝时只设立了酒泉一郡，此说之错误与误导极大，容后有便再考究谁人炮制此误］。单于孤特，远遁于幕北。四垂无事，斥地远境，起十余郡。功业既定，乃封丞相为富民侯，以大安天下，富实百姓，其规模可见。……臣愚以为孝武皇帝功烈如彼，孝宣皇帝崇立之如此，不宜毁。"上览其议而从之。制曰："太仆舜、中垒校尉歆议可。"［谭按：《通鉴》将以上奏议简略后载于绥和二年（前7）九月间[1]。］

（第十册第3125—3127页）

　　［谭按：以上王舜、刘歆之议文奏于汉哀帝即位之初的绥和二年（前7）九月间，便已经追述声称："（武帝发兵）……西伐大宛，并三十六国，结乌孙，起敦煌、酒泉、张掖，以鬲婼羌，裂匈奴之右肩。单于孤特，远遁于幕北。"这既将较早的"票（骠）骑将军击破匈奴右地"亦即"断匈奴右臂"之事，归入后来贰师将军伐大宛的结果，连带将"并三十六国，结乌孙，起敦煌、酒泉、张掖"的作用，都说成是"以鬲婼羌，裂匈奴之右肩。"这显然是其后《西域传·下》更加混乱之说的来源。

　　王舜、刘歆之说还有一个特别的错误，就是将桓宽撰于昭帝始元六年（前81）《盐铁论》的"隔绝羌、胡"改作"以隔婼羌"，乃大谬不然。"南羌"在敦煌以东的河曲地区，而《西域传》另载"婼羌"位于敦煌的阳关以西一千八百里，与位于今新疆的且末、鄯善邻近[2]，根本不是汉武出兵驱逐匈奴，占领河西走廊，打通西域道路的目标与效果，真可谓风马牛不相及。而其后的"列西郡，开玉门，通西域，以断匈奴之右臂，隔绝南羌、月氏。单于失援，由是远遁，而漠南无王庭"之说[3]，也都是与"隔绝羌、胡（匈奴）"之正说迥异的误说。

　　特别提请注意的，就是在西汉司马迁及其之前的时代，西域并无三十六等数目的国家之存在与数目的统计，故《史记》全书的原文，不见所谓"西域三十六

［1］《资治通鉴》第三册，第1068页。
［2］《汉书》第十二册，第3875页。
［3］［汉］荀悦：《前汉纪》卷十六《孝武》六，商务印书馆，1912年。

国"之说。此说滥觞于《韦贤传》，而流行于《西域传》及其后至今的论著，形
成了后人不断以后出的名物、人事、制度等层累追书前史的结果。对此类误说的
进一步厘清，可参见下文《西域传》等相关部分。］

（五）《西域传·上》

西域，以孝武时始通。本三十六国，其后稍分至五十余（师古曰："司马彪《续汉
书》云至于哀、平，有五十五国也。"）［谭按：所谓西域"三十六国，其后稍分至五
十余"之说，不见于《史记》原文，故可以肯定不是当年张骞所报告，并为司马迁所
知道的西域诸国的数目。班固据其后出的"知识"追书前史，却没有讲明何时开始有
"三十六国"，更不像司马彪《续汉书》那样讲明是"至于哀、平，有五十五国也。"
这是《汉书》这段话值得注意的缺陷。而其后于末尾对西域诸国总数的统计为"最凡
国五十"，这应是在其最后记事的王莽死（23 年 10 月 6 日）后不久，汉朝一度失去对
西域控制之前的统计结果[1]。汉哀帝死于元寿二年六月初三日（前 1 年 8 月 15 日），
平帝死于 6 年 4 月 6 日，则不可能其时已有五十五国而班固不知，反而西晋的司马彪知
道。然而，《后汉书》《通鉴》等皆沿用"五十五国"之说[2]，都是后世层累追书的
表现，回归本源，在西汉司马迁时代的西域，并无三十六国或五十五国的事实之存在
与数目的统计］，皆在匈奴之西，乌孙之南。南北有大山，中央有河，东西六千余里，
南北千余里。东则接汉，陕以玉门、阳关［谭按：应删除"、"作"玉门阳关"，意指
玉门（县）的阳关。另外，此段文字有前后自相矛盾之弊。其前文既说西域"三十六
国""皆在匈奴之西"，则显然是在汉武帝"始通""西域"以前，西域诸国、匈奴与
汉朝三者的政治地理情势，其西域"三十六国"不可能东与汉境接壤，正如《史记·
大宛列传》的原始记载指出："匈奴右方居盐泽以东，至陇西长城，南接羌，鬲汉道
焉。"至于其下文说"东则接汉，陕以玉门、阳关"，显然应该是汉朝军队于太初四年
（前 101），将长期占据西域诸国与汉朝之间的地区的匈奴全部打败，将其部分俘虏收
降，部分驱逐出漠北之后，再将原来匈奴盘踞之河西至祁连山地区全部变成汉朝郡县
地方的结果］（孟康曰："（阳）〔二〕关皆在敦煌西界。"师古曰："陕，塞也。"）
［谭按：孟康此注不合汉武始通西域时之情况，因为从敦煌以西建设亭障关塞的工程，
其实是自太初四年（前 101）在"燉煌置酒泉都尉"这个时间之后开始，起码要一两
年才能完成，故在此之前并无两关在敦煌以西之情况］西则限以葱岭（师古曰："《西

［1］《汉书》第十二册，第 3927、3928 页。
［2］《后汉书》卷一百十八《西域传》第一页 b，《四库全书》本；［宋］司马光，胡三省：《资治通鉴》第四十
　　 一卷"武帝元狩二年"。

河旧事》云：'葱岭其山高大，上悉生葱，故以名焉'。"），其南山东出金城［谭按："金城郡"始设于武帝始元六年（前81）。此处"金城"之名，显然也是"追书"。在汉朝于元狩二年（前121）击败匈奴之前或其稍后一段时间，并不存在汉朝拥有和命名的"金城"的郡、县、镇或河等有关地名。正如《通鉴》转述原出《史记·大宛列传》的"金城河西"的胡注，指出"金城郡昭帝于元始六年方置，史追书也"[1]，由于不明此而误以为其时已经有"金城河西"等地名，东汉以降的史书如《汉书》《后汉书》《通典》等多有此类错误的综合追书记述，误导当今学者匪浅。且待后文作更多具体纠正］，与汉南山属焉（师古曰："属，联也。音之欲反。"）。其河有两原［谭按：《史记·大宛列传》作"源"］：一出葱岭山，一出于阗（师古曰："阗字与窴同，音徒贤反，又徒见反。"）。于阗在南山下，其河北流与葱岭河合，东注蒲昌海。蒲昌海一名盐泽者也，去玉门、阳关三百余里［谭按：也应删除"、"作"玉门阳关"，意指玉门（县）的阳关。因为不可能两个距离甚远的关都与盐泽相距"三百余里"。当然，这也是班固插入的"追书"。《史记》原文也没有此说，而只说"盐泽去长安可五千里"］，广袤三百里（师古曰："袤长也，音茂。"）。其水亭居，冬夏不增减，皆以为潜行地下，南出于积石，为中国河云。

自玉门、阳关［谭按：应删除"、"作"玉门阳关"，意指玉门（县）的阳关］出西域有两道。从鄯善［谭按："楼兰"乃该国原名，《史记》全书原文只有"楼兰"而无"鄯善"。而《汉书·西域传》说："元凤四年（前77），大将军霍光白遣平乐监傅介子往刺其王……乃立尉屠耆为王，更名其国为鄯善。"[2] 显然，这也是班固据其后出的"知识"追书前史之例］傍南山北，波河西行至莎车，为南道（师古曰："波河，循河也。鄯音上扇反。傍音步浪反。波音彼义反。此下皆同也。"）；南道西踰葱岭则出大月氏、安息（师古曰："氏音支。"）。自车师前王庭随北山［谭按："车师前王庭"之称，始见于本传下文有关"车师前王"灭后，汉朝于初元元年（前48）屯田于该处的记载。详见下文的有关考证］，波河西行至疏勒，为北道；北道西踰葱岭，则出大宛、康居、奄蔡、焉（耆）［谭按：《汉书》所述这"南、北"两道之具体行程，也是班固以后时之"知识"追书前史。因为都不见于《史记》原文，故也可以推断司马迁写《史记》时，并不存在这两条可供汉朝人选择通往西域的现成道路。但这里必须指出：前人多误读本文，并由此衍生出所谓西汉时期从玉门关出为北道，从阳关出为南道之谬说。因为本文写得一清二楚：所谓"南、北"两道皆"自玉门阳关出"，其分道扬镳之点，乃自西域入口处之"鄯善（楼兰）"国之后开始。"傍南山北，波河

---

［1］《资治通鉴》第十九卷"武帝元狩二年"，第634页。

［2］《汉书》第十二册，第3878页。

西行至莎车，为南道"；"自车师前王庭随北山，波河西行至疏勒，为北道"。故古今广
为流行的所谓自"玉门关"与"阳关"分别出"北道"与"南道"的两关与两道之
说，可以休矣。日本学者日比野丈夫曾对"玉门关"与"阳关"的"两关"与西域
"南北"两道的问题有所探讨，较为深入。然而终未能得出"玉门关"与"阳关"就
是一关的结论[1]，殊为可惜]。

（第十二册第 3871、3872 页）

　　［谭按：以上两段文字的"玉门阳关"皆被后人误认为是指两个不同地点的边
　　关，而错点作"玉门、阳关"。上文已于《史记·大宛列传》纠正《汉书》此文
　　将"玉门阳关"记作两个同级平列之关，且将东南与西北相隔 70 公里（140 里）
　　的两关说成是与"盐泽"相距都是"三百余里"之误说。其实《汉书》有关记载
　　乃东汉人用综合法追述西汉前事，颇多混乱错讹，误导后人匪浅。即此班固插入
　　追书的"三百余里"之说，后来的历史地理的史籍多有质疑否定。例如，东汉末
　　荀悦（148—209）所撰《汉纪》说"蒲昌海一名盐泽去阳关三千余里"，此可证
　　汉末人已经认为"三百余里"为"三千余里"之讹，而"玉门阳关"其实应为
　　"阳关"。

　　又如清代的《河源纪略》指出：

　　又案《汉书·西域传》谓"蒲昌海去玉门阳关三百余里"。《水经注》载国邑
　　道里多据《汉书》，其于蒲昌海距玉门里数则云千三百里，盖《汉书》三百里上
　　脱去"千"字，故道里不合耳。伏读《御批通鉴辑览》谓"蒲昌海在回部辟展西
　　南，辟展为古车师及高昌地，高昌东至玉门关一千三百里，见于《魏书》，蒲昌海
　　里数自当略同。"又考《新唐书·地理志》："阳关故城西至蒲昌海南岸千里"云。
　　至南岸千里则至北岸又不止千里矣。以今舆图考之，罗布淖尔东距党河一千三百
　　里，伏读《御制阳关考》谓"今之党城即古玉门关"，禀承详绎，知《水经注》
　　谓"蒲昌海去玉门一千三百里"，与今道里悉合，不可易也[2]。

　　以上"一千三百里"之数，经清人的严格考证和实测，应该较为可信。另外，
　　清人所考只说玉门关而未及阳关，其实这玉门关可以理解为"玉门的阳关"之略
　　称。可见，无论汉末人还是清人，都将有关距离的里数指为蒲昌海与一关而非两
　　关的距离。

　　至于第二段的"自玉门阳关出西域有两道"之说，也不见于《史记》，应是
　　班固追书前史而增加的，也容易误导很多后人至今，都以为从张骞初次出使西域，

---

［1］　［日］日比野丈夫，王蕾：《汉代的西方经略和两关设置年代考》，《西夏研究》2015 年第 1 期。
［2］　［清］纪昀：《河源纪略》卷十六《证古》三《和阗河》，《四库全书》本。

就已经有所谓从敦煌西北的玉门关通北路，西南的阳关通南路。其实当时张骞根本没有这两条可供其选择的道路，他率领使团自当时汉朝最西的边郡陇西（今甘肃临洮）离境，出使西域，乃为联络原本游牧于汉朝后来陆续建立的"凉、甘、肃、瓜、沙等州"一带的月氏，而其时月氏故地皆为匈奴所占据。所以张骞很快就成了匈奴的俘虏。虽然其后来逃离匈奴拘留之地是靠近日后开通的北道末段，故是先到了在西域北道的大宛国，后再南下到位于南道的月氏新居地，再由月氏往东方的南道经匈奴地区，被捕拘留一年多才逃归汉地。及其后汉武帝发动大军支援贰师将军第二次出征西域大宛，也是先从酒泉郡玉门县的关口出发，西行到了敦煌才由贰师将军指挥"分为数军，从南、北道"并进[1]。可见其时并没有所谓"阳关"以及由阳关通南路的史实和说法。所谓南、北多条军路都是军队为打仗而新开辟的行军道路，并非以前就有现成的商旅交通大道可供军用。而《通鉴》却将前述《汉书》根据"通西域"之后形成的两大道路情况，追书前史的"自玉门阳关出西域有两道"的记述，系于武帝元鼎二年（前115），其中"从鄯善傍南山北，循河西行至莎车，为南道"的"鄯善"，胡注解释为"亦曰楼兰国"[2]。请注意其并没有将南道的起点说成是"阳关"，也就是没有否定从玉门县的玉门关出发，可以不经所谓敦煌的"阳关"，而到达鄯善国。其实，"楼兰"乃该国原名，《史记》全书原文只有"楼兰"而无"鄯善"。而《汉书·西域传》才作交代说："元凤四年（前77），大将军霍光白遣平乐监傅介子往刺其王……乃立尉屠耆为王，更名其国为鄯善。"[3] 显然，这也是班固改用后出之名追书前史。

　　最后提请值得注意的是，《西域传·上》所载诸国与汉朝边关及长安的距离，有部分是同标其与阳关以及长安两地的距离[4]。但是在记述"虏楼兰王，遂破姑师，因暴兵威以动乌孙、大宛之属……"便总结说："于是汉列亭障至玉门矣。"为何不说"列亭障至玉门、阳关"呢？又为何不说"列亭障至阳关"呢？而《西域传·下》则大多同标其与都护治所以及长安两地的距离[5]。只字不提阳关，此外，除了其末的《赞》只提玉门关一关，就是其前文所记诸国，其中的车师后王国、又去胡来王唐兜国都只提及与玉门关的交通往来[6]。问题就是《西域传·上》也提及去胡来王国说："出阳关，自近者始曰婼羌。婼羌国王号去胡来王。去

〔1〕《史记》第十册，第3177页；《汉书》第九册，2702页；《资治通鉴》第二册，第706页。
〔2〕《资治通鉴》第二册，第632—634页。
〔3〕《汉书》第十二册，第3878页。
〔4〕《汉书》第十二册，第3875等页。
〔5〕《汉书》第十二册，第3901—3932页。
〔6〕《汉书》第十二册，第3928、3924、3925页。

阳关千八百里，去长安六千三百里。"此言稍有不确，因为列于其后位列第二的鄯善国"去阳关千六百里，去长安六千一百里"。比这第一位的要近二百里，由此可见，这里所说的阳关、玉门关应是同一关之异称。]

汉兴至于孝武，事征四夷，广威德，而张骞始开西域之迹。其后票（骠）骑将军击破匈奴右地，降浑邪、休屠王［谭按：《通鉴》系于元狩二年（前 121）秋[1]]（师古曰："屠音除。"），遂空其地，始令居以西（师古曰："令音铃。"），初置酒泉郡［谭按：联系上文的考证，"始筑令居以西"之事，在元狩二年（前 121）秋至元封三年冬十二月（前 107 年 1 月 13 日—2 月 11 日）之间完成。而本郡开设于元封三年冬十二月（前 107 年 1 月 13 日—2 月 11 日）]，后稍发徙民充实之，分置武威、张掖、敦煌（师古曰："敦音徒门反。"），列四郡［谭按：如上文所考证，司马迁和汉武帝在生之时，河西一带实际上只开设了酒泉一郡，根本不可能有"列四郡"之事实与说法。这些都是后人据后事作综合性的总结而强加于前史之说]，据两关焉［谭按："据两关"（照古今大多数人的错说误解，这是指玉门与阳关）更非在此时出现的事实。也都纯属后人据后事作综合性的总结而强加于前史之说]。

自贰师将军伐大宛［谭按：《通鉴》将此系于太初三年（前 102）[2]。本段点校本原文与上段连接为一段，今依时间及文意另开一段］之后，西域震惧，多遣使来贡献，汉使西域者益得职（师古曰："赏其勤劳，皆得拜职也。"）。于是自敦煌西至盐泽，往往起亭［谭按：如上文对《史记·大宛列传》的考证可知，汉朝是在这次伐宛胜利之后，才开始在"燉煌置酒泉都尉"，并且大约在天汉二、三年间（前 99 初—前 97 初）进行从敦煌西至盐水（泽）建一系列"亭"的工程]，而轮台［谭按："轮台"西域国名，《史记》作"仑头"，如下文所证，最初"以杆弥太子赖丹为校尉将军，田轮台"之时，就是在汉昭帝元凤四年（前 77）六月，因为《通鉴》将其系于此时］渠犁皆有田卒数百人，置使者、校尉领护［谭按：《史记·大宛列传》原文为："西至盐水，往往有亭。而仑头有田卒数百人，因置使者护田积粟，以给使外国者。"[3] 可见"渠犁皆有田卒数百人"之句，是《汉书》把后设"渠犁"屯田卒插入[4]而《通鉴》沿之，并将"自大宛破后"（即上文的"自贰师将军伐大宛之后"）以下这段话抄录，后系于太初四年（前 101）[5]。又本文点校本原作"置使者校尉领护"，也不可能是指

[1]《资治通鉴》第二册，第 598 页。
[2]《资治通鉴》第二册，第 706 页。
[3]《史记》第十册，第 3179 页。
[4]《汉书》第十二册，第 3873 页。
[5]《资治通鉴》第二册，第 707、708 页。

太初年间贰师将军伐大宛之后不久之事。笔者认为此文的"使者"本来应为汉宣帝神爵三年（前59）郑吉所任"护鄯善以西使者"的简称，而"校尉"乃指与此"使者"同时而地位在其下的"屯田校尉"之略称。虽然，"使者"与"校尉"之官在汉武帝以后，时有单独委任派往西域，但是同时并置两职于西域掌管屯田，乃自郑吉之时始。而稍后改设之都护，乃"使者"的管辖范围扩大而地位权力提高之新名而已，其直辖的屯田校尉后来也曾改称"戊、己校尉"，但职权并没有改变］（师古曰："统领保护营田之事也。"），以给使外国者（师古曰：其所种五谷以供之）［谭按：本传用"置使者、校尉领护"取代《大宛列传》原文的"置使者护田积粟"，是把后来同置于神爵三年（前59）的"使者、校尉"两官，偷换了太初四年（前101）单置的"使者"一官了］。

（第十二册第3873页）

　　［谭按：以上一段话是实际上是将五十多年之历史事件混合在一起记述，但却没有把每件事的时间交代清楚，于是就对后人尤其是今人产生了极大误导，以致把其中一些事的发生时间都推前了或者都推后了。在此有必要根据前文对《史记·大宛列传》《汉书》《通鉴》等书有关记载的研究，加以厘清。第一，"张骞始开西域之迹"，是在汉武帝建元二年（前139）出发，至元朔三年（前126）归汉，共历十三年。第二，"票（骠）骑将军击破匈奴右地，降浑邪、休屠王，遂空其地，始筑令居以西"之时，在元封三年冬十二月（前107年1月13日—2月11日）之前完成。而"初置酒泉郡"之事，则应是在元封三年冬十二月间。第三，太初四年（前101）之后不久，便在西域大宛至仑头（台）一带"置使者护田积粟"。第四，"列四郡"如果是指酒泉、武威、张掖和敦煌这四郡，则其时要迟至敦煌（约前88）、张掖（约前99初—前78年）、武威（约前68）设郡之后。第五，"自敦煌西至盐泽，往往起亭"之时，大约在天汉二、三年间（前99初—前97初）进行。第六，"而轮台、渠犁皆有田卒数百人置使者、校尉领护，以给使外国者"也有追书增删乱改前史的内容，因为《史记·大宛列传》原文作"而仑头有田卒数百人，因置使者护田积粟，以给使外国者"之时，如上所述，是早在太初四年（前101）之后不久。

　　但是，《西域传·下》有如下之说：

　　初，贰师将军李广利击大宛，还过扜弥，扜弥遣太子赖丹为质于龟兹。广利责龟兹曰："外国皆臣属于汉，龟兹何以得受扜弥质？"即将赖丹入至京师。昭帝乃用桑弘羊前议，以扜弥太子赖丹为校尉，将军田轮台。

轮台与渠犁地皆相连也〔1〕。

现在可以确定，"以扜弥太子赖丹为校尉，将军田轮台"之时，就是在汉昭帝元凤四年（前77）六月，因为《通鉴》将其系于此时。但是赖丹到任后即被龟兹王所杀，故汉朝此次派校尉，率军屯田轮台失败了〔2〕。而上引之文末句说"轮台与渠犁地皆相连也"，乃造成误解，使人以为《西域传·上》所说的"轮台、渠犁皆有田卒数百人，置使者、校尉领护"是早已经存在的情况。其实，《西域传·下》还有如下记载：

"地节二年，汉遣侍郎郑吉、校尉司马憙将免刑罪人田渠犁，积谷，欲以攻车师。至秋收谷，吉、憙发城郭诸国兵万余人，自与所将田士千五百人共击车师攻交河城，破之。……"

据《通鉴》胡注考证应为地节三年（前67）〔3〕且此条及下文皆可证最初渠犁的屯田士卒不止"数百人"，而是有"千五百人"之多。而且是单独建立的，并没有与更早设立而失败的轮台屯田相连而同时存在。

"匈奴闻车师降汉，发兵攻车师，吉、憙引兵北逢之，匈奴不敢前。吉、憙即留一候与卒二十人留守王，吉等引兵归渠犁。车师王恐匈奴兵复至而见杀也，乃轻骑奔乌孙，吉即迎其妻子置渠犁。东奏事，至酒泉，有诏还田渠犁及车师，益积谷以安西国，侵匈奴。吉还，传送车师王妻子诣长安，赏赐甚厚，每朝会四夷，常尊显以示之。于是吉始使吏卒三百人别田车师。得降者言，单于大臣皆曰'车师地肥美，近匈奴，使汉得之，多田积谷，必害人国，不可不争也'。果遣骑来击田者，吉乃与校尉尽将渠犁田士千五百人往田，匈奴复益遣骑来，汉田卒少不能当，保车师城中。……公卿议以为道远烦费，可且罢车师田者。诏遣长罗侯将张掖、酒泉。骑出车师北千余里，扬威武车师旁。胡骑引去，吉乃得出，归渠犁，凡三校尉屯田。"〔4〕

上文有关考证已推定张掖设郡当在天汉二年至元凤三年（前99—前78）之间。故此处的"张掖、酒泉"可以解作张掖郡、酒泉郡。

这清楚说明，渠犁屯田的设立晚于轮台。另外，值得注意的就是《西域传·上》在紧接"轮台、渠犁皆有田卒数百人，置使者、校尉领护"之文的下一段，作进一步的具体记载如下：

"至宣帝时，遣卫司马使护鄯善以西数国。及破姑师未尽殄，分以为车师前、

───────────────

〔1〕《汉书》第十二册，第3916页。

〔2〕《资治通鉴》第二册，第771页。

〔3〕《资治通鉴》第二册，第815、816页。

〔4〕《汉书》第十二册，第3922、3923页。

后王及山北六国。时汉独护南道，未能尽并北道也，然匈奴不自安矣。其后日逐王畔单于，将众来降，护鄯善以西使者郑吉迎之。既至汉，封日逐王为归德侯，吉为安远侯。是岁，神爵三年也。乃因使吉并护北道，故号曰都护。都护之起，自吉置矣。僮仆都尉由此罢，匈奴益弱，不得近西域。于是徙屯田，田于北胥鞬，披莎车之地，屯田校尉始属都护。都护督察乌孙、康居诸外国动静，有变以闻。可安辑，安辑之；可击，击之。都护治乌垒城，去阳关二千七百三十八里，与渠犁田官相近，土地肥饶，于西域为中，故都护治焉。"[1]

这说明在神爵三年成立西域都护，治所设于轮台的乌垒城之后，轮台与渠犁等处的屯田及屯田校尉统由都护管辖。而此时前后的轮台与渠犁的肯定都不会只"有田卒数百人"。综合以上各条记述，可以最终可确定，《西域传·上》所说的"轮台、渠犁皆有田卒数百人，置使者、校尉领护，以给使外国者"的真正史源，实际上有三个，其先后分别发生的准确时间，就在昭帝元凤四年（前77）的轮台屯田，宣帝地节三年（前67）的使者、校尉领护渠犁屯田，而其被连在一起而相提并论，则是在宣帝神爵三年（前59）成立西域都护之后的情况。

混乱与误导的根源，就在于《汉书》将不同史源的史实作笼统的记述并且掺杂了后人追书的误说，引起后人的误解错引。而《史记》所述最接近史源，故较为原始单纯而清晰精准。按《史记》之记载，汉朝真正开始以武力打开通往西域的道路，就是实施"通西域以断匈奴右臂"之军事外交策略，这是在元狩四年（前119），由卫青、霍去病率大军西征北讨匈奴，同时由张骞率领外交使团赴西域乌孙等国，获得全面胜利。这显然远早于《汉书》所载敦煌郡的设置时间。

本来，上述《西域传·上》之文已经说明是在张骞通西域及骠骑将军击破匈奴右地，"初置酒泉郡"之后，才"分置武威、张掖、敦煌，列四郡，据两关"。但是，其后在《西域传·下》之《赞》又说：

"孝武之世，图制匈奴，患其兼从西国，结党南羌。乃表河（曲）〔西〕，列（西）〔四〕郡，开玉门，通西域，以断匈奴右臂，隔绝南羌、月氏。单于失援，由是远遁，而幕南无王庭。"[2]

笔者认为，将"河曲"改为"河西"，表面看似乎无关宏旨，但是还应该加以讨论，因为《汉书·郑吉传》载匈奴日逐王率部降汉，其下有"小王将十二人随吉至河曲"[3]。可见"河曲"乃西域至汉地路上的一个重要地名，在尚无铁证

---

〔1〕《汉书》第十二册，第3873、3874页。
〔2〕《汉书》第十二册，第3928页。
〔3〕《汉书》第十二册，第3932页，校勘记。

时，不可臆改为"河西"。而将"西郡"改作"四郡"则明显大误，是误导后人以为其时已经有"河西四郡"的重大问题。例如，《四库》本"西郡"说："宋祁曰新本'西'作'四'。"宋祁（998—1061），乃北宋著名史官，其所言《汉书》版本之新旧应该可信。虽然后世史书多误作"四郡"，唯南宋史家王益之于嘉定十四年（1221）刊刻的《西汉年纪》卷十七引旧本《汉书》作"西郡"为正。后世至今所谓"河西走廊"之地，就是指通常称为"河套"的黄河大形的河曲以西通向西域的狭长地带。而酒泉郡位于河西走廊东端，其时为汉朝最西边郡，故又称"西郡"。酒泉郡城位于今兰州市，正处于黄河西边弯曲之处，所以"表河曲"就是在此一河曲新政区的北面边界立下汉朝国土的界碑标志。故此，班固此处原文作"表河曲，列西郡，开玉门，通西域，以断匈奴右臂"，这可以转述为列一郡，开一关，（酒泉郡及玉门关皆设于前107），通西域，断匈奴右臂（时在前99，即设张掖郡之前），用作对比其《西域传·上》"列四郡，据两关焉"之说，《赞》说显然较为准确。而后人不辨优劣正误，竟然不补正前说之疏误，而妄改正确之后说，良可叹也！这个问题的正误，对于今人判断玉门关与敦煌郡设立的先后及其位置之东西，有决定性的影响，不可不厘清。

首先要为《史记》增加证明的，就是汉昭帝始元六年（前81），桓宽的《盐铁论》也有如下较为接近史源之人所写的正确之说：

"胡西役大宛、康居之属，南与群羌通。先帝推让斥夺广饶之地，建张掖以西，隔绝羌、胡，瓜分其援。是以西域之国，皆内拒匈奴，断其右臂，曳剑而走。故募人田畜以广用。长城以南滨塞之郡，马牛放纵蓄积布野，未睹其计之所过也。"[1]

这段话说明汉朝征服西域之后，就实现了后来的《赞》说所谓"通西域，断匈奴右臂"。笔者上文已经推定张掖设郡当在天汉二年至元凤三年（约前99—前78），比元封三年冬十二月（前107年1月13日—2月11日）开设的酒泉郡起码迟约8年。在这期间汉朝完成了"自敦煌西至盐泽，往往起亭的工程。"而仑头（即后来桑弘羊及班固所说的"轮台"）有田卒数百人，因置使者护田积粟，以给使外国者"的情况出现，此乃第二个工程完成之后若干年间的发展结果。故可以说，接近史源的《史记》和《盐铁论》的记述是可以互证的信史，并可以用作鉴别厘清后出的《汉书》《通鉴》的"轮台、渠犁皆有田卒数百人，置使者、校尉领护"等各种正误杂糅之说。

由于距离史源百多年后人的追述，往往会将后来才有的事情名物加入前史。

---

[1]　[汉] 桓宽：《盐铁论》卷九《西域》第四十六，第28页a，《四库全书本》。

诸如此类的例子甚多，这里再举两例，首先就是《汉书·韦贤传》已经记载汉哀帝即位之初（约前6），刘歆上议说："孝武皇帝愍中国罢劳，无安宁之时。……西伐大宛，并三十六国，结乌孙，起敦煌、酒泉、张掖，以鬲婼羌，裂匈奴之右肩。"〔1〕这既将"票（骠）骑将军击破匈奴右地"亦即"断匈奴右臂"之事，归入后来贰师将军伐大宛的结果，连带将"并三十六国，结乌孙，起敦煌、酒泉、张掖"的作用，都说成是"以鬲婼羌，裂匈奴之右肩"。这显然是前述《西域传·上》同类混乱之说的来源。

《韦贤传》之说有一个特别的错误，就是将《盐铁论》的"隔绝羌、胡"改作"以隔婼羌"，乃大谬不然。"南羌"在敦煌以东的河曲地区，而《西域传》另载"婼羌"位于敦煌的阳关以西一千八百里，与位于今新疆的且末、鄯善邻近，根本不是汉武出兵驱逐匈奴、占领河西走廊、打通西域道路的目标与效果，真可谓风马牛不相及。至于《西域传·上》"隔绝南羌、月氏"之说，也与"隔绝羌、胡（匈奴）"之说迥异，也属大谬不然。

其次，至东汉末荀悦（148—209）的《前汉纪》基本抄录《汉书·西域传·下》之《赞》文而略加增改如下（其所加字或改字皆用斜体加［］标示，《赞》之原文相异者仍用正体加［］标示）：

［本志曰:］"孝武之世，图［利］制匈奴，患其兼从西国，结党南羌。乃表河曲，列［四］［西］郡，开玉门［关］，通西域，以断匈奴之右臂，隔绝南羌、月［支］［氏］。单于失援，由是远遁［漠北］，而漠南无王庭。"〔2〕

荀悦将此文系于征和四年（前89），可以肯定尚未设敦煌郡，因为如笔者上文考证，敦煌郡之设在此后一年的始设于后元元年（前88），可见距离史源近两百年的荀悦追书，难免有欠精准而率先作出将《汉书》的"西郡"窜改为"四郡"之误。另外，值得注意的问题是，他只提及"开玉门，通西域"，为何不说"开玉门、阳关，通西域"呢？又为何不说"开阳关，通西域"呢？

而南朝宋范晔（398—445）的《后汉书·傅燮传》，则将前述两则误说与《汉书·西域传·下》之正说合并作如下之误说：

"世宗拓境，列置四郡。议者以为断匈奴右臂。前书武帝分武威、酒泉置张掖、敦煌，谓之'四郡'。"〔3〕

此文误导后人以为汉朝不是开酒泉一郡就已经"断匈奴右臂"了。甚至以为

---

〔1〕《汉书》第十册，第3126页。

〔2〕《前汉纪》卷十六《孝武》六。

〔3〕《后汉书》卷八十八《虞傅盖臧列传·傅燮传》。

《汉书·西域传》所述汉武帝在"断匈奴右臂"之初，便已经"列置四郡（武威、酒泉、张掖、敦煌）"。故《后汉书·西域传》"遂开河西四郡以隔绝南羌"句之唐朝李贤注说："《前（汉）书》云：起敦煌、酒泉、张掖以隔婼羌，裂匈奴之右臂也。"[1] 查此实非《汉书·西域传》之原文，尤其是因为增加了敦煌等郡，而将"隔绝南羌、月氏"改作"以隔婼羌"，乃大谬不然。"南羌"在敦煌以东的河曲地区，而《西域传》另载"婼羌"位于敦煌的阳关以西一千八百里，与位于今新疆的且末、鄯善邻近，真可谓风马牛不相及。]

至宣帝时，遣卫司马使护鄯善以西数国［谭按：《通鉴》于元康二年（前64）载："以郑吉为卫司马，使护鄯善以西南道"[2] 列于"破姑师"之后，与本文相反］。及破姑师［谭按：《通鉴》系于地节三年（前67），且加注说"《考异》曰：《西域传》云'地节二年'，以《匈奴传》校之，知在三年。"[3]］，未尽殄（师古曰："虽破其国，未能灭之。"）［谭按：不仅未能完全灭之，而且在元康二年（前64），"汉召故车师太子军宿在焉者，立以为王，尽徙车师国民令居渠犁"[4]，可知此时渠犁已非汉朝屯田之地。至"有诏还田渠犁及车师，益积谷以安西国，侵匈奴。吉还，传送车师王妻子诣长安，赏赐甚厚，每朝会四夷，常尊显以示之。于是吉始使吏卒三百人别田车师"[5]。此时为地节三年（前67），原车师国王一家已被送至长安，其国已亡，故土之田便成为汉朝屯田之地］，分以为车师前、后王及山北六国［谭按：此足证上文所论证：在西汉司马迁时代，则西域并无三十六等数目的国家等事实之存在与数目的统计。此文证明在地节三年（前67）之后，被灭亡的车师国故地，先后被分割为汉朝的"使者"与"校尉"的屯田地，以及车师前、后王及山北六国。而且这是一个不断发展变化的过程，期间不断有国家生、灭、分、合］。时汉独护南道，未能尽并北道也［谭按：这里再次否定了所谓西汉时期从玉门关出为北道，从阳关出为南道之谬说。并由此进一步证明：所谓"南、北"两道的划分，乃由此时确定了"鄯善（楼兰）"国以西的南山之北，波河南边沿路为"南道"开始。故其下文的"自玉门阳关出南道，历鄯善而南行，至乌弋山离，南道极矣"[6] 之说，仍应该理解为"自玉门阳关出"后，到了"鄯善（楼兰）"国之后，才是"南道"的开始。所谓"鄯善而南行"就是在"鄯善"向南山之北麓，波河之南岸向西行，走到了"乌弋山离"国，就是南道的

[1]《后汉书》卷一百十八《西域传》。
[2]《资治通鉴》第二册，第815页。
[3]《资治通鉴》第二册，第815、816页。
[4]《汉书》第十二册，第3924页；《资治通鉴》第二册，第829页。
[5]《汉书》第十二册，第3923页；《资治通鉴》第二册，第816页。
[6]《汉书》第十二册，第3875—3889页。

终点。其后再往西北或西南的安息等国，已经是属于南、北道之外的国家了，或者可以说，无论从南道或北道，都可以去到这些国家。例如，笔者在下文有关"乌弋山离"国的考证指出："（乌弋山离）转北而东得安息。"其意就是说：出了南道尽头的乌弋山离国，可以转向北道，再拐弯回头向东，就能够到达安息国。至于在此南道之外的所谓"北道"的"车师前后王及山北六国"等，就是从"鄯善（楼兰）"国向北走到北山之南麓，波河之北岸，再拐弯向西走之沿路诸国。在当时这部分国家和地方仍然属于汉朝与匈奴争夺的，故说"时汉独护南道，未能尽并北道也"]，然匈奴不自安矣。其后日逐王畔单于，将众来降，护鄯善以西使者郑吉迎之。既至汉，封日逐王为归德侯，吉为安远侯。是岁，神爵三年［谭按：《汉书·景武昭宣元成功臣表》载郑吉被封为安远侯于神爵三年（前59年，日逐王封为归德侯于神爵三年四月戊戌[1]。而《通鉴》系于神爵二年（前60)[2]。其所据应为《匈奴传》之异[3]，不可从］也。乃因使吉并护北道，故号曰都护［谭按：汉朝终于在与匈奴的进行的天山"北道"地区的争夺战中，赢得了决定性的胜利，成立了兼管西域南、北两道诸国的都护之官府，并晋升郑吉担任了首任"西域都护"之要职］。都护之起，自吉置矣（师古曰："都犹总也，言总护南、北之道。"）。僮仆都尉由此罢，匈奴益弱，不得近西域。于是徙屯田，田于北胥鞬（师古曰："胥鞬，地名也。胥音先余反。鞬音居言反。"），披莎车之地（师古曰："披，分也。"），屯田校尉始属都护。都护督察乌孙、康居诸外国（师古曰："督，视也。"）动静，有变以闻。可安辑，安辑之；可击，击之（师古曰："辑与集同。"）。都护治乌垒城，去阳关二千七百三十八里［谭按：此亦可证上文所论：阳关与玉门关应是同一关之异称。故有关西域国家城市与汉朝边关之距离，大体是最初只称去"玉门（关）"，后来多称去"玉门阳关"，最后或称去"阳关"，或称去"玉门（关）"，其实都是指同一个玉门的边关要塞。本传于此计算清楚"都护治乌垒城""去阳关"的距离里数，然后下文将南道的多数国家都只计算其与长安和与"都护治乌垒城"的距离里数，而不再列其与"阳关"或"玉门关"的距离里数。除了开头两国婼羌和鄯善详略有异之外，其他诸如且末、精绝、小宛、戎卢、扜弥、渠勒、于阗、皮山、乌秅、西夜、蒲犁、依耐、无雷、难兜、罽宾等国皆如此。唯最后说"乌弋山离国"东北至都护治所六十日行"。结尾又说："自玉门阳关出南道，历鄯善而南行，至乌弋山离，南道极矣。"这是总结以上南道诸国皆"自玉门阳关出南道，历鄯善而南行"[4]。其下文还有记某国与"都护治"及"阳关"之距离，而不提其与

---

〔1〕《汉书》第三册，第672页。

〔2〕《资治通鉴》第二册，第859页。

〔3〕《汉书》第十一册，第3790页。

〔4〕《汉书》第十二册，第3875—3889页。

长安之距离的，如大夏的五翕侯国、康居的小王五国等皆如此[1]。这些不断反复出现的互相关联可以互为作证的例子，充分证明西汉至东汉时期的"玉门（的）阳关"，与"阳关""玉门关"应是同一关之异称]。

至元帝时，复置戊、己校尉［谭按：点校本原作"戊己校尉"］屯田，［居］车师前王庭［谭按：点校本原作"复置戊己校尉，屯田车师前王庭"。现据下文的同类句子，补加"居"字并改标点。又《通鉴》系此事于初元元年（前48），且将"复置"改为"初置"，"车师前王庭"改为"车师故地"。胡注有考证说明[2]，实误。虽然，此说似乎有《汉书·百官公卿表》的"戊、己校尉，元帝初元元年置"为主据[3]，但是此说的"置"与《通鉴》的"初置"还是有一点细微的差别。同时，还有一点细微的差别，就是它也没有提及所"置"的地方，亦即没有与《西域传·上》之说形成绝对否定关系。又因《西域传·下》有更具体的记载说："车师王之走乌孙也，乌孙留不遣，遣使上书，愿留车师王，备国有急，可从西道以击匈奴。汉许之。于是汉召故车师太子军宿在焉耆者，立以为王，尽徙车师国民令居渠犁（此事上文已证在元康二年），遂以车师故地与匈奴。车师王得近汉田官，与匈奴绝，亦安乐亲汉。后汉使侍郎殷广德责乌孙，求车师王乌（孙）贵，将诣阙，赐第与其妻子居。是岁，元康四年（前62）也。其后置戊、己校尉屯田，居车师故地。"[4] 由此可见，汉朝初"置戊、己校尉屯田"，当在元康四年（前62）之后不久，其后应有一段时间废置。故可以作为最有力的证据，证明初元元年（前48）的戊、己校尉乃"复置"而非"初置"。又因其前时新立的车师王已率领国民徙居渠犁，汉朝"遂以车师故地与匈奴"，故初元元年（前48）之"复置戊、己校尉"，并非直接在"车师故地"内建立，乃是在收复"车师故地"，另外分立"车师前王"及"车师后王"等国之后一段时间，甚至是"车师前王"国已经灭亡，才会在"车师前王庭"之地"复置"[5]。也因此才会有"至元帝时，复置戊己、校尉，屯田车师前王庭"之说出现。故上述《西域传·上》之说毋庸修改，而《汉书·百官公卿表》之说应该给予补充说明。至于《通鉴》之修改及胡

---

[1]《汉书》第十二册，第3891、3894页。

[2]《资治通鉴》第三册，第896页。

[3]《汉书》第三册，第738页。

[4]《汉书》第十二册，第3924页。

[5]《汉书》第十二册，第3924页。《西域传·下》载："元始中［《通鉴》系于元始二年（2）］，车师后王国有新道，出五船北，通玉门关，往来差近，戊己校尉徐普欲开以省道里半，避白龙堆之厄。……召（车师后王）姑句使证之，不肯，系之。……姑句家矛端生火，其妻股紫陬谓姑句曰：'矛端生火，此兵气也，利以用兵。前车师前王为都护司马所杀，今久系必死，不如降匈奴。'即驰突出高昌壁，入匈奴。"这段记载表明车师前王早已经被杀，而拘禁后王的"高昌壁"原本就属于前王之地。此可作旁证：前王国灭于"元帝时，复置戊己校尉，屯田车师前王庭"之际。

注之考证，皆不可从。值得提请注意的，就是自《后汉书》以降的历代史籍文献多沿此说，而现代中外有关研究论著甚多，皆未有见及此]，是时匈奴东蒲类王兹力支将人众千七百余人降都护，都护分车师后王之西为乌贪訾离地以处之［谭按：此处不提车师前王而只提后王，当因当时前王之国已灭]。

自宣、元后，单于称藩臣，西域服从，其土地山川王侯户数道里远近翔实矣（师古曰："翔与详同，假借用耳。"）［谭按：据此，则以下所载乃据宣、元后汉朝主宰西域时期所掌握的西域诸国的历史与现状的记述，其中不免仍有古今混淆不清的错记误述]。

出阳关，自近者始，曰婼羌［谭按：此说不确，下文的鄯善国即较婼羌近。又上文已证：其以后出的"阳关"为出汉边境之口及与西域诸国距离之地标，与别处以早出的"玉门关"为出口及地标，实为同地异名]（孟康曰："婼音儿。"师古曰："音而遮反。"）。婼羌国王号去胡来王（师古曰："言去离胡戎，来附汉也。"）。去阳关千八百里，去长安六千三百里，辟在西南，不当孔道（师古曰："辟读曰僻。孔道者，穿山险而为道，犹今言穴径耳。"）［谭按：师古之释实误。"孔道"应解作通路或大路[1]，或平路、要路[2]等，"不当孔道"即不当通路（或大路、平路、要路）。本段末句的"当道"乃"当孔道"之略去"孔"字，其义仍与"当孔道"相同。故本传下文又说："鄯善当汉道冲"[3]，就是将"当孔道"另写作同义的"当汉道冲"，就是指其位于汉朝通往西域的交通要道。如果将"不当孔道"解作"不当穴径"，则不知"当穴径"与"不当穴径"之国有何区分的标准与意义。至于"不当穴径"的婼羌"去阳关千八百里，去长安六千三百里"，这里数是如何计算出来，就只有天知道了]。户四百五十，口千七百五十，胜兵者五百人。西与且末接，随畜逐水草，不田作，仰鄯善、且末穀（师古曰："賴以自给也，仰音牛向反。"）。山有铁，自作兵，兵有弓、矛、服刀、剑、甲（刘德曰："服刀，拍髀也。"师古曰："拍音貊。髀音俾，又音陛。"）。西北至鄯善，乃当道云［谭按：此"当道"乃"当孔道"之略称]。

鄯善国，本名楼兰［谭按：本传上文已说："元凤四年（前77），大将军霍光白遣平乐监傅介子往刺其王……乃立尉屠耆为王，更名其国为鄯善。"]，王治扜泥城（师古曰："扜音一胡反。"），去阳关千六百里，去长安六千一百里，户千五百七十，口万四千一百，胜兵二千九百十二人。辅国侯、却胡侯（师古曰："却音丘略反，其字从

---

[1]《汉语大字典》，第1081页。"孔"字的第3义项作形容词之（2）释为"通达"，所举书证即为本文的"辟在西南，不当孔道"。其（3）释为"大"，"如：孔硕（硕大）；孔德（大德）"。

[2]《正字通》寅集上，第28、29页。子部"孔"字，释为"孔德之容"的"孔"字为"大"；又释"孔道如夷"的"孔道"为"要道"。

[3]《汉书》第十二册，第3879页。

卩。卩音节。下皆类此。"）、鄯善都尉、击车师都尉、左右且渠、击车师君各一人，译长二人［谭按：有关鄯善国名，以及辅国侯、却胡侯、击车师都尉等官名皆被汉朝征服之后，依照汉朝的内外政治立场制定的汉化名称。详见本传下的有关考证］。……

初，武帝感张骞之言，甘心欲通大宛诸国，使者相望于道［谭按：此"道"乃上文的"孔道"之略称］，一岁中多至十余辈。楼兰、姑师［谭按：此追记前史而用两国原名，是严谨的表现，可惜未能始终如一］当道［谭按：此"当道"也是上文"当孔道"之略称］，苦之（师古曰："每供给使者受其劳费，故苦厌之。"）。攻劫汉使王恢等，又数为匈奴耳目，令其兵遮汉使，汉使多言其国有城邑，兵弱易击。于是武帝遣从票侯赵破奴将属国骑（师古曰："属国谓诸外国属汉也。"），及郡兵数万击姑师。王恢数为楼兰所苦，上令恢佐破奴将兵。破奴与轻骑七百人先至，虏楼兰王，遂破姑师［谭按：上文已证其时在元封元年（约前110）］，因暴兵威以动乌孙、大宛之属（师古曰："暴谓显扬也。"）。还，封破奴为浞野侯［谭按：上文已引《集解》徐广曰："元封三年。"］，恢为浩侯［谭按：上文已引《集解》徐广曰："捕得车师王，元封四年封浩侯。"］。于是汉列亭障至玉门矣［谭按：如上文已指出：为何不说"列亭障至玉门、阳关"或"列亭障至阳关"呢？此可证其时并无"阳关"之名，而后出的"阳关"一名，本来只是"玉门关"之异名。又已具体地证明从"酒泉列亭鄣至玉门"的系列建设工程的展开，是在封王恢为浩侯的元封四年正月甲申（约前107年2—3月）之后不久］。

楼兰既降服贡献，匈奴闻，发兵击之。于是楼兰遣一子质匈奴，一子质汉。后贰师军击大宛，匈奴欲遮之，贰师兵盛不敢当，即遣骑因楼兰候汉使后过者，欲绝勿通。时汉军正任文将兵屯玉门关，为贰师后距［谭按：足证此时仍无"阳关"之名。而且此时之玉门关，无疑就是位于玉门县附近的原玉门关的屯田区，故武帝可委派"任文将兵（重兵）屯守，为贰师后距"，以防止匈奴行"围魏救赵"之计，袭击玉门县与关，断西征的贰师大军之后援与归路而歼灭之］（师古曰："后距者，居后以距敌。"），捕得生口，知状以闻［谭按：《通鉴》系于太初四年（前101）[1]］。

（第十二册第3873—3877页）

乌弋山离国，绝远，汉使希至。自玉门、阳关［谭按：此标点有错，上文已将其改为"自玉门阳关"，意思指：玉门的阳关］出南道，历鄯善而南行［谭按：此仍然可证鄯善才是西域"南、北道"分道扬镳之处］，至乌弋山离，南道极矣［谭按：这表明以上皆属于所谓西域"南道"之国。有关以上文字的解释，上文已阐明，不再赘

［1］《资治通鉴》第二册，第707页。

论]。转北而东得安息 [谭按：此句意思是说，出了南道尽头的乌弋山离国，可以转向北道，再拐弯回头向东，就能够到达安息国]。

（第十二册第3889页）

（六）《西域传·下》

乌孙国，大昆弥治赤谷城（师古曰："乌孙于西域诸戎其形最异。今之胡人青眼、赤须，状类弥猴者，本其种也。"），去长安八千九百里。户十二万，口六十三万，胜兵十八万八千八百人。相，大禄，左右大将二人，侯三人，大将、都尉各一人，大监二人，大吏一人，舍中大吏二人，骑君一人 [谭按：这说明原本人种样貌与华夏汉族差别最大的乌孙国，其政治官僚系统已经基本汉化。使用了胡汉混合通用的汉语词命名。正如本传下文结尾部分总结指出："最凡国五十。自译长、城长、君、监、吏、大禄、百长、千长、都尉、且渠、当户、将、相至侯、王，皆佩汉印绶，凡三百七十六人。"[1]]。东至都护治所千七百二十一里 [谭按：本传下之文并没有照上之文的且末、精绝、小宛等所谓"南道"多数国家之例，只计算其与长安和与"都护治乌垒城"的距离里数，而不列其与"阳关"或"玉门关"的距离里数。其所记述有关车师、姑墨、温宿、龟兹、乌垒、渠犁、尉犁、卑陆、蒲类、西且弥、东且弥、劫、狐胡、山、车师前、车师后等所谓"北道"的西域诸国，皆只记其与"都护治"的关系或里数。其余大多只记其与长安或上述其他国家距离的里数[2]，根本不提其与玉门关或阳关的距离里数，可能是因为在上文已经清楚说明"都护治乌垒城，去阳关二千七百三十八里"，读者可以自行用简单的加法计算某国经乌垒城再到阳关的里数。这就充分说明所谓北道自"玉门关"出，南道自"阳关"出之说无据]，西至康居蕃内地五千里。地莽平。多雨，寒。山多松橆（师古曰："莽平谓有草莽而平坦也。一曰莽莽平野之貌。橆，木名，其心似松，音武元反。"）。不田作种树（师古曰："树，植也。"），随畜逐水草，与匈奴同俗。国多马，富人至四五千匹。民刚恶，贪（狼）〔狼〕无信，多寇盗，最为强国。故服匈奴（师古曰："故谓旧时也。服，属于匈奴也。"），后盛大，取羁属，不肯往朝会（师古曰："言才羁縻属之而已。"）。东与匈奴、西北与康居、西与大宛、南与城郭诸国相接。本塞地也，大月氏西破走塞王，塞王南越县度，大月氏居其地。后乌孙昆莫击破大月氏，大月氏徙西臣大夏，而乌孙昆莫居之，故乌孙民有塞种、大月氏种云 [谭按：这说明大月氏是先遭匈奴冒顿、老上

---

[1]《汉书》第十二册，第3910—3921页。

[2]《汉书》第十二册，第3928页。

两单于的接连打击而西迁至塞王地，然后又被乌孙击破再西迁至大夏。故此时的乌孙国是乌孙人与塞种族、大月氏种族之遗民混居。上文已论证，这对本传上以及《史记·大宛列传》的有关部分内容皆有所补正。对此，下文还另有进一步的深入论证〕。

　　始张骞言乌孙本与大月氏共在敦煌间〔谭按：应该补作"共在祁连、敦煌间"〕，今乌孙虽强大，可厚赂招，令东居故地，妻以公主，与为昆弟，以制匈奴〔谭按：此策乃以张骞第一次出使西域的"道听途说"为依据，向武帝建言。显然，这应该是其于元狩三年间，预备第二次出使西域时，答汉武帝之问而提出的新看法。因为汉文帝前六年（前174）时，已经从冒顿所致之函得知如下之说：其命"右贤王，使之西求月氏击之。以天之福，吏卒良，马强力，以夷灭月氏，尽斩杀降下之"〔1〕。至建元二年（前139），武帝又从匈奴投降者得知如下之说："匈奴（老上单于）破月氏王，以其头为饮器，月氏遁逃而常怨仇匈奴，无与共击之。"其时"汉方欲事灭胡，闻此言，因欲通使。道必更匈奴中，乃募能使者。骞以郎应募，使月氏"〔2〕。这是张骞第一次出使西域前夕，汉朝君臣所掌握有关匈奴与月氏关系的新知识，从而制定出不切实际的招引和联合月氏共击匈奴的军事外交策略。显然，其时汉朝君臣实被匈奴单于以及匈奴投降者的片面之词所误导，压根不知道乌孙的存在及其与匈奴、月氏间的复杂关系。此为张骞初次出使西域完全失败的主因之一。因此，当张骞千辛万苦，几经周折，去到迁居到大夏的月氏国，方知其新立之王已"乐不思蜀"了，《史记·大宛列传》载："（已经定居于大夏而奴役大夏诸小国的月氏）志安乐，又自以远汉，殊无报胡之心。"〔3〕《汉书·张骞传》所载大同小异〔4〕。此外，《大宛列传》还载张骞还进一步知道是匈奴"冒顿立，攻破月氏，至匈奴老上单于，杀月氏王，以其头为饮器。始月氏居敦煌、祁连间，及为匈奴所败，乃远去，过宛，西击大夏而臣之，遂都妫水北，为王庭。其余小众不能去者，保南山羌，号小月氏"〔5〕等情况。而这里说的"始月氏居敦煌、祁连间"，显然与本文"始张骞言乌孙本与大月氏共在敦煌间"之新说有异。前说乃指月氏被匈奴冒顿、老上两单于的接连打击之前独占的游牧区域。后说则将该地区说成是乌孙与大月氏共同居住游牧之地。而《张骞传》下文则进一步提出修改，补充了《大宛列传》之新说："天子数问骞大夏之属。骞既失侯，因曰：'臣居匈奴中，闻乌孙王号昆莫。昆莫父难兜靡本与大月氏俱在祁连、敦煌间，小国也。大月氏攻杀难兜靡，夺其地，人民亡走匈奴。子昆莫新生，傅父布就翎侯抱亡置草中，为求

〔1〕《史记》第九册，第2896页。
〔2〕《史记》第十册，第3157页。
〔3〕《史记》第十册，第3158页。
〔4〕《汉书》第九册，3928页。
〔5〕《史记》第十册，第3158、3161、3162页。

食，还，见狼乳之，又乌衔肉翔其旁，以为神，遂持归匈奴，单于爱养之。及壮，以其父民众与昆莫，使将兵，数有功。时，月氏已为匈奴所破，西击塞王。塞王南走远徙，月氏居其地。昆莫既健，自请单于报父怨，遂西攻破大月氏。大月氏复西走，徙大夏地。昆莫略其众，因留居，兵稍强，会单于死，不肯复朝事匈奴。匈奴遣兵击之，不胜，益以为神而远之。今单于新困于汉，而昆莫地空。蛮夷恋故地，又贪汉物，诚以此时厚赂乌孙，招以东居故地，汉遣公主为夫人，结昆弟，其势宜听，则是断匈奴右臂也。既连乌孙，自其西大夏之属皆可招来而为外臣。'"[1]　由此可见，《张骞传》对《大宛列传》作了合理的重要补充修改，就是其所谓"始月氏居敦煌、祁连间，及为匈奴所败"遗漏的一个细节，就是《张骞传》所说的原本与月氏共同居住于该地区的乌孙国被月氏灭亡，其王之遗孤昆莫长大后助匈奴进一步往西击破月氏于西域塞王故国之地。这不但对本传首句的"始张骞言乌孙本与大月氏共在敦煌间"之说有反证补充，说明其"共在敦煌间"之说有缺漏，应照此补改为"共在祁连、敦煌间"。另外还说明了月氏残部的主体再被乌孙驱赶西迁至大夏，以及在西域的塞王及月氏的故国之地，形成一个由乌孙人与塞种、大月氏种之遗民混居的强大的乌孙国的原因过程。但是，这些情况应该都是张骞在别国得之传闻，如上文所引，《汉书·张骞传》明确说是张骞在被匈奴拘留期间听闻的[2]，并非亲到乌孙考察所知。《史记·大宛列传》虽然没有明确说其从匈奴听闻有关乌孙之历史与现实情况，但对史源也有所交代："骞身所至者大宛、大月氏、大夏、康居，而传闻其旁大国五六。"[3]　估计有关情况，除了听闻于匈奴，也有听闻于大宛、大月氏等国。可见张骞在第一次出使西域时并没有到过乌孙国，其上下文对乌孙国的简介，以及其回答武帝之问所报告的"乌孙本与大月氏共在敦煌间"等情况，都是得之"道听途说"的传闻而加上一些主观的想像，难免仍有失准之处，特别是其对乌孙国力的强大估计过高，对乌孙与匈奴的矛盾估计过大，等等，皆为张骞二次出使西域之策完全落空的一些主因]。语在《张骞传》[谭按：如上所述，《汉书·张骞传》及《史记·大宛列传》所载对本传之文皆有不少可作补改之处]。武帝即位[谭按：本传将"武帝即位"插记于此，可谓语无伦次，造成极大的混乱误导。因为如上文所证，张骞是次进言建策之时在元狩三年（前118年），距离"武帝即位"的建元元年（前140）已有22年之久]，令骞赍金币往。昆莫见骞如单于礼（师古曰："昆莫自比于单于。"），骞大惭，谓曰："天子致赐，王不拜，则还赐。"（师古曰："还赐，谓将赐物还归汉也。"）昆莫起拜，其它如故。

[1]　《汉书》第九册，第2691、2692页。

[2]　《汉书》第九册，第2688页。

[3]　《史记》第十册，第3160页。

（第十二册第 3901、3902 页）

　　自武帝初通西域，置校尉，屯田渠犁［谭按：据上文对《史记·大宛列传》的考证可知，汉朝是在伐宛胜利之后，才开始在"燉煌置酒泉都尉"，并且大约在天汉二、三年间（前 99 初—前 97 初）进行从敦煌西至盐水（泽）建一系列"亭"的工程，才开始了所谓"初通西域"。而汉朝最初在西域的屯田，是在汉昭帝元凤四年（前 77）六月，"以杆弥太子赖丹为校尉将军，（屯）田轮台"。其时并没有"屯田渠犁"，而"屯田渠犁"是在宣帝神爵三年（前 59）发生之事，本传上开始把它插入所谓"初通西域"之时，使之与"（屯）田轮台"相提并论，而此文则干脆把"田轮台"略去，变成其时就只是"屯田渠犁"了，可谓每况愈下］。是时军旅连出，师行三十二年，海内虚耗。征和中，贰师将军李广利以军降匈奴［谭按：《史记·匈奴列传》引"集解徐广曰：'案《史记·将相年表》及《汉书》，征和二年，巫蛊始起。三年，广利与商丘成出击胡军，败，乃降。'"[1]《通鉴》系于征和三年（前 90）六月中[2]］。上既悔远征伐，而搜粟都尉桑弘羊与丞相御史奏言［谭按：据上文对东汉荀悦《前汉纪》卷十五《孝武六》、南宋王益之《西汉年纪》卷十七《武帝》、清末严可均《全汉文》卷四《报桑弘羊等请屯田轮台诏》等文献的考证，此"桑弘羊与丞相御史奏言"之时在征和四年（前 89）中］："故轮台（以）东捷枝、渠犁皆故国［谭按：点校本所补的"以"字，当据下文的"可遣屯田卒诣故轮台以东，置校尉三人分护"之文句而补缺。但是这样补了"以"字的文句的意思，却使人以为其意仅指要在"轮台以东"的"捷枝、渠犁"两个故国之地开设屯田区。这既违反了此奏言实际是建议要在"轮台、东捷枝、渠犁"等三个故国之地开设屯田区之意，也与该三国的方位不符。因为本传在此奏言之前文明确说："乌垒，户百一十，口千二百，胜兵三百人。城都尉、译长各一人。与都护同治。其南三百三十里至渠犁。"[3] 据此则可知渠犁并非位于轮台以东，乃位于"其南"。因此，不用硬加"以"字于"轮台东捷枝渠犁皆故国"的句中，只要将其标点为"轮台、东捷枝、渠犁皆故国"即可。以此上下两段文字为准，再看下文的"轮台以东，置校尉三人分护"之句，则可以推定其"东"字乃"南"字之误，只要更正为"南"字，则上下三处文字便毫无矛盾，意思一贯而清楚了。笔者上文已考证"轮台（仑头）"于太初三年（前 102）中，被李广利大军屠城灭亡。其故土逐渐成为汉朝首个派驻西域的军事屯田区，时在昭帝元凤四年（前 77），至宣帝地节三年

────────────

〔1〕《史记》第九册，第 2919 页。

〔2〕《资治通鉴》第二册，第 736 页。

〔3〕《汉书》第十二册，第 3911 页。

（前 67）才派使者、校尉领护渠犁屯田。由此可见，"轮台、东捷枝、渠犁皆故国"之说，反映了从太初三年（前 102）之后至征和四年（前 89），轮台等三国都先后成为已经灭亡的故国之地。所以桑弘羊与丞相御史建议"置校尉三人分护"这三国故土。又因通常是以"轮台"为代表这三国故土之称，故汉武帝下诏答覆之文只称有司奏"请遣卒田轮台"而不提其余两国，此乃当时行文之惯例，而《全汉文》卷四也因此为之拟题作《报桑弘羊等请屯田轮台诏》。由于武帝以各种内外原因、理由拒绝了桑弘羊等人的建议，故轮台及渠犁等故国之地的军事屯田要推迟到昭帝和宣帝时才先后建立。

综上所述，桑弘羊等上书请求置轮台等处屯田，以及武帝答覆诏书。虽然都是较为原始的文献，在研究和判定玉门关的位置等问题上，具有极大的参考价值。但经《汉书》抄录及后世刻印流传，有些文字出现鱼鲁亥豕，在所难免]，地广，饶水草，有溉田五千顷以上，处温和，田美，可益通沟渠，种五谷，与中国同时孰。其旁国少锥刀，贵黄金采缯，可以易谷食，宜给足不（可）乏（师古曰："言以锥刀及黄金彩缯与此旁国易谷食，可以给田卒，不忧乏粮也。"）。臣愚以为可遣屯田卒诣故轮台以东［谭按：上文已证此"东"为"南"之误，故此句乃指轮台及其以南的捷枝、渠犁等三个故国之地]，置校尉三人分护，各举图地形，通利沟渠，务使以时益种五谷（师古曰："益，多也。"）。张掖、酒泉［谭按：上文有关考证已推定张掖设郡当在天汉二年至元凤三年（前 99—前 78）之间。故此处的"张掖、酒泉"可以解作张掖郡、酒泉郡]遣骑假司马为斥候，属校尉，事有便宜，因骑置以闻（师古曰："骑置即今之驿马也。"）。田一岁，有积谷，募民壮健有累重敢徙者诣田所（师古曰："累重谓妻子家属也。累音力瑞反。重音直用反。"），就畜积为本业（师古曰："畜读曰蓄。"），益垦溉田，稍筑列亭，连城而西，以威西国，辅乌孙，为便。臣谨遣征事臣昌分部行边（师古曰："分音扶问反。行音下更反。"），严敕太守、都尉明烽火，选士马，谨斥候，蓄茭草。愿陛下遣使使西国，以安其意。臣昧死请。"

上乃下诏，深陈既往之悔，曰："前有司奏，欲益民赋三十助边用（师古曰："三十者，每口转增三十钱也。"），是重困老弱孤独也（师古曰："重，音直用反。"）。而今又请遣卒田轮台。轮台西于车师千余里，前开陵侯击车师时［谭按：《通鉴》系于征和三年（前 90）五月中[1]]（晋灼曰："开陵侯，匈奴介和王来降者。"），危须、尉犁、楼兰六国子弟在京师者皆先归，发畜食迎汉军（师古曰："畜谓马牛羊等也。"），又自发兵，凡数万人，王各自将，共围车师，降其王。诸国兵便罢，力不能复至道上食汉军（师古曰："食，读曰饲。"）。汉军破城，食至多，然士自载不足以竟师（师古曰："士虽各自载粮，而在道已尽。至于归涂，尚苦乏食不足，不能终师旅

---

［1］《资治通鉴》第二册，第 735 页。

之事也。"），强者尽食畜产，羸者道死数千人［谭按：若照此说，则李广利之军回程路上只"死数千人"，然而上文说李广利二次伐宛到达宛城者三万人，至回军"入玉门者万余人，马千余匹。"似乎武帝此诏文有意减少了军队死人数目约万余人］。朕发酒泉驴橐驼负食，出玉门迎军。吏卒起张掖，不甚远［谭按：此"玉门"乃指靠近酒泉郡城的玉门县的"玉门关"，因为"玉门"县的范围广大，其西边与敦煌交界，故不可能是出了玉门县的西界迎军。而是出了玉门县城附近的"玉门关"迎军，故称"吏卒起张掖，不甚远"，意思就是说这玉门关距离同属酒泉郡的张掖不甚远。假如是指敦煌以西的所谓"玉门关"，那就是"甚远"了。显然既违情理，又乖史实］，然尚厮留甚众（师古曰："厮留，言其前后离厮，不相逮及也。厮音斯。"）……乃者贰师败，军士死略离散（师古曰："言死及被虏略，并自离散也。"），悲痛常在朕心。今请远田轮台，欲起亭隧（师古曰："隧者，依深险之处开通行道也。"），是扰劳天下，非所以优民也。今朕不忍闻。大鸿胪等又议，欲募囚徒送匈奴使者，明封侯之赏以报忿，五伯所弗能为也（师古曰："伯读曰霸。五霸尚耻不为，况今大汉也。"）。且匈奴得汉降者，常提掖搜索，问以所闻（师古曰："搜索者，恐其或私赍文书也。"）。今边塞未正，阑出不禁，障候长吏使卒猎兽，以皮肉为利，卒苦而烽火乏，失亦上集不得（师古曰："言边塞有阑出逃亡之人，而（止）〔主〕者不禁。又长吏利于皮肉，多使障候之卒猎兽，故令烽火有乏。又其人劳苦，因致奔亡，凡有此失。皆不集于所（亡）〔上〕文书。"），后降者来，若捕生口虏，乃知之（师古曰："既不上书，所以当时不知，至有降者来，及捕生口，或虏得匈奴人言之，乃知此事。"）当今务在禁苛暴，止擅赋，力本农，脩马复令（孟康曰："先是令长吏各以秩养马，亭有牝马，民养马皆复不事。后马多绝乏，至此复修之也。"师古曰："此说非也。马复，因养马以免徭赋也。复音方目反。"），以补缺，毋乏武备而已。郡国二千石各上进畜马方略补边状，与计对。"（师古曰："与上计者同来赴对也。"）由是不复出军。而封丞相车千秋为富民侯，以明休息，思富养民也。

（第十二册第 3912—3914 页）

［谭按：最后值得注意的是，《西域传》上所载诸国与汉朝边关及长安的距离，有部分是同标其与阳关以及长安两地的距离。但是在记述"虏楼兰王，遂破姑师，因暴兵威以动乌孙、大宛之属……"时总结说："于是汉列亭障至玉门矣。"为何不说"列亭障至玉门、阳关"呢？又为何不说"列亭障至阳关"呢？而《西域传·下》则大多同标其与都护治所以及长安两地的距离[1]。只字不提阳关，此

外，除了其末的《赞》只提玉门关一关，就是其前文所记诸国，其中的车师后王国、又去胡来王唐兜国都只提及与玉门关的交通往来[1]。问题就是《西域传·上》也提及去胡来王国说："出阳关，自近者始，曰婼羌。婼羌国王号去胡来王。去阳关千八百里，去长安六千三百里。"前文已考证此言稍有不确，因为列于其后位列第二的鄯善国"去阳关千六百里，去长安六千一百里。"比这第一位的要近二百里。由此可见，这里所说的阳关、玉门关应是同一关之异称。]

元始中，车师后王国有新道，出五船北，通玉门关，往来差近[谭按：此新开之道"出五船北，通玉门关"，是比原路省了一半里程，并无改本传上下文的"玉门关"与"阳关"为同地异名，都是从玉门县通向西域的同一个关口的事实]，戊己校尉徐普[谭按：此乃一人而兼任戊、己两校尉之职]欲开以省道里半，避白龙堆之厄。车师后王姑句（师古曰："句音鉤。"）以道当为拄置（师古曰："拄者，支拄也。言有所置立，而支拄于己，故心不便也。拄音竹羽反，又音竹具反。其字从手，而读之者或不晓，以拄为梁柱之柱，及分破其句，言置柱于心，皆失之矣。"），心不便也。地又颇与匈奴南将军地接，普欲分明其界然后奏之，召姑句使证之，不肯，系之。姑句数以牛羊赇吏，求出不得。姑句家矛端生火，其妻股紫陬（师古曰："陬音子侯反。"）谓姑句曰："矛端生火，此兵气也，利以用兵。前车师前王为都护司马所杀，今久系必死，不如降匈奴。"即驰突出高昌壁，入匈奴[谭按：《通鉴》系以上纪事于元始二年(2)五月中[2]。又上文已经考证，这段记载表明车师前王早已经被杀，而拘禁车师后王的"高昌壁"原本就属于前王之地。此可作旁证：前王国灭于"元帝时，复置戊、己校尉，屯田车师前王庭"之际]。

又去胡来王唐兜，国比大种赤水羌[谭按：本传上也记载本国说："曰婼羌。婼羌国王号去胡来王。去阳关千八百里，去长安六千三百里。"由此可见，本国位于南、北要道的辟地，故其既可以说与阳关的距离，也可以说与玉门关的距离。故笔者认为本传上与本传下所说的阳关、玉门关应是同一关之异称]（师古曰："比，近也，音频寐反。"），数相寇，不胜，告急都护。都护但钦不以时救助，唐兜困急，怨钦，东守玉门关[谭按：这同样证明"玉门关"与"阳关"为同地异名，都是从玉门县通向西域的同一个关口的事实]。玉门关不内，即将妻子人民千余人亡降匈奴。匈奴受之，而遣使上书言状。是时，新都侯王莽秉政，遣中郎将王昌等使匈奴，告单于西域内属，不当得受。单于谢罪，执二王以付使者。莽使中郎王萌待西域恶都奴界上逢受（师古曰："逢受谓先至待之，逢见即受取也。"）。单于遣使送，因请其罪（师古曰："请免其罪

[1]《汉书》第十二册，第3928、3924、3925页。

[2]《资治通鉴》第二册，第1136页。

也。"）。使者以闻，莽不听，诏下会西域诸国王，陈军斩姑句、唐兜以示之［谭按：《通鉴》同系于元始二年（2）五月中[1]］。

（第十二册第 3924、3925 页）

最凡国五十［谭按：上文考证已经指出，此文的"最凡国五十"，应是在王莽死（23 年 10 月 6 日）后不久，汉朝一度失去对西域控制之前的统计结果[2]。汉哀帝死于元寿二年六月初三日（前 1 年 8 月 15 日），平帝死于 6 年 4 月 6 日，则不可能其时已有五十五国而班固不知，反而西晋的司马彪知道。然而，《后汉书》《通鉴》等皆沿用"五十五国"之说[3]，都是后世层累追书的表现，回归本源，在西汉司马迁时代，则西域并无本传上下的三十六国、五十国以及《后汉书》《通鉴》等皆沿用的五十五国等事实之存在与数目的统计］。自译长、城长、君、监、吏、大禄、百长、千长、都尉、且渠、当户、将、相至侯、王，皆佩汉印绶，凡三百七十六人［谭按：上文对"乌孙国"的考证已经指出：这说明原本人种样貌与华夏汉族差别最大的乌孙国，其政治官僚系统已经基本汉化，使用了胡汉混合通用的汉语词命名，并且引述了这段总结性的文字为证。由此可以看出，西域诸国在官制方面的汉化，远超同时代的日本、南越等国。因为海外东洋日本的倭国与中国岭南的南越国，只有国王获得汉朝封赐的印信。而西域诸国则共有多达十五种以上的王侯将相官员，佩戴了汉朝封赐的印绶］。而康居、大月氏、安息、罽宾、乌弋之属，皆以绝远不在数中，其来贡献则相与报，不督录总领也。

赞曰：孝武之世，图制匈奴，患其兼从西国，结党南羌，乃表河（曲）〔西〕列（西）〔四〕郡，开玉门通西域以断匈奴右臂，隔绝南羌、月氏。单于失援，由是远遁，而幕南无王庭[4]［谭按：这段文字是后人在百多年间层累追书前史，错误总结《史记》等较为原始的文献记载，必须逐点加以勘正厘清］。

（第十二册第 3928 页）

---

[1]《资治通鉴》第二册，第 1137 页。

[2]《汉书》第十二册，第 3927、3928 页。

[3]《后汉书》卷一百一十八《西域传》第一页 b，《四库全书》本；〔宋〕司马光编撰，胡三省注：《资治通鉴》第四十一卷"武帝元狩二年"。

[4]《汉书》第 12 册，第 3928 页正文及 3932 页的校勘记。谭按：将"河曲"改为"河西"是对的，而将"西郡"改作"四郡"则误。《四库》本"西郡"，而加注说"宋祁曰：新本'西'作'四'。"宋祁（998—1061），乃北宋著名史官，其所言《汉书》版本之新旧应该可信。虽然后世史书多误作"四郡"，唯南宋史家王益之于嘉定十四年（1221）刊刻的《西汉年纪》卷十七引旧本《汉书》作"西郡"为正。因为不仅"河西"与"西郡"之称一致，且初通西域之时并未完成河西"四郡"的建立。当时的"河西"地区之"西郡"，其实就是指初通西域时所新设位于最西边的酒泉郡，开。故此实非班固之误，实乃后人不知河西"四郡"建立的漫长过程而妄改之结果。这个问题的正误，对于判断玉门关与敦煌郡设立的先后及其位置之东西有重要的影响，不可不厘清。

[谭按：中华书局标点本将"河曲"改为"河西"，将"西郡"改作"四郡"都是错误的选择。而《四库》本对"西郡"加注说："宋祁曰：新本'西'作'四'。"宋祁（998—1061），乃北宋著名史官，其所言《汉书》版本之新旧应该可信。虽然后世史书多误作"四郡"，唯南宋史家王益之于嘉定十四年（1221）刊刻的《西汉年纪》卷十七引旧本《汉书》作"西郡"为正。

可见，此实非班固之误，乃后人不知其定义包含敦煌郡的河西"四郡"的建立是漫长过程而妄改之结果，特别是敦煌郡的设置，迟至后元元年（前88）才完成。而"开玉门通西域以断匈奴右臂"之军事外交策略的实施，则在其之前的三十多年，据《史记·大宛列传》《汉书·西域传·上》的记载，是在元狩四年（前119），由卫青、霍去病率大军西征北讨匈奴，同时由张骞率领外交使团赴西域乌孙等国，获得全面胜利[1]。再看《史记·卫将军骠骑列传》更具体记载："最骠骑将军去病，凡六出击匈奴，其四出以将军，斩捕首虏十一万余级。及浑邪王以众降数万，遂开河西酒泉之地，西方益少胡寇。"[2] 众所周知霍去病卒于元狩六年（前117)[3]，可证元狩四年至五年间，霍去病之武功只是"开河西酒泉之地"为新设一郡，其时根本没有包含其后再陆续由酒泉等分拆增设的敦煌、武威、张掖，故在司马迁的《史记》中根本没有所谓"河西四郡"之说[4]。但是，唐朝张守节的《正义》却对此文误引《汉书》作注说："河谓陇右兰州之西河也。（酒泉）谓凉、肃等州。《汉书·西域传》云：骠骑将军击破匈奴右地，置酒泉郡，后分置武威、张掖、燉煌等郡。"[5] 如此含混地以后出之州、郡地名的注解西汉《史记》之事，加上今人对"置酒泉郡"的错误标点，就使得很多古今人都误以为"分置武威、张掖、敦煌等郡"都是《史记》所述霍去病之事的省略。当然，其所谓"河谓陇右兰州之西河也。（酒泉）谓凉、肃等州"之说，有助于我们了解《史记》的"河西酒泉"在唐代乃至今天的范围。这就是"河西"乃指"兰州之西河"以西，亦即《史记·大宛列传》所载的"金城河西西"，故将可此文勘正为"金城西河西"。而"酒泉"的范围则甚为广大而包括了唐代的"凉、肃等州"。

再看《史记·大宛列传》的具体记述如下：

"……是岁元朔六年（前123）也。其明年（前122），骞为卫尉，与李将军俱

---

[1]《史记》第十册，第3168—3172页；《汉书》第12册，第3873页。
[2]《史记》第九册，第2945页。然其误将"河西酒泉"点作"河西、酒泉"。
[3]《史记》第九册，第2939页。
[4] 王宗维：《汉代丝绸之路的咽喉——河西路》，第6页。
[5]《史记》第九册，2945页。

出右北平击匈奴。匈奴围李将军，军失亡多；而骞后期当斩，赎为庶人。是岁汉遣骠骑破匈奴西（城）〔域〕数万人，至祁连山。其明年（前121），浑邪王率其民降汉，而金城、河西西并南山至盐泽空无匈奴。匈奴时有候者到，而希矣。其后二年（前119），汉击走单于于幕北。"[1]

如前所论证，笔者认为"金城、河西西"应该勘正为"金城西河西"。而王宗维则摘录并否定其中的"其明年，浑邪王率其民降汉，而金城河西西并南山至盐泽空无匈奴。匈奴时有候者到，而希矣"，认为这段话所系年代和后面所记的史实是不相符的。浑邪王降汉在元狩二年，当时汉霍去病的兵力仅至今酒泉一带，未向酒泉以西深入，酒泉以西仍有匈奴统治下的部落，何能说"南山至盐泽，空无匈奴"？这段史实是元鼎二年张骞和他的同行者第二次出使回朝后，向朝廷的报告中说的。这里所说的"金城河西"，是指金城河以西，为了扩大所指范围，在"河西"之后又加"西"字，称"金城河西西"。"并南山"，即傍南山，与《大宛列传》开头时的"并南山"相一致。此"河西西"，实指今兰州以西至酒泉、敦煌地区，当时不称"河西"，而称"河西西"。可见，最初的"河西"，仅指大河以西不远的地区，扩大范围，还要加"西"字，这才包括后来的四郡地区[2]。

笔者对此不敢苟同。首先，必须纠正其所谓"这段话所系年代和后面所记的史实是不相符"之说。笔者认为，因为司马迁《史记》写汉武帝时期的历史，乃当时人写当时的历史，作为有关人物事件的目睹耳闻者，其有关记述之可信性极大，远胜于百多年后的班固《汉书》等史书主要根据《史记》改编追记。众所周知，《大宛列传》写得很清楚，张骞在第二次出使西域之前答武帝询问的原话只是简单提及："故浑邪地空无人。"[3] 而其时其事是记载在上述的"浑邪王率其民降汉，而金城河西西并南山至盐泽空无匈奴"这段话之后，故可以肯定张骞的话是根据其在元朔六年至元狩元年（前123—前122）先后任校尉和卫尉从卫青、李广出征匈奴的见闻，以及对其后两三年霍去病西征的巨大胜利的综合分析的结果。显而易见，《大宛列传》有关记述行文严谨，前后一贯，详略互为补证。故可以说张骞的话实际是前文的省略重复记载，绝对不能用后者否定前者。其次，将"金城河西西"解释为"最初的'河西'，仅指大河以西不远的地区，扩大范围，还要加'西'字，这才包括后来的四郡地区"之说，也是值得商榷。

---

〔1〕《史记》第十册，第2367、2368页。
〔2〕王宗维：《汉代丝绸之路的咽喉——河西路》，第4、5页。
〔3〕《史记》第十册，第3168页。

　　至于"表河曲"不能改为"表河西"，有力之证据如汉荀悦《前汉纪》及《资治通鉴》等，皆作"表河曲"[1]。因为"列西郡"与"表河曲"是两个地区的军事扩展，前者是指建立"西郡（亦即酒泉郡）"后向西北的西域三十六国的扩展；后者是指对于"河曲"亦即后来所说的"河套"地区的占领向南羌北胡地区的扩展。这是对应上文"结党南羌"之策略，其结果即下文所说的"隔绝南羌、月氏"与匈奴的联结。由于当时并没有"敦煌郡"，而且敦煌亦不在"河曲（河套）"范围内，故后人所用的"河西四郡"因人因时而异，例如《后汉书》的李贤注因应具体情况对于"河西四郡"的注解有三种：一是"金城、酒泉、敦煌、张掖"[2]；二是"张掖、酒泉、武威、金城"[3]；三是"金城、敦煌、张掖、酒泉"[4]。而金城郡实际是迟至汉昭帝始元六年（前81）秋七月，"以边塞阔远，取天水、陇西、张掖郡各二县置金城郡。"[5] 其郡治原在金城（今甘肃皋兰西南），其后由六县增至十三县：允吾、浩亹、令居、枝阳、金城、榆中、枹罕、白石、河关、破羌、安夷、允街、临羌[6]。

　　这个问题的正误，对于判断《汉书》所赞武帝"开玉门通西域以断匈奴右臂，隔绝南羌、月氏"的真实含义，弄清玉门关与敦煌郡设立的先后及其位置之东西等问题有重要的影响，不可不厘清。即使不取"西郡"，而按照汉荀悦《前汉纪》及《后汉书》《资治通鉴》等书有的引文作"表河曲，列四郡"，则此"四郡"似乎应该指"张掖、酒泉、武威、金城"，不包含燉（敦）煌。但是，武威与张掖的设郡年代仍然是一个极有争议的问题，说明不可能在武帝先"列四郡"之后，始"开玉门通西域以断匈奴右臂，隔绝南羌、月氏"。

　　问题的根源，在于《汉书》叙事较为错综笼统，容易引起后人的误解错引，不如《史记》清晰精准。按《史记》之记载，汉朝实施"通西域以断匈奴右臂"之军事外交策略是在元狩四年（前119），由卫青、霍去病率大军西征北讨匈奴，同时由张骞率领外交使团赴西域乌孙等国，获得全面胜利。显然远早于《汉书》所载敦煌郡的设置时间。但是《汉书》的《西域传·上》已提出如下笼统之说：

　　"汉兴至于孝武，事征四夷，广威德，而张骞始开西域之迹。其后骠骑将军击

〔1〕[汉] 荀悦：《前汉纪》卷十六《孝武》六；[宋] 司马光，胡三省：《资治通鉴》卷四十三《汉纪》三十五《世祖光武皇帝》中之下。
〔2〕[南朝宋] 范晔，[唐] 章怀太子：《后汉书》卷九《献帝纪》。
〔3〕《后汉书》卷十八《吴盖陈臧列传·臧宫传》之李贤注。
〔4〕《后汉书》卷四十七《班梁列传·班勇传》之李贤注。
〔5〕《汉书》第1册，第224页。
〔6〕《汉书》第6册，第1611页。

破匈奴右地，降浑邪、休屠王，遂空其地，始筑令居以西，初置酒泉郡。后稍发徙民充实之，分置武威、张掖、敦煌，列四郡，据两关焉。"〔1〕

本来，此文的"分置武威、张掖、敦煌，列四郡，据两关"，也都是在张骞通西域及骠骑将军击破匈奴右地，"初置酒泉郡"之后。但是，《后汉书·傅燮传》则将此文与前述《西域传·下》之文合并作如下之说：

"世宗拓境，列置四郡。议者以为断匈奴右臂。前书武帝分武威、酒泉置张掖、敦煌，谓之'四郡'。"〔2〕

此文误导后人以为《汉书·西域传》所述汉武帝在"断匈奴右臂"之初便已经"列置四郡（武威、酒泉、张掖、敦煌）"。故《后汉书·西域传》"遂开河西四郡以隔绝南羌"句之李贤注说："《前（汉）书》云：起敦煌、酒泉、张掖以隔婼羌，裂匈奴之右臂也。"〔3〕查此实非《汉书·西域传》之原文，尤其是因为增加了敦煌等郡，而将"隔绝南羌、月氏"改作"以隔婼羌"，乃大谬不然。"南羌"在敦煌以东的河曲地区，而《西域传》另载"婼羌"位于敦煌的阳关以西一千八百里，与位于今新疆的且末、鄯善邻近，真可谓风马牛不相及。

并由这里以浑邪、休屠王之地为匈奴的"西方"与"右地""右臂"等说，实际是匈奴沿用了华夏汉人自古坐北向南之习惯，因而也有左东右西之官吏地位与政治地理的划分。又华夏汉人以京畿所在一带为国之心腹，故以其东西两边地区为国之左右臂膀。匈奴本为居无定所且政治道德文化远远后进于华夏汉族的北方游牧民族，其有关王侯官长及其排位领地的左右名称的划分，与汉朝吻合，显然是从汉朝习得借用的结果。故此，张掖为汉朝向西开疆拓土以"张国臂掖"的成果之一，与"断匈奴右臂"是同一事件的两个方面。在汉朝是右臂伸张，在匈奴则是右臂折断。故《后汉书》之《班超传》："……前世议者皆曰取三十六国号为断匈奴右臂。"唐李贤注："哀帝时刘歆上议曰：'武帝时立五属国起朔方；伐朝鲜起玄菟、乐浪以断匈奴之左臂也；西伐大宛结乌孙，匈奴之右臂。南面以西为右也。'"《傅燮传》："……世宗拓境列置四郡，议者以为断匈奴右臂。"唐李贤注："……刘歆等议曰：'孝武帝北攘匈奴，降昆邪十万之众，置五属国，起朔方以夺其肥饶之地；东伐朝鲜，起玄菟、乐浪以断匈奴之左臂。'"可以说，汉武帝是在汉军打败匈奴右部，浑邪王杀死休屠王后率领其下属以及休屠王下属一起归降汉朝、完成斩断匈奴的右臂的过程中，先后建立起张掖塞、张掖县的。至武帝

〔1〕《汉书》第十二册，第3873页。
〔2〕《后汉书》卷八十八《虞傅盖臧列传·傅燮传》。
〔3〕《后汉书》卷一百十八《西域传》。

天汉二年至昭帝元凤三年（前99—前78）之间才建立起张掖郡，故其名取义为"张国臂掖"是合理合实，名副其实的。]

三 主要创新成果及意义小结

（一）参考发展被人忽视的今人研究成果，再次证明"玉门"之本义与"金门"等相类，形容其门之坚固重要而已，与该地是否产金、玉或门的用料是否金、玉无关。澄清斯坦因以来流行之误说，称武帝所设玉门关（县）是因为当地产玉或是玉石贸易的重要关口。由此可以基本推定，玉门关（县）的"玉门"与同时代为汉朝设立的河西各郡县军屯名称，诸如酒泉、武威、张掖、敦煌以及金城等等，皆为汉朝皇帝为首的中央政府按照在孔子时代已经确立的"名从主人"的原则，以汉语词命名的，绝非近现代流行了一百多年的所谓"胡语"地方名词的汉语译音的产物。再次确定西汉玉门关位于西汉玉门县（今玉门市）管辖的范围内，排除在敦煌以西和嘉峪关之说。汉朝将酒泉郡下的"玉门关屯"改为"玉门县"，其时也应在"玉门关屯"设立之后几年，至大约在天汉二、三年间（前99—前97）之前几年完成。参考其他资料，取其中间之数，玉门设县应该大约在太初二年（前103）之前两年完成。因为在此之前后的两三年间，汉武帝接连两次发动对西域大宛等国的征讨，就是以玉门为接送大军的主要基地。故可以肯定，必须在玉门县完成设立并且发展稳固，而且支持征讨西域获得巨大新胜利的情况下，汉朝才进而借助开展从敦煌西至盐水（泽）的一系列亭障建设工程，为敦煌军镇升级为县、郡创造条件。

（二）揭示"自玉门阳关出西域有两道"之说不见于《史记》，应是班固追书前史而增加的。后人对此误读而炮制出自玉门关出为西域北道，自阳关出为西域南道之误说。对此作了厘正，证明"玉门阳关"的正确解读为玉门的阳关，《汉书》无论讲"玉门阳关"，还是"玉门关""阳关"都是同一关之异称。

（三）具体考证清楚酒泉、武威、张掖、敦煌等四郡设置的年代，否定古今流行的汉武帝初通西域时便"列四郡，据两关"之说，证明司马迁及汉武帝在生时，汉朝在河西地区只设了酒泉一郡，开了玉门一关。"列四郡，据两关"乃距离史源一百年间东汉人以后出之事追述前史，层累堆积的讹传误说。

（四）根据张骞两次出使西域所亲历的国家只有大宛、大月氏、大夏、康居四国，从传闻得知的大国有五六个。证明《史记·大宛列传》所记西域情况真实反映了当时汉朝对西域诸国的认知。进而厘清《汉书·西域传》等所载西域"三十六国""五十国""五十五国"在文献中出现的过程及其为以后事追改前史的问题。

（五）否定酒泉、张掖、武威、燉（敦）煌等郡县地名为胡语说。指出如果任由此类误说发展，则所有中国的自然和政治文化的汉语地名，包括玉门关、阳关等等，都会被颠倒源流先后，被说成是胡语的对音。

（六）证明胭脂产生和流行于汉朝以前的华夏中州，应该毫无疑问。西汉时的汉人及匈奴人将红颜色的山称为"焉支（胭脂）山"，是因为汉语早已经将红颜色的及同色的花、化妆品等称为"焉支（胭脂）"，至汉代已经成为胡汉通用语词。否定了胭脂原产于匈奴的"焉支（胭脂）山"、汉人是在武帝时攻占此山后才引进"焉支（胭脂）"等"胡说"。

（七）否定当今流行的"居延是匈奴语，是'天池'的意思"之类说法，按照汉语工具书对常见常用的"居"字的解释，有居住和平安两个基本义项，所以后世合起这两字两义就有"安居""居安"等双音节词。而"延"字有长（久）、永（远）两个基本义项。证明居延与延安、长安等地名的取义相同。此乃先因该地区适宜安居，才把有关自然的山水和后来人为建筑的城镇都名之为"居延"。

（八）"狼居"应据"居"字的本义作"狼踞"解，"胥"应作"相望"解，故"狼居胥"三字合起来就是指两座山像狼一样蹲踞守护相望。现在所称呼的两狼山，一是位于临河正北 70 公里的狼山，属乌拉特中旗，东边的一座狼山，叫大狼山，西边的叫二狼山，合起来统称两狼山。

（九）证明《史记》《汉书》所载匈奴地区的自然地理的山水名称，大多数也是原出于汉语，再经胡语借用产生音变又回译汉语的结果，只有极个别是原出于胡语而经过汉语的翻译变成汉胡两语混合的产物。

（十）对《史记·匈奴列传》作最新的研究解读，否定当今认为匈奴是斯基泰人（Scythians，希腊语 Σκύθαι）的流行之说，确认《匈奴列传》所记载的匈奴族是夏朝后裔之说可信。特别是从匈奴语直接撰写的汉字有粥、谷、鹿、卜等汉语独有的入声字，可作匈奴语与汉朝语同为华夏族语之证，排除其为来源于中亚的"塞"种或斯基泰等民族语言的可能。至于以匈奴"猎头"风俗或将月氏王头作饮器之例为证，称其非华夏汉族，更是臆断之论。因为从东周的秦国到秦、汉两朝军队，一直实行所谓"首级"的论功行赏制，就是原始时代的"猎头"之遗风长盛不衰的表现。故此实可反证匈奴与秦汉是同源之种族。

（十一）匈奴族与华夏族的关系史可以概述为：在商、周、秦时期为同源异流，至秦汉时期又由异流为主逐渐转变为合流为主。经过商、周、秦及汉初时期的长期分流为主，形成了汉初匈奴与汉朝的社会政治文化的巨大差距，决定了其在与汉朝的长期友好交往与敌对战争中，要不断学习借用汉语言文字系统中的各种名词术语。可以说，很多没有自身文字的东亚各部族国家，都先后借用汉字系统，并学习中国政治制度。

由分流为主转向合流为主的历史转折点，是从汉文帝时期的冒顿单于开始，其不但领导匈奴在汉朝的东北至西北方形成足以与汉朝长期分庭抗礼、亦和亦战的强大帝国，而且在政治军事制度文化方面全面学习、模仿汉朝，并与汉朝建立和亲与兄弟国家的关系，从而使匈奴迅速汉化，产生了一系列汉胡兼胡汉混合语的官制名词。

（十二）论证从商周至秦汉形成的汉语言文字，不但是当时整个东亚地区最先进的王朝的通用文字，也是当时整个东亚地区唯一的文字。故此，汉字长期成为东亚各国通用的文字。匈奴族由于与汉朝政治军事文化中心及其人物有最为接近的地缘与血缘、语缘等关系，是率先学习使用汉字的北方游牧民族。被《史记》等历史文献作丑化转写的匈奴王侯将相的各种称号及名字，乃至一些被讹传转写的自然山水名称，都在本文中被合理地还原为汉语词。

（十三）合理推论在秦朝时期，就有华夏族人入居河西走廊至西域一带，先后与大月氏、乌孙、匈奴及西域诸国人同居共处，否定《史记》称该地区在汉朝军民进入之前一直为纯胡人之住地的片面记述。《史记》记及汉武帝时期仍然有"秦人"群体，其发挥建城守城、筑楼储谷、挖井取水的知识技能，帮助匈奴及西域的大宛国对抗汉朝军队进攻之事例，据此可以推知自秦朝以来，匈奴及西域国家通过"秦人"以及后来以各种原因入胡的汉人，得以了解和掌握华夏汉族的语言文化及各种知识技术。

最早的"玉门关"故址研究史最新述评

谭世宝　山东大学历史文化学院、澳门理工学院

最早的玉门关设在何处是历史地理领域一个聚讼纷纭的课题，自斯坦因以来，各种论说多达数十种。本文在细致梳理各种观点的基础上，重新解读了《史记》《汉书》等古籍有关玉门（关）的原始记载，补正了百多年来有关学者对研究史记述的漏误（尤其是对王国维、斯坦因观点的误漏看法），纠正了流行将"春风不度玉门关"误解为春风不到玉门关的说法。此外还力破两种流行的误说：一是主张最早的玉门关在敦煌以西的小方盘城，二是主张最早和最晚的玉门关皆在嘉峪关石关峡。最终认定最早的玉门关应当在西汉及清代的玉门县内，也就是在今玉门市的范围内。

一　本论文之缘起

今人在介入已经有相当多人研究并有重大争论的历史疑难问题时，都必须首先充分研究清楚相关的原始文献资料，以及前人的研究历史过程与成果，才可以撰写出有新资料及新见解之论著。否则，就会无意或有意地遗漏或掩没或误解或否定前人成果。

最近，笔者与洪光慧女士合撰《西汉初设的"玉门关"故址新探》一文，参加了"玉门·玉门关与丝绸之路历史文化学术研讨会"，并在大会作了主题发言[1]。我们之所以撰写此文，是因为自20世纪40年代以来，成百上千的论著文章，竟然无一全面正确记述过有关研究史，这留下了在厘清研究史的基础上作新论的巨大空间。故我们在较为全面研究有关历史文献资料和前人成果的基础上，重点编写了《厘清历年学者有关玉门关故址的歧见源流简介表》[2]，以列表的方式把有关学者的论著罗列并略加点评，在理论上收到初步成果，对早期向达、夏鼐等人的误说，以及近年流行将最早的玉门关遗址定在嘉峪关的石关峡之误说，都略加剖析纠正，重新确立王国维以二重证

---

[1]　中共玉门市委、玉门市人民政府、酒泉市文物管理局、甘肃敦煌学学会、甘肃省历史学会等于2017年8月主办"玉门、玉门关与丝绸之路历史文化学术研讨会"。下文将此会议主题发言稿写作《玉门关研讨会文集》稿本。

[2]　《玉门关研讨会文集》稿本，第20—26页。

据法所定最早玉门关遗址在西汉玉门县的正说[1]。鉴于此文远未能做到题无剩义，前人旧作仍有遗珠，而今人会议之新文不少，故有必要草撰新稿，在对前文《厘清历年学者有关玉门关故址的歧见源流简介表》再加补充完善，对有关研究史作更全面深入述评的基础上，提出一系列新观点，就教于学术界内外的同仁。

二　厘清百年来诸家论著有关最早的玉门关故址歧见源流

为了便于大家全面掌握有关研究史，现将《西汉初设的"玉门关"故址新探》之表增补，从20世纪初的斯坦因至2017年"玉门·玉门关与丝绸之路历史文化学术研讨会"，百年来关于最早玉门关故址的歧见衍变源流的论著情况罗列出来（表一）。按出处时间为序，以斯坦因最初所主东汉玉门关位于敦煌T. XIV遗址即东汉小方盘城为"一说"；以沙畹所主位于敦煌以东为"二说"，王国维所主位于汉及今之玉门县为"二说之一"，其余大同小异者递增为"二说之某"；以向达、夏鼐所倡西汉玉门关一直在敦煌，并无所谓西迁或东迁之论为"三说"，以其余大同小异者所主位于敦煌的其他地方者递增为"三说之某"。

表一　百年来诸家论著有关最早的玉门关故址歧见源流简介表

序	姓名	对玉门关初地之见及派别	文题或书名及出版资料
1	［英］斯坦因（Aurel Stein）	创立一说。1907年4月20日，据T. XIV遗址的考古成果，认为东汉时期的玉门肯定位于此地。同年4月22日，研究新发现的文物后再次重申：公元元年后的200年间［谭按：即西汉末至东汉以后］，这个遍布要塞和砾石的山丘就是玉门所处之地。在敦煌附近西北的小方盘城（斯坦因原文是"Jade Gate"，译本多作"玉门"，有时作"玉门关"）。	Aurel Stein：Ruins of Desert Cathay：personal narrative of explorations in Central Asia and westernmost China，London：Macmillan and Co. 1912，VOL. II. pp. 118，120-122.　［英］斯坦因著，巫新华、伏霄汉译：《斯坦因中国探险手记》卷三，春风文艺出版社，2004年，第646、649、650页。也有直译为《沙漠契丹废墟记——在中亚和中国西陲考察纪实》［谭按：Cathay应译为中国而非契丹］。

［1］《玉门关研讨会文集》稿本，第26—33页。

续表

序	姓名	对玉门关初地之见及派别	文题或书名及出版资料
2	［法］沙畹（Édouard Chavannes）	拟补正一说，而提出二说。据《史记·大宛列传》载"太初二年……天子闻之大怒，而使使遮玉门曰：军有入者辄斩之。贰师恐，因留敦煌"，证太初二年（前103）前，玉门关尚在敦煌之东某地，其徙敦煌西北，则为日后之事。此说虽未明确提及玉门关在敦煌之东何处，但被王国维吸收发展后创立二说之一。然沙氏又提出自相矛盾的可能之说："疑九十四度稍西之废址，为太初以前之玉门关。"王氏否定此一疑说，认为九十四度稍西之废址仍在敦煌以西。日后诸家聚讼，由此滥觞。	Documents Les documents chinois découverts par Aurel Stein dans les sables dur Turkestan oriental, publiése ttraduits Par Édoudar Cha vannes. Oxford, Clarendon Press, 1913. 沙畹转译并出版《文书奥雷尔·斯坦因从中国新疆大沙漠所获汉文文书》（异译作《斯坦因在东土耳其斯坦沙漠所获中国文书考释》）的序论。笔者曾与大多数人一样未见沙畹原书，主要参考《流沙坠简》之王国维撰《序》的转述。现在笔者已经找到原书并查看了其序论。
3	王国维	运用其倡导的二重证据法，确立二说之一，具体证明太初以前玉门关在酒泉郡玉门县。认为西汉玉门县位于酒泉至敦煌的孔道上，太初二年（前103）前的玉门关当置于此，而后晋高居海所说的玉门关实即自汉迄今之玉门县也。又以清光绪十七年（1891）陶保廉著《辛卯侍行记》所述里程为主据，认为距敦煌城"西北百［谭按：《观堂集林》本误漏此"百"字］六十里之大方盘城"，"则当九十四度稍西之废址，实为太初以后之玉门关。而当九十三度三十分者［谭按：即小方盘城遗址］，当为玉门以西之他障塞"。	原见罗振玉、王国维合撰的《流沙坠简》之王《序》，成文于民国甲寅正月晦日（1914年2月24日），1914年由日本京都东山学社出版，1934年修订后再版。1993年，中华书局据1934年版加《出版说明》及阿拉伯数字新页码，重新影印出版。此版本与当今大多数学者引用的《观堂集林》（成于1921年）收录的《流沙坠简·序》有很多差异。前者为第3—12页，每页15行，每行34字，后者为第819—834页，每页13行，每行24字。前者记撰序时至日，后者记撰序时至月。

序	姓名	对玉门关初地之见及派别	文题或书名及出版资料
4	王国维	以所见斯坦因"纪行"修补完善二说之一。	原见《流沙坠简》之王国维撰《后序》，成文于甲寅三月（1914 年 3 月 27 日—4 月 24 日）间，后载于《观堂集林》第 834—839 页。《流沙坠简》不载此《后序》。
5	王国维	二说之一的发展，主旨同上。据斯氏原文图所记汉简发现地"东迄于九十四度二十分"，修正王序所据沙畹序录称斯氏"汉简之地迄于东经九十四度三十分"之误。	原见《流沙坠简》之王国维撰《跋》，成文于甲寅上巳日之后二日（1914 年 4 月 20 日）。《观堂集林》不载此《跋》。
6	王国维	主旨同上。以所见斯坦因"纪行"的简牍编号及发现地等情况列表，修补完善二说之一及以前考释之漏误。	原见《流沙坠简》之王国维撰《附录》，成文于甲寅四月七日（1914 年 5 月 1 日）。《观堂集林》不载此《附录》。
7	［英］翟理斯（Lionel Giles）	据唐末《敦煌录》（S. 5488）所载传说，主张最早的玉门关就在阳关，反对二说，实为后出的三说之滥觞。其方法与结论皆被斯坦因否定（参见下引巫新华等译《西域考古图记》第 2 卷，第 359、413 页；赵燕等译《从罗布沙漠到敦煌》，第 142—144 页）。	Lionel Giles：Tun Huang Lu：Notes on the District of Tun—huang. Journal of the Royal Asiatic Society，1914，pp. 703-728.
8	［英］斯坦因（Aurel Stein）	对王国维的二说之一作具体深入的发展。主要受王国维的影响，加上 1914 年的考古新发现，衍生出最早暨太初二年（前 103）前的玉门关位置的两种可能的判断：一是在今玉门镇以北约 15 英里的石河屯（Shih-êrh-tun，正译为十二墩）村附近（地图 85. A. 2）；二是在布隆吉（Bulungir）和安西（Anhsi）之间的一处关隘（地图 83. B. 2）。认为是在后来的几年间暨至迟在公元前 96 年才一度将玉门关延伸到敦煌以西的 T. XIV 遗址（又称小方盘城）处。	Aurel Serin：Serindia：detailed report of explorations in Central Asia and westernmost China，Oxford：Clarendon Press，1921，VOL. 2，pp. 683-688，724-726. 原书名简译为《塞林堤亚》，全译为《西域——中亚及中国西部地区探察之详尽报告》，巫新华等改译为《西域考古图记》。该论参见［英］斯坦因著，巫新华等译：《西域考古图记》卷二，广西师范大学出

续表

序	姓名	对玉门关初地之见及派别	文题或书名及出版资料
			版社，1998 年，第 391—395、409—411 页；［英］斯坦因著，赵燕等译：《从罗布沙漠到敦煌》，广西师范大学出版社，2000 年，第 48—49 页，图 13、14，第 236、254、260—272 页。赵燕译本基本是巫新华译本第 14—19 章的异译，故有译前书第 391—395 页的部分，但没有译其第 20 章第 409—410 页的两种可能的判断。
9	［英］斯坦因（Aurel Stein）	继续在《西域考古图记》的观点基础上作补正发挥。对十二墩一带的西汉长城遗址的历史地理与文物做了更详细的记述（中译本将前书误译的"石河屯"改正为"十二墩"）。并且将此地的小方盘城等与敦煌以西的同类建筑作了比较研究。	Aurel Stein: Innermost Asia: Detailed Report of Explorations in Central Asia, Kansu and Eastern Īrān, Oxford: Clarendon Press, 1928, VOL. I, pp. 369, 372, 375, 382–388. 原书名译为《亚洲腹地——在中亚、甘肃和伊朗东部考察的详尽报告》，巫新华等改译为《亚洲腹地考古图记》。该论参见［英］斯坦因著，巫新华等译：《亚洲腹地考古图记》卷一，广西师范大学出版社，2004 年，第 524、527、529、533、540—546 页。

续表

序	姓名	对玉门关初地之见及派别	文题或书名及出版资料
10	［英］斯坦因（AurelStein）	受沙畹和王国维的影响，承认公元前 108 年时的玉门关应"远在敦煌以东稍远的地方"（此为巫新华译文）。向达译作"在敦煌稍东的地方"，有点失准。而下文对后出的敦煌以西的玉门关遗址的地点年代的译注皆相当含糊（研究其前后文，才知其年代约在 1 世纪初）。所附注照片又全都省略，不知所云，巫新华等译文则较为清楚且附有全部照片，明确注明其在小方盘城。这就显得有点自相矛盾。而且下文又说"玉门县就是从后来的玉门关得名的"，也不知所云。	ON ANCIENT CENTRAL—ASIAN TRACKS, London：Macmillan and Co. Limited， 1933， pp. 155—156，165—167。［英］斯坦因著，向达译：《斯坦因西域考古记》，中华书局，1936 年，第 126、127、134、135 页；［英］斯坦因著，巫新华译：《沿着古代中亚的道路：斯坦因哈佛大学讲座》，广西师范大学出版社，2008 年，第 186 页正文、第 187 页的插图 73、第 197—199 页。
11	张维华	最早据向达译《斯坦因西域考古记》第 11 章，正确指出玉门关原在敦煌以东、酒泉以西某处，后随国防线伸展而移动。何时移至喀喇淖尔以西，无考。	撰《汉置边塞考略》，载于《齐鲁学报》1941 年第 1 期，第 55—77 页。
12	劳榦（今或写作劳干）	在完全不提研究史的情况下，直接提出含糊的二说之二，以汉玉门县不同于今玉门县，试图修正完善王国维二说之一，认为汉玉门关可能在赤金峡或嘉峪关。两者不易抉择。	撰《两关遗址考》，载于《中央研究院历史语言研究所集刊》第 11 本，1943 年，第 287—296 页。
13	向达	对斯坦因和王国维之说的源流变化缺乏全面了解，只作片面而错误的简介，就否定二说及其衍生的各说。其要害在于将《史记》所记最早的"玉门"曲解为只指玉门县而不指玉门关，再取斯坦因之说的前部分，创造第三说。力主西汉玉门关一直在敦煌，并无所谓西迁或东迁。	撰《玉门关阳关杂考》，原文署名方回，载于《真理杂志》1944 年 1 卷 4 期第 389—398 页。1945 年修改此文，后以《两关杂考——瓜沙谈往之二》为题，载于《唐代长安与西域文明》，生活·读书·新知三联书店，1957 年，第 373—392 页。

序	姓名	对玉门关初地之见及派别	文题或书名及出版资料
14	贺昌群	较为系统地介绍了沙畹书及王国维的前后书文，原本力赞王国维考释之精审。后受向达曲解《史记》的"玉门"非玉门关的误说影响，转而是向说而否王说。	撰《流沙坠简校补》，载于《图书季刊》1935 年第 2 卷第 1 期。后受 1945 年向达之文影响而增改玉门关部分，收入《贺昌群文集》卷一，商务印书馆，2003 年，第 98—115 页。
15	方诗铭	在正确综述斯坦因、沙畹、王国维、劳榦的论点源流与影响的基础上，指出"并世学者对其（沙畹）说仅有所修订。而无所非难"，反对向达对《史记》的曲解及对沙、王等说的否定，重点维护沙说，同时维护王说，肯定《史记》初载的"玉门"即玉门关，在汉及今玉门县内。	撰《太初二年前玉门关位置在敦煌西北说献疑》，载于 1947 年 1 月 7、14 日天津《民国日报·史与地周刊》；又撰《玉门［谭按：或误衍"关"字］位置辨》，载于《西北通讯》1947 年第 1 卷第 1 期，第 14—16［谭按：或误作第 17—23］页。两文几乎同时发表，内容大同小异。
16	夏作铭（夏鼐）	自称因其将《史记》的"玉门"判定为非指玉门关之说告诉向达，向才撰文创三说。故其力主三说而否二说。重点否定方诗铭之说。但又改口同意《史记》的"玉门"是指玉门关。另找他证，继续否二说，是三说。证其长于考古而短于二重证据法的综合研究。	撰《太初二年以前的玉门关位置考》，载于 1947 年 12 月 1 日南京《中央日报》之《文史周刊》第 70 期。1947 年撰《新获之敦煌汉简》，1948 年补加附录 2。略本载 1948 年《中央研究院历史语言研究所集刊》第 19 本，后皆载于《夏鼐文集》中册，社会科学文献出版社，2000 年。

序	姓名	对玉门关初地之见及派别	文题或书名及出版资料
17	向达	坚持三说。与夏鼐互为支持，否定二说及劳榦、方诗铭之说。	撰《跋太初二年以前的玉门关位置》，原载于 1947 年 9 月 30 日南京《中央日报》之《文史周刊》第 71 期。后附载于同上书夏鼐之文后。
18	夏作铭（夏鼐）	继续与向达互为支持，是三说而否二说。	撰《新获敦煌之汉简》，载于《中央研究院历史语言研究所集刊》第 19 本，1948 年；后载于《考古学论文集》，科学出版社，1961 年；又载于《夏鼐文集》中册，社会科学文献出版社，2000 年。
19	阎文儒	支持向达、夏鼐，是三说而否二说。	撰《敦煌史地杂考》，载于《文物参考资料》1951 年第 5 期，第 96—125 页，具文见第 114—117 页。
20	［日］日比野丈夫	对前人研究得失有较多评论。既反对斯坦因说最早玉门关的第二种可能位置是在布隆吉和安西之间。又质疑否定沙、王等说。其虽然未读向文，却力主三说。不足为训。	漢の西方發展と兩關開設の時期について，载于日本京都大学东方学报第 27 册，1953 年 3 月，第 31—58 页。 ［日］日比野丈夫著，王蕾译：《汉代的西方经略和两关设置年代考》，《西夏研究》2015 年第 1 期，第 92—104 页。
21	劳榦	在其原观点（见本表第 12）的前提下肯定二说的正确，不再提其原本具体主张的二说之二。对前述向达、夏鼐之说提出进一步的否证。	撰《论汉代玉门关的迁徙问题》，载于台湾新竹《清华学报》1960 年 5 月新 2 卷第 1 期，第 49—52 页。

序	姓名	对玉门关初地之见及派别	文题或书名及出版资料
22	陈梦家	创三说之二，断玉门关口应在 T14 古城之西或西北，即 T11-12 或 T13-14a 之间。否二说，认为敦煌以西的玉门关与以东的玉门县可以同时并存。	撰《玉门关与玉门县》，载于《考古》1965 年第 9 期，第 469—477 页。
23	马雍	质疑并修正三说，创三说之三。推测西汉玉门关应在小方盘城以西。否二说及三说。并认为玉门关在唐以前已东迁至双塔堡附近。	撰《西汉时期的玉门关和敦煌郡的西境》，载于《中国史研究》1981 年第 1 期；后载于《西域史地文物丛考》，文物出版社，1990 年，第 11—15 页。
24	吴礽骧	创三说之四。认为玉门关应在今马圈湾与羊圈湾之间一高地，位于东经 93°45′，北纬 40°21′。	撰《玉门关与玉门关候》，载于《文物》1981 年第 10 期，第 9—14、32 页。
25	赵永复	质疑马雍之文，否定向达、夏鼐的西汉玉门关一直在敦煌之说。虽较倾向王国维之说，但认为要彻底解决问题，尚需待地下文物的进一步发现。	撰《汉代敦煌郡西境与玉门关考》，载于《历史地理》1982 年第 2 辑，第 88—91 页。
26	阎文儒	与前述观点（见本表第 19）大同小异，支持向达、夏鼐，是三说而否二说。	撰《河西考古杂记（上）》，载于《社会科学战线》1986 年第 4 期，第 135—147 页。
27	吴礽骧	衍三说之四，但将前述观点（见本表第 24）中推定玉门关位置的文字微改为"东经 93°44′，北纬 40°41′"处的羊圈湾。	撰《汉代玉门关及其入西域路线之变迁》，载于《中亚学刊》第 2 辑，中华书局，1987 年，第 1—15 页。
28	李并成	只笼统罗列二说和三说［谭按：实际是三大派，而且别说甚多，以致误把先后持一、二说的斯坦因归入三说］的主要学者论著，而不论是非。认同三说。主张汉始设玉门关在敦煌西北，并误断所有学者都认为太初二年后至汉亡，玉门关位置都未有改易。还创五代宋初玉门关由唐玉门关（双塔堡）东移至今嘉峪关市石关峡之说。	撰《五代宋初的玉门关及其相关问题考》，载于《敦煌研究》1992 年第 2 期，第 89—116 页。

序	姓名	对玉门关初地之见及派别	文题或书名及出版资料
29	赵评春	没有引述斯坦因的论著，通过他人的论著误以为斯坦因只有一说。将研究史简单归结为早期持三说的学者对二说的否定。在否定三说的基础上创二说之三。认为玉门关在今陈[谭按：应是玉]门县西北赤金堡一带，与二说之二的赤金峡大同小异。尤其反对吴礽骧三说之四。	撰《西汉玉门关、县及其长城建置时序考》，载于《中国历史地理论丛》1994 年第 2 辑，第 45—57 页。
30	李并成	其书《河西走廊历史地理》的"玉门关及其变迁"一节，不提斯坦因的四部书，只论及二、三两说诸家之文。质疑否定其原本所持之三说诸论（见本表第 28），改从二说，具体是由劳榦的二说之二的第 2 种假设的可能，衍生出二说之四：认为汉代最早的玉门关应即道宣所谓"故玉门关"，位于今嘉峪关市西北约 10 公里的石关峡（又名水关峡、黑山峡）。其最大的问题是未说明何以会由本表第 28 之说突然转变为此文之说。	李并成：《河西走廊历史地理》，甘肃人民出版社，1995 年，第 237—241 页。
31	纪宗安	不谈研究史，直接提出所谓"众所周知"的"汉玉门关在敦煌西，唐玉门关在今安西东"之说。	撰《丝绸之路新北道考实——兼谈玉门关址的东迁》，载于《敦煌学辑刊》1996 年第 1 期，第 96—108 页。
32	李正宇	不谈研究史，直接沿用三说。认为玉门位于龙勒县西北一百八十里，建于西汉武帝时，约废于东汉光武帝建武二十七年。	《新玉门关考》，《敦煌研究》1997 年第 3 期，第 1—13 页。
33	刘兴义	对研究史的简述有很大误漏，未提及与其大同小异的李并成文（见本表第 30），而其实也是由劳榦的二说之二的第 2 种假设的可能，衍生出二说之四 a：认为最早的玉门关在今酒泉城北 35 公里的石关峡，峡长 8 公里，其后移至玉门县，再移至敦煌的小方盘城。其说极为粗疏（如将前 106 年初至 105 年初的元封六年注为前 103 年），加上所发刊物的学术级别较低，故一直被错误的研究史记述者隐没，不为人知。	撰《最古老的玉门关》，载于《阳关》1998 年第 4 期，第 45—47 页。

续表

序	姓名	对玉门关初地之见及派别	文题或书名及出版资料
34	吴礽骧	其前述之说（见本表第 24、27）的混合发展，又认为西汉玉门关应在羊圈湾高地，位于东经 93°44′，北纬 40°41′。	撰《河西汉代驿道与沿线古城小考》，载于《简帛研究二〇〇一》，广西师范大学出版社，2001 年，第 336—357 页。
35	李并成	其旧说（见本表第 30）与刘兴义之说（见本表第 33）的综合发展，与刘说大同微异。	撰《汉玉门关新考》，载于《敦煌文献论集——纪念敦煌藏经洞发现 100 周年国际学术讨论会文集》，辽宁人民出版社，2001 年，第 129—138 页。
36	侯玉臣	反三说，实际是由一说假设的第二种可能创二说之五：主张玉门关始设于瓜州布隆吉附近。	撰《汉玉门关与西域南北道》，载于《甘肃社会科学》2002 年第 1 期，第 41、42、52 页。
37	侯晓星	主据悬泉置遗址的新发现，力主王国维的二说之一，质疑否定向达的三说。	撰《西汉玉门关遗址质疑》，载于《宁夏大学学报》2002 年第 2 期，第 63—66 页。
38	何双全	完全不顾《史记》最早的"玉门（关）"的记载，单靠年代较后的简牍，否二说，断定汉武帝至昭帝时，玉门关及玉门都尉府驻小方盘城。其后曾由小方盘城往西马圈湾及往东 T6B 和 T5 的三次迁移，范围皆在敦煌西北。实为三说与三说之四的混合变种。	撰《论西汉敦煌玉门关的三次变迁》，载于《简牍学研究（三）》，甘肃人民出版社，2002 年，第 247—262 页。

序	姓名	对玉门关初地之见及派别	文题或书名及出版资料
39	纪忠元 纪永元	有关研究史的记述虽提及斯坦因的早期三书（见本表第 1、8、9）而遗漏其后书（见本表第 10），且将本表第 8《西域考古图记》称为《西域考古记》，比通行译名少一个"图"字，与本表第 10《斯坦因西域考古记》容易混淆。其最大失误是片面地误称斯坦因确认"小方盘城为汉玉门关遗址"。导致上述漏误的主因，在于他们主编的《敦煌阳关玉门关论文选萃》一书"编辑前言"所反映的主流偏见，借口斯坦因及沙畹的书"篇幅甚大"，"其主要观点和材料，在后人的论著中被多次反复引用和申述，不予选收似乎不会有大的妨碍"。其后文在 20 世纪 90 年代部分遗漏了李并成（见本表第 30）、刘兴义（见本表第 33）；在 21 世纪初部分遗漏了本表第 36—38 之文。最后之误是把李并成 2001 年观点（见本表第 35）与其 1992 年观点（见本表第 28）认为是一致可作互证。对于诸家各说，其最后的看法模棱两可，同时肯定李并成与吴礽骧的分歧研究结果。	撰《两关研究之思考》，载于《敦煌阳关玉门关论文选萃》，甘肃人民出版社，2003 年，"编辑前言"第 1 页及正文第 347—356 页。
40	李并成	放弃其前期部分观点（见本表第 30、35），兼修正其《五代宋初的玉门关及其相关问题考》之说（见本表 28）。只笼统承认西汉玉门关位于小方盘城或以西为学界公认之说，并重申玉门关于东汉由西往东迁至安西县双塔堡附近，五代宋初玉门关由唐玉门关（双塔堡）东移至今嘉峪关市石关峡之说。	撰《东汉中期至宋初新旧玉门关并用考》，载于《西北师范大学学报》2003 年第 4 期，第 103—106 页。
41	潘发俊 潘竟虎	对前人的研究只具体提及斯坦因、侯晓星、侯玉臣。误说斯坦因"认定小方盘城即西汉玉门关。"不提李并成（见本表第 30、35）及刘兴义（见本表第 33）之文，但其论实际上是由刘兴义的二说之四 a 衍生出的二说之四 b，主张西汉玉门关即今嘉峪关市内的嘉峪石关。	撰《汉玉石障地理位置及玉门关变迁考》，载于教育部科技发展中心《中国科技论文在线》2004 年 4 月 26 日。

序	姓名	对玉门关初地之见及派别	文题或书名及出版资料
42	李正宇 李树若	不述研究史,先入为主地认定三说。反斯坦因等传播玉门关因西域贡玉而得名之说,认为玉门与金关皆据古典成语命名,言之成理。	撰《玉门关名义新探——金关、玉门二名互匹说》,载于《敦煌学辑刊》2005 年第 1 期,第 122—127 页。
43	李并成	放弃其部分旧文(见本表第 28、40)所持之说,再次改用和发展其二说之四(见本表第 30),主张最早及最晚的玉门关址都在今嘉峪关市区西北约长 10 公里的石关峡。不提与其说大同小异的刘兴义(见本表第 33)文。	撰《石关峡:最早的玉门关与最晚的玉门关》,载于《中国历史地理论丛》2005 年第 2 期,第 120—124 页。
44	潘发俊 潘竟虎	完全没有提及研究史,此文乃其旧观点(见本表第 41)之延续。主要以唐宋清文献为据,主张西汉始设玉门关位于距肃州 70 或 75 里的嘉峪山石关。又称西汉玉门关、北朝石门、明清石关,乃不同历史时期的同一地名词。	撰《西汉玉门关地理位置考》,载于《兰州教育学院学报》2006 年第 2 期,第 10—13 页。
45	李岩云 傅立诚	虽然对研究史的介绍涉及较多人和论著(包括斯坦因第二书的节译:《从罗布沙漠到敦煌》),但是误把从斯坦因到李正宇等 8 人笼统地归为敦煌西北一派,把从沙畹到李并成等 7 人归为敦煌之东一派。进而创三说之五,认为玉门关关口和关城应在小方盘城西侧 150 米处的南北长城线上。	撰《汉代玉门关址》,载于《敦煌研究》2006 年第 4 期,第 67—73 页。
46	李殿元	对研究史的概述基本沿用李并成(见本表第 28)文的误说,实际采纳三说而否定二说及其衍生之说。	撰《阳关玉门关嘉峪关考察》,载于《文史杂志》2011 年第 1 期,第 20—23 页。
47	李正宇	其中部分涉及西汉玉门关的前人研究,只参考向达之文,而且只提及沙畹《斯坦因在东土尔其斯坦沙漠所获中国文书考释·序论》、王国维《流沙坠简·序》及向达《两关杂考》,即断定沙、王之说已被向说驳倒。	撰《新玉门关考》,《瓜州文化遗产学术研究专辑》2011 年第 18 期,第 1—13 页。

序	姓名	对玉门关初地之见及派别	文题或书名及出版资料
48	潘竞虎 潘发俊	对研究史的记述虽较前人稍详而有重要误漏，能提及 1982 年以来的本表第 25、27、36、37、38 等文以及李并成新观点（见本表第 40、43）文。但没有提及斯坦因的一系列论著及其观点的源流，也不提刘兴义（见本表第 33）文。既否三说，又否二说之一，还反对李并成的二说之四，仍主其二说之四 b。	撰《汉玉门关地理位置再考》，载于《思茅师范高等专科学校学报》2012 年第 4 期，第 59—64 页。 据此文说，其可能较李并成（见本表第 33、38）早投而迟发，两家竞争最早的玉门关在石关峡的发现权，其实较早提出者应为李并成第 30 文，只是其先撰第 28 文，后又撰第 40 文，出现自相矛盾。
49	段新生	承用本表第 24 吴礽骧之说，定玉门关在今马圈湾遗址西南 0.6 公里之高地。但最终误把向达的三说作为各家的共识。	撰《甘肃境内长城起点及玉门关略考》，载于《丝绸之路》2012 年第 14 期，第 33—35 页。
50	潘竞虎 潘发俊	沿袭其旧文（见本表第 40、44、48）之说。以清乾隆二十七年《重修肃州新志·关隘》为主据，主张西汉始设玉门关位于距肃州 75 里的嘉峪山石关。	撰《汉代以后玉门关位置及丝路古道变迁考》，载于《普洱学院学报》2013 年第 5 期，第 33—40 页。
51	潘竞虎 潘发俊	对研究史的记述及主张观点与本表第 48 文大同小异。唯增加潘发俊《玉关来远》（载于《嘉峪关广播电视报》2000 年 4 月 6 日），及《嘉峪史话》（甘肃人民出版社，2000 年），以示其最早发表有关观点。	撰《西域道"四路五关"考略》，载于《克拉玛依学刊》2014 年第 3 期，第 3—10 页。
52	王蕾	其硕士论文中的"玉门关的位置及其东汉迁移说的质疑"一节，片面引述斯坦因《西域考古图记》第 391 页之说，而不提第 409—410 页之说。对其后各派别的一些研究论文有较多浅表述评，而笼统主张"玉门关始置于敦煌以西"之说。	撰《汉唐河陇关津与东西交通》，兰州大学历史文献学硕士学位论文，2014 年。
53	李并成	在不论述研究史的情况下，只强调本文与本表第 28、43 文之承继关系，实际上此文与本表第 28、40 文之说相反，故只是其第 43 文之论的延续，再证其二说之四，否定二说与三说的派生各说。	撰《玉门关历史变迁考》，载于《石河子大学学报》2015 年第 3 期，第 9—16 页。

续表

序	姓名	对玉门关初地之见及派别	文题或书名及出版资料
54	潘竟虎 潘发俊	仍主二说之四 b，更具体说汉玉门关在距肃州 70 里的嘉峪山石关儿口，在其外则是长 20 里的石关峡。	撰《认识保护"两关"文化传承创新华夏文明》，载于《克拉玛依学刊》2015 年第 3 期，第 33—40 页。
55	刘常生	引用赵平春（见本表第 29）之说，认为最早的玉门关就在现玉门市赤金古玉门县附近的赤金峡口。	撰《玉门与古玉门关新考》，载于《酒泉文史》2015 年第 10 辑（转引刘常生：《玉门简史》，甘肃文化出版社，2017 年，第 205—216 页）。
56	［美］林健	主承二说。认为后世玉门县治与辖域多次变化，但未离开现今玉门市方圆百余公里的辖域。狭义的玉门地理概念是指现今玉门市辖域。	撰《玉门学作为地方学的研究意义初探》，载于《新西部（理论版）》2015 年第 12 期，第 27—29 页；后载于 2017 年 8 月"玉门·玉门关与丝绸之路历史文化学术研讨会"论文集稿本（下简称《玉门关研讨会文集》稿本），第 3—9 页；《丝绸之路》"玉门·玉门关与丝绸之路历史文化学术研讨会专刊"，第 10—13 页。
57	梁秉合	不述研究史，承继沙畹、王国维等人之说，反对向达、陈梦家等人之说。其论与刘常生相同，主"玉门关应在古玉门县（今赤金镇地区）的赤金峡"。	撰《再说玉门关——民族融合史中流动的国门》，载于《火烧沟与玉门历史文化研究文集》，甘肃人民出版社，2015 年；后载于《丝绸之路》"玉门·玉门关与丝绸之路历史文化学术研讨会专刊"，第 71—75 页。

序	姓名	对玉门关初地之见及派别	文题或书名及出版资料
58	杨永生	对研究史有较全面的记述，罗列古今 30 多家之说，但仍有不少遗漏。而最大之失是错解劳榦之文，误说斯坦因"认定小方盘城为西汉玉门关"。其结论为各说的大杂烩："我倾向于玉门关关址为：嘉峪关市石关峡、敦煌市小方盘城周围地区、瓜州县马圈古城、瓜州县'六工古城'、嘉峪山麓西北余脉处等 5 处。"	撰《玉门关设置时序变迁学术观点归辑与推论》，载于 2016 年 9 月"中国（瓜州）第五届玄奘文化国际学术研讨会"论文集稿本，第 15—21 页；又载于《丝绸之路》"玉门·玉门关与丝绸之路历史文化学术研讨会专刊"，第 39—42 页；又载于《玉门关研讨会文集》稿本，第 85—92 页。
59	刘常生	仍主其旧说（见本表第 55），故将该文收入此书。	撰《玉门简史》，甘肃人民出版社，2017 年，第 45—51、205—216 页。
60	李并成	不论述研究史，对其个人研究史作了很多有遗漏而失实的概述。不提本表第 30 等其旧说及本表第 33 刘兴义之说，只提及本表第 28、43、53 等文的创新发展。自称"笔者曾考得，嘉峪关市区西北约 10 千米的石关峡，为历史上设置最早的玉门关与最晚的玉门关，为之撰文《五代宋初的玉门关及其相关问题考》……"实际本表第 28 与第 43、53 等文乃持相反之说。故本文之弊是歪曲了研究史，未能清楚交代其观点反复变化的原因理据。	撰《有关玉门、玉门关研究中几个重要问题的再探讨》，载于《丝绸之路》"玉门·玉门关与丝绸之路历史文化学术研讨会专刊"，第 10—13 页；又载于《玉门关研讨会文集》稿本，第 10—16 页。
61	谭世宝 洪光慧	首先对研究史作了较为全面正确的述评。将从斯坦因到林健等人 45 项论著的主要观点的述评入"厘清历年学者有关玉门关故址的歧见源流简介表"。最重要的贡献是把前人遗漏误解的斯氏四书的基本观点都作了简述，说明沙畹、王国维对斯氏首书之说基本认同的补充发展，而斯氏后三书对沙、王之说基本接受。纠正前人大多数在未见斯氏四书而将其列作与沙、王对立的一派首领之失。由此得出王国维之说为最正确的结论。	撰《西汉初设的"玉门关"故址新探——以厘清各说的源流及破误立正为中心》，载于《玉门关研讨会文集》稿本，第 17—33 页。

序	姓名	对玉门关初地之见及派别	文题或书名及出版资料
62	何艳杰	虽然对研究史记述简略多漏误，但正确支持二说，进而续证二说之二的"玉门关首置玉门赤金峡"的观点。	撰《饴盐之贡与玉门关初设新探》，载于《玉门关研讨会文集》稿本，第34—48页。
63	周运中	不论述研究史，直接就有关《史记》《释迦方志》等文献的不同解读，质疑否定"石关峡是汉代玉门关"之说，并否定三说，认同二说，具体认为"最早的玉门关可能在今玉门市东南的黑山之南"。	撰《西汉玉门关最初在今玉门市考》，载于《玉门关研讨会文集》，第56—64页；又载于《丝绸之路》"玉门·玉门关与丝绸之路历史文化学术研讨会专刊"，第61—64页。
64	周运中	以1183年及其后绘的地图证明古玉门关在今玉门市，开当代中国学者之先，有独特意义。然作者未见斯坦因四书，故不知斯氏第二书第414页已经转引了沙畹收集的约1040年绘、1137年刻的《华夷图》，论及玉门关位置的变迁。	撰《宋代地图证明古玉门关在今玉门市》，载于《玉门关研讨会文集》稿本，第65—70页。
65	高荣	是对玉门关研究的最新述评之一，其最大的缺陷是没有提及斯坦因四书，只论及二说与三说诸家之文。对20世纪90年代以后的述评，遗漏甚多。例如，只论及李并成部分观点（见本表第30、35、43、53），没有评及其前后反复改变观点的问题；又只论及潘发俊、潘竟虎（见本表第44、48）二文。结论基本倾向于三说，对个别说法有质疑，但对二说各家提出诸多质疑否定。	撰《汉代玉门关研究述评》，载于《玉门关研讨会文集》稿本，第75—84页。
66	邰惠莉	也是最新综述有关研究史的专论，但是漏误甚多。例如对斯坦因只提及其考古报告《西域考古记》一书，而且把他归入主张"玉门关在敦煌西北"一派之首。而且不按时序归纳另一派为"沙畹、方铭诗、王国维、劳干（榦）、赵永复、李并成、潘发俊、潘竟虎等学者认为玉门关应在敦煌之东"。	撰《玉门关研究综述》，载于《玉门关研讨会文集》稿本，第93—97页。

续表

序	姓名	对玉门关初地之见及派别	文题或书名及出版资料
67	张怀德	缺乏对原始资料及前人论著的研究，用不正确的方式转述陈梦家等人的观点，例如，主要转述赵评春的片面之词，误称斯氏认为"敦煌西北八十公里的小方盘城遗址，即为汉玉门关址"。对沙畹、王国维之说也作了类似误述。虽然记述了纷纭的众说，并无自己的判断，其结论只是"以后出土的大量文物会将玉门关最早的建置进一步得到证实"。	撰《玉门关和河西屯田并重的关系》，载于《玉门关研讨会文集》第106—112页。
68	王璞	不涉及前述研究史的任何论著，只据赤金峡的一些"形胜遗迹"，以及转述"几则清代及民国时期文献记载及名人记述"，以证赤金峡被"部分学者考证为西汉最早的玉门关位置，也是有其道理的"。	撰《玉门赤金峡地望小考》，载于《玉门关研讨会文集》稿本，第121—137页。
69	魏杰	有关研究史只罗列了斯坦因以来几十个人名，没分清源流。而对史料及几派代表意见的分析与结论，持之有故言之成理。否定三说及二说之四等，力主劳榦的二说之二第一种可能推测，即最早的玉门关"在赤金峡的可能性较大"。	撰《最早的玉门关位置再辩》，载于《玉门关研讨会文集》稿本，第138—143页。
70	魏杰	根据对《释迦方志》《高居海使于阗记》等文献的不同解读，质疑否定李并成"最早玉门关在嘉峪关的石关峡"之说。	撰《〈释迦方志〉所记玉门关是最早的玉门关吗?》，载于《玉门关研讨会文集》稿本，第144—149页。
71	杨瀚林	缺乏对考古资料及研究史的基本研究，仅凭对汉至清的史籍的片面理解，及2006年李岩云、傅立诚之说（见本表第45）的片面总结，误认为"由此学界一度倾向于小方盘城即汉玉门关"。然后列举二说与三说，作抉择称"可以确定的是，西汉时期的玉门关位于敦煌郡境内"。	撰《试论西汉时期玉门关与玉门县的关系》，载于《玉门关研讨会文集》稿本，第163—166页。

　　幸赖网络资料库及友朋的帮助，表一诸书文均为笔者已经检索到原文并且作了初步的研究。虽然难免仍有遗珠，但是已经可以看清有关研究史的基本情况和发展过程：（1）在20世纪最初的三四十年里，是以斯坦因的一说以及由其产生的沙畹、王国维、斯坦因、劳榦等人之二说或其衍生的各说为主流，尤其是王国维的二说之一，成为当时公认的正说。（2）由20世纪40年代中期至2000年，则出现了曲解一说、忽视二说，或对一、二说皆一无所知者创造衍生的三说，其与二说及派生的各说反复论争。

三说及其派生的各说，曾一度略占人多势众之优。（3）2000—2016年，是二说反超三说的阶段，其中二说之四将最早的玉门关位置误定在今嘉峪关市的石关峡或石关（儿口），一度成为最流行的新说。（4）2016年至今，是二说开始复兴的阶段，尤其是玉门市2017年8月举办了"玉门·玉门关与丝绸之路历史文化学术研讨会"，二说成为主流的趋势已经形成。

三　斯坦因等人的论著得失及影响

表一已经较为全面记述了由20世纪初至2017年8月间，有关最早的玉门关遗址位置问题的研究史。既展示了有关各说的派别源流与目前的走向，又对有关论著的误述及错论略加点评。下面先对斯坦因、沙畹、王国维等人的论著作较为具体的分析。

（一）略论斯坦因有关考古与研究成果的取得与发展

清末民初，斯坦因多次组织有中外人员参加的考古探险队（其中有懂古文的中国翻译蒋孝琬、印度的专业测绘员、一群中国人组成的运输挖掘工作队等），在中国西北地区进行考察。其中两次对敦煌至嘉峪关、肃州一带的长城及周边的遗址作了当时最高水准的科学考古研究。当时当地的自然与人文地理方面尚保留了很多历史人文环境风貌、遗迹与文物等等，而中国各级官员与民众都缺乏自我保护、保存与发掘、研究长城的历史遗址文物的意识，给予外国探险家大开方便之门，并提供各种支持。虽然我们为大量国宝文物因此流失到外国而感到万分悲愤，但是对其有关论著的成果则不可不高度重视，认真研究。斯氏每次满载成果回英国之后，都直接或间接邀请世界各国的专家学者助其作研究，发展扩大其成果。对其1906—1908年及1913—1916年的考古成果作出研究贡献的人，除沙畹、罗振玉、王国维、翟理斯之外，还有当时研究汉、梵、佉卢、于阗、粟特、回鹘、蒙、藏、突厥等文字及其他方面的专家学者拉普森（E. J. Rapson）、森奈特（M. E. Senart）、博耶（Abbe Boyer）、巴尼特（L. Barnett）、伯森（L. dela Poussin）、瑞丁（C. M. Ridding）、托马斯（F. W. Thomas）、弗兰克（A. H. Francke）、汤姆森（V. Thomsen）、勒柯克（A. von Lecoq）、丹尼森·罗斯（E. Denison Ross）、米勒（F. W. K. Muller）、考利（A. Cowley）、果肖特（R. Gauthiot）、马伯乐、霍普金斯（L. C. Hopkins）、西尔文·列维（Sylvain Levi）、兰茨（W. Lentz）等人[1]。正如孟凡人曾

---

[1]　［英］斯坦因著，巫新华、伏霄汉译：《〈沙埋中国废墟记〉前言》，《斯坦因中国探险手记》卷一，春风文艺出版社，2004年；［英］斯坦因著，巫新华等译：《〈亚洲腹地——在中亚、甘肃和伊朗东部考察的详尽报告〉引言》，《亚洲腹地考古图记》卷一，广西师范大学出版社，2004年。斯坦因本人只提及沙畹等西方学者而没有提及罗振玉与王国维的贡献，是严重失当的。

指出：斯坦因的有关著作"既是斯坦因的专著，又是集体智慧的结晶，代表了当时该研究领域的最高水平"[1]。

窃以为，斯坦因、沙畹与王国维的有关论著，所获取厘清玉门关遗址之年代与位置变迁史的研究成果，可谓至目前百多年间尚是后无来者的。特别是斯氏最初在 1907 年 4 月 20—22 日根据敦煌 T. XIV 遗址发掘的汉简等物提出的一说，其后经过沙畹、王国维运用《史记》等文献记载与斯氏的简牍文物新见的综合研究，提出了对一说补充发展的二说。最后，再由斯氏吸收二说，并经其再到敦煌至嘉峪关、肃州一带的长城遗址考古研究验证，使得二说成为主要由中外三位大师合作，运用二重证据乃至三重证据研究的集大成的成果。当然，这是在极其短暂的一个特殊历史条件下形成的特殊成果。可以说在他们之后，再也不可能有这样特别超卓的国际人才的组合。而且随着国内外政治形势的变化，中国西北自然地理与人文地理的变化，也就没有那么多残存的古代历史人文环境风貌、遗迹与文物可供学者去考察、挖掘与研究了。而在二十多年之后，处于抗战刚过而内战继起之艰难境地的一些中国学者，才开始陆续步王国维、斯坦因后尘，撰发有关最早的玉门关遗址问题的论文，其所见所论，多有偏颇，在所难免。至 20 世纪 50 年代以后成长的学者，多数既只能直接承受上代偏颇之学风，而不能继承发扬光大清初至民初三百余年之中外成果，且在学术规范形同虚设的环境中成长。故在此期间所作玉门关的新作新论者，大都只是将前人对王国维等人之文的片言只语之误解作重复扩大化，并对斯坦因的观点作了片面的错误归类分析，多数结果都只是在王、斯等人已经研究过的某一点或两三点作正确或错误的重复劳动。斯坦因 1912 年出版的 *Ruins of Desert Cathay*：*personal narrative of explorations in Central Asia and westernmost China*，记述其于 1907 年 4 月 22 日对敦煌西北发现的 T. XIV 遗址的最早判定：是东汉时期的"Jade Gate（玉门关）"。经沙畹及王国维对其提出补充发展意见之后，加上其于 1914 年再次实地考古测绘地图的新发现，故在 1921 年出版的 *Serindia*：*detailed report of explorations in Central Asia and westernmost China*，提出了最早（前 103 年以前）的玉门关位置的两种新可能：其一是在于今玉门镇以北约 15 英里的 Shih-êrh-tun（十二墩）村附近（地图 85. A. 2）；其二是在布隆吉（Bulungir）和安西（Anhsi）之间的一处关隘（地图 83. B. 2）。从而判定敦煌以西的 T. XIV 遗址是在其后的几年间（至迟在前 96）长城由东方向西方扩展延伸的结果。

（二）斯坦因的主要观点产生发展过程述评

在此，有必要补述被人们忽视、错述的斯坦因主要观点的产生发展过程，兼略评

---

〔1〕 孟凡人：《〈沙埋中国废墟记〉序》，《斯坦因中国探险手记》卷一。

斯氏与诸家异说如下：

1. 1912 年之说在表一已经转述，毋庸赘引。

2. 斯氏 1921 年书的原文详引（唯有关注文删略）如下：

　　……我已结合自己的实地考古调查和地形勘察，列举了有关的年代学材料，认为 T. XIV 遗址应即公元前 96 年及其以后玉门关址之所在，只是年代似乎有些偏早。但沙畹的观点与我有所不同，他在充分研究之后认为，如果司马迁的一段记载不误，则这一遗址当不是玉门关最初的所在地。这一段记载与贰师将军李广利有关，公元前 103 年，李广利第一次远征大宛以失败而告终，他带着阵容不整的军队回撤时经过玉门关，"天子闻之，大怒，而使使遮玉门曰：军有敢入者，辄斩之。贰师恐，因留敦煌。"（见《史记·大宛列传》——译者）显然司马迁暗示玉门关在公元前 103 年时仍在敦煌以东的某地。今天，我们在史书中只能看见公元前 102—前 101 年在敦煌以西修建长城烽燧的记载，而不见公元前 103 年以前的记载，这种情况为司马迁的说法提供了强有力的支持。但是，这些情况还是不足以使我们弄明白公元前 103 年以前的玉门关的确切地点。从我 1907 年实地考察的情况和 1914 年对肃州和安西之间烽燧遗址的实地考察的结果来看，这条线上似乎只有两个地点的地形

　　情况适合于设置这么一个重要的关塞：一个在今玉门镇以北约 15 英里的石河屯［谭按：后改正为"十二墩"］（Shih-êrh-tun）村附近（地图 85. A. 2），长城从北部的肃州延伸到这里，并从这里开始傍着疏勒河向西延伸。可能为玉门关的那处遗址便正好位于疏勒河折向西流的河湾处。……另一有可能为前 103 年以前玉门关址的地点是位于布隆吉（Bulungir）和安西（Anhsi）之间的一处关隘（地图 83. B. 2）。疏勒河从光秃秃的王［谭按：异译作万］山子（Wan-shan-tzǔ）山脚流过，它的左岸紧贴王山子山，右岸则是王山子山的余脉。这也是疏勒河自源流以下全程中唯一的一处关隘。这里既适于瞭望，又易于固守。显然，由于有这样优越的地理条件，汉武帝的军事官员将此地选为长城跨越疏勒河的地点。……在汉代长城尚未修到疏勒河盆地最西端的时候，如果要设立一个大型关塞，以保护从塔里木方向来的交通干线的话，我认为上述关隘便是一个绝佳的地点。实地观测的结果为这一论点提供了两个有力的证据。首先是我在距这一关隘以东约 12 英里的地点，发现了规模很大、已遭废弃的布隆吉古城遗址，这一城址在满洲（Manchu）时代，甚至在清朝收复新疆地区以后，一直驻防有一支有相当规模的守卫部队。其次，在王山子山脚路边，靠近疏勒河左岸的地方，有一群中国式庙宇建筑的废墟，包括老君庙等。这些建筑在东干人叛乱时期被破坏，但仍被当地人

视为圣地。它们的地点，距今天的聚居地很远，但却靠近预示着神灵的古遗址。今天当地人们进行朝拜的地点总是靠近古代烽燧遗址外侧的交通路线，它们之所以成为圣地，是由于它们靠近古代的"玉门关"。不管公元前 103 年的玉门关到底设在什么地点，有一点可以肯定，这一重要关塞在随后的几年内，曾一度被推进到敦煌以西烽燧沿线的 T. XIV 遗址处[1]。

以上之论，清楚表明斯坦因 1921 年的书根据《史记》《汉书》的记载，首先认为玉门关"公元前 103 年时仍在敦煌以东的某地"，其主要理据就在于当时的长城只建到玉门（关）一带，而长城的修建推进到敦煌以西是在公元前 102—前 101 年之后，故说："我们在史书中只能看见公元前 102—前 101 年在敦煌以西修建长城烽燧的记载，而不见公元前 103 年以前的记载"。然后又根据其"1907 年实地考察的情况和 1914 年对肃州和安西之间烽燧遗址的实地考察的结果来看"，确定公元前 103 年以前的玉门关位置可能有两处："一个在今玉门镇以北约 15 英里的 Shih-êrh-tun（十二墩）村附近（地图 85. A. 2）"；"另一有可能……的地点是位于布隆吉（Bulungir）和安西（Anhsi）之间的一处关隘（地图 83. B. 2）"。

3. 斯氏 1928 年的书对玉门关在万山子的十二墩村一带的理由有更进一步的补充发展，其说如下：

无疑，从地形上和军事上来看，在汉长城被推进到敦煌之前，从万山子末端的这一点可以很方便地戍卫两翼的长城。这在一定程度上可能会支持。我于《西域考古图记》中作出的假设：来自玉门县和肃州的道路所经过的这个峡谷，可能曾是个类似于古玉门关或现代嘉峪关那样的"关隘"。那样的话我们大概就可以解释为什么在这里会出现一座废庙。

……如附图所示，从十二墩村来，到 T. XLI. o 去，并进而与欧布罗柴夫发现的另一条去哈密的路相连的小道，就是从这个小堡垒地下经过。……在这两条路进入北山的沙漠区之前，十二墩村肯定历来就是它们经过的最后一个垦殖区。考虑到这一点，我觉得自从修了长城，这个小堡垒的位置很可能就是一个关隘。上述的两条道实际穿越长城线的地方，离这个"关隘"还有一段距离。而敦煌西边古代玉门关的位置跟这是完全一样的。

我们在此提出的关于此地从前面目的假设，在当地找到了两个证据：其一，我在别处曾经说过，当地人把这里也叫作"小方盘城"，跟古代玉门关遗址的当地名字完全一样，这是很值得注意的。其二，我曾反复指出过，凡是道路穿越长城

〔1〕 ［英］斯坦因著，巫新华等译：《西域考古图记》卷二，广西师范大学出版社，1998 年，第 410 页。

线的地方，当地保留着拜神的传统。而就在小堡垒和小溪之间（这条小溪把堡垒同十二墩村的田地隔开来），在上述那两条到会合在一起的地方有一座小庙（见地图），跟在古代"关隘"常看到的小庙一样[1]。

以上 1928 年的书之论，斯氏进一步从十二墩村一带的"小方盘城"的地名，及其地形上和军事上，以及垦殖区、小堡垒和小溪、庙宇与汉长城的"关隘"的关系等等，补充证明其为最早的玉门关所在地。

4. 斯氏 1933 年的书所说如下：

> 我们从《汉书》知道到公元前 108 年（汉武帝元封三年），自肃州远至玉门一带，建立了连续不断的一长线驿站同小堡。那时的玉门关还是在敦煌稍东的地方。到了公元前 102 年至前 101 年（太初三年至四年），汉武帝第二次远征塔里木盆地成功以后，"于是自敦煌西至盐泽往往起亭障"。这些亭障的用意就在保障政治使节以及商队的安全和供给他们沿路的给养。《汉书》上所有关于我所发现的这一段城墙同亭障的记载，取自中国历史鼻祖司马迁当时的记录，一定是确实可信的[2]。

这是明确以班固《汉书》有关汉长城两次向西北扩建的记载（斯氏认定其为源出于司马迁记录的信史）为证，其一为"公元前 108 年（汉武帝元封三年），自肃州远至玉门一带，建立了连续不断的一长线驿站同小堡。那时的玉门关还是在敦煌稍东的地方"；其二为"公元前 102 年至前 101 年（太初三年至四年），汉武帝第二次远征塔里木盆地成功以后，'于是自敦煌西至盐泽往往起亭障'"。窃以为，斯氏此说，虽不中亦不远矣！由于斯氏本人不懂汉文，靠师爷蒋孝琬翻译和沙畹、王国维等人的注释与研究论著，而得知《汉书》《史记》之说，故其对一些时间的判定有微误。请看斯氏未引较为原始《史记·大宛列传》的原文说："天子发兵令（王）恢佐（赵）破奴击破之，封恢为浩侯（《集解》：徐广曰：捕得车师王，元封四年封浩侯），于是酒泉列亭、鄣（障）至玉门矣"[3]。可证此事约在王恢封侯的元封四年（前 107）或之后一两年间[4]。但是，其最终的见解已经超越了沙畹及王国维之说。请看王氏之《序》称：

---

〔1〕　[英] 斯坦因著，巫新华等译：《亚洲腹地考古图记》卷一，第 529—543 页。

〔2〕　[英] 斯坦因著，向达译：《斯坦因西域考古记》，上海中华书局，1936 年，第 126、127 页；新疆人民出版社，2010 年，第 153、154 页；北京中华书局，2016 年，第 177、178 页。

〔3〕　《史记》卷一百二十三《大宛列传》第六十三。又据《汉书·景武昭宣元成功臣表》载王恢封侯的元封四年正月甲申。

〔4〕　见表一第 13 向达：《两关杂考》，认为断在"元封三四年间"；见表一第 15 方诗铭：《玉门关位置辨》，认为"列亭障至玉门，当在元封四五年间"。

秦之长城西迄临洮，及汉武帝时，匈奴浑邪降汉，以其地为武威、酒泉郡，（元狩三年）。后又分置张掖、敦煌郡，（元鼎六年）。始筑令居以西，列四郡，据两关焉。此汉代筑城事之见于史者，不言其迄于何地也[1]。

以上王氏之论，仅转述《汉书·西域传》有关"始筑令居以西，列四郡，据两关"的笼统记述为证，而得出"此汉代筑城事之见于史者，不言其迄于何地也"之错误结论。其下文又仅据沙畹所证玉门关始设的时间下限及方位说：

惟《史记·大宛列传》云："太初二年，贰师将军李广利伐大宛，还至敦煌，请罢兵，益发而复往。天子闻之，大怒，而使使遮玉门，曰：'军有敢入者辄斩之！'贰师恐，因留敦煌。"沙畹博士据此以为太初二年前之玉门关尚在敦煌之东，其徙敦煌西北，则为后日之事。其说是也。

这是将玉门关始设时间推定在太初二年（前103）以前，而据前引斯坦因所增的第一项书证，不仅变沙、王的孤证为双证，而且将玉门关始设时间推定在元封四年（前107）或之后一两年间以前，比沙、王之证起码推前了两年。而王《序》下文引述《汉书·西域传》之证又说：

……则当九十四度稍西之废址，实为太初以后之玉门关。而九十三度三十分者，当为玉门关以西之他障塞。盖汉武伐大宛后，"西至盐泽，往往起亭"。……今据斯氏所得木简，则有武帝大［太］始三年玉门都尉护众文书（《屯戍丛残》第一页）。其时关城当已西徙于此，上距太初二年不过十载。是其西徙，必在李广利伐大宛之后（太初四年），西起亭至盐泽之时也。

这个最后所引"西至盐泽，往往起亭"的证明，基本正确。斯坦因的最终贡献，就是把这个证明与前述元封年间的第一项史证结合，使得这个原本看来似乎是孤证之说，变成了与太初二年的史证结合，成为可以互证的三项铁证。请再看上引斯氏所据《汉书》原文如下：

自贰师将军伐大宛之后，西域震惧，多遣使来贡献。汉使西域者益得职。于是自敦煌西至盐泽，往往起亭。而轮台、渠犁皆有田卒数百人，置使者校尉领护，以给使外国者[2]。

---

[1] 见表一第3王国维：《流沙坠简·序》。
[2] 《前汉书》卷九十六上《西域传》。

而其未据《史记·大宛列传》原文说：

> 是岁太初元年也……
>
> 贰师将军军既西过盐水，当道小国恐，各坚城守，不肯给食。攻之不能下。……引兵而还。往来二岁。还至敦煌，士不过什一二。使使上书言："道远多乏食；且士卒不患战，患饥。人少，不足以拔宛。愿且罢兵，益发而复往。"天子闻之，大怒，而使使遮玉门，曰军有敢入者辄斩之！贰师恐，因留敦煌。
>
> ……
>
> 汉已伐宛，立昧蔡为宛王而去。岁余，宛贵人以为昧蔡善谀，使我国遇屠，乃相与杀昧蔡，立毋寡昆弟曰蝉封为宛王，而遣其子入质於汉。汉因使使赂赐以镇抚之。

而汉发使十余辈至宛西诸外国，求奇物，因风览以伐宛之威德。而敦煌置酒泉都尉，西至盐水，往往有亭。而仑头有田卒数百人，因置使者护田积粟，以给使外国者。

足证这是说自"敦煌置酒泉都尉"这个时间开始（而非《汉书》所谓"自敦煌"城这个地点起），西至盐水（泽）建一系列"亭"的工程，是在前 101 年之后（约天汉二三年间，即前 99—前 98）进行，与前一项酒泉列亭、障至玉门的工程约有六七年之差。故可推定：在前一工程之前便已经存在的玉门关城，肯定在敦煌以东而不在敦煌以西。

四 20 世纪 40 年代以来诸家对前人研究的误论及后果略评

下面，对 20 世纪 40 年代以来诸家对研究史及前人研究的误论及后果，略作评论，以达到匡谬正俗。

由于缺乏对有关书文的系统研究，最初介入此问题讨论的劳榦不但完全没有提及斯坦因、沙畹、王国维的论著的撰写与发表过程，而且没有列出参考文献资料，其直接用不准确的方式转述王国维对沙畹观点的评论以及斯坦因后发的资料，显然只会得出错误的结论。请看，劳榦既将王国维的原话曲解为"现在的玉门县即是汉魏以来的玉门县"，又以汉玉门县不同于今玉门县为由，企图修正王国维所倡西汉玉门关位于汉及今［谭按：王氏的"今"乃指清末］的古今玉门县之说，是不能成立的。汉与清的玉门县治不一，但是其县辖范围重叠。即使现在没有玉门县，只有玉门市，但是玉门市的范围涵盖了汉与清的玉门县范围。如《玉门市志》载汉武帝元狩二年（前 121），"是年设玉门县（今赤金镇）一带"。引述载阚骃《十三州志》："玉门县置［谭按：此句常为当今论著转引，或有加字作"玉门县汉置"，有关增减字及标点之具体勘误见下文]，长三百里"。又转述清光绪三十四年《甘肃新通志》载：玉门县治"东至肃州界145 里，西至安西州界 20 里"。又载 1987 年"玉门市辖区东西长 114 公里"。又载清宣统元年区划：赤金堡在县城东 110 里；赤金峡在县城东 90 里[1]。由此可见，汉与清的玉门县辖区东边皆与肃州为界，故范围基本相同。而且西汉玉门县在今赤金镇一带，已经包含了赤金堡及赤金峡在内。显然，劳榦所谓"汉玉门县尚在现在的玉门县以东二百里以外"之说是毫无根据的误说。不可简单地列为王国维说的支持者。目前学术界的主流意见皆认为西汉玉门县治在今赤金堡[2]。由此足证，劳榦对王国维的批评是错误的。而表一第 56 林健之文虽然并非考据论文，但其有关汉玉门县与今玉门市及玉门学的主张，可谓切合王国维之意。

在劳榦之后，率先公开提出三说而反对王国维二说之一的向达，其名气虽然颇大，而学风不够严谨。例如，斯坦因有关考古发现的最早报告，是 1912 年出版的 *Ruins of Desert Cathay*：*personal narrative of explorations in Central Asia and westernmost China*，而关于其考古文献资料的全面学术报告，则见 1921 年的 *Serindia* 及 1928 年出版的 *Innermost Asia*。但向达当时似乎既没有读过上述斯坦因的三本书，也没有读过 1913 年出版的沙畹整理注释的《文书奥雷尔·斯坦因从中国新疆大沙漠所获汉文文书》，故其所翻译的《斯坦因西域考古记》颇为失真。虽然其自称"大概照原文逐句直译"，其实颇多讹误，文字及图片也有删略。该书所译斯坦因的原序明明说"我三次中亚探险"，而向达自撰的译序却说成是"斯坦因综合他四次中亚探险的结果，写成的一部通俗著作"。《斯坦因西域考古记》的原书 *ON ANCIENT CENT RAL-ASIAN TRACKS*，2008 年才被严谨的学者汉译为《沿着古代中亚的道路》[3]。只要把此新译本与向达的旧译本对照，就很清楚其不但删除全部图片，而且文字讹漏甚多。在这样的情况下，难怪其在撰于 1944 年而改定于 1945 年之《两关杂考——瓜沙谈往之二》简介中说：

> 清光绪季叶，英国人斯坦因（Sir M. A. Stein）考古于我西陲，在敦煌北古长城废塞发见汉代简牍千余枚，经法国沙畹（E. Chavannes）及我国罗叔言与王静安先生先后为之刊布遗文，予以考释［原注：斯坦因所著有 *Serindia* 及 *Innermost Asia* 诸书。关于斯氏所获汉晋简牍之考释，法国沙畹著有 *Les documents chinois découverts par Aurel Stein dans les sables du Tur kestan oriental* 一书，我国罗叔言及王静安先生据以作《流沙坠简考释》，俱可参看］。不仅汉代西陲史事因而重光，即

---

〔1〕 玉门市地方志编纂委员会：《玉门市志》，新华出版社，1991 年，第 12、49—51、54 页。

〔2〕 见表一第 22 陈梦家：《玉门关与玉门县》；见表一第 29 赵评春：《西汉玉门关、县及其长城建置时序考》；谭其骧：《中国历史地图集》第二册，地图出版社，1982 年。

〔3〕 ［英］斯坦因著，巫新华译：《沿着古代中亚的道路：斯坦因哈佛大学讲座》，广西师范大学出版社，2008 年。

汉玉门关故址亦复显于世，诚近代中国史学及考古学上一盛事也[1]。

　　作为翻译过斯坦因 1933 年出版的 *ON ANCIENT CENTRAL-ASIAN TRACKS* 一书的著名学者，且曾于 1935—1938 年间赴欧洲英法搜集有关资料，居然写出这样简略又颠倒次序的研究史，既不提斯坦因最早于 1912 年出版的 *Ruins of Desert Cathay*：*personal narrative of explorations in Central Asia and westernmost China* 一书，又不提其本人最早译为中文的《斯坦因西域考古记》及其原书，只提及斯坦因 1921 年的 *Serindia* 及 1928 年的 *Innermost Asia* 诸书，并将它们标于沙畹、罗振玉及王国维的论著之前，而且在其后文即以此后出的二书资料妄责王国维误会斯坦因之说[2]。其实，王国维之书几经修改，其最后的修订本是作于 1934 年，已经参考了斯坦因的 1921 年及 1928 年之书。而斯坦因的 *Serindia* 及 *Innermost Asia* 都已经公开而有保留地承认了沙畹的一个正说，并运用了王国维的具体判断，提出了自己的新看法。请看斯氏在 *Serindia* 中的《敦煌汉长城的历史与文献》一章中指出：

　　　　前一章我已结合自己的实地考古调查和地形勘察，列举了有关的年代学材料，认为 T . XIV 遗址应即公元前 96 年及其以后玉门关址之所在，只是年代似乎有些偏早。但沙畹的观点与我有所不同，他在充分研究之后认为，如果司马迁的一段记载不误，则这一遗址当不是玉门关最初的所在地。……

　　　　显然司马迁暗示玉门关在公元前 103 年时仍在敦煌以东的某地。今天，我们在史书中只能看见公元前 102—前 101 年在敦煌以西修建长城的记载，而不见公元前 103 年以前的记载，这种情况为司马迁的说法提供了强有力的支持。但是，这些情况还是不足以使我们弄明白公元前 103 年以前的玉门关的确切地点。从我 1907 年实地考察的情况和 1914 年对肃州和安西之间烽燧遗址的实地考察的结果来看，这条线上似乎只有两个地点的地形情况适合于设置这么一个重要的关塞：一个在今玉门镇以北约 15 英里的石河屯（Shih-êrh-tun）[谭按：据表一第 9 书，"石河屯"应为"十二墩"] 村附近（地图 85. A. 2）……

　　　　另一有可能为前 103 年以前玉门关址的地点是位于布隆吉（Bulungir）和安西（Anhsi）之间的一处关隘（地图 83. B. 2）。疏勒河从光秃秃的王山子（Wan-shan-tzǔ）山脚流过，它的左岸紧贴王山子山，右岸则是王山子山的余脉。这也是疏勒河自源流以下全程中唯一的一处关隘。这里既适于瞭望，又易于固守。显然，由

〔1〕　向达：《唐代长安与西域文明》，三联书店，1957 年，第 373、388 页。
〔2〕　向达：《两关杂考——瓜沙谈往之二》，《真理杂志》1944 年第 1 卷 4 期；后经修改又载《唐代长安与西域文明》，第 377 页。

于有这样优越的地理条件，汉武帝的军事官员将此地选为长城跨越疏勒河的地点。……

在汉代长城尚未修到疏勒河盆地最西端的时候，如果要设立一个大型关塞，以保护从塔里木方向来的交通干线的话，我认为上述关隘便是一个绝佳的地点。……今天当地人们进行朝拜的地点总是靠近古代烽燧遗址外侧的交通路线，它们之所以成为圣地，是由于它们靠近古代的"玉门关"[1]。

由此可见，斯坦因在 1921 年的 *Serindia* 实际上已经接受了沙畹尤其是王国维的正说，承认比 T.XIV 遗址早的是《史记》所载公元前 103 年以前位于敦煌以东的玉门关，其位置有两个可能：其一是在于今玉门镇以北约 15 英里的石河屯［十二墩］(Shih-êrh-tun) 村附近（地图 85.A.2）；其二是在布隆吉 (Bulungir) 和安西 (Anhsi) 之间的一处关隘（地图 83.B.2）。由于斯坦因的后出论著并没有清楚交代其观点变化的过程及其所接受王国维的影响，而且常常把几次考古的资料与认识混为一谈，使学风不够严谨的向达未能看清斯坦因本人的有关研究史，而对全体的研究史作出错误简述。鉴于受向达的误导影响，目前流行的研究史概述甚多颠倒先后的误漏，有必要继续列举近年一些例子，略评如下：

例如，吴礽骧《玉门关与玉门关候》说：

1906—1908 年，英国人斯坦因考察敦煌西北的汉代长城烽燧，在其所绘的敦煌地图上，于东经 93°54′、北纬 40°22′ 稍南处标有一古城（按，即小方盘城），编号 T14（《流沙坠简》作敦十四），认为此城即汉代玉门关［原注：参看斯坦因：《亚洲腹部考古记》，后附地图］。沙畹、王国维均同意此说……［原注：沙畹：《斯坦因在东土耳其斯坦沙漠所获中国文书考释》；王国维：《流沙坠简序》。］

如此颠倒次序，混淆前后，不提 1912 年出版的《斯坦因中国探险手记》，而将 1928 年出版的所谓《亚洲腹部考古记》［谭按：应译为《亚洲腹地考古图记》］的观点，列为 1913 年出版的沙畹之书和 1914 年 2 月 24 日王国维所撰《流沙坠简序》认同的观点。而实际上如表一所示，是沙畹补正了斯坦因 1912 年的书之说，王国维又进一步补正了沙畹之说，斯坦因则在其后 1921 年及 1928 年之书皆采纳了王国维之说。根本不存在所谓沙畹、王国维均同意所谓斯坦因 1906—1908 年考察所绘图之说的情况。

又例，赵评春《西汉玉门关、县及其长城建置时序考》说：

关于汉玉门关位置，斯坦因认为：敦煌城西北八十公里的小方盘城遗址，即

---

[1]《西域考古图记》卷二，第 410 页。

为汉玉门关址。沙畹、王国维等补正玉门关城是由敦煌以东向西迁至小方盘城；夏鼐、向达及陈梦家等先生否定王氏等玉门关西迁说。

再例，李岩云、傅立诚《汉代玉门关址》说：

> 从上个世纪初期以来，学界有关此问题的研究和讨论已近百年，斯坦因、向达、夏鼐、阎文儒、陈梦家、马雍、吴礽骧、李正宇等学者认为最早的玉门关在敦煌西北，不是从敦煌东边迁过来的，后才东迁至敦煌以东。沙畹、方诗铭、王国维、劳干、赵永复、赵评春、李并成等学者认为最早的玉门关应在敦煌之东，后才迁至敦煌西北，隋唐时期玉门关又东迁至现安西境内。两派学者对玉门关址争论的焦点莫不过围绕最早的汉代玉门关是在敦煌西北，还是从敦煌之东迁至敦煌西北而展开。

以上赵氏和李氏、傅氏两说与向氏、吴氏两说的共同之弊，就是都有非常粗疏而重要的一系列漏误。首先，他们都片面地误将斯坦因定为首位判定西汉最早的玉门关位于敦煌西北的小方盘城遗址（即 T. XIV 遗址）之人，而且其历年的著作皆坚持此论，故可以随便举其后出的某书为证。其实，斯坦因是考古探险家而非历史研究家，长于寻找文物而短于研究文物。其本人不懂汉文，而且其随行参与考古现场的翻译蒋师爷是懂汉文而不懂汉代历史之人，加上其回英国首先直接倚重的英国汉学家翟理斯的中国古典历史语言文献的阅读水平太低，竟然连斯坦因搜集的古文书《敦煌录》的断句都搞错[1]，故导致斯坦因对有关简牍文书的最初看法是非常简单肤浅，没有结合《史记》的有关记述作具体深入的研究分析的。如前文所述，斯坦因最初对有关文书的年代判定都是简单地说公元元年后的 200 年间，玉门关在敦煌附近西北的小方盘城。并没有提及别处的玉门关遗址，更没有涉及它们的位置及年代先后问题[2]。其后出的几本书都更明确地认为有关长城最西端的城堡、烽燧等遗址都是东汉时期的建筑[3]。证明玉门关亦即 T. XIV 遗址的年代是东汉（25—220）而非西汉[4]。但是，在同书下文又说敦煌一带的城墙与烽火台和肃州和酒泉的玉门关之间的哨所一样，大约建于公元前 110 年[5]。这表明不懂古汉语言文字及历史文献的斯坦因，最初对有关简牍文书所能证明的玉门关的最初年代与位置的判断处于矛盾混乱的状态。这是沙畹与王国维先

〔1〕 王冀青：《胡适与翟理斯关于〈敦煌录〉的讨论》，《敦煌学辑刊》2010 年第 2 期。

〔2〕 《斯坦因中国探险手记》卷三，第 649、650 页。

〔3〕 《斯坦因中国探险手记》卷三，第 588、589、592 页。

〔4〕 《斯坦因中国探险手记》卷三，第 646、649 页。

〔5〕 《斯坦因中国探险手记》卷三，第 635 页。

后对其说加以补正的原因。而其后来出版的论著对以上最初的说法有所补充修改，主要就是受到沙畹与王国维的意见一些影响，但是仍处于矛盾混乱中。例如，其在 1921 年出版的 *Serindia* 中，将 T. XIV 遗址的年代修改为公元前 1 世纪初（属于西汉武帝时）至东汉末年[1]。这违背了其同书上文自称"获得了确定无疑的证据，即纪年文书说明长城最早是在公元 1 世纪建造的"之说[2]。而在 1933 年出版的哈佛大学演讲录中，他又根据《汉书》的记载认为最初的玉门关设在敦煌以东的地方[3]。这显然是吸收了沙畹与王国维的意见，后来增改的。

其次，后来有关研究者共同的最大错误，就是把沙畹、王国维、劳榦等都说成是斯坦因说的反对者。而实际上沙畹与王国维的论点是对斯坦因最早公开出版的论著即 1912 年的 *Ruins of De sert Cathay* 进行完善和补充。窃以为，王国维所创之二说之一实为大师经典之论，虽然经历百多年的众说质疑否定，但仍是基本成立而不倒。后人对王国维说之修正或批评，或对斯坦因说之支持，多为片面粗疏之见。例如，连汉文标点都错误百出的翟理斯，竟以唐末《敦煌录》（S. 5488）为据，支持一说，反对二说，就是不足为训之例。又如，很多人其实并没有深入研究王国维的有关论著，就对他妄加评论，最明显之弊就是大都只提及《观堂集林》本的王国维《流沙坠简序》，而不知其有所补充修正的《流沙坠简》本的《序》《后序》及《跋》文等，显然有失全面公允。

潘竟虎、潘发俊是近年力主西汉玉门关遗址在嘉峪山石关者，发表论文多篇，现录引如下：

> 1907 年斯坦因在敦煌西北 90 公里的小方盘城挖出一批汉简，声称撞到了玉门关，中外学者纷至沓来，或申其说或辟其说。王国维、沙畹［谭按：发文应是沙畹先于王国维］补正玉门关是从敦煌以东西迁来的；夏鼐、向达、陈家梦［谭按：发文应是向达先于夏鼐，陈家梦应为陈梦家］否定西迁说，使玉门关始于敦煌说成为主流观点。1982 年赵永复质疑玉门关始于敦煌，争论再起。赵评春认为始于敦煌以东"石门周匝"之地，太初三年西迁；侯晓星认为始于疏勒河玉门市一线，终西汉之世并未西迁；侯玉臣认为始于瓜州布隆吉附近，汉唐两代都未西迁；李正宇坚持始于敦煌，东汉永平十七年东迁瓜州。进入 21 世纪，当地文史工作和业余作者收集地方志和民间口传史料并实地考查，考出了汉玉门关的具体地点。潘发俊认为西汉玉门关于元鼎二年初置于嘉峪关市嘉峪山石关，东汉永平十八年西

---

[1]　［英］斯坦因著，赵燕等译：《从罗布沙漠到敦煌》，广西师范大学出版社，2000 年，第 264 页。

[2]　《从罗布沙漠到敦煌》，第 113 页。

[3]　《沿着古代中亚的道路：斯坦因哈佛大学讲座》，第 186 页；《斯坦因西域考古记》，第 126 页。

迁敦煌；刘兴义认为石关峡是最古的玉门关；李并成认为玉门关始于敦煌，其时也说始于石关峡，太初年西迁[1]。

其对研究史的记述虽然比前人较为全面准确，但也有相当多错漏。首先，其所述斯坦因之说，是引自向达译《斯坦因西域考古记》，但对斯坦因在此书前后的观点变化源流毫无触及。其次，就是"中外学者纷至沓来，或申其说或辟其说"之总结，不知所云。"王国维、沙畹补正玉门关是从敦煌以东西迁来的"并无完全排除斯坦因原说之意，不能说是"辟其说"。而夏鼐、向达、陈梦家否定西迁说，也不能说是"辟其说"。由于对劳榦之说略而不提，故无法说明潘发俊、刘兴义等人的玉门关最初位于嘉峪关石关峡之说，其实源于劳榦《两关遗址考》所提出的两种假设可能的第二种，也就是劳榦认为可能性不大的一种假设。其最重要的错误，就是不提刘兴义 1998 年的《最古老的玉门关》一文，只提及参考刘兴义 2004 年的《论最古玉门关在酒泉玉门之间》。可见，这是由于未能全面掌握和记述清楚研究史，把大多数前贤基本放弃的假设甚至误说，当作自己的新发现。

其他学者论文的同类错误就不用一一赘论了。只要认真查看本文表一的准确排列和略加点评，以往曾经被人们忽略、歪曲以及埋没的一些论著和观点，都可以从中得到恢复重现。

五　诸家对汉至清的历史文献错解刊正

首先要纠正最大的错解误论，是向达、夏鼐、日比野丈夫以及陈梦家等人将《史记》《汉书》所载太初二年（前 103）的"玉门"曲解为敦煌西北的玉门关[2]。此说显然与前文所论斯坦因第二项证据矛盾而不可成立。毋庸多谈其他，仅指出其中最明显的一点，就是如果元封年间已经列亭、障至敦煌以西约 80 公里的玉门关，那么第二项的证据所说"敦煌置酒泉都尉，西至盐水，往往有亭"，就应该改为"敦煌置玉门都尉，西至盐水，往往有亭"，以便解释为从敦煌以西的玉门关起至盐水，再设一系列的亭。因此，赵永复虽然没有看到斯氏此文，但是也能较为正确转引《汉书》："大宛之役后，置亭障'敦煌［西］至盐泽'。"[3] 同样，最近玉门本地学者魏杰也做了独立研究论证，较为具体正确地指出：

〔1〕　潘竟虎、潘发俊：《汉玉门关地理位置再考》，《思茅师范高等专科学校学报》2012 年第 4 期。
〔2〕　见表一第 17、18、20、22 的向达、夏鼐、日比野丈夫、陈梦家之文。
〔3〕　赵永复：《汉代敦煌郡西境与玉门关考》，《历史地理》1982 年第 2 辑。

假如最早的玉门关在敦煌西小方盘城一带……太初四年（前101）"汉已伐宛，……而敦煌置酒泉都尉，西至盐水，往往有亭。"元封四年（前107）"……封恢为浩侯。於是酒泉列亭障至玉门矣"就存在如下问题：一是玉门关已在敦煌西的小方盘城一带，敦煌必已建郡，敦煌既然已为郡，就与酒泉郡为平级，为何要在敦煌置酒泉都尉？……二是"敦煌置酒泉都尉，西至盐水，往往有亭"如何理解？一种理解就是敦煌至罗布泊往往有亭障，第二种理解就是敦煌这个地方的酒泉都尉以西到罗布泊往往有亭障，但不论怎样理解都有问题，……公元前107年的亭障已至玉门关，那么6年之后的公元前101年时说"西至盐水往往有亭"的起始地就应是"玉门关"而不能是"敦煌"或"敦煌这个地方的酒泉都尉"，如果此条中的起始地真的是敦煌，那么敦煌至玉门关的90公里（173汉里）亭障就是重复的，这样的重复明显是一种巨大的浪费，不可能[1]。

这是暗合斯坦因之说而又有新的发展，尤其是出于玉门市党史办的学者之手笔，虽然其对时间的推定仍不够精准，但已经十分难能可贵。以往具有这样正确见解者实在鲜见，例如，赵评春将上述史文错误转述为"由酒泉列亭障而始置玉门"[2]；刘兴义据《汉书》断其时为元封三年（前108）春，但认为在此及之前最古的玉门一直在今酒泉城西北35公里处的石关峡[3]；段新生误断其为元封四年由酒泉至敦煌西北的玉门关的工程，后又自相矛盾地认为"元鼎或元封中，'酒泉列亭障至玉门'玉门关当随之而设"[4]；李并成先称玉门关始建于元封四年（前107）际，位于敦煌郡龙勒县境[5]，后又改称其最早位于嘉峪关市石关峡，置关时间约为元鼎六年（前111）或稍后[6]；潘发俊等也主张该关位于嘉峪关市石关，初置时间为元鼎二年（前115）初[7]；侯晓星将"酒泉列亭障至玉门矣"的"至"误引为"于"，而断"当时玉门的规模为亭障"[8]。其实狭义的"亭、障"是大小不一的两种边防建筑组织，例如，《史记·匈奴列传》的《正义》引"顾胤云：障，山中小城；亭，候望所居也"[9]。故此，应该标点为"亭、障"。这里的"障"既有学者正确解作"塞上小城"[10]，也有

〔1〕 见表一第69魏杰：《最早的玉门关位置再辩》。
〔2〕 见表一第29赵评春：《西汉玉门关、县及其长城建置时序考》。
〔3〕 见表一第33刘兴义：《最古老的玉门关》。
〔4〕 见表一第49段新生：《甘肃境内长城起点及玉门关略考》。
〔5〕 见表一第35李并成：《汉玉门关新考》。
〔6〕 见表一第53李并成：《玉门关历史变迁考》。
〔7〕 见表一第48潘竟虎、潘发俊：《汉玉门关地理位置再考》。
〔8〕 见表一第37侯晓星：《西汉玉门关遗址质疑》。
〔9〕 《史记》卷110《匈奴列传》第五十。
〔10〕 见表一第12劳榦：《两关遗址考》。

学者以"障"有泛义指称"长城"（其实是指长城的某一部分），来错误否定其与"亭"连用时的狭义[1]。而与"障"相关的"亭"乃边防军人候望所居之岗"亭"[2]，与十里设一亭的最低级行政居民组织不同。而且据《史记》的文意可推断，当时的"玉门"应该是在此之前已经设立的相当县级的军事关塞城障管辖和治理的地区，此后在原有的酒泉郡、县城往其最西边玉门城障地区"列亭、障"的军事工程，理应是由比县高级的酒泉郡级的军政长官酒泉都尉主管。其方略和目的就是先用"列亭、障"来建立的一系列的军事屯田区，再经过若干年的巩固发展，又设立新的县和郡、国，从而将汉朝的西部疆域一直拓展到今新疆的西域地区。因此，可以推定阚骃《十三州志》所说"汉罢玉门关屯，徙其人于此，故曰玉门县"[3]，应是在前106—前105年之事。在此必须澄清一点，就是有学者将此事误解为"罢玉门关"而设县[4]，其实是罢玉门关的军事屯田戍区而在当地建立军民兼治的玉门县，只是将屯田戍区内原本由军事都尉管辖的农民人户都转移为玉门县长管治而已，是"徙其人"而非徙其关，故玉门关并不会因此而废除或迁移。

第二个重要工作，就是要纠正诸家对玉门县以西的亭障与郡县的继续建设的史料的纷纭误说。例如，高荣认同最早玉门关在敦煌以西之说，又把西汉分时分段修筑令居以西的长城亭障混为一谈，以致提出如下之说：

> ……三是汉朝自令居以西筑塞工程浩大，前后历时十多年，在修筑时大致分为令居以西至酒泉、酒泉至玉门、敦煌至盐泽和居延泽上塞四个区间。其中的"玉门"无疑应在敦煌境内，惟其如此，下一段亭障才可称为"自敦煌西至盐泽"。如果玉门在石关峡一带，不仅"酒泉至玉门"间距太小，而且会出现玉门至敦煌间巨大的缺口，这是难以置信的[5]。

其实，高荣引证的"下一段亭障才可称为'自敦煌西至盐泽'"之文，出于《汉书》。窃以为应该以《史记》"敦煌置酒泉都尉，西至盐水，往往有亭"的原始记述为

[1] 见表一第41潘发俊、潘竟虎：《汉玉石障地理位置及玉门关变迁考》。
[2] 当然，汉语词的解释，必须按照具体情况而论。有时复词取其偏义，如"兄弟"通常兼指兄和弟，有时则偏指兄或弟。反之，也可以偏指全，例如称"西至盐水，往往有亭"，这里的"亭"实际兼代指了城、障等。有不少"亭"后来甚至可与"县"互为转变，具体例证见下文之注。
[3] 《前汉书》卷二十八下《地理志》第八下"酒泉郡"；［宋］乐史撰：《太平寰宇记》卷一百五十二《陇右道》三"肃州"，《四库全书》本。
[4] 见表一第63周运中：《西汉玉门关最初在今玉门市考》，其曾有此误解，而以"汉朝未曾罢玉门关"的事实来否定阚骃《十三州志》的有关记述。
[5] 见表一第65高荣：《汉代玉门关研究述评》。

准。据笔者近年的新研究，曾认为其时敦煌尚未设郡，但已经设县[1]。而现在根据"敦煌置酒泉都尉"的时间是在太初四年完成伐宛之后，又过了"年余"的天汉二年（前99），则可以再作细微的改进推定，敦煌设县应在此后一两年间（前97—前96）实行。正如上文已经论证，"玉门"是先有实行军事屯田的玉门关屯田区，然后再将其改为玉门县。这种先建边防要塞的城、障，再将部分城、障建县的过程，是汉武帝向西北开疆拓土的惯例。例如，早在太初三年（前102）"强弩都尉路博德筑居延泽上"的"遮虏障"[2]，此事在别处记作"益发戍甲卒十八万酒泉张掖北，置居延、休屠以卫酒泉"。对此《集解》载："如淳曰：立二县以卫边也，或曰置二部都尉以卫酒泉。"[3] 窃以为应是先"置二部都尉以卫酒泉"，而"立二县"是其后两三年间之事。又如比玉门稍后设县的，即后来属于敦煌郡的效谷县，其前身为渔泽障[4]，肯定是在元封六年（前105）之后才建县。而方诗铭以《汉书·孙宝传》载哀帝时唐林曾任"敦煌渔泽障"，以及"敦煌简簿书六一"有"永平十八年正月"的"渔泽尉印"的文字，认为"元封六年改渔泽障为效谷之说已不足为信"，并由此认为"元封六年前有渔泽障之说亦殊难令人置信也"[5]。窃以为此说难以成立，因为在原有障塞的地方设置县乃至郡，大多数不会因此而将原有关障塞城拆毁并将主管军官罢免，或将有关军官与其管辖的关障一起迁移别处。汉在酒泉、玉门、渔泽等关障之地设县，皆如此。现知汉武帝曾于元鼎三年冬，应数有大功之楼船将军杨仆之请求，"徙函谷关于新安"，并"以故关为弘农县"[6]。此将著名的函谷关徙关于外县，而以故关辖地另设新名之新县，乃史书特别注明的特例。故不可如李并成那样，视作与玉门关名不变，而在原关管辖的近地设同名之县的情况相同[7]。至于敦煌设郡，则应照《汉书·地理志》的记载，是迟至后元元年（前88）才完成[8]。因为据当今专家考证，司马迁编写《史记》在前91年就基本完成了，并且是在"大概过一二年或者三四年，他死了"[9]。故笔者认为《史记》所载"敦煌"之名，充其量都只是县名而非郡名。

---

[1] 谭世宝：《燉煌的辞源再探讨》，《敦煌研究》2014年第1期。

[2] 《史记》卷一百一十《匈奴列传》第五十。

[3] 《史记》卷一百二十三《大宛列传》。

[4] 《前汉书》卷二十八下《地理志》第八下"敦煌郡"。王国维在《流沙坠简·后序》中曾证"效谷县本渔泽障"乃班固自注，非颜师古之注。

[5] 见表一第15方诗铭：《玉门位置辨》。

[6] 《前汉书》卷六《武帝纪》第六。

[7] 见表一第35李并成：《汉玉门关新考》。西汉有很多由亭建设为同名之县，在王莽时又改异名而复称亭。诸如酒泉郡的乐涫县、玉门县，王莽改称为乐亭、辅平亭；安定郡的乌氏县、三水县，工莽改称为乌亭、广延亭；此类例子甚多。《前汉书》卷二十八下《地理志》第八下"酒泉郡""安定郡"。

[8] 《前汉书》卷二十八下《地理志》第八下"敦煌郡"。

[9] 《史记》之"史记出版说明"，中华书局，1982年。

按常规，"酒泉都尉"为郡都尉，其原本驻守于酒泉郡城[1]。如今却在并未设县的"敦煌置酒泉都尉"，而且随即进行"西至盐水，往往有亭"的军事工程，显然是要为随后的敦煌设县，然后再设郡作领导指挥。因此，不能按《汉书》之文，理解此次"亭［、障］"的系列工程是由敦煌郡城或县城开始往西建设。同样，元封四年（前107年）或之后一两年间"酒泉列亭、障至玉门"的工程，也不应如大多数前人那样解释为到达当时的玉门关城为止，而应理解为到达酒泉都尉管辖的最西边境[2]。正如后来移到敦煌所设的酒泉都尉辖境范围是无限制地向西拓展，故可以是"西至盐水"的一系列"亭（、障）"，则其之前的酒泉都尉的辖境范围也应是无限制地向西拓展，直到西至后来设敦煌县之地的一系列亭、障。据《后汉书》所载：汉朝"边郡往往置都尉及属国都尉，稍有分县治民，比郡。"[3]可知太初四年"敦煌置酒泉都尉"，先是要"分县治民，比郡"，亦即要将酒泉郡的玉门县分割出敦煌部分，先作"比郡"亦即相当于郡的管治，以便建设新的郡县。故笔者认为，将本在酒泉的郡都尉移置于敦煌，并在此后建设"西至盐水"的一系列"亭［、障］"，实为后来将大酒泉郡分地于敦煌建郡的筹备工作。前引王国维的《序》所说的"今据斯氏所得木简，则有武帝大［太］始三年玉门都尉护众文书"，应该可以推断出与王氏略为不同的结论，就是前101—前94年"酒泉玉门都尉"设在敦煌城，其时小方盘城等亭、障、城堡都是其管辖下分关支口，都可以泛称为玉门的关口，这与原本在玉门县城及其附近的城门关口被称为玉门关，并不矛盾。这样，就不存在所谓"玉门至敦煌间巨大的缺口"的"难以置信"问题。

第三个重要工作，就是关于西汉初设的玉门县的级别与管辖的东西范围与户口数目的特殊情况，也是今人没有注意提及，以致误说纷纭，还导致了一些按常规看问题的学者对最早的玉门关址的误判，以及相关的一系列史料的错解。

首先，必须纠正一些地方史志以及今人论著对《太平寰宇记》转引阚骃《十三州志》有关玉门县的一段话的错误增删与误解错点。在此，笔者先对其原文作新标点如下：

> 玉门县，西二百里，一乡，本汉旧县也，属酒泉郡。《十三州志》云："玉门县置长，三百里石门周匝山间，裁（才）经二十里，众泉流入延兴。汉罢玉门关

[1]　《前汉书》卷六《武帝纪》载：太始三年秋，匈奴派军"入张掖、酒泉，杀都尉。"
[2]　见表一第22陈梦家：《玉门关与玉门县》，文中曾正确指出"《（史记·大宛列）传》曰：'于是酒泉列亭障至玉门'，指自酒泉西至玉门都尉的亭障"。
[3]　原载［晋］司马彪撰，刘昭注：《续汉书志》，后收《后汉书》卷三十八《百官志》第二十八"百官"五，《四库全书》本。

屯，徙其人于此，故曰玉门县。"[1]

以上之文，其意首先说明西汉初设的玉门县城位于肃州城西二百里，原本辖下只有一乡。由此再据《后汉书》所载："县万户以上为令，……减万户为长。""县大率方百里，其民稠则减，稀则旷，乡、亭亦如之。"[2] 又东汉"应劭《汉官》曰：'《前书·百官表》云：万户以上为令；万户以下为长。三边始孝武皇帝所开，县户数百而或为令。……'" 故可以推定初设的玉门县所治的户数也可以少至只有一两百，可见其为当时西边地最为广阔，户口最为稀少的一个县[3]。因此，其下文引《十三州志》为证，说明当时玉门县官是比"令"低级的"长"。前人不解此意，都误将县长的"长〔zhǎng〕"，解读作长短的"长〔cháng〕"。故或减其"置"字，并误点其文为"玉门县长三百里"[4]；或增"汉"字，并误点其文为"玉门县汉置〔也有作"玉门县，汉置"〕，长三百里"[5]；或仅误点作"玉门县置，长三百里"[6]；"玉门县置长三百里"[7]；"玉门县，置长三百里"[8]。以上的增减及误点导致很多人的错解，就是将当时西边未有界限的玉门县误解为东西长三百里。

其实原文"三百里石门周匝山间"，是指绵延三百里的金山有石门周匝其间。后句的"裁（才）经二十里，众泉流入延兴"，是指其中一个石门只有二十里长，很多泉水由此"流入延兴"。可见此"石门"位于靠近后来东汉所设的延寿（北周改为延兴）县（位于玉门县城西）[9]，按上引《太平寰宇记》在下文又载："《十三州志》云：'延寿县在郡西，金山在其东，至玉石障，是亦汉遮房障也。'"又据《大清一统志》载："金山，在玉门县赤金所东，《元和志》：在玉门县东六十里，出金。《寰宇记》（引）《十三州志》云：金山在延寿县，有玉石障。"又载："西几马河〔谭按：康熙时

---

〔1〕《太平寰宇记》卷一百五十二《陇右道》三"肃州"。

〔2〕《前汉书》卷十九上《百官公卿表》。

〔3〕见表一第 29 赵评春：《西汉玉门关、县及其长城建置时序考》，文中曾以西汉后期"酒泉郡各县平均人口约8500 余人"为由，误认为"仅以（敦煌以西的）玉门关所有戍卒也不足以因此置县"，来否定阚骃的"汉罢玉门关"而置玉门县之说。

〔4〕《钦定大清一统志》卷二百一十三《安西州·玉门废县》；《钦定皇舆西域图志》卷八《疆域》一"金山"，《四库全书》本。

〔5〕见表一第 12 劳榦：《两关遗址考》；见表一第 22 陈梦家：《玉门关与玉门县》；见表一第 29 赵评春：《西汉玉门关、县及其长城建置时序考》；见表一第 48 潘竟虎、潘发俊：《汉玉门关地理位置再考》；见表一第 60 李并成：《有关玉门、玉门关研究中几个重要问题的再探讨》。

〔6〕玉门市地方志编纂委员会：《玉门市志》，新华出版社，1991 年，第 49 页。

〔7〕见表一第 59 刘常生：《玉门简史》，第 211 页。

〔8〕见表一第 63 周运中：《西汉玉门关最初在今玉门市考》。

〔9〕《玉门市志》，第 13 页。

地图作"西稽马河",陶保廉注为"赤金河"之异名[1]。窃以为"西"为番言土语"赤"字的音变,"稽(几)马"乃"金"字的译音回译,"金"字的韵尾-m与前面的声母韵腹分开变成"马",而前面部分就变成"稽(几)",其理与"晋"音译为梵语再回译为汉语"支那"相同[2]。此外,陶保廉还注明"赤金堡旧名西吉木",这里的"吉木"和"稽(几)马"一样是"金"译音回译],在玉门县赤金所西。源出所南草地,有数派会流……注于阿拉克池,池周数十里。按《寰宇记》:玉门县,有众泉北流入延兴海[谭按:《寰宇记》原文无"海"字,明清时人改延兴为赤金,多称之为"赤金湖",其实"无湖"。故可推断清人所加"海"字应为此"湖"或"河"的异称[3]],即此。"[4] 又《甘肃通志》载:"延寿废县,在肃州西南,今靖逆卫东南。后汉置,属酒泉郡。"[5] 再据《钦定皇舆西域图志》载:

> 金山在玉门县北,靖逆城东九十里。环县东西北三面,绵亘二百余里,其西北境山峡曰赤金峡。赤金湖自县南北流迳峡中,其下流入阿拉克池当山之南麓[6]。

上文的赤金湖显然是漫长的河流。其将玉门县的金山由三百里缩减为二百余里,原因是清代的玉门县范围缩减了。其下文在转引了《元和志》《寰宇记》的有关记载后,加解释说:

> 按《(大清)一统志》载:金山在赤金所东,又称赤斤山,在赤金所西三十里,似属两山。今以形势求之,山在玉门县北而亘乎东西,盖一山而异名者。自赤金峡折而北,东迳县城,与《寰宇记》所云"玉门县长三百里,石门周帀山间"者相合,是则县名玉门,卫名赤金,皆取义于此。

─────────────────

[1] [清]陶保廉:《辛卯侍行记》第5卷,光绪二十三年(1897)养树山房刊本,第31页。

[2] 谭世宝:《澳门历史文化探真》,中华书局,2006年,第420—422页;谭世宝:《马交与支那诸名考》,香港出版社,2015年,第440—442页。

[3] 《钦定大清一统志》卷二百一十二《肃州·白亭海》说:"方俗之间,河北得水便名为河;塞外有水便名为海。"又有说"(赤金)城东之河或称为湖,故俗亦称赤金湖也",见[清]梁份著、赵盛世等校注:《秦边纪略》,青海人民出版社,1985年,第251页。或认为赤金湖既非湖亦非河,乃土语指"下隰多草"之地,见陶保廉著:《辛卯侍行记》第5卷,第30页。今人阎文儒采用陶说,见表一第19阎文儒:《敦煌史地杂考》。

[4] 《钦定大清一统志》卷二百一十三《安西州·玉门县》。

[5] 《甘肃通志》卷二十三《古迹·玉门废县》,《四库全书》本。

[6] 《钦定皇舆西域图志》卷八《疆域》一"金山"。

由此可见，金山其实又称"赤斤（金）山"，"赤斤"又有异写作"齐勤"[1]，"齐"为"赤"的音转，蒙、满语无-m韵尾，所译汉语-m都转为-n，故将"金"转译再回译为汉语就成了"斤"或"勤"。陶保廉解释元朝的"赤斤站"说"赤斤疑是乾齐之音转"[2]，实误。《甘肃通志》所载洪武年间的"齐勤站"[3]，才是"赤斤站"之音转。"赤金蒙古"又有"齐勤蒙古""赤斤蒙古"的音转异写[4]。这清楚说明：西汉最早的玉门县名取自其境内的"石门"又名"玉石障"。足证《十三州志》所载的延寿县的金山及玉石障，在西汉及清代都是属于玉门县，在今天则属于玉门市，具体就在赤金镇附近的（赤）金山赤金峡[5]。

六　破除最后出现的主流误说曲证

刘兴义、李并成、潘发俊等人所主最早的玉门关在"嘉峪关市石关峡"说，是最后出而在当今占据主流之误说。例如，杨永生以《汉书·西域传》等史籍有关"设〔谭按："设"原文为"列"〕四郡，据两关"的笼统之记述为主据，误断这些史籍都主张"西汉玉门关开设于元鼎六年（前111），地点在敦煌西北90公里处小方盘城地区"，并错误地将斯坦因、向达、陈梦家、夏鼐等人都归入认同这种观点的一派。2014年国家文物局向联合国世界遗产委员会提交的"丝绸之路：长安—天山廊道的路网"申遗文本也认同玉门关设于西汉元鼎六年（前111），设在距敦煌市西北90公里的疏勒河边[6]。实际上，四郡与两关的开设时间不一，无法得出上述结论。而杨氏文章的"摘要"说："玉门关自西汉王朝'设四郡，据两关'以来，已有2100多年历史。"似乎赞同此观点。但是，其最后的结论采用了前述李并成、潘发俊等人之说，主张最早的玉门关在"嘉峪关市石关峡"。而对李并成主张元封四年（前107）、潘发俊等主张元鼎二年（前115）之说，未加具体讨论，便倾向于最早的玉门关关址为嘉峪关市石关峡。

青年学者周运中在2017年"玉门·玉门关与丝绸之路历史文化学术研讨会"上提交三篇论文，都颇有新意，可谓"后生可畏"，予在大会作点评时已经作了充分肯定。

---

〔1〕《甘肃通志》卷二十三《古迹·齐勤·古卫》。

〔2〕陶保廉：《辛卯侍行记》第五卷，第33页。

〔3〕《甘肃通志》卷二十三《古迹·齐勤·古卫》。

〔4〕《钦定大清一统志》卷二百一十三《安西州·赤斤山》；《甘肃通志》卷二十三《古迹·齐勤·古卫》；〔清〕张廷玉等修：《明史》卷三百三十《西域》二"沙州卫"，《四库全书》本。

〔5〕《玉门市志》的《玉门市行政区划图》及第53—66页所载《行政区划》。

〔6〕见表一第58杨永生：《玉门关设置时序变迁学术观点归辑与推论》。

他在其中一文试图纠正上述主流误说，反对有学者提出玉石障在今黑山之东的嘉峪关市境内的石关峡。但是如前所述，因误解而以"汉朝未曾罢玉门关"的事实来否定阚骃《十三州志》的记述。故在后文只能简单地提出如下驳论：

> 即使玉石障是最早的玉门关，也应该在交通要道，在今铁路、公路经过的地方，在今玉门东站附近，不应在黑山之东。汉代的玉门县城在今赤金镇，就在大路和河流交汇处。从酒泉到敦煌，不需要经过石关峡。
>
> 石关峡不是东西大路所经，也不属于延寿县境，阚骃《十三州志》在延寿县下说到玉石障，说明玉石障是延寿县境。
>
> 现代有人证明石关峡是汉代玉门关的证据，都不能成立。……[1]

其论虽然较为正确，但是尚欠火候。属于公说公理，婆说婆理，未能一剑封喉，切中敌论要害之效。笔者反复研究，发现刘兴义、李并成、潘发俊等人之论的要害处，就在改史曲证。有必要分别纠正如下：

（一）刘兴义说

如表一所述，劳榦首先提出最早的玉门关在嘉峪关的错误假说，他将《十三州志》"延寿县在郡西，金山在其东，至玉石障"这段话错解为"即金山在郡西延寿东，相传即在嘉峪关"[2]。刘兴义乃较早将劳榦此一假说发展为一篇专论，其文说：

> 石关峡，位于今酒泉城西北35公里处。……《元和志》："金山在玉门县东六十里，出金。"……《寰宇记》引《十三州志》云："延寿县在酒泉郡西，金山在其东，至玉石障，是亦汉遮虏障也。"……足证今日之石关，即汉之玉石障，是最古老的玉门关[3]。

显而易见，此论将玉门县东六十里（30公里）的金山，与酒泉城西北35公里的金山混为一谈。同时，把靠近延寿（延兴）县城［谭按：刘在下文认为在今骟马城西］的山间长达10公里的石门，说成是只有8公里长的石关峡。由于金山横跨数县，绵延东西三百里，"周匝山间"之石门甚多，不可把今嘉峪关以西的玉门县（延寿县）的金山玉石障，认为是嘉峪关西北"最近处距关约14公里"的黑山（古称洞庭山）的石

〔1〕 见表一第63周运中：《西汉玉门关最初在今玉门市考》。
〔2〕 见表一第12劳榦：《两关遗址考》。
〔3〕 见表一第33刘兴义：《最古老的玉门关》。

关峡[1]。吴礽骧则说石关峡"长约 4 公里，汉玉石障似位于东隘口""峡口东南距……明嘉峪关城 7.5 公里"[2]。而清代的权威史志引载明末清初梁份《西陲今略》（后改名《秦边纪略》）说："（嘉峪）关西北五十里有石关儿，石峡（峡）天险。峡外有扇（骟）马营，去州 [谭按：应以《秦边纪略》所记"州"作"关"为准] 一百六十里。"[3] 由此可证，石关儿的石峡即石关峡，其位于明嘉峪关西北五十里而非十五里。

此外，刘氏下文还对五代后晋高居诲《使于阗记》作改字之曲证，否认"天门关"的存在，称文中的"天"字是"玉"字的古体，被后人误抄所致，从而断言高氏所说"天门关"就是"玉门关"亦即石关峡，出天门关之后"'又西百里至（出）玉门关'，实即指玉门县，今赤金堡地方"。一字之差，使得高氏之文变成出了两个玉门关，而将前一个玉门关曲解为石关峡，后一个玉门关曲解为位于赤金堡地方的玉门县。其实原文写明由"肃州渡金河西百里，出天门关"，可见肃州至金河再至天门关，距离共有一百几十里，与距离肃州 70 里的石关峡不合。显然应属于石关峡以西，玉门县东边的一个关口。天门关的存在，不容否定。明代李应魁《肃镇华夷志》、清初梁份《秦边纪略》都曾引述高氏此文[4]，近年编纂的《嘉峪关市志》，也引证清末陶保廉《辛卯侍行记》载"五代有天门关"[5]。

今据较早且多宋元文献的记载，高居诲原名应作平居诲[6]。作高居诲（少数作晦）者，宋唯欧阳修，其余元至清人为多。但姓高与名居诲之义无关，姓平与名居诲之义可谓珠联璧合。其书名原应为《于阗国行程记》[7]，或作《使於（于）阗行程记》[8]。以"晋高居诲使于阗记"作书名并加书名号为《晋高居诲使于阗记》，见于《钦定皇舆西域图志》卷八《疆域》一《古阳关》，其实不伦不类。王国维之《序》引高氏之文为主证，原本并未对此句加书名号[9]，唯今人加新标点之本作"后晋高居诲《使于阗记》"[10]，其实因为欧阳修所记高氏使于阗并作记录的原文说："居诲记曰：

---

[1] 《嘉峪关市志》编纂委员会：《嘉峪关市志》，甘肃人民出版社，1990 年，第 49 页。

[2] 吴礽骧：《河西汉代驿道与沿线古城小考》，《简帛研究二〇〇一》，广西师范大学出版社，2001 年。

[3] 《钦定大清一统志》卷二百一十二《肃州·关隘》；《秦边纪略》，第 236 页、250 页。

[4] [明] 李应魁著，高启安、邰惠莉点校：《肃镇华夷志》，甘肃人民出版社，2006 年，第 162 页；《秦边纪略》，第 252 页。

[5] 《嘉峪关市志》，第 1 页。

[6] [宋] 程大昌：《演繁露》卷一《陷河沈》；[宋] 唐慎微：《证类本草》卷一，载苏颂：《本草图经序》；[元] 陆友仁：《研北杂志》卷下；[明] 陶宗仪：《说郛》卷三十上，《四库全书》本。

[7] [元] 托克托等：《宋史》卷二百零四《艺文志》第一百五十七"艺文"二，《四库全书》本。

[8] 《研北杂志》卷下。

[9] 见表一第 3 王国维：《流沙坠简·序》。

[10] [清] 王国维著，彭林整理：《观堂集林（外二种）》，河北人民出版社，2003 年，第 408 页。

……至肃州，渡金河，西百里，出天门关。又西百里，出玉门关，经吐蕃界。"[1]　王国维以居诲所记之文为西汉及清的玉门关在玉门县的主要证据之一，其实是沿用了清初官修钦定的史志之定说。例如《古阳关》之前的《古王（玉）门关》也引高氏之文，并加解释说："是即玉门县，西关距酒泉郡仅二百余里。"《古阳关》之后的《玉门县治》也在引高氏之文后加按语说："即故县也，据此则玉门县之东关，亦称王门关，与敦煌县西之古玉门关无涉。"笔者认为，应以古玉门县之东关为玉门关。例如，清《玉门县志》的《疆域形胜》称"赤金（镇）"为"东障玉门之屯，西阻金山之碛（峡）"，"玉门（关）"在清代是"玉门东障，出入全省之咽喉；石碛西峙；表里极边之锁钥"[2]。足证清代玉门县城在西汉玉门县城（赤金镇及相连的古玉门关）以西，而金山之碛（即玉石障）更在西汉玉门县城（赤金镇及相连的古玉门关）东六十里。

（二）李并成之说

虽然较刘兴义稍早主张此说，但其观点却反来复去，最后成为此说的最有影响者。原本在其1992年之文，是用一系列史料研究与实地考察，来创立五代宋初玉门关由唐玉门关（双塔堡）东移至今嘉峪关市石关峡之说[3]。在2001年却以同样的史料研究与实地考察，得出反1992年之文的新观点[4]，在2003年又重用1992年文之说[5]。2005—2017年，再重用2001年文之说[6]。在此择其至今所持之论略评如下：

1. 李氏2001年之文认为《十三州志》所说的汉延寿县治今玉门市清泉乡骟马城，其东之"金山"为今嘉峪关黑山，"因除此山外这里别无他山可考，则'玉石障'正是今石关峡。"同时也认为《辛卯侍行记》所载天门关为玉门关之误。其竟然说："顾祖禹《读史方舆纪要》卷63早就指出，此处的天门关即玉门关。"[7]　李氏其后几年之文虽然持论反复，但2015年之文又重用2001年之文的上述观点[8]。如此考证实在粗疏武断，因为顾氏原文说："高居诲使于阗，记自肃州西渡金河百里，出天门关。又西

〔1〕 ［宋］欧阳修：《五代史》卷74《四夷附录》第三"于阗国"；［清］康熙：《御定渊鉴类函》卷二百三十七《于阗》三，《四库全书》本。今有将清代史志加插的解释文字误引作高氏原文标点作"出玉门关即故县也……"见《玉门市志》，第745页，所附录［清］手抄《玉门县志》之标点文。

〔2〕 《玉门县志》影印本，成文出版公司，1971年，第4、5页。

〔3〕 见表一第28李并成：《五代宋初的玉门关及其相关问题考》。

〔4〕 见表一第35李并成：《汉玉门关新考》。

〔5〕 见表一第40李并成：《东汉中期至宋初新旧玉门关并用考》。

〔6〕 见表一第43李并成：《石关峡：最早的玉门关与最晚的玉门关》；见表一第53李并成：《玉门关历史变迁考》；见表一第60李并成：《有关玉门、玉门关研究中几个重要问题的再探讨》。

〔7〕 见表一第35李并成：《汉玉门关新考》。

〔8〕 见表一第53李并成：《玉门关历史变迁考》。

百里出玉门关,亦即玉门城矣。"[1] 可见陶与顾都正确理解了居海所述之意,是指肃州西二百多里的玉门县城就是玉门关。只是顾氏肯定和补明居海之说,反而陶氏其实是误认居海所述为五代时的误说[2],窃以为于此问题是顾正而陶误。此外,陶氏在前文记载延寿县玉石障俱在嘉峪关西,接着又记天门关"故址盖在关外黑山湖左右大道,旧在黑山下也"。其后文记述其出嘉峪关城西门的具体行程说:"一里道左石碑题'天下雄关'(原注:嘉庆十四年立),迤西碛阜更多,……三十三里。道北数理长,岭上有大烽墩,其下设黑山湖军塘(原注:……道北高山为黑山)。"[3]《嘉峪关市志》采用此说并作微改说:"唐及五代时,在今嘉峪关北的黑山脚下建有'天门关'。"[4] 这可能是由于今嘉峪关的范围向西扩大了很多,故黑山脚由原来位于关嘉峪关西北33里,变成了就在其北。由此可见,此天门关位于清嘉峪关西门以西起码33里的黑山下,肯定不是石关儿口。又如前所述,金山横跨数县,绵延东西300里,李氏竟然以"除此山外这里别无他山可考"为由,舍近求远,将玉石障推到玉门县之外远离骟马城160多里的嘉峪关。此外,要纠正之误还有一点,就是把只有16里长的石关峡,硬说成长20里,以吻合《十三州志》所说长20里的石门。其余之误与上文所评刘兴义基本相同,不赘。

2. 李氏2017年最新之文对《十三州志》有关玉门县的记述虽然有错标误解,但所述"石门周匝"的情形为"被众多的石门(山间峡谷、沟壑)环绕",较为正确。可惜结论是"这些山地范围似乎并不太大,裁(才)经二十里"[5]。这是把其中一个石门的长20里,取代了当时整个玉门县被被300里的"众多的石门环绕"的情况[6]。而其后文又有如下自相矛盾之说:

> 查今赤金镇一带地势……周围山丘环列,山间的确石峡、石门广布。绿洲南部祁连山脉北麓自东向西有白杨河石门、石油河石门……昌马水峡口等;绿洲北部有赤峡、峡台,西部有沙山子红柳峡,正东约70公里又有黑山峡。正可谓"石门周匝"。这些石峡石门除石油河谷与白杨河谷较长外,余皆为山前小沟、小河,一般长10余公里许,故曰"裁经二十里"。石油、白杨二河汇纳沿途诸泉水顺自然地势东北流,又与向东流去的北石河、南石河(疏勒河支流)一同汇入延兴海,即今干海子。陈梦家《玉门关与玉门县》(《考古》1965年9期)将延兴海比定为

[1] [清] 顾祖禹:《读史方舆纪要》卷六十三《陕西》十二"肃州卫·玉门",《四库全书》本。
[2] 陶保廉:《辛卯侍行记》第5卷,第30页。
[3] 陶保廉:《辛卯侍行记》第5卷,第27页。此黑山湖与赤金湖一样,都不是通常意义的湖。
[4] 《嘉峪关市志》,第399页。
[5] 见表一第60李并成:《有关玉门、玉门关研究中几个重要问题的再探讨》。
[6] 见表一第59刘常生:《玉门简史》,第12页,也有类似把多门与一门混淆之说。

今赤金堡北 13 里的赤金湖，误。可见赤金绿洲一带的地理状况与《十三州志》所记颇为吻合，玉门县确应置于这里。

此说较为具体正确地论述了"今（实际也是古）赤金镇"的"周围山丘环列……石门广布"的情况。至于陈梦家则是正确引述《辛卯侍行记》之说，并没有误说赤金堡北 13 里为赤金湖，而是明确说"赤金湖……有驿……驿西南至赤金营堡二十里"。又说："赤金驿东稍南二十里至赤金堡"，足证其说赤金堡东北 20 里为赤金湖。如前所述，在玉门等西北的古方言中，湖与河、海（子）时有混用。又由于玉门与延寿、延兴、赤金等在当地是古今同地异名，故古文献方志所记的赤金湖（河）也可称海（子）。陶保廉还给"赤金河"解说："……西北流经鸦儿河口……红山寺、赤金堡、赤金峡，折东北入阿拉克鄂谟，即花海子也。"其后文又于赤金峡驿说："（赤金峡）驿东稍南二十里至赤金堡，旧名西吉木……驿东北九十里花海子，康熙时作阿拉克鄂谟，即白海也。后人急呼之变阿拉克三字，为华。"并由此纠正徐松的"华（花）为蒙古语黄也"之误说，指出前人的"译语之难持如此，今土人皆呼花海子"[1]。又据清初史志载："西几马河在玉门县赤金所西，源出所南草地，有数派会流而北，又折东北，流三百里，注于阿拉克池。"又说："阿拉克池，池周数十里，按《寰宇记》：玉门县有众泉，北流入延兴海，即此。"[2]可见"赤金河（湖）"的上游在赤金堡、赤金峡的东南，在向西北流经赤金堡、赤金峡之后，再折向东北流 90 里才入花海子，也就是李氏所说的"今干海子"。而陶保廉曾明确指出"《寰宇记》：'玉门县，有众泉北流入延兴（海）'，盖指是峡也"。在其前的《钦定皇舆西域图志》已经指出："赤金湖自县南北流迳峡中"。可见以流经赤金峡的"赤金湖（河）"指为五代的延兴（海），并无大错。陈梦家并无将陶氏所说的赤金峡的延兴（海）误作 90 里之外的干海子。倒是李氏也没有读清楚陶保廉的原文及陈氏的引文而作误批。窃以为，陶保廉是将亲身的行程见闻与相关的历代史志文献结合，对从甘州往西至新疆哈密的沿途的古今历史地理情况作了非常详细而基本正确的记述，与斯坦因的考古论著是各有所长，可以互为补正的。

3. 李氏还引明初陈诚《西域行程记》为证，陈书原文说："十七日，晴。过嘉峪关，关上一平岗，云即古之玉门关，又云榆关，未详孰是。"[3]显然，陈诚所记为两可存疑之民间传说，其一说是指嘉峪关上的平岗是"古玉门关"，不足为训。而且所说"平岗"位于嘉峪关上，而非关外十多里的石关峡的山岗。李氏也称此岗"即明嘉峪关

[1]　陶保廉：《辛卯侍行记》第 5 卷，第 31 页。
[2]　《钦定大清一统志》卷二百一十三《安西州·玉门县》。
[3]　陈诚撰，周连宽点校：《西域行程记》，中华书局，2000 年，第 33 页。

城楼所在之山岗"〔1〕，却以其可以远望石关峡为由，而引作此峡口为古玉门关之证，可谓又一曲证。因为清末陶保廉也说"（嘉峪）关北平岗为嘉峪山"〔2〕，其可能认为，有关嘉峪关北的明城为古玉门关之传说过于无稽，故不予记录置评。

4. 李氏对有关城镇的距离估计如下："赤金到骟马古城计约 35 公里"，"由骟马古城经……至嘉峪关石关峡约 35 公里"，"由石关峡再向东到酒泉城又约 35 公里"，总共是三天约 105 公里（210 里）。显然，这是脱离历史实际行程的主观估计。因为据陶保廉在清末远较西汉武帝初开酒泉至玉门时的路途交通要好很多的情况下，从酒泉城的"肃州试院启程"，到玉门县城南门，是由初三日至初六日，共行了四天，累计里程为共 350 里（175 公里）〔3〕。须知，陶氏乘马车走驿道，首日行程只有 60 里，原因是沿途多河沟沙滩山坡，其中讨来河与沙河都长达二里。在西汉及五代的路途应该更加崎岖曲折，要花的时间更多。由此可见，李氏在对有关史料误解并对有关城镇的距离作出错误估计的基础上，难免对西汉最早的玉门关位置判定错误。

（三）潘竟虎、潘发俊之说

虽然后发而文多，也有相当误导影响。其所有文章都主张一个与众不同的误说。例如，其 2004 年之文认为陶保廉、刘兴义等人之说皆误。其结论说："天门关乃肃州南道天山之门冰沟口，'又'西百里的玉门关乃'另'一条路即北道玉石山之门石关。"〔4〕2006 年之文则进一步解释高（平）居诲有关肃州至玉门关的行程说：

> 后晋高居诲《使于阗记》说："至肃州，渡金河，西百里，出天门关。又，西百里，出玉门关，经吐蕃界。"金河即讨赖河，沿河向西偏南到达南山冰沟口，这个隘口是进入天山（祁连山）之门，故名天门关；肃州向西偏北是另一条路，可达北山嘉峪石关，这个隘口是进入玉石山（黑山）之门，故名玉门关〔5〕。

首先，将"又"字解释为"另"，实在有违居诲后文所用于行程道路间之"又"字义，可以说是"断章释'又'"。因为居诲的书为自灵州经肃州往于阗的定向起讫行程记录，根本没必要介绍肃州有两条路分别去天门关与玉门关。显而易见，该书于两三条路之间的"又"字，都是作路程的连接词。如其下文说："自仲云界西，始涉醎

〔1〕　见表一第 35 李并成：《汉玉门关新考》。
〔2〕　陶保廉：《辛卯侍行记》第 5 卷，第 27 页。
〔3〕　陶保廉：《辛卯侍行记》第 5 卷，第 27—32 页。
〔4〕　见表一第 41 潘发俊、潘竟虎：《汉玉石障地理位置及玉门关变迁考》。
〔5〕　见表一第 44 潘发俊、潘竟虎：《西汉玉门关地理位置考》。

碛……又西，渡……又西，至绀州……又行二日至军安州，遂至于阗。"[1] 故可以断定居海是记述其从肃州往西去天门关后，接着又从天门关往西去玉门关。他没有理由先往西南的天门关，再折回北面起码有近 200 里的所谓黑山的石关儿口（即其所改称的玉门关）。如果天门关之路只是说而不走的，则其直接从肃州到石关儿口的距离，正如所有史志如《辛卯侍行记》所载，以及潘氏下文所说，只有 75 里，与居海所记金河以西的百里就有 25 里之差。加上从唐五代至清代的肃州城都没有西门，要从北门出城，绕道向西才能到达金河（后来又名北大河、讨来河），金河本身起码有二里宽，则由肃州渡金河再去天门关的行程，起码有 120—130 里。故前述陶保廉考定天门关在黑山湖军塘，可谓不刊之论。

七　结　语

本文杀青之际，予感慨不已。予以往对敦煌等西北史地问题略有一些研究，但从未触及玉门关问题。事缘去年（2017）六月中，门人胡孝忠博士转来玉门会议征稿启示，本人当即在互联网略查了玉门关研究的一些资讯，即深感此案问题重大，而玉门本地学者的正确观点因未能作充分证明，在当今学术界长期受到忽视。因此，我们应当参与这一本地学者与各方专家共聚研讨之盛会，以助此一学术公案之公正审结。且会期在紧接我们早已经决定参加的敦煌会议之后，可以一行两得。便向会务组毛遂自荐，获正式邀请才开始收集资料研究撰稿。幸有妻子洪光慧的全力协助，大约花了个把月，就草成万多字之稿，并获会议安排在大会作主题发言，收到了预期的效果。故此，原拟乘参加玉门市会议之余勇，再花个把月，就完成此文，将有关问题完全了结。结果由去年九月初动笔，至今年一月中（期间家有杂事分心，又于十月末至十一月约花了个把月时间撰文参加了内地及澳门各两个会议），才勉为其难地草成此近四万言之草稿，再经半年多的修订才定稿，却还有很多问题，要留到以后再论。遥想自 20 世纪初王国维，仅以数百字序文，便首定西汉初设玉门关在敦煌以东之汉及清玉门县之不刊之论。其后从斯坦因至当今的中外学者，对王国维之说或是或否，或半是半否。值得研讨之书文为本文列表论及者，已多达 71。其文字少则数千，多则万余。或问予为何撰此长篇而意犹未尽？予答曰：予岂好大论哉！予不得已也。祈求读者谅诸，略述其由如下：

汉武开河西，通西域，首设酒泉、玉门诸城障塞关。事关重大，而首创纪传体之《史记》，将其及相关之事分作几条"碎片"，载于不同的纪传。《汉书》继起而体例沿

---

[1]《五代史》卷七十四《四夷附录》第三"于阗国"。

之，所载几条"碎片"，而又增加了一些模糊与矛盾。此后两千多年的朝代兴亡更替，相关政区与城镇的立废与变迁频仍，加上自然变化损毁，汉代酒泉与敦煌间的玉门关与其他一系列的城障关塞，都逐渐化为仅剩一点的残垣，乃至踪迹全无。期间唯十六国凉阚骃《十三州志》、五代石晋平（高）居诲《辛卯侍行记》也留下一两条同样"碎片"而较有价值新资料。两宋力弱而西北边界大收缩，宋人记述河西地名之变化，纯属隔靴挠痒，不仅于史无补，反增混乱。蒙元疆域虽广，过于汉唐，然元朝诸帝汉化过低，史志之河西及西域地名多为汉蒙转译再回译为汉文，很多难与汉唐地名挂钩，古今变化之轨迹，再被模糊。至明朝重新经营西北，古今地名之混乱不清多沿元代，而没有具通识之皇帝与官员学者关注，作有价值之研究。如明人陈诚《西域行程记》也记嘉峪关北城的平岗为古玉门关之传说，却不加考证。但其所作《狮子赋》又称："发酒泉郡，出玉门关，道燉煌、月氏……"[1]都未能在史地研究方面提供有价值的新资料新观点，难怪纪昀于《四库总目提要》称其书"见闻未广，大都传述失真，不足征信"[2]。综上所述，可知最古的玉门关遗址，由汉魏以后至元明，便逐渐成为千古难解之谜案。

清代前期的文治武功直追汉唐，汉帝唐宗之风骚文采，皆稍逊略输于清代乾隆。由康雍乾时期对河西州县至西域边疆的重新经营，成就清朝三百余年连续不断的有效管治，已经超唐越汉。实有赖于同时期由诸帝及地方长官以及文人学者，一直对历代西北史地变迁之特别关注研究。同时，他们还吸收了西洋的地图学，加上公私出版印刷业之发达，官修的方志地理图书的编纂印行，以及私家研究的史地论著的出版，无论质和量也都后来居上，超越历代。例如，由康雍乾三帝审定的《钦定皇舆西域图志》卷八《疆域》一《安西南路》，先记录和考证"嘉峪关""玉门县治"在历代史籍所载之源流，再记录和考证"古玉门关"的源流。首先记述之说称："古玉门关在呼罗苏台西南，党河之西，东距敦煌县治一百五十里，汉武帝时置。关外有五峰，为赴车师前庭及疏勒之道，所谓北道也，关今无存。"然后再引汉唐正史以及清代《肃州新志》的有关记载，以证所谓北道的"古玉门关"应在靠近党河的龙勒县，否定了在"东距敦煌县治一百五十里"之说。然后再进一步考证最古的玉门关为汉代玉门县西关，其说如下：

> 又汉班超《疏》言："（生）不敢望到酒泉郡，但愿生入玉门关。"酒泉郡即今玉门县地，在党河东七百六十里。超当时自疏勒东归，先由玉门而后至酒泉，语意亦合五代高居诲《使于阗记》："肃州渡金河，西百里出天门关，又西百里，

---

〔1〕《西域行程记》，第118页。

〔2〕《西域行程记》，第161页。

出玉门关。"是即玉门县西关,距酒泉郡仅二百余里。

又土尔番有玉门口,或谓即古玉门关,旧舆图谓玉门关近伊犁,两说远近大殊,皆与古传志方隅形势不合,未足为据也。

此文对东汉玉门关址仍在玉门县之考定,非常重要,也涉及到后来两晋南北朝的玉门关址问题,本文暂不展开讨论。只是要纠正一些流行的误解,这就是今人或误以超《疏》此句为玉门关在敦煌以西之证[1],或误以为在新考证出位于隋常乐县,具体在今桥子乡西北的马圈古城遗址[2]。其原因都是不知上文早已明确考定东汉班超《疏》文的"玉门关",与五代高(平)居诲所述玉门关皆为"玉门县西关"。又《甘肃通志》也论及此问题,而将班超、阚骃及高(平)居诲所述玉门关及玉门县考定"在今齐勤(赤金)境"(也就是在今玉门市境内)[3]。但是直到清末,有关问题仍未有定论。陶保廉(1862—1938)的《辛卯侍行记》(撰于1891,刊于1897),乃民国以前有关西北史地文献研究的集大成之作。其作者身为贵介公子,是以"读万卷书,行万里路"的方式来撰写此书。其于1891年随侍省级高官的父亲陶模,由陕西经甘肃赴乌鲁木齐就任新疆巡抚,随带行李就有九箱书籍,沿途在马车中边看城镇古今之迹,边看书边写作此行记。虽然所乘马车设备在当时算是相当高级,但是难逃冬冷夏热,西北风雪伤人之苦;所走驿道也可说是当时的"高速公路",也不免沿途颠簸之苦;食宿则常在简陋破旧的小驿站、行馆,有时在"荒邨茅店""借灶煮粥"[4]。其实际的研究与写作环境,非常艰苦。请看其于十一月初五(1897年11月28日)经惠回堡的行程下写道:

初五日,朱思斋以病辞归,盖不耐寒也(原注:自九月下旬以后,备受风雪之苦。塞外益寒……所谓手在袖而欲坠,口嘘气而冰重者也)。一里经惠回堡之北入戈壁……

半里下坡过冰沟,骡马汗出成冰,如垂丝如糁粉(原注:余所坐车席棚,毡裹羊皮,门帘左右缝两袋盛笔墨、罗经、书图。常将车帘挂起,以便左右望。今日大风砭肌,呼吸间寒气入鼻如刺,不得不垂帘。两旁虽有玻璃,人气着之成冰成霜,暗无所见。身披重裘,足着棉袜。又屈皮褥三分之一,以盖两腿,仍冻欲僵。遥想守塞士卒,荷戈冰天雪窟中,更当若何艰苦?……)[5]。

---

[1] 见表一第41潘发俊、潘竟虎:《汉玉石障地理位置及玉门关变迁考》。

[2] 见表一第32、47李正宇:《新玉门关考》。

[3] 《甘肃通志》卷三下《靖逆厅》。

[4] 陶保廉:《辛卯侍行记》第5卷,第36页。

[5] 陶保廉:《辛卯侍行记》第5卷,第29页。

正如其友王树枏为之序曰：

> ……吾常怪司马子长氏以通博有识之儒，其所为《史记》立体大备，独于图焉阙而弗载。班、范而后，相沿相袭。以至于今，卒未有能悟之者，可叹也已！拙存（陶氏）夙精于图学，其记是书也，独能于古图亡灭之后，躬履其地，一一详究，以求其一当。其大旨以山为经，以水为纬；以古书之方向里数，定土地之沿革；以方言土音之转变，证古名之是非。自汉唐巨儒迄今，鸿学赡才，精研地理之士，凡其言之参差舛牾，不合于古而络于今者，皆综核而析辨之，旷然如迷者之获康途。……每一披览，犹喟然想见当日，怀铅握椠于风沙雨雪中，踌躇四顾时也[1]。

上述好评，实非当今流行以"友情"吹嘘之序可比。窃以为陶氏已用了二三重证据法，来记述考证秦汉至明清的西北城镇亭障与驿站的变迁问题，弄清了很多同名异地，同地异名的情况。虽然其书已高居于同类论著之上，但与后来洋人斯坦因之西域考古书文比较，也只能说是各有千秋。陶氏千虑一失处，就是仍然将敦煌以西的玉门关看作最早的玉门关，殊为可惜，足见此问题难度极大。至民初王国维既对中国汉至清有关玉门的历史文献烂熟，又兼受陶保廉、斯坦因以及沙畹的考古研究成果之启发，终能以中西兼通的精博学识，自觉运用二重乃至多重证据法，言简意赅地论证了最早的玉门关就在汉及清的玉门县。这反过来又启发了斯坦因推出新著，做出更多重证据的论证，使得王国维所创之说在中外史坛成为独领风骚三十年的不刊之论。由此而言，有关研究史实应上溯至清代，将清初有关史志及清末陶保廉之书文补入本文表一。但是拙稿已基本草成，无暇作全文的改动，且留一点个人研究进展之痕迹，故仅在此补加说明，对前文只作微调而不作大动。

王国维撰《序》时，其继承发展与对话的对象，主要就是陶保廉与斯坦因、沙畹，能读其书文者，也仅限于十分狭小的学术圈内少数一流学者，故可以言简意赅地微改中外两三大家之说，便推出新的定论。而予于其百年之后，全民文化教育大普及、大提高，就连博士教育也大跃进，学校及民间读书撰文论学者至近二十年间突飞猛增，可谓多于清末民初千万倍。既目睹前贤后俊为最早玉门关遗址之问题聚讼纷纭，异见迭出，所须对话商榷讨论之文，经精选仍有71篇之多。又深知自20世纪40年代以来，从没有认真记述有关研究史者，以致后来不能居上，后出不能转精，重复陈说误论之文比比皆是。最甚者，有的人连自己的研究史也没有讲清楚。故此，予不能不痛下决心，殚精竭虑，把民初以来百多年间，乃至上溯至清代三百余年的研究史都作一总结

---

[1] 见表一第3王国维：《流沙坠简·序》。

厘清。也就需要宏微兼观，大题小作兼小题大作，草此长篇之文稿。

惟予身处退而不休之时，心远地偏之宅，聊以安居栖心，而非坐拥书城。更兼体力每况愈下，不能如少壮之时，终日去图书馆查抄资料，回家继续读书写文。幸赖当今电脑、智能手机加互联网、大数据、人工智能的科技大发展大普及，使得古老的中华传统汉字历史文化研究，有望利用上述科技的最先进的发展成果与工具，实现返本创新的伟大复兴。予能作为对传统的经史学问有所承继，而又能率先投入此一古老的传统文化研究与现代最新科技结合之新潮流者，实属幸运之至。窃以为，能否获取"顿悟成佛"之果，要靠内外机缘的圆满成就，可谓人谋其次而天意为主。但是，任何不怕艰辛，不断努力的预流者，肯定可以取得若干"预流果"。因为吾辈目前已经既可足不出门而能知天下事，能读天下书（包括皇家之《四库》、佛家之《大藏》等皆存于电脑，远胜于古今坐拥书城而未能用或拒用电脑与互联网的电子图书资料库者），又能交天下友如在眼前，随时交流探讨学问。即如去年 8 月 22 日，天鸽台风即将来临之际，予携妻离澳门经珠海赴敦煌市及玉门市，接连参加两个学术研讨会，往返坐飞机，虽"万里"而可朝发夕至。会中以文会友，日于华堂讨论，夜于豪店研究或与学者论学聊天至安寝，不亦乐乎！会后乘高速车对敦煌、玉门关、嘉峪关一带古城遗址作实地考察，几日即可尽览，收获匪浅。例如，所见真假古迹的新制匾额，皆反古代由右往左的书写习惯，改为从左往右写，变成了"关门玉""关水"等等。仅此一端，即可见当今一些顾问学者与主管官员急功近利，不学古代文献之积弊，令人感慨万分！又如，见今玉门市及古玉门县赤金堡之玉门关杨柳随风飘舞，遥想敦煌以西的玉门关（实际是属于瞭望台的小方盘城）遗址独立于沙漠戈壁之中，而顿忆唐人王之涣《凉州词》："黄河远上白云间，一片孤城万仞山。羌笛何须怨杨柳，春风不度玉门关。"可证汉唐玉门关不但应比小方盘城的规模要大很多，而且都应在既有春风吹杨柳，又有一片孤城万仞山之地。而敦煌以西的荒漠戈壁中，其小城周围一带既无春风杨柳，附近又无万仞山，故不可能是著名的汉唐玉门关这种屯民驻军的要塞重地。但是，在传统历史文化衰落百多年后才出现的伟大复兴之初，难免仍有很多人对《史记》《汉书》乃至唐诗、宋词的名言佳句怀有误解。由于今人仍有无数关注玉门关问题且爱引用王诗为证者，更由于因此而使得"春风不度玉门关"两次出现在 20 世纪中国高考地理试卷试题中，故最近不少互联网站都载有误解"春风不度玉门关"之文。例如，较为严重的错误，是有人用现代的气象学理论来将关键的第四句错误解读为"春风不到玉门关"，所以就把玉门关所在及周围一带必有的河流绿洲，都看作春风不到，杨柳不生的沙漠戈壁。再遥想百千年之前，陶、斯二氏考古时行住食宿之艰难，汉至清之将士在西边开疆守土之辛苦，真可谓天差地别，不可同日而语。我辈生此前无古人，而后有来者的科技学术盛世，岂能连一个玉门关的专题研究史都搞不清，而听任误说流行，正说不张？

书不尽言，言难尽意！容后有便，再作续论。

2018 年 6 月 15 日定稿于退而不休之书斋

鸣谢：

感谢妻子洪光慧老师全力协助撰文，全程陪同参加敦煌及玉门会议，予在从敦煌赴玉门会议期间，疲劳加外感，微恙三天而得迅速康复，全赖贤妻照顾。

感谢门人山东大学历史文化学院讲师胡孝忠博士提供玉门会议资讯，并代为收集一些难得的资料。

感谢主办 2017 年 8 月玉门会议的玉门市文广局曾福军局长、博物馆王璞馆长给予的多方关照，尤其感谢王馆长亲自陪同我和妻子自玉门市前往嘉峪关石关峡考察，确证该处不可能是西汉玉门关故址。

玉门市黄花营汉长城关城的空间考古研究

——兼论斯坦因关于 T. XLII. d 墩的猜想

王心源　中国科学院空天信息创新研究院
姚　娅
骆　磊　联合国教科文组织国际自然与文化遗产空间技术中心

摘要：一般认为，河西走廊边塞设置始于汉武帝元狩四年即公元前119年。河西走廊边塞设置不仅对汉帝国边境安全及中原地区的战略安全至关重要，该边塞也是汉帝国通西域的必经通道。玉门关是汉帝国西北边境与西域交流往来的国门要塞，在河西走廊边塞系统设置中具有独特的地位。本文的"关城"是长城的"关口"及与关口守卫防御相关的"城堡"的概称。使用空间考古新方法，意图解读出在公元前110—前101年，即贰师李广利伐大宛所经过的玉门关。研究的主要方法与步骤是：①把河西西汉边境防御系统长城主体及其附属的遗址作为一个整体的系统研究对象，以便更完整地理解玉门关的设置；②以《史记》《汉书》记录的时间为主要线索，进行有关时间与事件、地点的互校，归纳标志性事件的时间段，使时间—事件—人物统一；③遥感图像解译分析，并借助 Google Earth、百度地图等地理信息平台，结合甚高分辨率的无人机遥感、地球物理地下勘测，野外考察，对研究区真实的地理环境背景进行全方位科学认知，深刻认识长城选址的目的与意图；④关门的逻辑推理。基于与已知关城的比较研究与宏观—中观—微观考察与分析，考得今玉门市黄花营段长城的十一墩遗址（斯坦因编号：T. XLII. d 烽燧，甘肃省文物考古所编号：Y11 烽燧）所在区域符合关城的设置条件。由此，笔者进一步推测此关城或为汉武帝时期即公元前101年的玉门关，而敦煌西北小方盘处的玉门关是从十一墩（斯坦因编号：T. XLII. d 烽燧）在即公元前101年之后西迁去的可能。当然，一切的揭示与证明，或许要等待此区的考古发掘来说明。

关键词：玉门关；汉长城；空间考古；逻辑推理；公元前110—前101年；玉门黄花营

一 引 言

河西走廊边塞设置真正开始于汉武帝时期。走廊边塞的设置对于西汉社会与政治的稳定、经济与科技文化的发展，形成武昭宣盛世具有重要功能与巨大作用。目前，河西走廊设置的边塞鉴别、考证、保护措施以及当时的功能与作用，乃至今天新时期下的意义与作用发挥，需要我们进一步的研究与挖掘。

玉门关，不是一个简单的关名，它是汉帝国西北方的国门专属名称。随着国力的增长、衰退，汉帝国在西北部沿河西走廊的军事攻防力量在扩展与收缩，关口也或"开"或"闭"，或向西前伸或者向东退回。对于汉帝国，西北国门玉门关经历数次兴衰与迁移。肇始汉武帝取浑邪之地、屯兵戍垦、设置边塞、开玉门关，在政治、经济、外交的配合下，军事力量不断沿走廊由东向西延伸，边塞与玉门关口也在不断向西位移。西汉末期，政局动荡，丝路中断，玉门闭关，直到东汉又重新开启。

1907年，斯坦因沿长城考察，发现十二墩（T. XLII. d）的特殊情况，与敦煌西北小方盘汉代玉门关（T. XIV）有不少相似之处。1914年，他又来到十二墩，用了一天时间考察周边环境，他认为此处曾经可能设"关"，并提出与小方盘玉门关是否有什么关系的设问。之后，中外学者如罗振玉、王国维、劳干、向达、夏鼐、阎文儒、陈梦家、马雍、吴礽骧、李正宇、李并成以及日学者日比野丈夫、英学者翟理斯（Lionel Giles）、美学者林健等给出不同认识，但并无统一答案。谭世宝、洪光慧对此100多年的争论进行梳理，关于玉门关位置之争的认识流变从该文约略可见[1]。玉门关作为汉帝国西北端的重要国门，其地点的设置是从西域整体战略考虑。因此，在厘清玉门关时，我们既需要有宏观的认识，又要有中观的把握，再有微观的依据或方可确定。宏观的认识是对当时汉帝国西域整体的总体战略格局分析，包括交通、物产、环境变化、山川、河流分布等；中观的把握是对于长城的格局分析，包括长城选址与走向、烽燧亭台的设置以及配套建筑的设置等；微观的依据，即玉门关作为汉帝国西北端长城的"关口"，必须是占尽地利：具有局地的自然条件优势，包括地形、自然环境的优势；交通的咽喉要道；军队粮食供给的屯垦条件。同时，该"关口"也应当与现在公认的"金关"以及小方盘的玉门关有相似之处。

本文研究方法是在"二重证据法"基加上，加上"实地、遥感与虚拟的考察证据"与"科学的逻辑推理"的"四重证据法"。二重证据法即"纸上之材料"与"地下之新材料"相互印证的研究方法。由于研究地点并没有地下发掘的材料，而且纸上的材料也莫衷一是，故此处关于玉门关的研究"二重证据法"无法解决此问题。本研究根据《史记》《汉书》并参考学者们的研究等资料梳理出时间线索，把有关时间与事件、地点进行互校、互洽，归纳出标志性事件的时间片段；实地的考察证据是包括亲自的野外的考察获得的证据，以及其他学者考察获得的证据；"遥感与虚拟的考察证据"是指借助 Google Earth、百度地图等地理信息平台，结合古今地图、文字等资料，通过遥感图像反映的地理、地质、水文等信息解译、分析与认识，从宏观–中观上把西汉长城纳入考察的范围与研究视野。这样，本研究可以从多源的（纸上的、地下的、考察的）证据——总体的（整个西汉长城及其赋存环境）把握——野外验证（地上、地下）——综合分析与逻辑推理，寻找可能的玉门关城。最后考得考得今玉门市黄花营河西走廊长城遗址境内的十一墩（斯坦因编号为 T. XLII. d 烽燧，甘肃省文物考古所编号为 Y11 烽燧）符合关城的设置条件。并进一步推测此关城或为汉武帝时期公元前101 年前的玉门关，而敦煌西北小方盘处的玉门关（斯坦因编号 T. XIV）存在是从十一墩（T. XLII. d）在公元前 101 年之后西迁去的可能。

二　时代背景与标志性事件——时间的关联分析

（一）西汉武帝时期政治环境背景与通西域战略形成

汉武帝建元元年（前 140），汉兴已六十余年，天下乂安，财富巨丰。但是，当时的汉帝国，尤其北部边境的环境很不稳定。事实是，早在公元前 3 世纪末，北方的匈奴已经成为一支令人畏惧的强大的军事力量。同一时期，秦朝完成统一。秦已经感受到匈奴的威胁，于是在公元前 215 年开始，在北部边疆，修建长城抵御匈奴。汉承秦疆。当时，汉帝国西部大月氏地盘已经被匈奴占领，并形成匈奴—羌人联手的西部包围，使得汉朝感受巨大的外来压力。《汉书·武帝纪》记载的元光二年（前 133），策划的对匈奴的一场诱敌歼灭的"马邑之围"以失败而告终，使得汉朝与匈奴关系更加恶化，从此战争连年不绝，且取胜者少。

西汉王朝为此地缘环境深为忧虑。汉武帝建元三年（前 138），为了消灭匈奴在这里的势力，斩断其右臂，打通西域，汉武帝派张骞出使西域，欲联络大月氏，夹攻匈奴。张骞在出访途中被匈奴羁縻，停留西域十三载。元朔三年（前 126），张骞回汉朝，向汉武帝详细报告了西域情况。汉武帝欲联络大月氏夹攻匈奴的希望落空。决定只有汉直接与匈奴决战。通过三次决战：公元前 124 年春漠南之战，元狩二年（前 121）春与夏的"河西大战"，以及元狩四年（前 119），汉武帝发起了规模空前的"漠北决战"，彻底消灭匈奴主力，占据河西走廊要地。

汉武帝念念不忘通西域以及大夏诸国。由于张骞在西域的长时间停留，也使得他比较了解西域诸国情况。就在公元前 121—前 119 年的河西大战与漠北决战期间，天子数次问询关于如何通大夏等西域一些国家的情况。史记《张骞传》中，记录了张骞的回答："今单于新困于汉，而故浑邪地空无人。蛮夷俗贪汉财物，今诚以此时而厚币赂乌孙，招以益东，居浑邪之地，与汉结昆弟，其势宜听，听则是断匈奴右臂也。既连乌孙，自其西大夏之属皆可招来而为外臣。"天子以为然。张骞给出的这个如何横连乌孙诸国，破羌—胡纵约的"连横破纵"的国家战略，可概括"结乌孙、居浑邪、通西域"九个字，分三步走：

第一步：与乌孙结交。大月氏不愿与汉联手夹击匈奴，选乌孙来联手。给乌孙以利益，让其心向大汉；第二步：居浑邪之地。要向西域延伸，必须经过河西走廊并以此作为战略后方。这块地盘原先属匈奴的浑邪王和休屠王，现在空置出来了。因此，汉厚赂乌孙，同时招引它东迁至浑邪地，并与之结为兄弟，巩固河西通道，实现"断匈奴右臂"之功效；第三步：与乌孙联合攻匈奴。如果与乌孙能够联合击败匈奴，保障通道畅通，就能与西域诸国联通，那么从乌孙及其以西大夏诸国就可以通好了。

本文的研究涉及的河西走廊修建长城防御设施以及布设玉门关，时间主要发生于第二步战略（前127—前99）阶段，兼涉及第一、第三步战略的时间段。

（二）标志性事件的时间关联分析与推论

本文根据两个基本共识进行推论，一是贰师李广利两次伐大宛国的时间：贰师在太初元年（前104）至太初二年（前103）第一次伐宛，第二次是太初三年（前102）至太初四年（前101）。另一个则为是汉帝国获得浑邪地时间为元狩二年（前121）。根据《史记》和《汉书》的记载信息，以贰师两次伐宛时间为坐标轴原点，结合其他材料，从汉武帝建元元年（前140年）到元后二年（前87年）武帝薨，共54年间对关于筑塞垣、置郡城、应战争等事件，归纳出五个标志性事件的时间片段。

第一片段时间公元前127—前126年，标志性事件：收河南地，筑朔方，复缮故秦时蒙恬所为塞，置朔方、五原郡。徙民，筑朔方城。

第二片段时间公元前121—前119年，标志性事件：置武威、酒泉郡。自朔方以西至令居，往往通渠置田。

第三片段时间公元前114—前108年，标志性事件：数万人渡河，筑令居。酒泉列亭鄣至玉门。

第四片段时间公元前104—前101年，标志性事件：伐大宛胜利。

第五片段时间公元前100—99年之后，标志性事件：敦煌置酒泉都尉，西至盐水，往往有亭。

由上可见，张骞向汉武帝建议的通西域大夏诸国的国家战略，其中的第一、二步分战略基本实行并完成：

第一步：与乌孙结交，让其心向大汉。《史记·张骞传》载：天子以为然，拜骞为中郎将。张骞又带领 300 人的使团（从上下文事件判断，当在公元前 121 年的河西大战后即启行），出使乌孙，分遣副使出使大宛、康居、月氏、大夏等国。张骞回来后，朝廷授予他大行令官职。过了一年多，张骞去世（公元前 114—前 113?）。又过了一年多，他所派遣出使大夏等国的副使也都和所出使之国的使者一起来汉。从这时起，西北各国开始与汉朝相来往了。这以后，乌孙王与汉朝通婚。实现第一步的战略。

第二步：居浑邪之地，与汉结昆弟，"断匈奴右臂"。

汉武帝元狩二年（前 121 年）春天，霍去病首战河西，大败休屠王，占据了休屠王领地。夏天，霍去病第二次出征河西走廊。浑邪王部一战即溃，与休屠王商定投降汉军。《史记·大宛列传》载：其明年（元狩二年，前 121），浑邪王率其民降汉，而金城、河西西并南山至盐泽空无匈奴。匈奴时有候者到，而希矣。其后二年，汉击走单于于幕北。《汉书·武帝纪》载：秋，匈奴昆邪王杀休屠王，并将其众合四万余人来降，置五属国以处之。以其地为武威、酒泉郡。《史记·匈奴列传》载：汉已得浑邪王，则陇西、北地、河西益少胡寇，徙关东贫民处所夺匈奴河南、新秦中以实之，而减北地以西戍卒半。于是，在公元前 119 年，汉渡河自朔方以西至令居，往往通渠置田。稍蚕食，地接匈奴北（《史记·匈奴列传》）。另外，封浑邪王万户，为漯阴侯。

对于第二步战略，即"居浑邪之地，与汉结昆弟"，这是可谓初步实现。这时，河西走廊成为汉帝国边境之地。但是，若要能长久永居此地，实现并维持"断匈奴右臂"状态，就需要强大的军队与军事防御来保障。于是，在那个时代，修河西走廊段长城则势在必行。

在河西走廊修边塞及相关军事防御系统，就是发生在执行第二段战略的过程中。通过长城及其相关的军队配备、军事设施配套与物资供给系统设立，用来提供军队戍边武备，民众生活定居，货物贸易畅通，从而实现与西域相通并获得帝国向西发展之目的。

三　汉代边塞防御组织及其空间战略分析

（一）汉代边塞防御组织

20 世纪初以来，由于居延汉简的发现与研究，汉代边塞防御组织才逐渐明晰起来。根据学者们研究成果[2][3][4]，简要归纳如下：

西汉的西北边防组织实行（部）都尉—塞—部—燧分级军事领导和分区域戍守。

边塞除塞墙、城障坞亭等实体建筑和楼橹堞雉等掩体建筑外，还有一些其他设施，如烽烟以及相关的通讯物品、攻防斗具、坞堞射击观察装置、侦迹设施、司时号令用具等[2]。

根据文献[3]，汉代酒泉郡有三个部都尉，即东部都尉，治会水县东部障（今金塔县大庄子乡）；北部都尉，治偃泉障城（今金塔县西坝乡东北约20千米的西窑破庄古城）；西部都尉，治乾齐县（玉门市玉门镇西南）西部障。西部塞大体沿玉门市北石河沿岸穿行。头墩—四墩长约20千米保存较好，沿北石河南岸延伸，连续不断；四墩向西至五墩，越过北石河，沿河北岸延展，残垣断续，经六墩、七墩、八墩、九墩、十墩、十一墩、十二墩，再西入瓜州县界。

（二）汉代边塞防御设置的空间战略

中国自古是农耕国家，粮食生产的土地、水资源（包含其灌溉系统）是保障国家存在与发展的重要自然资源。汉帝国在向西北推进过程中，采取获取绿洲、军民屯垦、稳定供给的逐次推进战略模式。

1. 以绿洲为战略支点从东向西的逐步推进模式

"不谋全局者不足以谋一域，不谋万世者不足以谋一时"。西汉武帝时期，把经营河西与西域成为中央政府战略重点[5]。中原与西域联通的唯一通道就是河西走廊。

河西走廊东起乌鞘岭，西至小方盘玉门关，介于祁连山与马鬃山（北山）之间呈西北—东南走向为狭长平地，长近1000千米，宽数公里至近百公里不等。北侧则为龙首山—合黎山—马鬃山（北山），绝大多数山峰海拔在2000—2500米。这里山地地形起伏，逐渐趋于平缓。其南为海拔四、五千米的祁连山脉。由一系列北西走向的高山和谷地组成，西宽东窄。祁连山北坡与河西走廊的相对高度在2000米以上。在祁连山4500米以上的高山上，有着丰厚的永久积雪和史前冰川覆盖，这些积雪和冰川在每年特定的季节融化，为这一地区大量的绿洲和耕地提供了不断的源头活水。因此，汉武帝经营河西走廊是以绿洲为基点与军营根据地的战略支点从东向向西逐次推进。绿洲主要分为额济纳河及其支流形成的串珠状绿洲，白杨河、石油河形成赤金绿洲，疏勒河—昌马河形成系列绿洲，包括新玉门绿洲、花海绿洲等，实河形成安西的绿洲，党河形成的敦煌绿洲等。

西汉的边塞设置，是随着国家西部战略的实施与军事的胜利向西推进。基于绿洲建立军、民屯垦粮食生产基地，形成一个个战略支点，通过戍边驻军巩固边防基地，再进一步逐步西进。汉武帝向西拓展疆域的规划就是从东向西的渐进战略，即从黄河向黑河、疏勒河（党河）以及车尔臣河、塔里木河顺序推进，进而走向西域或进入欧洲。

2. 南北向"羌胡道"与东西向长城形成交通构网,南移口岸至走廊内控制于汉帝国。

距今两千四五百年以前,中国北方的茫茫草原上已经存在连接东—西的草原茶马古商贸大道(或称"草原丝绸之路")以及联结青藏高原与亚欧北方遥远的南—北向通道。"草原丝绸之路"分南、北两道。在欧亚大陆的南—北向的道路系统中,在河西走廊地区被称为"羌胡道"共有四条[6]。这样,东—西大道与南—北通道相互联系,构成欧亚大陆四通八达的交通网络。

在本研究区的河西走廊,涉及南北向主要的"羌胡道"主要有酒泉南山道、居延道与西域道。同时,赤金绿洲不仅西接西域,东接中原,而且沿峡谷可南通青藏高原,北通漠北高原,为四方通通衢之地。如果从羌人和匈奴交通往来看,这里又是沿着石油河道形成的一条极其重要的羌—胡南北道。沿石油河谷北行,可抵南石河、北石河下游花海绿洲的比家滩古城(汉池头县,后改称沙头县)沿南石河向西抵达玉门镇绿洲的乾齐县(今玉门市黄闸湾乡八家庄一带)再向北小道到马鬃山公婆泉,接上从额济纳旗—哈密的大道。从额济纳旗西行到哈密的大道总体上是属于草原商贸古道南道的重要一支:居延—回鹘道。这条古道,民国时期,瑞典探险家斯文·赫定曾经走过两次,比较详细地记录在《亚洲腹地探险八年》里[7]。在额济纳旗—哈密段有个重要的补给点——今天马鬃山镇公婆泉。

考察组于2018年6月25日,考察从玉门镇出发北马鬃山镇(公婆泉)这段道路的通行可达性情况。沿216省道在壁滩地向北进发,经过黑戈壁,颠簸抵达马鬃山镇[8]。此地位置的确非常重要:南望祁连山,东临内蒙古,北界蒙古国,西通哈密道,四方通衢之要地。昔汉、魏晋通西域之重驿。

由上可见,汉帝国获得河西之地,设立在长城保护下的沿河西走廊的东—西向通道("凿空西域"),也使原来在戈壁或草原的东—西道与南—北道的交汇点口岸的一部分功能,实现向南转移到走廊内。并在这些重要的交汇点设立关口。既仍然允许可以南—北或东—西通行,又把关口牢牢控制在汉帝国手里。在这些南——北向通道于东——西向大道交汇点上,玉门市黄花营成为我们重要关注的一处长城关口所在地。今天的黄花营位于西汉乾齐县境内。

四 西汉乾齐县境内古关塞综合分析

(一)乾齐县区域自然与人文环境的特征

从遥感图像(参见参考文献[9])可见,本区有两个特征。一是由于受到区域性北西（NW）—南东（SE），北东（NE）—南西（SW）以及北山（又称马鬃山山地）山前近东西（E—W）向断裂控制，在此局部区域发育相对隆起与相对凹陷的相间分布。在中观尺度上，形成本区的东北洼地，该洼地夹在北部的马鬃山的一支余脉大坡—小坡山与剥蚀残山豁路山之间的一个约 8 千米形成的断陷洼地，并在近东西（E—W）向断裂切割下，形成约 5 千米长的三角形凸出。在小尺度与微观地貌形态上，在北东（NE）—南西（SW）次级的断裂构造控制下，形成沟—垄相间的地表形貌特征，在遥感图像上，表现为呈现亮色调灰红的沟谷、呈现不同暗绿色调的田块，彼此之间断断续续呈现方形的格局由西南向东北展布。这个区域，在西汉属于乾齐县。王莽称为测虏，表明军事位置重要。乾齐区域海拔在整个洪积扇扇缘处于最高点[9]，因此，才有此处疏勒河到此，分为各流东、西两支的少见现象。这个现象，曾吸引斯坦因的关注与较深入的考察研究。

（二）乾齐县域北部的 7—12 墩可能的古关口要塞所在

玉门市博物馆以及馆长王璞先生对于玉门市境内的汉代烽燧做了比较详细的调查与记录[10]，其中 13 个烽燧有比较详细的文献记录（表 1），兹做研究。

由于河道变化，2000 年来绿洲开垦与废弃，有的段长城已不明显，烽燧有的也找不到。根据文献［9］和统计表（表一），结合 Google Earth 高分卫星遥感图分析与量测（障城北墙距长城直线距离，烽燧间直线距离），得出如下结论：

1. 从头墩至十八墩，烽燧均位于长城南侧，表明是抵御来自北面匈奴的攻击。对于头墩至十八墩，跨汉代两个县即池头、乾齐县，涉及今天的花海镇、黄闸乡和柳河乡 3 个乡镇。由于缺失四墩、五墩、六墩和八墩的研究材料，那么，我们初步判断：乾齐县域涉及七墩（？）至十八墩。

2. 作为要塞的关城，应当有城障。从有无障城角度，从表 2 可见，可以把头墩-18 墩分为两段。头墩至十一墩烽燧，中间缺失 4、5、6、8。但从列出的 1、2、3、7、10，十一墩烽燧，均有障城。而十二墩向西到十八墩，却没有发现有障城。这具有重要的信息隐含其中：带有障城的十一墩，显示当时防守的任务比较重，也表明当时修建时，有来自北面的匈奴来攻击。而在十二墩再向西的长城，修建时似乎来自北面的匈奴来攻击较少，或者其他情况。总之，是以十一墩为界点，东西两边修建的情况不一样，似乎是两段时间修建。

3. 在①中，乾齐县域涉及 7（？）—18 墩，关口需要有城障的烽燧，因此排除 12—18 墩，就剩下聚焦关注 7—11 墩为重点研究对象。

4. 在七墩至十一墩中，九墩未见障城，十墩疑似有障城，七墩和十一墩有障城。

表一　玉门境内头墩至十八墩汉长城情况统计表

墩子编号	遥感图像长城清晰度	烽燧位置（确定/存疑）	烽燧基座长×宽（米×米）及位置	障城长×宽（米×米）	障城北墙距长城直线距离（米）	烽燧间直线距离（米）
头墩	清晰	花海镇西泉村北10千米（确定）	11×11，东北角	300×300	16	
二墩	不清晰	花海镇西泉村北8千米（存疑）	9×9，西北角	20×15.6	？	
三墩	不清晰	花海镇西泉村北8千米（存疑）	8.8×8.8，西北角	22×22	？	
七墩	清晰	黄闸乡黄花营村（确定）	10×10，西北角	22×22	14	7—8 2466
八墩	清晰	黄闸乡黄花营村	未见	90×90	300	8—9 4594
九墩	清晰	黄闸乡黄花营村（确定）	15×15	未见	60	9—10 4893
十墩		黄闸乡黄花营村（存疑）	7.7×3.1，疑似西北角	有，残缺，	？	
十一墩	清晰	黄闸乡黄花营村（确定）	12×12，东北角	25×25	3	10—11 3722
十二墩	清晰	黄闸乡黄花营村，位于土山之上（确定）	10×10	未见	200	11—12 4147
十三墩	清晰	黄闸乡黄花营村，位于土山之上（确定）	8×8	未见	320	12—13 1667
十四墩	不清晰	黄闸乡黄花营村戈壁滩（确定）	8×8	未见	？	13—14 2036
十五墩	不清晰	黄闸乡黄花营村（确定）	8×8	未见	？	14—15 1239
十八墩	不清晰	柳河乡蘑菇滩村（存疑）	6×6	未见		

5. 从烽火台在障城里的位置，1—11 可见的障城与烽火台位置，头墩、十一墩的烽燧在东北角，2、3、7、10 烽火台在障城的西北角。烽火台的位置说明主要的观察人员来往方向。十一墩观测来自东北方向，7—10 墩观测来自西北方向。这表明在 7—11 墩有这重要的通道。这个通道，可以解释为来自南北向通往公婆泉马鬃山的"羌胡道"。

6. 十一墩西边的 12—18，既无障城，另外，距离长城较远（超过 100 米）。看来主要是侯望作用；与带障城的出击与防御兼备的十一墩，以及其东部其余带障城的墩的功能的确不一样。十一墩—头墩，不仅侯望作用，障城有一定的抵御作用。

7. 从障城的大小看，除 9 墩没有发现障城，而有障城的烽火台，底座边长最长者是第十一墩（12 米 * 12 米）。

8. 如果一个障城是关城，必须要与长城相连的。从障城距离长城的距离看，十一墩的障城北墙距离长城最近，约 2 米。这表明这个障城是直接连接长城的。

9. 另外，从上节知道，玉门县南峡口——渡石油河—经过乾齐县到马鬃山的南北向羌胡道与在乾齐县境内东西向的塞垣相交。乾齐县境内东西向的塞垣某处就可能是古关口要塞所在。

10. 汉代酒泉郡有三个部都尉，即东部都尉、北部都尉、西部都尉。由此可见，酒泉郡当时军事实际控制的是在西部都尉所辖区，即今天玉门市范围，而不在敦煌市范围。此即暗示敦煌西北小方盘的玉门关不是酒泉郡西部都尉的控制范围，换句话是说敦煌西北小方盘的玉门关在酒泉郡设立西部都尉时尚不存在。只是到了公元前 101 年之后，敦煌郡设立玉门都尉时才是形成真正的酒泉西北小方盘的玉门关。此即东部玉门关迁到敦煌西北的小方盘的玉门关。

从上面综合看，黄花营处的十一墩就是非常重要的关键处。它不仅在整个西汉塞垣中处于分界点，即其东、西塞垣分为两段时间，而且，本身的防御系统设置也与其他的不同。这将在下一节进一步论述。

五　黄花营处的十一墩为汉长城重要关口的可能性综合分析

长城的关口要塞，需要具备的条件是要在险要之处和长城中修筑的军事防御设施，用以盘查阻止人员的通过。首先要具备关键的要素是交通咽喉和地形要害之地。同时关塞必须具备城障、塞垣、烽燧以及其他的相关重要的配套防御设施。下面，通过地理位置、交通线路、攻防设备、文献佐证、相关事件、关口比较等方面来综合的分析。

（一）十一墩交通功能分析

（1）四方联通的十字路口要地

在汉长城北侧，如今仍有尚在使用东西向大道。此大道向西延到瓜州直到敦煌，向东进入花海。十一墩处在新玉门绿洲的最顶端。在此处，各向断裂均在此汇聚，共同作用致使该处产生局地微隆，形成疏勒河在此产生一支向东流、另一支西流的现象。另外，北西（NW）向的大坡—小坡山（这组山岭是北山南段的最后分支）像一把尖刀斜插此处，与南部的绿洲湿地形成一个锐角向东的喇叭口。因此，在东西方向的大道上，造成该处最为狭窄。便于建立关口。

更为关键的是，此处还处于南北向交通位置的必经之地。本地有南北向西域羌胡道。今天，在十一墩这里我们可以见到在其东侧约 500、1000 米分别有一条南北向的道路，从黄花营村通过，接上羌胡道至公婆泉马鬃山镇。但是，这些路是破长城而过，因此，过去并不存在。

十一墩还能直达乾齐县城。玉门市博物馆王璞馆长考察，乾齐县城在今天玉门市新城区。县城在十一墩西南边，与十一墩在遥感图像上直线量测约 25 千米。1907 年 9 月 20 日，斯坦因从玉门县出发北行，骑行了 26 千米后，来到了十二墩村调查。看来，自古从玉门县有直达十一墩的道路。

（二）基于文献与野外考察的十一墩攻防设施研究

1. 斯坦因对 T. XLll. d 烽燧的考察与猜想

今玉门市境内的十一墩，斯坦因称之为 T. XLII. d 烽燧。斯坦因对于这个墩子的重要性进行了关注，也是最先提出十一墩是疑似"关"这一猜想的人。斯坦因指出十一墩至护海子（即今天的花海子）之间的城墙段，或多或少地与一条今天仍时不时地被蒙古人及其他人使用的道路相平行。那些人意欲翻过安西至哈密大道东面的北山，走一条直接的路前往哈密。对那些从哈密方面过来沿此路旅行的人来讲，四十二墩是靠近甘肃边界的第一处有人居住的地方。因此，在古时候这里也可能曾有过它自己的关。

1913 年斯坦因再次来到他说关注的四十二墩（编号 T. XLII. d 烽燧）做详细考察。他在当地找到了两个证据：其一，当地人把这里也叫作"小防盘"（Hsiao fang-p. an），值得注意的是这与古代玉门关遗址的当地名字完全一样。其二，就在小堡垒和小溪之间（这条小溪把堡垒同四十二墩村的田地隔开来），在上述那两条道会合在一起的地方有一座小庙，跟在古代"关隘"常看到的那种小庙一样。今天，小方盘仍然是块水草丰美的绿洲。因此，当时具备通过军垦自给自足解决戍守粮食问题的条件，进一步彰显西汉乾齐县最北边的这块绿洲及 T. XLII. d 墩烽燧位置的重要性。

2. 野外考察与物探发现

对于十一墩有障城（或者"坞"），研究组与玉门博物馆工作人员一起来此共同考察4次（图一）。测量其外墙边东西长25米、南北宽23米。在障城西北角残存住房遗址，有灰烬层。在障城东北角，有烽火台，呈正方形，底座边长12米，坐落在一个岩体小山包上。该烽火台属于有障城较大的烽火台。在烽火台墩子上面，据当地人介绍，四十年前，还可以看到上面有个方形平台。这个平台似乎是用来建筑瞭望蓬的。现在，在墩子上部，还残留一根直径15厘米的被烧焦的树干，也是建亭的佐证。在此残存烽火台，可以望见12墩，有很好的通视性。在坞墙南面约3米的下面，是一个宽30米＊长50米的平地空间。笔者在此发现一枚虎落木桩，因此，此块可能是天田。这与肩水金关、额济纳旗的破城子遗址（甲渠候官遗址）有相似的天田设置。再南约30米，是由红柳沙包构成的高约3米的防风挡沙堤坝。这个堤坝南侧就紧邻的一个东西向的水沟—实际是疏勒河向东流的小支流河道。

图一　十一墩现场照片（西北向东南拍摄）（注：此处的缺口所堆积的是沙石泥土）

另外，用电磁法技术的宽带数字电磁探测仪地球物理探测，此处测得一个地下空腔（图二），空腔顶层西北—东南长3.8米，东北—西南宽约3米，估计是个地下室，而且，从图见似乎还有个地下通道。这点又与斯坦因在小方盘发现的一个地下通道相似。

（三）与十一墩相关事件及关联要塞比较研究

1. 贰师伐大宛经过的玉门关

在研究玉门关的文章中，贰师伐大宛提到的玉门关是必须要提到且绕不过的"关

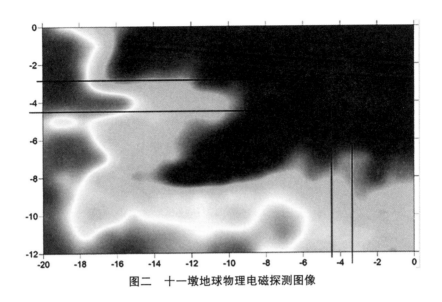

图二　十一墩地球物理电磁探测图像

口"。《史记·大宛列传》载：是岁太初元年也。贰师将军军既西过盐水，当道小国恐，各坚城守，不肯给食。……天子闻之，大怒，而使使遮玉门，曰："军有敢入者辄斩之！"贰师恐，因留敦煌。（公元前 101）"军入玉门者万余人，军马千余匹。"

汉书《张骞李广利传第三十一》载：天子闻之，大怒，使使遮玉门关，曰："军有敢入，斩之。"贰师恐，因留屯敦煌。此处，特地在"玉门"两字后面加上一个"关"字。是否表明，玉门，有玉门县与玉门关之区别？

若公元前 104 年的玉门关已经移到今天的小方盘处，在贰师伐大宛时才可能有"玉门关"这一说了。同时，假设贰师从敦煌—楼兰可能焉耆可能大宛线来回伐大宛，就能解释，从敦煌回酒泉时，需要度过东面的玉门关的原因。

至于第二次伐宛，北道线路，大体是张骞出使西域去的道路。同时"而出敦煌者 6 万人，负私从者不与"，到大宛城，士兵剩 3 万多人。班师回国，过玉门只有 1 万多军士。"军入玉门者万余人，军马千余匹。"。这里的一"出"一"入"，也表明玉门关是在敦煌之东。

2. 十一墩障城与敦煌小方盘、肩水金关的结构比较

今天，肩水金关通过发掘获得到明确的认识。我们可以通过参考金关的结构解剖，认识长城关口与城堡的通-检-防系统布局。另外，如果十一墩处的关口真的是敦煌西北小方盘玉门关有前后关系，那两者之间，必定有相似之处。

十一墩的有关情况与小方盘、金关比较（表二）。从表中，我们不难发现它们的共性。

汉帝国围绕着肩水金关构建了一整套的防御体系。主要有肩水金关、地湾城和东大湾城组成。肩水金关完整地保存了汉代边关的"前关后障"布局，即是南北通道的

表二 十一墩障城与敦煌小方盘、肩水金关比较表

名称	位置	通达性	与长城的关系	关口	官署办公 小城（米）	居住区/城	烽燧/观测哨所	地下室	发掘与采集
小方盘	彼时国境西北端	主要沟通东西	直接与紧邻	有疑似关口	26×24	100米的城	1/若干	有	已发掘，采集简牍
肩水金关	彼时国境北端	主要沟通南北	直接与紧邻	有关口			1/若干		已发掘，采集简牍
十一墩	彼时（公元前107）国境西北端	南北、东西均可达	直接与紧邻	有疑似关口	25×23		1/斯坦因记录？个	有（地球物理探测）	未发掘，采集到汉文物

关卡，又有一定的防御功能。肩水金关是关口，是防御和作战先锋，地湾城是用来保护肩水金关的军用城堡，东大湾城则是有肩水都尉坐镇指挥的更高一级城堡。它们与长城和烽火台一起，组成了黑河这段流域的防御体系。

肩水金关遗址分为大小两个方形，大的方形是坞院，旁边较小的方形是关门，关门连接着的一列通向天边的凸起痕迹，就是汉长城遗迹，它们组成了一道坚不可摧的防线，将身后的绿洲牢牢守护了起来。考古发掘表明肩水金关的关门为 6.5 米×5 米的两座长方形楼橹残壁（图三），最高 1.12 米，厚 1.2 米，楼橹中间门道宽 5 米。两侧壁脚各残存四根半嵌于墙内的排叉柱。楼橹外筑土坯关墙。坞在关门西南侧，坞墙系夯土筑成，厚 70—80 厘米，残存处最高为 70 厘米。坞西南角残存烽台和方堡，堡门内有迂回夹道，两侧有住室、灶房、仓库、中有院落。

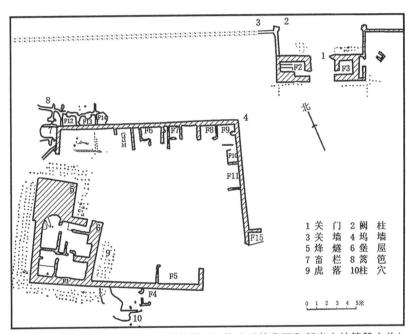

图三　肩水金关遗址平面图（引自居延汉代遗址的发掘和新出土的简册文物）

　　与金塔县的肩水金关作对比，笔者发现十一墩在区域自然地理环境的利用上具有异曲同工之妙。首先，基于无人机照片和现场调查发现肩水金关紧邻汉长城上（图四），而十一墩处的小方盘城也是紧邻汉长城上。其次，肩水金关设置于两段汉长城的夹角的交接处，汉长城南侧，这一防御思想在十一墩处的小方盘城也得到了同样的体现，只是由于十一墩处的局地环境不是大片开阔地，因此夹角更大。同时，疑似的阙楼似乎修建在关门之外 25 米×8 米的平地。

　　对于关口，笔者详查十一墩处的长城，发现一个长约 15 米的一段异常，此段残存的长城残高不到 1 米，宽 1.4 米，却为碎石、土筑成，中间有一个 4.6 米的缺口，且碎

图四 肩水金关野外考察无人机照片

石又各分东西两段不同，西段碎石清灰色（绢云母片岩？）东段见到的碎石却是灰红色（浅变质石英砂岩）。再向两边查看，却又是红柳与泥土搭建的。因此，这 15 米的异常段，似乎曾是个豁口，被后来用碎石、泥土填充。因为，在这个区域没有见到汉长城用碎石、泥土夯筑。如果曾是个缺口，那可能就是南北通行的关口了。另外，在这个异常段的北侧，还有一块方形平整空地，约 25 米 * 8 米，满足当时搭建阙楼之用。而紧接这块平地的再北边，是纵深达 600 米再抵达小坡山脚下的一块开阔地。此开阔地处可以提供人畜在此歇候。因此在十一墩处，在长城塞垣的阻拦下，形成东—西，南—北道路的十字路口，成为控制南北与东西两个方向上人员物资运输交流的重要关口。

（四）十一墩是汉帝国国境西北端的重要关口所在

作为重要的长城关口乃至国门的"关"，不是仅仅供通行之用，其构成至少有通行、检查、防御的功用。关口是"关"的最重要部分，因此，关口的建造可以显示这个"关"重要的程度。必须特别指出：玉门关口必须坐落在同期所修建的长城上，不会孤零零设置一个关口。

长城当时是国界的表达与标志。汉武帝在军事进攻的同时，同样着手大规模修筑长城。汉武帝修建长城，是配合政治、军事、经济与外交等同时展开，分段实施的。第一阶段修筑长城在元朔二年（前 127），第二段开始修筑长城的时间是从公元前 111 开始。《史记平准书》载："数万人发三河以西骑击西羌，又数万人度河筑令居。"《史记·大宛列传》载："而汉始筑令居以西"。开始了汉武帝经略河西的行动。河西走廊汉塞的始点是令居。从公元前 111 年开始，由令居（今甘肃永登）起，数万人向西修建长城。《史记·大宛列传》载：在公元前 108 年时，"于是酒泉列亭鄣至玉门"。经过我们对于修筑长城的工程量的分析与判断（每年约 80 千米的速度修筑长城及其附属系统），在约三年时间，是不可能把长城修到千里之外的敦煌西北小防盘处的。公元前 108 年时的"于是酒泉列亭鄣至玉门"的玉门关，最有可能是黄花营处的十一墩附近。

黄花营十一墩的地位非同寻常。在对 1—18 墩分析可知，十一墩之东，就目前可见的，存在有烽火台连带障城，而十二墩以西，却仅有烽火台，少见连带的障城。这个现象表明，头墩到十一墩修建的时间，是在西北尚有匈奴侵扰的时期开始修建的，及初通西北，而又没有终通西北的时间段。另外，头墩——十一墩，长城是修在河流（北石河）之北。而十一墩之西，长城修在河（疏勒河）之南侧。

综合前面的论证分析，黄花营十一墩是在公元前 108 年时期前后一段时间长城达到的最西端，可能就是当时在移到敦煌西北之前的玉门关。

（五）赤金峡是通往玉门关的必经通道，却不是西汉的玉门关所在

汉在赤金地设立玉门县，如果这时的玉门关已经在敦煌西北的小方盘，这个距赤金玉门县直线距离达 300 千米之外的关，就与玉门县似乎毫无关系。

赤金峡位置远离汉长城。从汉武帝的战略来看，汉塞垣向西推进，是要绿洲作为战略支点。因此，如果国门玉门关放在赤金峡，则北部的玉门绿洲、花海绿洲等大型绿洲将得不到保护。另外。从路线看，从赤金峡到敦煌，仍然要通过玉门绿洲。古时候，戈壁、沙地，人步行是难以逾越的。故通道是赤金峡—赤金水库—花海—玉门绿洲，出十一墩—安西—敦煌的线路。

花海北侧以及在玉门绿洲北侧，古时候曾经是湖泊或者湿地，道路难以通行。特别是当修建长城之后，更是不准许从此向北通行。事实是，今天，在 1—11 墩长城的南侧，有时仍然见到断断续续的道路。这与长城北侧的道路都起到联通东西作用，但是，长城内侧道路显然是为运输重要的物资而建。因此，当修建长城之后，从花海只能向西走，在十一墩北上去马鬃山。

赤金峡该峡谷是重要羌胡通道，不会是汉的玉门关，因为离长城线距离远，不符合设关条件。另外，汉当时主要对付北方匈奴，在北边设关，不会把玉门大片绿洲放在关外。当北部匈奴远遁，到唐代之后及明清，赤金峡防御的则是羌人或者来自西面的突厥人。明代赤金峡就是防止西部部落侵入嘉峪关的。

六　结论与讨论

河西走廊是汉帝国包括汉武帝的政治抱负的伟大走廊，是军事走廊，更是经济、

文化、艺术与宗教走廊。张骞向汉武帝建议的通西域大夏诸国的国家战略三步走：与乌孙结交，让其心向大汉；居浑邪之地，断匈奴右臂；与乌孙联横，联通西域诸国。武帝采纳了张骞的意见，执行河西走廊的军事攻防战略。河西修长城，就是发生在执行第二段战略的过程中。

玉门关是帝国的西北国门。国门的选定，都是在边境的西北端，从河南地的西北、酒泉玉门关、到十一墩、小方盘玉门关，一直处于国家最西北端，这样保障东—西、南—北的军事以及商贸的联通。斯坦因考察来到四十二墩，因其周围环境与防御设置与敦煌西北小方盘相似，提出这里曾经是一个关，对与玉门县的是否有关系设问。本文综合多元数据，采用宏观—中观—微观的逻辑推理，经文献、简牍再加上野外考察、再加上遥感与地球物理探测，辅之以假设与论证，证明玉门市黄花营长城遗址处十一墩符合关城的设置条件，最有可能是贰师通过的玉门关。

作为国门的玉门关规划设置与开关的时间可能在汉武帝元鼎年间早、中期（前116—前113）。在公元前109—前108年时，酒泉列亭鄣至黄花营的玉门，玉门关真正与长城联系了起来。而"金关"遗址，在张掖北、居延海南，控扼黑河的羌胡要路。十一墩，即是控疏勒河的羌-胡道。金、玉两关，在武帝早中期，共同护卫酒泉郡。

今后希望可以统一汉长城烽燧编号。今天甘肃省文物考古研究所、玉门市博物馆各自对玉门境内的长城烽燧编号都与斯坦因的编号不一致。为了今后更好地开展汉长城研究，建议采用最早的编号，不宜再单独编号。同时需要加大力度对汉长城进行实体保护，或可规划建设玉门市段长城国家文化公园；选取典型段的汉长城遗址，作为汉长城基因，就地建立实体博物馆与研究基地，供后来人研究其材质、结构等。另外，创新开展汉长城数字化建设工程，全景再现玉门境内的汉长城及其防御体系，并实现数字化永续保存与保护；进一步加大文物保护和文旅融合的宣传力度，使得公众深入认识汉长城、了解汉长城。

由于时间匆忙，本文未来得及细致整理，参考文献亦未列举齐全。此文仅先抛砖引玉，以求大方之家的指正与不吝赐教！

致谢：本课题研究期间得到了玉门市领导、专家以及玉门市博物馆的大力支持与协助，玉门市博物馆多次参与组织野外考察与座谈研讨，玉门市文保人员在多次野外考察期间也为我们提供了诸多便利。课题组以及特邀专家王子今教授、王仁湘研究员、易华研究员、贾小军教授、覃春雷馆长、多丽梅研究员、杨文远副主编等，以及中国科学院空天信息创新研究院陈富龙研究员、史丕龙副研究员、刘传胜副研究员、甄静副研究员以及研究生张达、姜纯、乔芷汾、陈一仰等参加野外考察、讨论以及后期编辑工作，一并致谢！

本文曾发表于《西北大学学报》（哲学社会科学版）2021 年第 51 卷第 2 期，有删改。

主要参考文献：

[1] 谭世宝、洪光慧："西汉初设的"玉门关"故址新探——以厘清各说的源流及破误立正为中心》，《"玉门、玉门关与丝绸之路"历史文化学术研讨会论文集》，2017 年。

[2] 刘光华：《西汉西北边塞》，《西北民族大学学报（哲学社会科学版）》，2005 年第 1 期，第 14—30 页。

[3] 王璞：《玉门历史考古》，《丝绸之路》，2018 年第 2 期，第 81 页。

[4] 支云华：《"障、塞、亭"非"长城"称谓考辩》，http://blog.sina.com.cn/s/blog_ec9a01b0101etks.html。

[5] 苏海洋、雍际春、晏波、尤晓妮：《丝绸之路陇右南道甘肃东段的形成与变迁》，《西北农林科技大学学报（社会科学版）》2011 年第 3 期，第 126—131 页。

[6] 贾文丽：《汉代酒泉郡的交通及其军事战略地位》，《内蒙古社会科学（汉文版）》2012，年第 1 期，第 61—65 页。

[7] 斯文·赫定：《亚洲腹地探险八年》，新疆人民出版社，1992 年。

[8] 王心源：《玉门关考察日记》，《丝绸之路》2018 年 9 期，第 46—58 页。

[9] 张景平：《历史时期疏勒河水系变迁及相关问题研究》，《中国历史地理论丛》2010 年第 4 期，第 15—30 页。

[10] 王璞：《玉门历史考古》，《丝绸之路》第 2018 年 2 期，第 81 页。

[11] 初仕宾、任步云：《居延汉代遗址的发掘和新出土的简册文物》，《文物》1978 年第 1 期，第 1—25、98—104 页。

[12] 吴礽骧：《河西汉塞调查与研究》，文物出版社，2005 年。

[13] 李正宇、李树若：《玉门关名义新探——金关、玉门二名互匹说》，《敦煌学辑刊》2005 年第 1 期，第 122—127 页。

[14] 李岩云、傅立诚：《汉代玉门关址考》，《敦煌研究》2006 年 4 期，第 67—71、122 页。

[15] 李并成、石关峡：《最早的玉门关与最晚的玉门关》，《中国历史地理论丛》2005 年第 2 期，第 120—125 页。

西汉的玉门关及其性质

——基于史籍和出土文献的考论

魏迎春
郑炳林　　兰州大学、敦煌学研究所

摘要：西汉玉门关设置于汉武帝元封三年，最初的位置在汉酒泉郡西部，敦煌郡的东部；汉武帝太初三年至四年间，为了征伐大宛，由玉门关军正任文迁徙到敦煌西部，大约在西汉阳关的位置；汉武帝后元年间迁徙到敦煌郡西北一百六十里的地方，而原来玉门关所在的关隘改名为阳关。从此以后，玉门关成为一个军事关口，凡是汉朝政府出兵西域或者接受西域投降等与军事有关的事务，都经由玉门关，而西域诸国使节进入西汉必须经过阳关，阳关成为一个通使为主的关隘。

关键词：敦煌；玉门关；阳关；西汉

西汉玉门关是敦煌文献中记载最多的地名，提到敦煌必然就想到玉门关，提到玉门关就必然同玉石联想到一起。敦煌马圈汉简中仅有一条资料记载到玉石[1]，很难说明西汉时期玉石经过玉门关大量进入中原地区。敦煌悬泉汉简记载大量西域诸国客使经过敦煌进入长安，其中不乏专门从事商业贸易的胡客、胡人，也有来自于阗、扜弥、莎车等出产玉石地方的客使。敦煌郡也有很多以玉命名的地方，如效谷县就有得玉里、玉光里等。西汉政府有负责接待使客的官员如大行、主客等，并派遣很多不同级别的使者前往西域地区，特别是这些出产玉石的地方，有很多经过敦煌贡献给西汉的马、橐驼等，唯独没有见到贡玉石的记载，而且这些客使行经阳关来往于汉朝与西域间。因此敦煌玉门关前后位置变化引起了学术界的关注，玉门关的得名也引起学术界和社会热心人士望文生义错误的猜测[2]。针对这些问题，我们就玉门关设置的时间、设置

---

[1]　敦煌马圈湾汉简9记载："厉满私玉石一枚重卅斤。"从私字看，这枚玉石不属于正式商品，可能属于玉门关查获所得出使官员携带的私货，很可能属于违禁物品，故不足以以玉石来命名关名。

[2]　《敦煌学大辞典》（上海辞书出版社，1998年，第198页）玉门关条称："关名。相传为阗美玉经此关输入中原，故名。汉关在敦煌县西北一百八十里，寿昌县北一百六十里。周回一百三十步，汉武帝元鼎六年（前111）置都尉。今敦煌西北八十公里小方盘城，即汉关遗址，出土有汉'酒泉玉门关'简，则置关或在敦煌置郡前。西出至车师、楼兰、疏勒等地，为汉通西域门户。隋唐时关已东徙至瓜州城东北八十余里，今安西

地点前后的变化、玉门关的功能等，根据史籍和出土文献进行必要的梳理和探讨。西汉玉门关研究成果很多，我们不想就玉门关研究成果做过多的罗列，本文主要根据玉门关出现于史籍前后顺序，做一点梳理工作。

一

玉门关最早的设置时间是元封三年（前108）。根据《史记·大宛列传》记载赵破奴击败姑师、楼兰置玉门关：

> 于是天子以故遣从骠侯赵破奴将属国骑及郡兵数万，至匈河水，欲以击胡，胡皆去。
>
> 其明年，击姑师，破奴与轻骑七百余先至，虏楼兰王，遂破姑师。举兵威以困乌孙、大宛之属。还，封破奴为浞野侯。王恢数使，为楼兰所苦，言天子，天子发兵令恢佐破奴击破之，封恢为浩侯。于是酒泉列亭障至玉门矣[1]。

相同的记载还见载《汉书·张骞传》：

> 楼兰、姑师小国，当空道，攻劫汉使王恢等尤甚。而匈奴奇兵又时时遮击之。使者争言外国利害，皆有城邑，兵弱易击。于是天子遣从骠侯破奴将属国骑及郡兵数万以击胡，胡皆去。明年，击破姑师，虏楼兰王。酒泉列亭鄣至玉门[2]。

《汉书·西域传》也记载到：

> 于是武帝遣从骠侯赵破奴将属国骑及郡兵数万击姑师。王恢数为楼兰苦，上令恢佐破奴将兵。破奴与轻骑七百人先至，虏楼兰王，遂破姑师，因暴兵威以动乌孙、大宛之属。还，封破奴为浞野侯，恢为浩侯。于是汉列亭障至玉门矣[3]。

这些记载都没有记录赵破奴出兵击姑师、楼兰的时间，因而不能确定玉门关设置的时间。根据《资治通鉴》汉武帝元封三年（前108）记载：

> 上遣将军赵破奴击车师。破奴与轻骑七百余先至，虏楼兰王，遂破车师，因

县东双塔堡一带。"网络上刊发尚书《玉石之路》称："玉门关，顾名思义，是为玉石商队设立的关卡，汉武帝时，耗资巨大，以玉门关税收用于守关吏卒的饷费当在情理之中，征税的主要对象是西域的玉石商贾。"

[1] 司马迁：《史记》，中华书局，1975年，第3171、3172页。
[2] 班固：《汉书》，中华书局，1975年，第2695页。
[3] 班固：《汉书》，中华书局，1975年，第3876页。

举兵威以困乌孙、大宛之属。春正月，甲申，封破奴为浞野侯。王恢佐破奴击楼兰，封恢为浩侯。于是酒泉列亭障至玉门矣[1]。

玉门关与敦煌郡的设置为同一时期先后进行，但是玉门关的位置未必就在敦煌郡，这些文献很明确记载修筑的亭障是"酒泉列亭郭至玉门"，而不是敦煌列亭障至玉门，就表明这次修筑亭障在酒泉郡境内，而不在敦煌郡境内。酒泉至玉门长城修筑工程是赵破奴主持，修筑的时间是赵破奴虏楼兰王攻破车师之后，当时为了对楼兰、车师用兵，西汉政府动员属国及郡兵数万，很可能赵破奴就是利用这支军队修筑酒泉到敦煌东界的玉门关之间的长城和塞城。玉门就是指玉门关，从这条记载还不能确定这个玉门的具体位置，因为列亭障至玉门是在李广利征大宛之前，应当是指敦煌东界的玉门关。就是说，元封三年西汉才将长城修筑至敦煌东界的玉门关，还远远没有到敦煌界内。赵破奴出兵至匈河水击匈奴的时间是元鼎六年，而赵破奴出击姑师、虏楼兰王发生于元封三年（前108），因此玉门关的设置时间应当在赵破奴攻破楼兰、姑师之后的元封三年。《元和郡县图志》陇右道下酒泉郡玉门县记载：

汉罢玉门关屯戍，徙其人于此，因以名县[2]。

玉门县是以玉门关屯戍卒设置，所以这个玉门关距玉门县不会很远。汉武帝元鼎六年（前121）置敦煌郡筑敦煌城，修筑土河防御体系，土河东至敦煌东五百一十里一百步。据《元和郡县图志》陇右道下沙州、瓜州、肃州记载，敦煌至酒泉七百八十里，而玉门县至酒泉二百里，因此元封三年修筑的玉门关在玉门县西一百里左右的地方[3]。

关于这次修亭障至玉门，《汉书·西域传》没有叙述起点，《汉书·张骞传》《史记·大宛列传》及《资治通鉴》等都记在酒泉，我们推测浑邪王投降汉朝，汉置酒泉郡就修筑了令居塞至酒泉的亭障；元封三年修筑了酒泉境内的亭障至玉门。既然是列亭郭至玉门，应当说这个时期玉门关已经设置。从这个记载看即将酒泉郡边塞长城延伸到玉门关，表明玉门关就是赵破奴、王恢击破楼兰、姑师后修建的塞城。但是这次列亭障仅仅到玉门，没有记载到敦煌，说明这个玉门关还不在敦煌郡境内。《史记·大宛列传》记载太初元年（前104）李广利征大宛兵败而还，"天子闻之，大怒，而使使

〔1〕　司马光：《资治通鉴》，中华书局，1956年，第487页。

〔2〕　司马迁：《史记》，中华书局，1975年，第1024年。

〔3〕　《元和郡县图志》卷40沙州"东至瓜州三百里。"瓜州"东南至肃州四百八十里。"肃州玉门县"东至州二百二十里。"

遮玉门，曰军有敢入者辄斩之！贰师恐，因留敦煌。"[1]《汉书·李广利传》记载太初元年李广利伐大宛：

> 往来二岁，至敦煌，士不过一二。使使上书言："道远，多乏食，且士卒不患战而患饥。人少，不足以拔宛。愿且罢兵，益发而复往。"天子闻之，大怒，使使遮玉门关，曰："军有敢入，斩之。"贰师恐，因留屯敦煌[2]。

此玉门即玉门关应在敦煌之东，酒泉之西。只有这样贰师将军李广利才能在敦煌屯田，如果在敦煌西部，李广利根本返回不到敦煌。敦煌写本《寿昌县地境》记载玉门关为汉武帝元鼎九年：

> 玉门关，县北一百六十里。汉武帝元鼎九年置，并有都尉。《西域传》东即限以玉门、阳关也[3]。

元鼎九年即元封三年，《寿昌县地境》将汉武帝置敦煌东界玉门关的时间与敦煌西北的玉门关设置的时间混淆在一起了，实际上这是酒泉列亭鄣至玉门的时间，也就是最初设置玉门关的时间，这个玉门关应当在敦煌东部地区，设置的地点不是敦煌西北而是敦煌东界酒泉郡境内。只有这样李广利第一次征大宛失利，汉武帝遣使者遮玉门关，李广利才能屯田敦煌，如果是敦煌西北的玉门关，关外是一片戈壁沙漠，根本不能屯田积谷。

汉武帝最初置玉门关在酒泉郡管辖范围，我们还可以由敦煌文献的记载得到印证。敦煌写本 P. 3535V《河西诸州地理形势处分语》记载肃州"州得酒泉之郡，乡连会川之郊；控驿马之途，据玉门之险"。沙州"地疏龙勒，境控阳关"。[4] 我们从撰写内容格式特点分析，这些内容主要是抄写韦澳《诸道山河地名要略》中的处分语而形成的，可以肯定韦澳作《诸道山河地名要略》时所参考的地理文献是将玉门关放在酒泉郡境内而不是敦煌郡境内，也就是说，汉武帝最初设置玉门关是在酒泉郡西部的玉门之险。

二

敦煌文献记载的玉门关都是敦煌西界之玉门关，是后来设置的玉门关。如敦煌文

---

〔1〕 司马迁：《史记》，中华书局，1975 年，第 3175 页。
〔2〕 班固：《汉书》，中华书局，1975 年，第 2703 页。
〔3〕 郑炳林：《敦煌地理文书汇辑校注》，甘肃教育出版社，1989 年，第 61、62 页。
〔4〕 上海古籍出版社、法国国家图书馆：《法藏敦煌西域文献》，上海古籍出版社，2002 年，第 208 页。

献 P.2691《沙州城土境》寿昌县记载："玉门关，县北一百六十里。""西寿昌城，县西廿五里。南有湖，说别有本。"本卷还记载："寿昌海，县南十里，方圆一里。"[1]这大概就是指"说别有本"。P.5034《沙州图经》二"古关"条记载："玉门关，周回一百二十步，高三丈。"[2] 也没有记载到他们的设置时间。

玉门关设置之后防御的地区是张掖、酒泉；防御对象是从北方入侵的匈奴，而不是敦煌西部外来势力。当时玉门关驻军的军正是任文，带领军队防御的对象是从酒泉、张掖北部入侵的匈奴右贤王部。《史记·匈奴列传》太初三年（前102）记载：

> 其秋，匈奴大入定襄、云中，杀略数千人，败二千石而去，行破坏光禄所筑城列亭障。又使右贤王入酒泉、张掖，略数千人。会任文击救，尽复失得而去。是岁，贰师将军破大宛，斩其王而还。匈奴欲遮之，不能至[3]。

《汉书·匈奴传》太初三年（前102）记载：

> 其秋，匈奴大入云中、定襄、五原、朔方，杀略数千人，败数二千石而去，行坏光禄所筑亭障。又使右贤王入酒泉、张掖，略数千人。会任文击救，尽复失其所得而去。闻贰师将军破大宛，斩其王还，单于欲遮之，不敢，其冬病死[4]。

《资治通鉴》汉武帝太初三年（前102）春正月汉使强弩都尉路博德筑居延泽上，秋匈奴大入定襄、云中：

> 又使右贤王入酒泉、张掖，略数千人。会军正任文击救，尽复失所得而去[5]。

军正任文屯兵玉门关，而又出兵攻击入侵酒泉、张掖郡的匈奴，很显然这个玉门关应当就在酒泉郡境内，即敦煌郡东界，防御的是对酒泉、张掖造成威胁的匈奴。玉门关的位置就是敦煌写本 P.2005《沙州都督府图经》记载土河向东所到达的地方，即"右周回州境，东至碛口亭，去州五百一十里一百步。"[6] 紧邻碛口亭所处的地方，很可能就是最初设置玉门关的位置。

酒泉郡玉门关西迁敦煌郡西，发生于汉武帝派遣贰师将军李广利第二次征大

---

[1]　郑炳林：《敦煌地理文书汇辑校注》，甘肃教育出版社，1989年，第40、41页。
[2]　郑炳林：《敦煌地理文书汇辑校注》，甘肃教育出版社，1989年，第45、46页。
[3]　司马迁：《史记》，中华书局，1975年，第2916、2917页。
[4]　班固：《汉书》，中华书局，1975年，第3776页。
[5]　司马光：《资治通鉴》，中华书局，1956，第703页。
[6]　郑炳林：《敦煌地理文书汇辑校注》，甘肃教育出版社，1989年，第14页。

宛，敦煌西部已经修筑有塞城，但是这个塞城还没有正式的名称。根据《史记·大宛列传》记载李广利的军队是出敦煌的："初，贰师起敦煌西，以为人多，道上不能食，乃分为数军，从南北道。"[1] 西汉的军队是从敦煌西出兵，西汉与西域间的关塞应当在敦煌西部。《汉书·李广传附李陵传》太初四年（前101）记载：

> 武帝以为有广之风，使将八百骑，深入匈奴二千里，过居延视地形，不见虏，还。拜为骑都尉，将勇敢五千人，教射酒泉、张掖以备胡。数年，汉遣贰师将军伐大宛，使陵将五校兵随后。行至塞，会贰师还。上赐陵书，陵留吏士，与轻骑五百出敦煌，至盐水，迎贰师还，复留屯张掖[2]。

这里记载的塞当指敦煌之西的关塞，即后来的玉门关或者阳关，从李陵与轻骑五百出敦煌至盐水看，这个塞就在敦煌，出塞就是出敦煌。很可能是这个时期将玉门关西移至敦煌西部的塞城。汉武帝太初三年（前102）李广利第二次征大宛，为了防止匈奴对河西的威胁，汉益发戍甲卒十八万酒泉、张掖北，置居延、休屠县以卫酒泉[3]。

根据《汉书·西域传》太初四年（前101）的记载：

> 后贰师军击大宛，匈奴欲遮之，贰师兵盛不敢当，即遣骑因楼兰候汉使后过者，欲绝勿通。时汉军正任文将兵屯玉门关，为贰师后距，捕得生口，知状以闻。上诏文便道引兵捕楼兰王[4]。

《资治通鉴》武帝太初四年（前101）春记载：

> 匈奴闻贰师征大宛，欲遮之，贰师兵盛，不敢当，即遣骑因楼兰候汉使后过者，欲绝勿通。使汉军正任文兵屯玉门关，捕得生口，知状上闻。上诏文便道引兵捕楼兰王，将诣阙薄责。王对曰："小国在大国间，不两属无以自安，愿徙国入汉地。"上直其言，遣归国，亦因使候司匈奴，匈奴自是不甚亲信楼兰。
>
> 自大宛破后，西域震惧，汉使入西域者益得职。于是自敦煌西至盐泽往往起亭，而轮台、渠犁皆有田卒数百人，置使者、校尉领护，以给外国者[5]。

我们从以上记载看，军正任文将兵屯玉门关，这个玉门关应当距离楼兰很近，实际上这个时期任文兵屯的玉门关已经在敦煌西界。这个判断也可以由楼兰的地理位置

〔1〕 司马迁：《史记》，中华书局，1975年，第3177页。

〔2〕 班固：《汉书》，中华书局，1975年，第2450、2451页。

〔3〕 《汉书·李广利传》置居延、休屠以卫酒泉，颜师古注引如淳曰："立二县以卫边也。或曰置二部都尉。"

〔4〕 班固：《汉书》，中华书局，1975年，第3877页。

〔5〕 司马光：《资治通鉴》，中华书局，1956年，第707页。

得到证实，根据《汉书·西域传》记载，"然楼兰最在东垂，近汉，当白龙堆，乏水草，当主发导，负水儋粮，送迎汉使，又数为吏卒所寇，惩艾不便与汉通。""鄯善当汉道冲"[1]。出玉门关临近汉朝边界的是楼兰，因此这个玉门就是敦煌西部的玉门关。太初四年（前101）李广利征大宛胜利而归，也是从玉门关返回的，"军还，入玉门者万余人，马千余匹。"[2] 这个玉门就是指西汉设置在敦煌西界的玉门关，就是说到太初四年李广利征大宛得胜返回时[3]，玉门关已经从敦煌的东部迁徙到敦煌的西界，玉门关西迁敦煌应当是军正任文所为。这个时期玉门关是敦煌西部前往西域地区唯一关口，外国客使和西汉派遣到西域的使者、前往西域镇抚的军队都经由此关。这种状况给西汉边塞带来严重的安全隐患，迫使西汉政府在敦煌郡西部设置阳关、玉门关，将军事和通使分开，将玉门关北迁至敦煌郡西北，将原来玉门关所在塞城改名为阳关。从此以后，玉门关职能纯粹是负责军事，西汉军队和专使经由玉门关，而外国客使经由阳关进出西汉内地。

西汉敦煌郡西北设置玉门关的时间，史籍没有明确记载。《汉书·西域传》记载：

> 西域以孝武时始通，本三十六国，其后稍分至五十余，皆在匈奴之西，乌孙之南，南北有大山，中央有河，东西六千余里，南北千余里。东则接汉，阸以玉门、阳关，西则限以葱岭。……蒲昌海，一名盐泽者也，去玉门、阳关三百余里，广袤三百里。

颜师古注引孟康曰：

> 二关皆在敦煌西界[4]。

我们从这段叙述中得知，位于敦煌西界的玉门关和阳关一样都是汉武帝时期所置，至于具体时间，我们认为当在汉武帝正式经营西域之后。《汉书·西域传上》记载：

> 其后骠骑将军击破匈奴右地，降浑邪、休屠王，遂空其地，始筑令居以西，初置酒泉郡，后稍发徙民充实之，分置武威、张掖、敦煌，列四郡，据两关焉。自贰师将军伐大宛之后，西域震惧，多遣使来贡献，汉使西域者益得职。于是自敦煌西至盐泽，往往起亭，而轮台、渠犁皆有田卒数百人，置使者校尉领护，以

---

[1] 班固：《汉书》，中华书局，1975年，第3878、3879页。

[2] 班固：《汉书》，中华书局，1975年，第2703页。

[3] 《汉书·匈奴传》记载："汉既诛大宛，威震外国，天子意欲遂困胡，……是岁，太初四年也。"

[4] 班固：《汉书》，中华书局，1975年，第3871页。

给使外国者[1]。

汉武帝太初四年（前101）李广利征服大宛之后，西汉才修筑了敦煌至罗布泊的亭隧。所谓"起亭"应当包括敦煌郡境内的长城和西部至罗布泊的亭隧，敦煌西北的玉门关很可能修筑在这个时期。这里仅仅记载修筑了敦煌郡至罗布泊的军事防御体系亭隧和长城，并没有记载设置玉门关，就说明敦煌郡的玉门关不在这个防御体系上，或者玉门关修筑工程不是和这次起亭同时进行的。关于敦煌郡西北玉门关的修筑时间，史籍没有明确记载。根据《汉书·地理志》敦煌郡龙勒县记载：

> 龙勒。有阳关、玉门关，皆都尉治[2]。

玉门关都尉、阳关都尉设置的年代，就是两关的设置年代。《元和郡县图志》卷四十陇右道下沙州寿昌县记载有玉门关：

> 玉门故关，在县西北一百七十里。谓之北道，西趣车师前王庭即疏勒[3]。

同样没有记载玉门关设置的时间，也没有记载玉门关名称的来源。玉门关于太初四年前后西移敦煌郡西，到底迁移到敦煌郡西部哪个位置？我们根据 S. 5448《敦煌录一本》记载有阳关和玉门关的关系："州西有阳关，即故玉门关。"[4] 分析阳关和玉门关最初是一个关，后分为两个关。我们结合《史记》《汉书》的有关记载推测，在贰师将军李广利太初三年征大宛，汉朝派遣李陵将五校兵随后。"行至塞，会贰师还。上赐陵书，陵留吏士，与轻骑五百出敦煌，至盐水，迎贰师还。"李陵将五校兵随李广利后，所谓行至塞，这个塞应当在敦煌西，不然李陵不会率轻骑五百出敦煌。所谓"时汉军正任文将兵屯玉门关，为贰师后距。"及后来李广利得胜率军队返回，所谓"军还入玉门者万余人"，指的都是敦煌西部的故玉门关，即阳关。后来因为西域各国使节入塞进贡并窥汉，为了防止汉朝军事部署外泄，于汉武帝后元年间（前88—87）将玉门关北移至敦煌西北一百七十里的小方盘成一带，而在原来玉门关的地方置阳关。这个推测正好与 P. 5034《沙州图经》记载阳关于汉武帝后元年置都尉相符合，置关都尉就表明置阳关。

玉门关设置于敦煌西北的时间，敦煌文献 S. 788《沙州图经》寿昌县记载：

---

〔1〕　班固：《汉书》，中华书局，1975年，第3873页。

〔2〕　班固：《汉书》，中华书局，1975年，第16149页。

〔3〕　李吉甫：《元和郡县图志》，中华书局，1983年，第1027页。

〔4〕　郑炳林：《敦煌地理文书汇辑校注》，甘肃教育出版社，1989年，第87页。

　　玉门关，县东北一百六十里。《地理志》云：汉武帝后元年中置。《西域传》
云：东则接［汉］，厄以玉门、阳关是也[1][2]。

　　"后元年中"之"年"，原卷图版近似"康"字 很显然是"年"字之误，应当是
汉武帝后元年中置，就是说玉门关北移至龙勒县东北一百六十里的地方是汉武帝后元
年间的事情。这里记载"汉武帝后元年中置"，是关于玉门关设置敦煌西北小方盘城至
马圈湾一带最为明确的记载，也是敦煌文献对玉门关设置时间最大的贡献。

三

　　玉门关是一个军事关隘。西汉出敦煌对西域进行军事行动一般经过玉门关。虽然这
个时期敦煌郡西部只有一个塞城，但是西汉政府开始强调玉门关的军事职能。如汉武帝
征和四年（前89）派遣开陵侯率领六国兵击车师，返回的军队就经过玉门关进入敦煌：

　　　　前开陵侯击车师时，危须、尉犁、楼兰六国子弟在京师者皆先归，发畜食迎
　　汉军，又自发兵，凡数万人，王各置将，共围车师，降其王。诸国兵便罢，力不
　　能复至道上食汉军。汉军破城，食至多，然士自载不足以竟师，强者尽食畜产，
　　赢者道死数千人。朕发酒泉驴橐驼负食，出玉门迎军[3]。

　　虽然此时玉门关并不在后来的玉门关位置，但是玉门关作为军事关塞的职能已经
很明显了。就是说军队一般经由玉门关进出。玉门关的军事性质我们可以通过婼羌王
投降西汉事件看出：

　　　　又去胡来王唐兜，国比大种赤水羌，数相寇，不胜，告急都护。都护但钦不
　　以时救助，唐兜困急，怨钦，东守玉门关。玉门关不内，即将妻子人民千余人亡
　　降匈奴。匈奴受之，而遣使上书言状。是时，新都侯王莽秉政，遣中郎将王昌等
　　使匈奴，告单于西域内属，不当得受。单于谢罪，执二王以付使者。莽使中郎王
　　萌待西域恶都奴界上逢受。单于遣使送，因请其罪。使者以闻，莽不听，诏下会
　　西域诸国王，陈军斩姑句、唐兜以示之[4]。

　　《资治通鉴》将去胡来王投降汉朝事件系之西汉平帝元始二年（2）秋九月：

————————————————

〔1〕 郑炳林：《敦煌地理文书汇辑校注》，甘肃教育出版社，1989年，第57页。
〔2〕 我们对这篇文书的录文有误，误将"《地理志》云汉武帝后元年中置"，释录成"汉武帝后元鼎中置"。
〔3〕 班固：《汉书》，中华书局，1975年，第3913页。
〔4〕 班固：《汉书》，中华书局，1975年，第3925页。

又去胡来王唐兜与赤水羌数相寇，不胜，告急都护，都护但钦不以时救助。唐兜困急，怨钦，东守玉门关；玉门关不内，即将妻子、人民千余人亡降匈奴；单于受置左谷蠡地，遣使上书言状曰："臣谨已受。"诏遣中郎将韩隆等使匈奴，责让单于，单于叩头谢罪，执二虏还付使者。诏使中郎将王萌待于西域恶都奴界上。……诏会西域诸国王，陈军斩姑句、唐兜以示之[1]。

唐兜是婼羌国王，距离婼羌最近的地方是鄯善和敦煌，从鄯善东行进入汉朝境内应当入阳关，但是唐兜绕道北行从玉门关投降汉朝，说明玉门关是一个军事关口，凡是军事行动都必须经由玉门关进入。

敦煌悬泉汉简Ⅰ91DXT0405④：A22记载归降西汉的一批大月氏人经过玉门关进入西汉敦煌郡境内："府移玉门书曰：降归义大月氏闻须勒等。"[2] 敦煌郡行文给玉门关长官，让归降的大月氏闻须勒等经过关塞进入，归降是一种军事行为，所以他们只能经由玉门关进入。

玉门关是一军事关塞，最能说明其职能的是新莽始建国二年（10）派遣广新公甄丰当出西域引发车师后王须置离欲亡入匈奴，西域都护但钦杀须置离引发其弟帅部二千降匈奴，戊己校尉史陈良、终带杀校尉号称汉后将军投降匈奴事件。天凤年间匈奴绝和亲，出兵击北边，西域瓦解，"焉耆国近匈奴，先叛，杀都护但钦"。天凤三年，王莽派遣五威将王骏、西域都护李崇将戊己校尉郭钦出西域，以击焉耆。"骏等将莎车、龟兹兵七千余人，分为数部入焉耆，焉耆伏兵要遮骏，及姑墨、尉犁、危须国兵为反间，还共袭击骏等，皆杀之。"[3] 这次出兵就是经由玉门关出塞，郭钦后至，杀焉耆老弱，经高昌壁入塞，亦经由玉门关。根据敦煌马圈湾汉简记载，新莽始建国四年使西域大使五威左率都尉西行，就是对焉耆的军事行动：

始建国天凤四年正月丁巳朔庚辰使西域大使五威左率[4]
使西域大使五威左率都尉□□□[5]

新莽始建国天凤年即公元17年。敦煌马圈湾汉简亦记载焉耆的地形险要，就同这次进军焉耆战争有密切关系：

〔1〕 司马光：《资治通鉴》，中华书局，1956年，第1137页。
〔2〕 甘肃简牍博物馆、甘肃文物考古研究所：《悬泉汉简》，中西书局，2020年，第423页。
〔3〕 班固：《汉书》，中华书局，1975年，第3925—3927页。
〔4〕 张德芳：《敦煌马圈湾汉简集释》，甘肃文化出版社，2013年，第120页。
〔5〕 张德芳：《敦煌马圈湾汉简集释》，甘肃文化出版社，2013年，第10页。

　　　　臣厶前捕斩焉耆虏地执多险阻舍宿营止宜于[1]

　　这很可能是在郭钦等在对焉耆战争结束时的情况报告，捕斩焉耆虏，就是指郭钦率兵袭杀焉耆老弱，这里地形多险阻，是选择适合宿营的地点。另外敦煌马圈湾53汉简记载"钦将吏士"，就是指郭钦带兵对焉耆用兵。敦煌马圈湾汉简52记载："诚恐误天时失战利不敢入塞从报□□□障"[2]。就是指王骏死后郭钦率兵袭杀焉耆老弱之后从车师经新开道进入玉门关的记载[3]。这些记载出现在敦煌马圈湾汉简中绝不是偶然，学界研究认为敦煌马圈湾就是西汉玉门关，因此马圈湾汉简应当是玉门关都尉的文献，这些汉简的内容说明，这次王骏出兵征伐焉耆是从玉门关出塞的，也表明玉门关就是一个军事关口。

　　敦煌马圈湾汉简记载经此过往行人的身份。如简3记载"一牒，十二月庚子朔丙申偏将军"[4]，牒是过所之类的公文文书，根据文书内容得知十二月丙申日偏将军将要通过关塞，至于这位偏将军是入关还是出关，不得而知，但是偏将军从这里经过关塞，就决定了此关性质应当是供军队使用的关隘。敦煌郡玉门关管辖的亭隧很多，汉简中这些亭隧的兵力配置、装备和物资分配等都有记载，从中可以看出，玉门关过往的物品，以军粮和军事装备物资为主，很少有商品经过玉门关，特别是玉石更为稀罕。况且玉门关是西汉政府大规模通使西域之前就设置的关隘。敦煌马圈湾汉简记载玉门关都尉及其防御体系亭隧候官等兵员的配备及其食物供给，如简22A是一件稟名，记载从某三年七月至四年六月间供给粮食的数量，供给粮食以每个月计算，供给标准每月三石，大概就是当时一个士兵的食用标准[5]。每个士兵都有领取粮食的登记簿，登记簿详细记载某个时段该士兵领取粮稟的情况。第23简记载广武候官配给粮食的情况：

　　　　广武候长冯尚，七月廿二日官自取，从六月食长穬麦十九斛八斗六升[6]。

　　亭隧吏士的服装依靠国家提供。敦煌马圈湾汉简24记载了玉门关所属千秋隧因冬时将临近向上级请求更换冬装[7]。从这些记载看，经由玉门关基本上没有客使之类的胡

---

〔1〕　张德芳：《敦煌马圈湾汉简集释》，甘肃文化出版社，2013年，第10页。

〔2〕　张德芳：《敦煌马圈湾汉简集释》，甘肃文化出版社，2013年，第10页。

〔3〕　敦煌马圈湾出土一批王莽天凤四年对焉耆战争的简牍，记载王莽派遣五威将王骏、西域都护李崇、戊己校尉郭钦出兵征伐焉耆的经过。关于这批简牍的研究参甘肃省考古研究所编《敦煌汉简》（中华书局，1991年）附录第83—84页《敦煌马圈湾汉代烽燧遗址发掘报告》。胡平生《敦煌马圈湾木简中关于西域史料的辨证》，《胡平生简牍文物论稿》，中西书局，2012年。

〔4〕　张德芳：《敦煌马圈湾汉简集释》，甘肃文化出版社，2013年，第7页。

〔5〕　张德芳：《敦煌马圈湾汉简集释》，甘肃文化出版社，2013年，第186页。

〔6〕　张德芳：《敦煌马圈湾汉简集释》，甘肃文化出版社，2013年，第186页。

〔7〕　张德芳：《敦煌马圈湾汉简集释》，甘肃文化出版社，2013年，第186页。

客，更不存在西域诸国使者，只有西汉中央政府派遣的使者和前往屯戍之地的吏卒，特别是将与西汉政府无关的外国客，派遣到阳关往来。这些都说明玉门关就是军事性质的关口。

敦煌郡玉门关在敦煌马圈湾汉简和敦煌悬泉汉简有很多记载，特别是悬泉汉简记载悬泉置接待很多客使，也有很多西域诸国派遣而来的客使、贵人，这些客使、贵人在敦煌驿站受到的接待规格很高，乘坐轺车又有使者护送，饮食有肉有酒，使团的规模有时也很大，动辄数百人也很常见。但是没有见到记载将这些使客、贵人送往玉门关出塞，就是说玉门关对这些外国客是不开放的，因为玉门关驻守的主要是军队，玉门关一带存储的也主要是军备物资。

从前文论述得知，阳关的设置应当晚于玉门关，根据敦煌文书 P.5034《沙州图经》的记载武帝后元年间（前88—87）置阳关。据我们考证，玉门关应当是太初四年（前101）所置。《汉书·李广利传》记载太初四年李广利征大宛"贰师起敦煌西"，而不说出玉门关，说明玉门关还没有设置，而返回时已经有了玉门关："军还，入玉门关者万余人，马千余匹。"[1] 西汉政府为何在敦煌西界设阳关、玉门关两个塞城？我们是否可以这样认为，西汉太初四年设置玉门关，此时玉门关不仅仅是军事关隘，也可以作为出使关隘而使用。随着西汉政府对西域军事安辑的加强，军事活动日益频繁；随着与西域诸国通使活动密切，不仅仅是西汉使节出使外国，更多的是外国使者进入西汉，这样就涉及很多军事安全方面的纰漏，特别是将西汉在敦煌郡的驻军情况暴露在西域使者的面前，而这些外国使者有很多是与西汉政府处于敌对的战争状态下的政权派出的，这无疑对西汉政府的边防有很大的隐患。为保证西汉在敦煌郡驻军的秘密，有必要把一般性的管理行商使者的关塞同军事关隘区分开来，因而西汉政府就在玉门关的基础上修筑阳关。玉门关是太初四年之前通西域的要道，因此作为地位稍低的关隘只能避开玉门关，于是在其南设置了阳关。玉门关是军事关隘，而阳关是供行商使者行走的关隘。所以从《汉书·西域传》的记载来看，西域诸国使者行经的关隘都是阳关，而投降西汉政府或与军事有关的行为，必须在玉门关外等待批准，没有得到西汉政府的同意不能随便入关。虽然西汉置阳关都尉和玉门关都尉[2]，但阳关都尉负责西域诸国使者的护送，而玉门关都尉就是纯粹的军事性屯田积谷，为应对西域战事而做准备的。辛武贤为了对乌孙用兵开凿渠道运粮居卢仓，就是为了从玉门关出兵做准备的。

项目：国家社科基金冷门绝学专项学术团队项目《敦煌河西碑铭与河西史研究》（21VJXT002）。

---

[1] 班固：《汉书》，中华书局，1975年，第2702、2703页。
[2]《汉书·地理志》记载龙勒县有阳关、玉门关，皆都尉治。

汉代玉门置考论[*]

贾小军　河西学院河西史地与文化研究中心

玉门市位于酒泉市中部、河西走廊西段，地理位置十分重要。因此，自汉代以来，历代中原中央王朝或河西割据政权均在今玉门市域内设立县级行政区划进行管理。又因玉门市正好位于丝绸之路河西走廊段的主干道上，因此政府还设有邮驿机构"玉门置"，负责传递公文和接待过往使者、官员。

根据悬泉里程简Ⅱ 90DXT0214 ①：130A[1]可知，汉代酒泉郡设有包括"玉门置"在内的十一处驿置；而由于出土简文释读困难，敦煌郡是否设有一处"玉门置"则有争议[2]。随着新近《玉门关汉简》的发布[3]，相关学术争议也将告一段落，因此有必要对以上问题做进一步的梳理和讨论。

一　汉代酒泉郡的玉门置

悬泉里程简Ⅱ 90DXT0214 ①：130A[4]第二、第三记载了汉代酒泉郡境内的驿置道里情况：

简1：祁连置去表是七十里，玉门去沙头九十九里，沙头去乾齐八十五里，乾齐去渊泉五十八里，●右酒泉郡县置十一●六百九十四里

其中的"玉门"即"玉门置"，属于"因其位于县治或其附近，遂以县命名，在简册中仅写县名，而省去'置'字"[5]的驿置。据《汉书》卷28下《地理志下》，

*　基金项目："玉门市玉门关遗址考古"项目。
　　作者简介：贾小军（1979—），男，甘肃秦安人，历史学博士，河西学院河西史地与文化研究中心教授，主要从事魏晋南北朝史、河西史地、丝绸之路研究。
〔1〕甘肃省文物考古研究所：《敦煌悬泉汉简释文选》，《文物》2000 年第 5 期，第 27—45 页。
〔2〕李岩云：《1998 年敦煌小方盘城出土的一批简牍涉及的相关问题》，《敦煌学辑刊》2009 年第 2 期。
〔3〕张德芳、石明秀：《玉门关汉简》，中西书局，2019 年。
〔4〕甘肃省文物考古研究所：《敦煌悬泉汉简释文选》，《文物》2000 年第 5 期，第 27—45 页。
〔5〕高荣：《论秦汉的置（下）》，《鲁东大学学报（哲学社会科学版）》2012 年第 6 期。

西汉酒泉郡辖禄福、表是、乐涫、天、玉门、会水、池头、绥弥、乾齐 9 县[1]，上述诸县中，见于里程简者仅表是、玉门、池头（东汉改作"沙头"）、乾齐四处，渊泉属敦煌郡，为敦煌郡第一处驿置，酒泉郡表是与玉门之间其余驿置未知。根据上述记载可知，一般意义上的"玉门置"应专指位于酒泉郡玉门县治或其附近的"玉门置"。

笔者对汉代酒泉郡所设驿置曾做过考察，考知酒泉郡自东而西设有表是—乐涫—绥弥—A—禄福—B—天—C—玉门—池头（"沙头"）—乾齐等十一处驿置，从酒泉郡表是到敦煌郡渊泉的道路里程为 694 汉里（约合 289 公里），每个站点平均相距 69.4 汉里（28.9 公里）[2]。绥弥（置）至玉门（置）之间驿置具体情况不详，其中禄福、天皆为酒泉郡所属县级行政单位且位于东西大道之上，依里程简在河西走廊的书写规律判断，当有禄福置、天置。由于绥弥（置）至玉门（置）各置之间里程数缺失，很难对包括玉门（置）所在的几处驿置位置做准确判断。《元和郡县图志》卷 40《陇右道下》："玉门县，中下，东至州（按：指肃州，引者。）二百二十里。本汉旧县，属酒泉郡。汉罢玉门关屯戍，徙其人于此，因以名县。"[3]《读史方舆纪要》卷 63《陕西十二》"玉门城"条："玉门城，在卫西二百里。汉县，属酒泉郡，后汉因之。"[4] 明代二百里约合当今 115 公里，合 277 汉里。唐肃州治酒泉县，即今酒泉肃州区所在。如此，则汉玉门县在今肃州区西北约 115～119 公里处。据此里距，则汉玉门县（置）当在今赤金绿洲之内低窝铺以东、赤金镇西北一带。

《重修肃州新志》记载，清代赤金绿洲设有赤金卫（所），"本城在肃州西南二百五十里。原有旧城一座，高二丈二尺，根宽二丈六尺，顶宽七尺七寸，周围共一里一分零。没有正南门，于康熙五十六年，在旧城西南连筑新城一座，三月兴工，八月告竣，高二丈，根脚宽二丈，顶宽四尺，周围一里二分零。开南、北二门，合新旧城周围共二里三分零。旧南门、新南门、新北门共三门"[5]。李并成先生指出："原有的旧城可能即为汉唐玉门县城，或可能是在汉唐玉门县城的基础上构筑的。"[6] 但正如郝树声先生所言："两千多年前所建城市，很难一一与今天的故城遗址对应起来。尤其是那些当年建筑在绿洲农耕区的城市，今天除了继续沿用的以外，大多已荡然无存，如果一定要给两汉的每个县城指出一个今天的故城遗址，难免削足适履，张冠李戴。"[7]

---

[1]《汉书》卷 28 下《地理志下》，中华书局，1962 年，第 1614 页。

[2] 贾小军：《汉代酒泉郡驿置道里新考》，《敦煌研究》2020 年第 1 期。

[3]《元和郡县图志》卷 40《陇右道下》，中华书局，1983 年，第 1024 页。

[4]《读史方舆纪要》卷 63《陕西十二》，中华书局，2005 年，第 2982 页。

[5] 甘肃省酒泉县博物馆：《重修肃州新志》，酒泉县印刷厂，1984 年，第 603 页。

[6] 李并成：《河西走廊历史地理》，甘肃人民出版社，1995 年，第 95 页。

[7] 郝树声：《敦煌悬泉里程简地理考述》，《敦煌研究》2000 年第 3 期。

看来，要非常准确地确定汉玉门县的位置，还有待更可靠的考古学证据出现。

据悬泉里程简Ⅱ 90DXT0214 ①：130A "酒泉郡县置十一●六百九十四里" 的记载可知，酒泉郡共设有 11 置、694 里（约 289 公里），其中玉门西至渊泉四站三程（玉门—沙头—乾齐—渊泉）共 242 汉里（约 101 公里），玉门东到表是共八站八程（玉门—C—天—B[1]—禄福—A—绥弥—乐涫—表是）[2] 452 汉里（约 188 公里）。就相邻驿置之间距离而言，玉门西距沙头（池头）99 里（约 41.2 公里），玉门（置）东边的第一处驿置名称及里程简文缺载，均不详。

玉门置的机构设置、吏员配备等，由于简文记载阙如，已难确知。根据秦汉时期置的一般情况来看[3]，玉门置下应设有供各类使者官员住宿和提供饮食、车马的传舍、厨、厩等机构，并各有专门吏员负责。

二　关于敦煌郡的驿置问题

另外需要注意的是，悬泉简中，也有丰富的敦煌郡驿置信息。

简 2：甘露二年七月戊子朔壬寅，敦煌大守千秋、长史憙、丞破胡谓县：律曰：诸乘置，其传不为急及乘传者驿驾□令葆马三日。三日中死，负之。郡当西域空道，案厩置九所，传马员三百六十匹计，以来死者。（Ⅱ 90DXT0115③：80）[4]

据简文 "郡当西域空道，案厩置九所" 可知，汉代敦煌郡设有九处驿置。至于具体是哪九处驿置、各置之间里程如何，前述 "里程简" 并未列出，因此需要根据其他简文的记载判断。

简 3：□效谷、遮要、县（悬）泉、鱼离、广至、冥安、渊泉写移书到……其课田案劾岁者，白太守府，毋忽。如律令。（Ⅱ 90DXT0214 ③：154）[5]

---

〔1〕 李并成先生认为该处驿置在位于石关峡东口的玉石障，据李并成《汉酒泉郡十一置考》（《敦煌研究》2014 年第 1 期）。

〔2〕 贾小军：《汉代酒泉郡驿置道里新考》，《敦煌研究》2020 年第 1 期。

〔3〕 高荣：《论秦汉的置（上）》，《鲁东大学学报（哲学社会科学版）》2012 年第 5 期；高荣《论秦汉的置（下）》，《鲁东大学学报（哲学社会科学版）》2012 年第 6 期。

〔4〕 郝树声、张德芳：《悬泉汉简研究》，甘肃文化出版社，2009 年，第 21 页。

〔5〕 甘肃省文物考古研究所：《敦煌悬泉汉简释文选》，《文物》2000 年第 5 期；胡平生、张德芳：《敦煌悬泉汉简释粹》，上海古籍出版社，2001 年，第 51 页。

　　《敦煌悬泉汉简释粹》注云：效谷、遮要、县泉、鱼离、广至、冥安、渊泉：此处七个地名，皆当为驿置名，而非县名。其中"效谷、广至、冥安、渊泉"，皆敦煌郡属县名，四置与县同名，在悬泉出土的其他简牍中有记载。此外，与县同名的驿置还有龙勒置[1]。

　　根据悬泉简相关简文可知，效谷、遮要、悬泉、鱼离、广至、冥安、渊泉、龙勒均有较明确的驿置信息，但是否存在效谷置仍有争议。不支持敦煌郡设效谷置的理由，初师宾先生认为"效谷县不在大道线上"[2]，张俊民先生认为悬泉汉简相关简文中连续出现的三个字"效谷置"均应该在"效谷"二字后句读，不能理解为"效谷置"，且不在东西大道之上[3]。笔者认为，悬泉简中"效谷置"的记载不能轻易否定，汉代效谷县所在位置（暂从李并成先生敦煌郭家堡乡东北的城湾农场一带的"墩墩湾古城很可能为汉效谷县城"[4] 之说）距东西大道并不十分悬远（参见甘肃省地图集编纂办公室编《中华人民共和国甘肃省地图集》图83，1975年；初师宾《汉简长安至河西的驿道》图一，《简帛研究》（2005），广西师范大学出版社，2008年，第88—122页。），因此在更有说服力的证据发现之前，不能轻易否定汉代在敦煌郡设有效谷置的事实。因此，敦煌郡九置之中，效谷、遮要、悬泉、鱼离、广至、冥安、渊泉、龙勒八置较为明确，据前引简文"厩置九所"，则敦煌郡尚缺一置。

　　初师宾先生认为，另外一置当在敦煌县城[5]。张俊民先生也认为："在悬泉汉简中我们虽没有看到直观的'冥安置'或'敦煌置'的记录文字，但是此类众多的文书（按：指记录置与置之间粮食或饲料出入往来的文书，引者），足以证明两置是存在的。""从地理位置分析交通路线的走向和道里距离，冥安和敦煌也都应该有'县置'的设置。"[6] 因此，"从现有数据分析来看，敦煌郡至少存在八个置，名目由东向西分别是渊泉、冥安、广至、鱼离置、悬泉置、遮要置、敦煌和龙勒。"[7] 笔者同意上述意见。因此，敦煌郡九处驿置，自东向西依次应该是渊泉、冥安、广至、鱼离置、悬泉置、遮要置、效谷、敦煌和龙勒，这九所厩置中，渊泉置、冥安置、广至置、效谷

[1] 胡平生、张德芳：《敦煌悬泉汉简释粹》，上海古籍出版社，2001年，第51页。
[2] 初师宾：《汉简长安至河西的驿道》，《简帛研究》（2005），广西师范大学出版社，2008年，第88—112页。
[3] 张俊民：《汉代敦煌郡县置名目考——以悬泉汉简资料为中心的考察》，《秦汉研究》（第九辑），陕西人民出版社，2015年，第73—86页。
[4] 李并成：《河西走廊历史地理》，甘肃人民出版社，1995年，第125页。
[5] 初师宾：《汉简长安至河西的驿道》，《简帛研究》（2005），广西师范大学出版社，第88—112页。
[6] 张俊民：《汉代敦煌郡县置名目考——以悬泉汉简资料为中心的考察》，载梁安和、徐卫民主编《秦汉研究》（第九辑），陕西人民出版社，2015年，第73—86页。
[7] 张俊民：《汉代敦煌郡县置名目考——以悬泉汉简资料为中心的考察》，《秦汉研究》（第九辑），陕西人民出版社，2015年，第73-86页。

置、敦煌置、龙勒置六置设在当时的县城，而鱼离置、悬泉置、遮要置则是位于交通线要冲的驿站。

三　关于"玉门置"问题

根据以上的讨论，敦煌郡驿置问题似乎得到了圆满的解决。事实并非如此。随着出土简牍的陆续公布，敦煌郡驿置中又多了一处"玉门置"，说明这一问题的讨论远未结束。

1998 年敦煌市博物馆在小方盘清理出土的一批汉简中有两条被部分学者认为是有"玉门置"或"玉置"记载的简文（简 3、简 4）[1]。

简 3：玉门隧长□崇言军书到玉门置守啬夫庆卒赵䜣（Ⅱ 98DYT5：19）[2]

简 4：□籴九粮粟二斗

李岩云认为："（这些简文）证实了玉门置的存在，补证了悬泉汉简中所记敦煌有九置而'总数缺一'之记录。"[3] 这次发现，在一定程度上影响了此后学界相关的研究，敦煌郡有"玉门置"似乎已成定论。不过对此学界仍有人持反对意见。张俊民认为，相关简文中所谓"玉置"很可能是人名"王置"之误读；"玉门置"则或为"土门还"三字的误释[4]。2019 年 11 月，收录了前述两枚简文的《玉门关汉简》正式出版[5]，其中既有彩色图版，也有高清的红外线图版，解决了以前关于"玉门置"或"玉置"简文释读的争论。《玉门关汉简》关于前述两枚简牍的释文分别为：

简 5：玉门隧长牙贺行军书到土门还守啬夫庆卒赵䜣索守（Ⅱ 98DYT5：19）[6]

简 6：□钱九粮粟二斗 罚玉置（Ⅰ 98DYT6：8）[7]

显然，简 5、6 并不能证明敦煌郡"玉门置"的存在。可以说，之前据上述两枚简

〔1〕 李正宇：《敦煌学导论》，甘肃人民出版社，2008 年，第 104 页；李岩云：《1998 年敦煌小方盘城出土的一批简牍涉及的相关问题》，《敦煌学辑刊》2009 年第 2 期。

〔2〕 李岩云：《1998 年敦煌小方盘城出土的一批简牍涉及的相关问题》，《敦煌学辑刊》2009 年第 2 期。

〔3〕 李岩云：《1998 年敦煌小方盘城出土的一批简牍涉及的相关问题》，《敦煌学辑刊》2009 年第 2 期。

〔4〕 张俊民：《汉代敦煌郡县置名目考——以悬泉汉简资料为中心的考察》，《秦汉研究》（第九辑），陕西人民出版社，2015 年，第 73—86 页。

〔5〕 张德芳、石明秀：《玉门关汉简》，中西书局，2019 年。

〔6〕 张德芳、石明秀：《玉门关汉简》，彩色图版第 41 页，红外线图版第 177 页，中西书局，2019 年。

〔7〕 张德芳、石明秀：《玉门关汉简》，彩色图版第 5 页，红外线图版第 141 页，中西书局，2019 年。

文所得出敦煌郡设"玉门置"的结论是错误的。

但笔者翻检新出的《玉门关汉简》及《悬泉汉简（壹）》[1]，在《玉门关汉简》所附"1990 年悬泉置遗址采集汉简"中发现明确记载"玉门置"的简文（简 7）。

简 7：五凤三年十月癸酉县泉置玉门置敢言之行到（90DXC118）[2]

看来，此前敦煌郡设有玉门置之说虽为简文误读所造成，但这枚明确写有"玉门置"的简文仍然证明了敦煌郡"玉门置"的存在。至于玉门置的具体位置，李岩云先生认为可能在小方盘城东墙外 115 米的外障墙处（该处发现有上万平方米的灰层，汉遗存十分丰富）[3]。如果敦煌郡设"玉门置"，必然与同时位于敦煌西北的玉门关有关，因此该置或许就在玉门关附近。但问题在于，前引李氏观点来源于对简文的误读，因此这些推论自然很难成立。

那么简 7 所云"玉门置"究竟在什么地方？笔者以为，该处"玉门置"应该就是悬泉里程简 Ⅱ 90DXT0214①：130A 中的"玉门"，在敦煌郡并不存在另外一处"玉门置"。如此，则上文所讨论的敦煌郡"九所驿置"之数及其具体驿置内容仍然可以成立。当然，认为敦煌郡设有"玉门置"的理由，或许与玉门关重要的战略位置有关。但"关"与"置"性质不同，因此玉门关与玉门置并非密不可分。玉门关的军事防卫压力本来就已不小，如果在其附近再安排一处驿置，给玉门关带来的防卫压力可想而知。因此我们认为，玉门关附近不宜设置玉门置，简文中的"玉门置"只能是酒泉郡的玉门置。

四　小　结

据上，我们可以得到如下认识：第一，汉代酒泉郡玉门县设有邮驿机构"玉门置"，负责传递公文和接待过往使者、官员。第二，汉玉门县当在今赤金绿洲之内低窝铺以东、赤金镇西北一带，与此相对应，玉门置位于玉门县城或其附近。第三，汉代敦煌郡并无"玉门置"，敦煌郡九所驿置自东向西依次应该是渊泉置、冥安置、广至置、鱼离置、悬泉置、遮要置、效谷置、敦煌置和龙勒置。第四，新出汉简中记载的"玉门置"，应该是指酒泉郡的玉门置。玉门关的地位和性质决定不宜在其附近设置一处驿置以传递公文或者接待过往使者、官员。

---

〔1〕 甘肃简牍博物馆等：《悬泉汉简（壹）》，中西书局，2019 年。

〔2〕 张德芳、石明秀：《玉门关汉简》，彩色图版第 73 页，红外线图版第 209 页，中西书局，2019 年。

〔3〕 李岩云：《1998 年敦煌小方盘城出土的一批简牍涉及的相关问题》，《敦煌学辑刊》2009 年第 2 期。

汉代玉门关早年移徙的新证据[*]

——敦煌小方盘汉简 T14N3 拾遗

张俊民　甘肃省文物考古研究所

　　摘要：玉门关是西北史地研究中一个永恒的话题，所据文献大体一致，但观点截然相反者众。若要解决现有争议则需要有新资料的出土或对旧有资料的再整理。本文以小方盘遗址 1944 年出土简 T14N3 释文的再认定为出发点，探讨玉门都尉的归属及其带来的玉门关迁移之说。玉门都尉府初属酒泉郡，大致在今天玉门市境；敦煌设郡后西移，玉门关随之西迁。

　　关键词：敦煌汉简；玉门关；小方盘遗址；玉门都尉；西北史地

　　小方盘遗址，位于东经 93°51′50.47″、北纬 40°21′12.68″。自斯坦因中亚探险之后，与之有关的活动没有终止过。小方盘遗址，斯坦因考察编号 T14，甘肃省文物考古研究所编号 D25，目前是敦煌市旅游的热门打卡地之一。1944 年，西北科学考察团夏鼐曾在此工作过，除了常见的障城之外（边长八丈），还在东、北、南三面发现了边长约卅丈的外围坞墙遗迹，并掘获汉简七十余枚[1]。伴随着敦煌卷子的研究，很多学者将小方盘遗址与汉代的玉门关联系起来[2]。但 1979 年小方盘城遗址西侧 11 公里的马圈湾遗址发掘之后，因为此处出土了较多出入关记录文书，吴礽骧提出了玉门关在马圈湾以西的观点，小方盘遗址是玉门都尉府所在地[3]。1998 年小方盘遗址维修过程

　　*　敦煌中外关系史料的整理与研究（19ZDA198）子课题"敦煌汉简中外关系史料的整理与研究"部分成果之一；国家文物局"阳关遗址考古调查与研究"资助项目。

〔1〕　夏鼐：《新获之敦煌汉简》，《历史语言研究所集刊（19）》，中华书局，1987 年，第 235—261 页。行文简称"《新获》"。

〔2〕　劳干：《两关遗址考》，《历史语言研究所集刊（11）》，中华书局，1987 年，第 287—296 页；王蕾在《汉唐时期的玉门关与东迁》一文对玉门关有较详梳理，《西域研究》2020 年第 2 期，第 96—108 页。

〔3〕　吴礽骧：《河西汉塞调查与研究》，文物出版社，2005 年，第 67 页。

图一

中，再次出土简牍380余枚，使玉门关之辨再起[1]。经2014年“长安—天山廊道的路网”申遗成功之助，小方盘遗址俨然就是玉门关了，以至于重点介绍此次所获简牍的书也以“约定俗成”命名为《玉门关汉简》。玉门关似乎已经定案[2]！

在梳理已有研究的过程中，感觉有一条简文不得不再次提出来说一说。为何再次？因为这条简都曾注意过，新图版与释文是我们感觉意犹未尽的主要原因（图一）。新的简牍简号是T14N3，《敦煌汉简》编号敦·2438，《疏》编号435。最新的简牍释文作：

> ☑长　　酒泉玉门都尉护众候畸兼行丞事
> 　　　　谓天陈以次为驾当舍传舍诣行在所
> 　　　　□　　□□传信□事如律令　（T14N3[3]）

较早的《疏》作：

> ☑长　　酒泉玉门都尉护众候畸兼行丞事
> 　　　　谓天（?）陈以次（?）马驾当舍传舍诣行在所
> 　　　　夜（?）□传（?）行（?）从事如律令　（疏＊435[4]）

《敦煌汉简》的释文作：

> ☑长　　酒泉玉门都尉护众候畸兼行丞事
> 　　　　谓天陈以次为驾当舍传舍诣行在所
> 　　　　夜以传行从事如律令　（敦·2438[5]）

《敦煌汉简校释》[6]作：

---

〔1〕李岩云、傅立诚：《汉代玉门关考》，《敦煌研究》2006年第4期，第67—71页；杨俊：《敦煌小方盘遗址维修加固试掘简报》，收入《丝绸之路与敦煌历史文化学术研讨会论文集》，万卷出版公司，2019年，第56—68页；广濑熏雄：《谈小方盘出土汉简中的“诣府”簿与“诣府”文书》，《简帛研究论集》，上海古籍出版社，2019年，第156—169页；广濑熏雄：《也谈玉门都尉府与玉门关》，《丝绸之路与敦煌历史文化学术研讨会论文集》，万卷出版公司，2019年，第7—16页。

〔2〕敦煌市博物馆等：《玉门关汉简》，中西书局，2019年。

〔3〕简牍整理小组：《居延汉简（肆）》，台北：史语所，2017年，第287页。

〔4〕林梅村、李均明：《疏勒河流域出土简牍》，文物出版社，1984年。简称“《疏》”。

〔5〕甘肃省文物考古研究所：《敦煌汉简》，中华书局，1991年。简称“《敦》”。

〔6〕白军鹏：《敦煌汉简校释》，上海古籍出版社，2018年，第141页。简称“《校释》”。

　　☑长　　　酒泉玉门都尉护众候畸兼行丞事
　　　　谓天㲫以次为驾当舍传舍诣行在所
　　　　夜以传信从事如律令

　　我们述列上述释文，旨在说明简牍释文的变化，也就是人们对简文的理解与认识随时间的不同是变化的，尤其是史语所新版的图版与释文。将它们放在一起，我们就会发现本简上残，文字上、下二栏书，上栏仅存二字，一字可释为"长"，一字不识；下栏文字三行，字迹的清楚度从右向左递减，右行最清晰，左行最模糊。释文的准确性以右行为最高，从来没有异议；中间行疑问在"陕"（原来的造字）与"为"字（原来"马"字），至今总算得到解决；左行史语所仍持存疑态度的三个字，《校释》补充作"夜以""信"。

　　　　今案：现有释文校以图版，"天陕"二字，可从；"夜"字不能成立，字形有点"厩"的形状，可释作"厩"；"以""信"二字，作为传信文书暂从。之所以暂从，因本简的两个"以"字字形差异较大。

　　对本简文字的检讨，最完整的是夏鼐《新获》，惜早年释文较多残缺，尚处在简牍文书研究的初期，虽考虑到本简涉及的时间与敦煌、玉门关设立的时间问题，但因"天陕"二字的缺释，仍可以再检讨。李均明在《敦煌汉简编年考证》一书中，不仅注意到本简的纪年时间，可以借助他简找到旁证进行大致比附，还对本简的文书性质进行了定性，"据简文，此例为传一类通信证……且此传由都尉府颁发，知持有者身份地位当较高。"[1]

　　因为"天陕"二字的确定，涉及"天陕"县的位置问题，其中会引出玉门关的位置问题，当然还有敦煌郡设立的问题。这就是本简的重要性所在，仅仅是这条不完整的传文书，竟然会涉及汉代敦煌郡、玉门关的设置时间问题，还有天陕县的位置问题。这些问题，恰是西北史地研究者无法回避的问题，且也是一直令人困惑的问题。

　　河西四郡的设立时间，因为《史记》与《汉书》、《汉书》的《纪》与《传》的出入，众说纷纭。敦煌汉简、居延汉简之后，先后参与讨论的学者有张维华、劳干、张春树、周振鹤、王宗维、吴礽骧、李并成等[2]。纷纭的诸说，敦煌郡晚于酒泉郡是

〔1〕　饶宗颐、李均明：《敦煌汉简编年考证》，新文丰出版公司，1995 年，第 6 页。简称"《考证》"。
〔2〕　张维华：《汉河西四郡建置年代考疑》，《汉史论集》，齐鲁书社，1980 年，第 309—328 页；劳干：《居延汉简考释·释文之部》，台北：史语所，1986 年，第 25、26 页；张春树：《汉代河西四郡的建置年代与开拓过程的推测：兼论汉初向西扩张的原始与发展》，《汉代边疆史论集》，食货出版社，1977 年，第 77—91 页；王宗维：《汉代河西四郡始设年代问题》，《西北史地》1986 年，第 3 期第 88—98 页；周振鹤：《西汉政区地理》，人民出版社，1987 年，第 168 页；李并成：《河西走廊历史地理》，甘肃人民出版社，1995 年，第 33、34 页；吴礽骧：《河西汉塞调查与研究》，文物出版社，2005 年，第 13—16 页。

无疑的，至于能晚到哪一年争议较大。敦煌郡早者设立时间是元鼎六年（前111），晚者到后元元年（前88）。

正因为本简涉及这么多的问题，也许"天陇"的补释能对这些问题有所帮助。这就是我们再次关注本简的原因所在。

为了更好地进行检讨，我们将前述诸家的释文，进行再融合，作：

简1：☑长　　　酒泉玉门都尉护众候畸兼行丞事
谓天陇以次为驾当舍传舍诣行在所
☑□　　　厥以传信从事如律令（T14N3）

首先，本简的时间问题。本简没有出现专门记录时间的用词，根据同在小方盘遗址出土的其他汉简可以旁证推演。依据是同在小方盘遗址出土的玉门都尉"护众"，具体简文如：

简2：大始三年闰月辛酉朔己卯玉门都尉护众谓千人尚尉丞无署就
……（敦·1922A）

本简松木，左侧残而尽存笔迹。斯坦因掘获汉简之一。已有的释文，诸家无异议。其中的玉门都尉护众，虽然没有前面的"酒泉"二字界定，但作为"玉门都尉护众"，将其与"酒泉玉门都尉护众"视作一个人是可以成立。即护众曾在太始三年任玉门都尉，则简1的时间应该在太始三年（前94）前后。西北汉简中"太"多作"大"形。注意这个时间距离敦煌郡设立的后元元年（前88）很近。敦煌郡设立之后，玉门都尉与酒泉郡的关系如何？也许都尉护众正好是在这个过渡交接期。

纪年时间虽有旁证，但如何理解简2还是有出入的，《校释》参考《中国简牍集成》句读作"大始三年闰月辛酉朔己卯，玉门都尉护众谓千人尚、尉丞无署，就"[1]。《考证》句读作"大始三年闰月辛酉朔己卯，玉门都尉护众谓千人尚、尉丞无署就"。

如此理解，则是都尉护众向其下属尚、无署转达指令。有可能将"无署"作人名理解。"无署"是不是人名呢？如果不是人名，不就是说"都尉护众"的下属"千人""尉丞"缺少具体的署所（办公场地）。如此一来就会出现都尉的文书或指令，仅有一人署名，没有一般联署的丞出现。如：

简3：河平元年八月戊辰朔戊子居延都尉谊丞直谓居延甲渠障候箕山隧长冯利

---

〔1〕　中国简牍集成编委会：《中国简牍集成（三）》，敦煌文艺出版社，2001年。敦煌汉简的简号，基本是统一的，即敦·1922A在《校释》《敦》都可以检索到。

不在署

第十一隧长高青不候移书验问案致言会月十八日书以十九日食坐到案甲

渠候 (EPT51：189A)

简4：五月丙寅居延都尉德库守丞常乐兼行丞事谓甲渠塞候写移书到如大守府

书律令／掾定守卒史奉亲 (EPT51：190A)

上述二简是一种情况，而都尉单独直接下文者也有，且与简4是一个人或一个时期。如：

简5：居延都尉德谓甲渠塞□□写移书到验

如律令　掾仁 (EPT5：125)

简6：☑□延都尉德谓甲渠塞候移櫐得令建书曰延寿☑

☑同里杨合众病死猛为居延甲渠候长愿以令取宁☑ (EPT59：53+54)

若根据简5、6的文书格式，则简2是都尉护众给千人尚的指令，其中提到"尉丞"的状况如何。尉丞应该是都尉之丞，悬泉置汉简之"鼓令册"对"丞"的区别是明显的。郡太守府之丞称"守丞"，候官之丞称"候丞"，县府之丞称"县丞"[1]。

其次，简1属于传文书的性质是不成问题的，但是其与悬泉置汉简所见的传文书格式是不同的。悬泉置汉简比较完整的传文书格式如：

简7：使乌孙长罗侯惠遣斥候恭

上书诣

行在所以令为驾一乘传 (第一栏)

甘露二年二月甲戌敦煌骑司马充行大守事库令

贺兼行丞事谓敦煌以次为当舍传舍如律令 (第二栏) (Ⅴ T1311

③：315)

简8：危须王遣副使赵疏□□□□□……

奉献橐它言事诣

行在所以令为驾一封传 ……(第一栏)

……敦煌大守快长史布施丞汉德谓

敦煌以次为驾当舍传舍如律令 (第二栏) ⅠT0310③：13

简9：建平四年五月壬子御史中丞臣宪承

制诏侍御史曰敦煌土门都尉忠之官为驾一乘传载从者 (第一栏)

---

[1] 牛路军、张俊民：《悬泉汉简所见鼓与鼓令》，《敦煌研究》2009年第2期，第50—54页。

御史大夫延下长安承书以次为驾

当舍传舍如律令　　六月丙戌过西（第二栏）　Ⅰ T0112②：18

简 10. 甘露二年三月丙午使主客郎中臣超承

制　诏侍御史曰顷都内令霸副候忠使送大月氏诸国客与斥候张寿侯尊俱

为驾二封轺传二人共载（第一栏）

御属臣弘行御史大夫事下扶风厩承

书以次为驾当舍传舍如律令　　（第二栏）　Ⅴ T1411②：35

简 11：甘露三年十月辛亥

丞相属王彭护乌孙公主及将军贵人从者道上

传车马为驾二封轺传有请诏（第一栏）

御史大夫万年下谓成以次为驾当

舍传舍如律令（第二栏）（Ⅴ T1412③：100）

简 12：初元四年十一月乙亥朔庚子

酒泉大守卒史廉□众……

以令为驾一封轺传（第一栏）

酒泉大守贤□□□王□禄福厩以次为驾

当舍传舍（第二栏）（Ⅴ T1410③：26）

以上所列六简，其中前二简是敦煌郡发往长安的传文书，三简是长安发往敦煌的传文书，最后一简简 12 是酒泉郡发出的传文书，在悬泉置出土可视作是酒泉郡发给敦煌郡传文书。

由长安发出的完整传文书可以有以下数项组成，即：①传文书的签发时间（年 + 月 + 日）、②传文书签发机构（官名 + 人名）、③传文书签发程序（承制诏侍御史曰，七字，其中 "承" 在一行尾，"制" 字转行提格）、④持传人的身份 + 人名 + 办理某事、⑤用传规格与人数、⑥传文书编号、⑦传文书具体下发人员（官名 + 人名）、⑧首起第一站（持传人的出发地）、⑨传文书后附规定（承书以次为驾当舍传舍从者如律令）、⑩持传人途径悬泉置时间。

所列数项，案之以简 9 则⑦传文书具体下发人员（官名 + 人名）之后在简牍的第二栏，其上为第一栏；第⑩持传人途径悬泉置时间，是不一定存在的。

由敦煌郡颁发的去往长安的传文书（我们重点以有 "诣行在所" 为主），可见首起是上述的②传文书签发机构（官名 + 人名）、④持传人的身份 + 人名 + 办理某事、⑤用传规格与人数、⑦传文书具体下发人员（官名 + 人名）、⑧首起第一站（持传人的出发地）、⑨传文书后附规定（承书以次为驾当舍传舍从者如律令）、⑩持传人途径悬泉置时间等等。以简7、8为例，可见"诣行在所"是在第一栏，且分书两行。因为"行在所"指的是皇帝所在，故西北汉简中多以提格处理，且在第一字段置。《后汉书·光武帝纪》引蔡邕《独断》"天子以四海为家，故谓所居为行在所"[1]。

这种传文书格式的差异，可能是时间不同造成的，与文书格式的演变有一定联系。酒泉玉门都尉护众的时间比较早，应在武帝之时；悬泉置汉简的时间相对晚一个时间段，多在宣帝之后。在西北汉简中我们曾注意到文书格式简的存在，且这类格式简多出现在宣帝之时。概宣帝之时，伴随着边塞生活的相对稳定，诸多文书管理的需要，才出现了行政文书格式的统一与规范[2]。

简1之传文书与敦煌颁发传文书相类，虽然不明第一栏，但通过第二栏的文字模拟我们会发现，酒泉玉门都尉府颁发的传文书"诣行在所"是在第二栏，且没有提格；传文书之⑧首起第一站（持传人的出发地）是"谓天阼"。"谓天阼"作为简1传文书的首起地，类似简7、简8之"谓敦煌"，简9之"下长安"、简10之"下扶风厩"、简11之"下渭成"。简12是酒泉郡颁发的传文书，首起是"禄福厩"。

我们将这些文书做模拟，旨在检讨酒泉玉门都尉府所发传文书的第一站是"天阼"。因此之故，"天阼"的位置对于我们认识玉门都尉府所在至关重要。假若玉门都尉府在今天的小方盘遗址[3]，其颁发的传文书首起第一站是"天阼"，两者关系如何，持传人如何去往行在所呢？如果简1的玉门都尉府不在小方盘遗址，简1出土在小方盘遗址又当如何理解呢？这是简牍释文补充"天阼"之后出现的问题，将会引起的连锁反应。

复次，天阼的位置问题"天阼"按照《汉书·地理志》的记载，无疑应该是酒泉郡的天阼县。天阼县的位置所在，目前的说法并不统一。甘肃两个关于酒泉郡县置十一所名称的研究，最大的分歧也集中在此。

《汉书》颜注作："音衣。此地有天阼阪，故以名。"《中国历史地图集》以高亢之地为"阪"，将天阼县标在祁连山中，约是《汉书地理志汇释》所指的肃北县东北与肃南县"交界一带"[4]。

[1] 范晔：《后汉书》，中华书局，1982年，第15页。

[2] 张俊民：《简牍文书格式初探》，《简牍学报》第15期，1993年，第43—59页；张俊民：《悬泉汉简所见文书格式简》，《简帛研究（2009）》，2011年，第120—141页。

[3] 因夏鼐在《新获之敦煌汉简》中有"敦煌未建郡以前，玉门关即已在敦煌西之小方盘城"，后世之人多视小方盘城遗址为玉门关。《历史语言研究所集刊（19）》，中华书局，1987年，第243页。

[4] 班固：《汉书·地理志下》，中华书局，1964年，第1614页；中国历史地图集编辑组：《中国历史地图集·西汉》"凉州刺史部"，上海地图学社，1975年，将"天阼"标在骊马城偏西南25公里的山前台地上，没有具体地点；周振鹤：《汉书地理志汇释》，安徽教育出版社，2006年，第362页。

　　悬泉置汉简里程简提到酒泉郡有县置十一所，具体名称阙佚[1]。其中是不是有"天㩉"县名尚存争议。贾小军将天㩉县归入十一所之内，位在玉门东骟马河西侧骟马城，后汉更名延寿县[2]；李并成认天㩉县位在昌马盆地中央，玉门市北柳沟村乡，与后汉延寿县无关[3]。另外，吴礽骧将天㩉县放在嘉峪关双井子木兰城一带，即后汉更名的延寿县[4]；初世宾在《汉简长安至河西的驿道》一文，将天㩉作为玉门与禄福之间的驿站，且与玉门、禄福之间均间隔一站[5]；因为简1传文书所记的"天㩉"原则上应该是汉代的驿路上，祁连山北侧台地上的位置显然是不合理的。

　　汉代的玉门关一般说是小方盘遗址，东边的玉门县附近有没有玉门都尉？因为从小方盘遗址发出的传文书第一站天㩉与小方盘城之间距离太远了。三百公里之外，估以四百一十五米为一汉里，七百余汉里的距离，足见简1所记玉门都尉府所在地一定不在今天的小方盘城。这一问题，与西汉玉门关之西移是不是有关系呢？

　　按照《史》《汉》二书的记载，元封四年（前107）王恢伐楼兰，还封浩侯，"汉列亭障至玉门矣"。《汉书·地理志》记酒泉设郡在太初元年（前104）。如是则先有列亭障至玉门，后有酒泉郡。此玉门因在酒泉郡之前，可能不是一般所言的玉门县。而《史记》在此条的注，《集解》"韦昭曰：'玉门关在龙勒界。'《索隐》韦昭云：'玉门，县名，在酒泉。又有玉关，在龙勒也。'"[6]韦昭已莫知所衷。这个"玉门"位置在哪里，恐今天已经难以辨明。但是如果考虑到玉门都尉府派人去长安的传文书，出发的第一站是天㩉，则它无疑应该在天㩉的西侧。

　　天㩉县在哪里？从现有的诸家检讨来看，在骟马城比较合理。因为这里地理位置比较重要，此地最早有骟马文化遗址，有汉代的城址，也有明代的城池。从距离来看，它基本上处在嘉峪关与赤金镇的中间。"天㩉县位在昌马盆地中央，玉门市北柳沟村乡"的说法，立足点是骟马城是东汉的延寿县，史书没有记录"天㩉县"改延寿县的线索[7]。如果将天㩉县放在骟马城就有天㩉改延寿的嫌疑。但是，这个地点如此重

〔1〕　悬泉置汉简简ⅡT0214①：130A。何双全：《汉代西北驿道与传置—甲渠候官、悬泉汉简〈传置道里簿〉考述》，《中国历史博物馆馆刊》，1998年第1期，第62—69页；郝树声：《敦煌悬泉里程简地理考述》，《敦煌研究》2000年第3期，第102—107页。

〔2〕　贾小军：《汉代酒泉郡驿置道里新考》，《敦煌研究》2020年第1期，第122页。

〔3〕　李并成：《汉酒泉郡十一置考》，《敦煌研究》2014年第1期，第115—120页；李并成：《河西走廊历史地理》，甘肃人民出版社，1995年，第92页。

〔4〕　吴礽骧：《河西汉代驿道与沿线古城小考》，《简帛研究（2001）》，广西师范大学出版，2001年，第348页。

〔5〕　卜宪群、杨振红：《简帛研究（2005）》，广西师范大学出版，2008年，第114页。

〔6〕　司马迁：《史记》，中华书局，1963年，第3172页。

〔7〕　李并成：《河西走廊历史地理》，甘肃人民出版社，1995年，第92页。

要，东汉能在此设县，西汉为何不能呢？且前后汉的出入就在天陕与延寿二县，虽然没有文字记录二县的更名，为什么就不是呢？天陕县在骟马城，则玉门都尉府在其西，西到何地？是不是玉门县所在？还是"酒泉列亭障至玉门"之"玉门"？赤金峡或赤金镇所在，汉长城在其北约四十公里。若在玉门县以西，其首站应该是玉门而不是天陕。但无论在何处，一定不会在今天的小方盘遗址附近。

一般而言"列亭障"，应该与汉塞也就是汉长城的修筑有关。此玉门在何地？尚缺乏明确认识。酒泉玉门都尉府也许就是管辖玉门附近汉塞的管理机构，此时的玉门都尉府距离汉代的驿道最近的驿站点应该就是天陕县（置）。

先有酒泉郡，再有敦煌郡，这一点虽有争议，但总体上是可以成立的。即敦煌郡设立时间没有酒泉郡早。敦煌郡与玉门关还有一个李广利伐大宛，皇帝使使者遮玉门关之事，也是西汉玉门关东西迁徙说的依据之一。

李广利首伐大宛，在太初元年（前104），也就是酒泉郡设立之年。《史记·大宛列传传》[1] 记：

> 往来二岁。还至敦煌，士不过什一二。使使上书言："道远多乏食；且士卒不患战，患饥。人少，不足以拔宛。愿且罢兵，益发而复往。"天子闻之，大怒，而使使遮玉门关，曰军有敢入者辄斩之！贰师恐，因留敦煌。

玉门关在敦煌东，不是与太始三年（前94）前后称酒泉玉门都尉相符吗？既然不能入关，就屯兵敦煌。既是屯兵敦煌，贰师将军复伐大宛，兵出敦煌，大胜而归，还到玉门关时，"军入玉门者万余人，军马千余匹"[2]。出入关是标志，首次未入关屯敦煌，关外；二次发关外，得胜而回入关。

从这个时间来看，酒泉郡刚设立，敦煌郡还没有设立。敦煌郡设立之前的敦煌在哪里？是今天一般所言的敦煌吗？还是敦煌郡之所在的敦煌绿洲吗？

史记 123 卷称[3]：

> 始月氏居敦煌、祁连间，及为匈奴所败，乃远去，过宛，西击大夏而臣之，遂都妫水北，为王庭。

张守节《正义》称："初，月氏居敦煌以东，祁连山以西。"自是之后，"以东""以西"无有疑问。但祁连山不管是现在的祁连山也好，还是天山也罢，应该都是山，

---

〔1〕 司马迁：《史记》，中华书局，1963年，第3175页。

〔2〕 司马迁：《史记》，中华书局，1963年，第3178页。

〔3〕 司马迁：《史记》，中华书局，1963年，第3162页。

且山体的走向大体都是东西向。敦煌是一个什么概念？一个地点怎能与山脉相对应来说明？正如"正义"所谓"敦煌以东"好理解，作为东西向的山"祁连以西"又当是何处？如果祁连山是一个大体东西走向的山脉，是不是应该是一个东西走向的参照物，不应该是一般所言的点或面。敦煌所指为何？恐应劭所谓"敦者，大也。煌者，盛也"绝非一个点，而是一个广阔的地域。这个地域是指今天的敦煌绿洲区？还是河西走廊之北山？还是戈壁滩？还是指今天的疏勒河？

伴随着西汉对西域的经营，尤其是贰师将军伐大宛，敦煌的重要性越来越大；汉塞由敦煌修至盐泽，敦煌郡设立。界东西的玉门关西移，玉门都尉府也在敦煌郡设立不久之后，向西转移。如果按照《汉书·地理志》后元元年（前88）设敦煌郡，西移之后的玉门都尉府保留太始三年（前94）的公文档案也是合理。

基于上述判断，我们认为简1酒泉玉门都尉府应该距离天陇县（置）最近，这样酒泉玉门都尉府颁发的"诣行在所"传文书，才能首站是天陇；敦煌郡设立之前的玉门都尉在今天玉门附近，当然玉门关也应该在今天的玉门附近；因此之故，贰师将军伐大宛兵败而归，不得入玉门关，而屯敦煌；敦煌郡设立（前94）后，管理东西交往的玉门关也随着玉门都尉府西移；玉门都尉府转移到了今天的小方盘遗址，原来酒泉郡玉门都尉府使用的公文档案也随衙署搬迁，以至于我们今天看到的小方盘遗址出土的汉简有酒泉玉门都尉府的公文；作为初创之时的机构，都尉府下属人员还没有得到合理安排，也就有简2玉门都尉护众对千人尚所言的"尉丞无署就"。

因为玉门关相关研究是一个很大的时空问题，有汉唐之变，文献繁杂，论者颇众。本文仅以小方盘汉简为据，借助传文书的格式就其中出现的地名"天陇"，探讨其所反映的问题。时间大致集中在汉武帝时期，汉宣帝之后的玉门关不在讨论之列。所言是否合适，敬请方家赐教。

原文曾发表于《石河子大学学报》2021年2月第35卷第1期。

东国意象：古代朝鲜文献中的"玉门关"

赵　凯　中国历史研究院海外中国历史文献研究中心
盖增莲　文化和旅游部清史纂修与研究中心

作为中国历史地名的玉门关，在古代朝鲜、日本、越南等汉字文化圈诸国中具有比较高的知名度。域汉外籍中有大量与玉门关（或称"玉塞""玉关"）有关的诗赋作品，反映了玉门关文化的传播与影响，它们是研究玉门关历史文化的重要补充资料。本文以韩国民族文化推进会编《韩国文集丛刊》为例，对古代朝鲜文献中的玉门诗文爬梳整理，以期为玉门历史文化研究提供新史料和新视角。

一

东汉班超投笔从戎，俗偬西域三十一年，功勋卓著。和帝永元十二年（100），"久在绝域，年老思土"的班超上书朝廷，请求恩准返回中土，奏疏中有"臣不敢望到酒泉郡，但愿生入玉门关"之语[1]，思乡之情跃然纸上，感人至深。这一典故在朝鲜士大夫诗文中屡见不鲜，例如成倪（1439—1504）《到满浦镇题亭柱》诗云：

> 长城城外玉门关，付与班超不许还。
> 卧鼓戢兵烽火静，灌瓜施惠羽林闲。
> 为开新馆绥降虏，争献奇玩觐圣颜。
> 声教朔南无远迩，何须铜柱限夷蛮[2]。

又如金欣（1448—1492）《送全罗成节度使俶》诗云：

> 圣恩分阃辍仙班，凤诏淋漓墨未干。
> 自许生来志弧矢，谁能老去事铅丹。

---

〔1〕《后汉书》卷四七《班超传》，中华书局点校本，1965年，第1583页。
〔2〕成倪：《虚白堂诗集》卷十三，影印标点《韩国文集丛刊》第14册，第337页。

　　玉门都护曾投笔，铜柱将军试据鞍。

　　何似上坡初视草，便从西府即登坛。

　　禁中新喜得颇牧，徼外争传有范韩。

　　燕颔虎头知肉食，龙韬豹略自胸蟠。

　　彩旗影动春风细，画角声高晓月残。

　　缓带何尝妨武猛，高牙聊且压儒酸。

　　娇儿妒宠心应捧，黠虏闻名胆已寒。

　　笑杀读书生白发，十年空戴侍臣冠[1]。

　　诗中"玉门都护曾投笔"，即取班超投笔从戎典故。"燕颔虎头知肉食"一语，同样与班超有关。班超从戎之前曾找人看相。相者曰："生燕颔虎颈，飞而食肉，此万里侯相也。"[2]

　　又如沈彦光（1487—1540）《玉门关诗》云：

　　迢迢汉关名玉门，胡沙猎猎顽云屯。

　　长安一夜狼烟暗，边城万里风尘昏。

　　将军拜命使绝域，少年意气何轩轩。

　　穹庐虎穴已大蹂，西戎束手称西蕃。

　　蓟门山河悬帝旗，幕下郎官解櫜鞬。

　　星霜荏苒三十秋，远忆乡关心绪烦。

　　胸中丹血数斗许，引袖拭泪潜消魂。

　　夜来独卧毡幛高，梦悬玉关思至尊。

　　胡天明月故国天，此生何时归故园。

　　生涯有涯恨无涯，愁绪万缕风中幡。

　　望眼频穿玉关路，青山万迭云千村。

　　归心已断酒泉郡，生入玉门犹圣恩。

　　天怜游子白发恨，毕竟还招朝帝阍。

　　男儿事业固如此，此间余子夫何论。

　　我今强作玉关诗，千年往事难具言[3]。

　　又如尹铉（1514—1578）《君马黄》诗云：

---

〔1〕　金䜣：《颜乐堂集》卷一，影印标点《韩国文集丛刊》第 15 册，第 210 页。

〔2〕　《后汉书》卷四七《班超传》，第 1571 页。

〔3〕　沈彦光：《渔村集》卷一，影印标点《韩国文集丛刊》第 24 册，第 104 页。

北驱空大漠，西走斩楼兰。

直渡河冰壮，长嘶塞雪寒。

坐雕金勒易，生入玉门难。

海戍秋方急，香闺泪未干[1]。

又如权擘（1520—1593）《送朴希正出镇北道兵营》诗云：

雄才自合济时艰，暂缀蓬莱响佩环。

小范胸藏金锁甲，老班身卧玉门关。

尘清不用标铜柱，威振终教重雪山。

伫见归来同御席，离筵何必泪行潸[2]。

又如俞泓（1524—1594）《光山下营》诗云：

将军一箭定天山，长脱兜鍪士卒闲。

北虏输诚通汉塞，南蛮归命款秦关。

折冲尊俎酣歌里，翻动风雷叱咤间。

万里封侯班定远，玉门唯恐未生还[3]。

俞泓另一首诗《次朱村韵》也用此典：

呜咽胡笳动暮城，怀归远客若为情。

玉门今夜愁班氏，宣室何时召贾生。

菅蒯重收曾弃物，金章犹拥旧浮名。

谁知白首丹心壮，欲效涓埃报圣明[4]。

又如具凤龄（1526—1586）《送稳城府使高景轸》诗云：

丁宁天语下层霄，百八盘头戒使轺。

报得圣恩归意早，玉门宁遣老班超[5]。

又如宋翼弼（1534—1584）《挽将军》诗云：

〔1〕 尹铉：《菊磵集》卷中。影印标点《韩国文集丛刊》第 35 册，第 30 页。
〔2〕 权擘：《习斋集》卷二，影印标点《韩国文集丛刊》第 38 册，第 42 页。
〔3〕 俞泓：《松塘集》卷三，影印标点《韩国文集丛刊续》第 3 册，第 416 页。
〔4〕 俞泓：《松塘集》卷四，影印标点《韩国文集丛刊续》第 3 册，第 422 页。
〔5〕 具凤龄：《栢潭集·续集》卷二，影印标点《韩国文集丛刊》第 39 册，第 201 页。

投笔当年学射雕，牙旗坛上映金貂。

手携一命几千里，身率三军历四朝。

生入玉门余白首，死随箕尾返青霄。

南州片土埋金甲，镢铄何人更度辽[1]。

又如林悌（1549—1587）《庆兴府》诗云：

绝塞临天堑，辕门画角闲。

寒风生古碛，猎火照阴山。

若得输微力，何须叹不还。

班超非壮士，愿入玉门关[2]。

又如许楚姬（1563—1589）《入塞曲》诗云：

战罢临洮败马鸣，残军吹角宿空营。

回中近报边无事，日暮平安火入城。

新复山西十六州，马鞍悬取月支头。

河边白骨无人葬，百里沙场战血流。

落日狼烟度碛来，塞门吹角探旗开。

传声漠北单于破，白马将军入塞回。

骍弓白羽黑貂裘，绿眼胡鹰踏锦鞲。

腰下黄金印如斗，将军初拜北平侯。

汉家征旆满阴山，不遣胡儿匹马还。

辛苦总戎班定远，一生犹望玉门关[3]。

又如金尚宪（1570—1652）《北海高秋》写道：

北海高秋鸿雁少，黄沙落日寒白草。

楚国歌辞宋玉悲，汉使节旄苏卿老。

朝朝空望玉门关，夜夜只思长安道。

长安玉关三千里，梦魂遥遥那得到。

闻道王师解锦围，天文晓见旄头微。

---

〔1〕 宋翼弼：《龟峰集》卷二，影印标点《韩国文集丛刊》第42册，第409页。

〔2〕 林悌：《林白湖集》卷一，影印标点《韩国文集丛刊》第58册，第258页。

〔3〕 许楚姬：《兰雪轩诗集》，影印标点《韩国文集丛刊》第67册，第11页。

北风严霜助肃杀，高文健笔捷书飞。

麒麟阁上将军画，雁门塞外行人归。

此时此情谁与道，喜气先成一篇诗[1]。

又如李安讷（1571—1637）《云头城》诗云：

蠹蠹云头城，下枕长河湾。

岩崖几千丈，巉绝不可攀。

下马步蹒跚，顾盼开愁颜。

玄冬天地肃，朔风振枯菅。

单于古台上，惨淡云气顽。

杖剑背落日，笑指阏氏山。

手捻铁丝箭，弓如明月弯。

仰落双雁飞，俯殪雉子斑。

从军良所乐，浩歌心自闲。

丈夫四方志，何问夷与蛮。

挥鞭出门去，有去无思还。

驰骛及少壮，不复数险艰。

终当披介胄，没身沙碛间。

谁如班定远，生入玉门关[2]。

李安讷另一首诗《黄土岭作》亦用此典：

西登黄土岭，北指白头山。

天地穷荒外，华夷咫尺间。

自怜班定远，重入玉门关。

直欲提孤剑，长驱去不还[3]。

又如郑忠信（1575—1636）《梦题尹文肃碑》诗云：

千秋陈迹鸟飞间，文肃残碑碧藓斑。

〔1〕　金尚宪：《清阴集》卷十一，影印标点《韩国文集丛刊》第77册，第168页。

〔2〕　李安讷：《东岳集》卷一，影印标点《韩国文集丛刊》第78册，第9页。

〔3〕　李安讷：《东岳集》卷六，影印标点《韩国文集丛刊》第78册，第78页。

可笑玉门班定远，几多辛苦乞生还[1]。

又如李明汉（1595—1645）《哀金将军应河歌》诗云：

牛毛山下阵如云，烈士横戈报圣君。
笑杀胡庭行酒客，自称东国上将军。
大树悲风落日昏，乱山何处寄英魂。
银鞍白马黄云里，独领神兵度塞门。
深河水接鸭江湾，塞上孤云片片还。
看取古今征战地，几人生入玉门关[2]。

又如尹愭（1741—1826）《咏史·班超》：

虎头燕颔好容颜，投笔封侯卅载间。
老去功名应益壮，如何愿入玉门关[3]。

"韩末汉文四大家"之一的金泽荣（1850—1927）《得郝衡之热河寄信》诗云：

区区斗禄苦摧颜，飘转黄沙白草间。
一样班侯怀土感，居庸关是玉门关。
远书一字抵千金，况似缠绵万绪蚕。
风俗何曾随代变，酒人慷慨尚燕南[4]。

古代朝鲜士大夫对班超典故的了解，大抵与记录班超史事的《东观汉记》《后汉书》在朝鲜半岛的传播有关。《北史·高丽传》记载，高丽国"书有《五经》《三史》《三国志》《晋阳秋》"[5]。《三史》指《史记》《汉书》和《东观汉记》。《旧唐书·

---

[1] 郑忠信：《晚云集》卷一，影印标点《韩国文集丛刊》第83册，第321页。郑忠信，字锦南。成海应（1760—1839）《研经斋全集》外集卷五五《识小类·郑锦南诗》评价说："锦南当昏朝时为满浦金使，朝廷使之入满洲探房情，必秘其迹，无使毛文龙知之。锦南上疏，言其不可，辞严义正，令人起敬。尝归光州，《临蟾江吟》曰：'日把江楼无事酒，如何衣带渐宽间。长安北望三千里，秋尽湖西雁亦稀。'又《梦题尹文肃碑》曰：'千秋陈迹鸟飞间，文肃残碑碧藓斑。可笑玉门班定远，几多辛苦乞生还。'其忠爱办一死之志，发于诗者如此，不徒机敏武略为可叹也。"

[2] 李明汉：《白洲集》卷二，影印标点《韩国文集丛刊》第97册，第242页。

[3] 尹愭：《无名子集》第五册《咏史》，影印标点《韩国文集丛刊》第256册，第124页，韩国民族文化推进会，2000年。

[4] 金泽荣：《韶濩堂诗集》卷五，影印标点《韩国文集丛刊》第347册，第210页。

[5] 《北史》卷九四《高丽传》，中华书局点校本，1974年，第3115、3116页。

东夷·高丽传》记载，高丽人"俗爱书籍，至于衡门厮养之家，各于街衢造大屋，谓之扃堂，子弟未婚之前，昼夜于此读书习射。其书有《五经》及《史记》《汉书》、范晔《后汉书》、《三国志》、孙盛《晋阳秋》、《玉篇》《字统》《字林》。"〔1〕早在唐代以前，《东观汉记》《后汉书》等典籍已经在朝鲜半岛广为流播〔2〕，班超玉门史事遂成为后世士大夫诗文中常用的典故。

二

东汉初建，匈奴逞强于西域。鄯善等国上书，愿遣子入侍，以求汉廷恢复西域都护，护佑诸国。光武帝刘秀审时度势，未予应允。其后匈奴发生饥疫，臧宫、马武等武将提议乘机讨伐，光武帝又以时机未到为由，不予采纳。史家评论说："臧宫、马武之徒，抚鸣剑而抵掌，志驰于伊吾之北矣。光武审《黄石》，存包桑，闭玉门以谢西域之质，卑词币以礼匈奴之使，其意防盖已弘深。岂其颠沛平城之围，忍伤黥王之陈乎？"〔3〕"闭玉门"遂成为执守慎攻的代名词。这一典故在古代朝鲜诗赋中屡见。如宋翼弼（1534—1584）《汉光武二十韵》诗云：

> 威斗余奸怯义声，绛衣柔德迈家兄。
> 民怀真主来呈瑞，士耻非招卧作盲。
> 白水莫言兴递地，赤心能定悔降情。
> 基绵一旅同新创，法简三章怨后征。
> 宝篆会当归日角，盗名纷若置棋枰。
> 湟阳兽仆风沙急，洛北冠高父老惊。
> 河作坚冰神有助，人归慈母土无争。
> 卧中既已资长策，图上何嫌得一城。
> 尘扫园陵天地肃，捷成南北剑弓鸣。
> 明通异域惊神圣，昏到遗胎感至诚。
> 岸帻幽檐新引客，驻车荒郡更留乡。
> 宛中褒德忠良劝，滩外求朋节义成。
> 天子笑谈安斗虎，将军珍玉慰披荆。
> 祥挥甘露崇谦德，文起灵台偃义旌。

---

〔1〕《旧唐书》卷一九九《东夷传·高丽》，中华书局点校本，1975年，第5320页。
〔2〕赵凯、尹在硕：《域外存珍：简述韩国古代文献中的秦汉史研究资料》，《国学学刊》2012年第4期。
〔3〕《后汉书》卷一八《吴盖陈臧列传》，第697页。

深锁玉门辞马武，保全金券戒韩彭。

收权归佩黄金印，共击何烦白马盟。

才抑大臣台议重，却亲微薄主威轻。

初惊图谶伤文学，旋见巡封误太平。

钱谷岂能酹死直，珠犀犹复蔽聪明。

晚移私爱轻天下，愧许奸回籍尔名〔1〕。

宋翼弼是 16 世纪朝鲜王朝著名的政治家和儒学家，有"东方理学中兴之祖"的盛名。他的这首七律长诗，准确概括了光武帝刘秀的一生行迹，并寓评论于其中，可谓咏史诗中的代表之作。"深锁玉门辞马武"一句，即体现了东汉初偃武修文、守内虚外的根本国策。

尹愭（1741—1826）的《咏史诗》中有多篇与玉门有关。其第二百七十八首云：

谢绝龙堆闭玉门，尚传当日十行温。

臧宫马武休驰志，鸣剑伊吾是祸源〔2〕。

其第二百九十八首《咏章帝》云：

陈宠片言除刻刑，杨终一谏罢西兵。

如何反听班超说，不闭玉门事远征。

此外，朴泰辅（1654—1689）课作《拟汉朝群臣贺闭玉门关谢绝西域表》亦用此典：

握符当四七之际，方期八蛮之来宾。闭关峻出入之防，幸睹一方之宁谧。事光简策，欢动簪绅。钦惟皇帝陛下，功成一戎，明见万里。膺白水嘉禾之瑞，社稷重安。体黄石包桑之言，干戈载戢。咸仰内修而外攘，斯致远悦而迩安。顾西域开延之初，自建元用武之世。去病断凶奴之右，遂通两关。郑吉领鄯善以西，始置都护。虽欣威德之广被，实患劳费之不赀。属兹汉运之中兴，复见戎王之归款。蕃使旁午，愿袭冠带之伦。边臣上申，争献羁縻之计。惟幸上圣之远览，深怀万世之永图。一视同仁，固宜来者之不拒。虚内事外，抑亦前事之可监。肆降北阙之丝纶，爰固西门之扃镭。轮台垂仁圣之悔，宁忍老弱之重劳。玉关界华夷之区，不烦政教之远及。尔为尔，我为我，种落自屏于荒陬。北自北，南自南，人

〔1〕宋翼弼：《龟峰集》卷二，影印标点《韩国文集丛刊》第 42 册，第 410 页。

〔2〕尹愭：《无名子集》第五册《咏史》，影印标点《韩国文集丛刊》第 256 册，第 123 页。

烟不通于秦塞。兹外夷无事乎开衅，而中国可得以息肩。卧习斗于边城，永绝犬
吠之警。安耕凿于四野，将兴帝力之谣。燕谟可贻于后王，雀跃普均于率土。伏
念臣等，接武鹓列，稽首鸿休，当海内修文之日，纵乏补衮之益，知陛下厌兵之
意，不效请缨之风[1]。

三

汉代玉门地接西域，是军旅西征的必经之地，由此形成了烽烟告急、戎马征战的
文化意象。古代朝鲜诗文中不乏摹绘此种意象的作品，如奇遵（1492—1521）
《边戍》云：

山河迢绝玉门关，铁甲金戈照月寒。
万里风霜沙塞远，由来征戍几人还[2]。

如梁庆遇（1568—1629）七言律诗《近闻》云：

近闻胡马犯江城，黎庶何由见太平。
从古玉关多战骨，至今金阙议边兵。
荆榛处处悲生事，征戍家家尽哭声。
安得将军如卫霍，横行沙碛树威名[3]。

又如权斗经（1654—1725）《和王江宁从军行》云：

万里秋风度玉关，汉家明月满天山。
征衣不到交河冷，一夜金闺梦里还。
风起边沙万里昏，角声吹断戍人魂。
高楼一望长城外，落日苍苍下塞门。
百战归心望玉门，戍楼羌笛起黄昏。
一声泪尽关山月，万里封侯更不论[4]。

又如丁范祖（1723—1801）《出塞行》诗云：

---

[1] 朴泰辅：《定斋集·后集》卷二，影印标点《韩国文集丛刊》第168册，第318页。
[2] 奇遵：《德阳遗稿》卷三，影印标点《韩国文集丛刊》第25册，第323页。
[3] 梁庆遇：《霁湖集》卷八，影印标点《韩国文集丛刊》第73册，第478页。
[4] 权斗经：《苍雪斋先生文集》卷一，影印标点《韩国文集丛刊》第169册，第24页。

> 云中一火照天山，报道单于猎虎还。
>
> 青海漫漫三丈雪，大军犹宿玉门关[1]。

有"韩末汉文四大家"之称的金泽荣（1850—1927）《韶濩堂诗集》卷一《出塞图》云：

> 仰视天狼虏欲亡，玉门关外极边场。
>
> 将军大旆悬明月，战士新袍拂晓霜。
>
> 北海闻归苏属国，前茅已缚左贤王。
>
> 征鞍教解长河水，万马如今尽热肠。

玉门关偏居西北边隅，距离中原数千里，征人远戍，羁旅不归，故在古代朝鲜文人墨客笔下，"玉门"又被寄寓无限相思与万千离愁，成为诗赋作品中习见之典。奇大升（1527—1572）《赠人》诗云：

> 玉塞霜威紧，香闺蝶梦惊。
>
> 拭砧寒夜永，力杵寸心轻。
>
> 片月萦愁绪，孤鸿落远声。
>
> 青楼歌舞地，谁肯念孤惸[2]。

又如李达（1539—1610）《钟城道中》云：

> 玉门关外雪漫山，月照沙河乱碛间。
>
> 何处悲歌鸣远戍，夜深游骑射雕还[3]。

又如李晬光（1563—1628）《送尹可晦赴京》云：

> 闻君今著远游鞭，秋色遥程气概前。
>
> 季札眼中周礼乐，子长脚下汉山川。
>
> 金台草树千年地，玉塞风霜八月天。
>
> 怅望行尘西万里，别愁无限夕阳边[4]。

又如申钦（1566—1628）《塞下曲》云：

〔1〕丁范祖：《海左先生文集》卷一，影印标点《韩国文集丛刊》第239册，第15页。
〔2〕奇大升：《高峰全书·高峰续集》卷一，影印标点《韩国文集丛刊》第40册，第233页。
〔3〕李达：《苏谷诗集》卷六，影印标点《韩国文集丛刊》第61册，第38页。
〔4〕李晬光：《芝峰集》卷四，影印标点《韩国文集丛刊》第66册，第54页。

　　　　沙碛沉沉朔气来，玉门关外是龙堆。

　　　　居人莫更吹羌笛，雁尽辽天客未回[1]。

金世濂（1593—1646）《乐府》中有多篇取典于玉门，其《白马篇》云：

　　　　白马少年子，来饮胡姬酒。

　　　　醉卧楼上月，系马楼前柳。

　　　　传闻羽书飞，胡兵玉关度。

　　　　拔剑上马不辞家，鸣鞭直向天山去[2]。

其《乐府·折杨柳》云：

　　　　昔君种杨柳，去向金微山。

　　　　柳条自春色，君行何日还。

　　　　对此长相忆，含悲不忍攀。

　　　　殷勤一枝折，远寄玉门关[3]。

其《乐府·捣衣篇》云：

　　　　君在白龙北，妾家丹凤西。

　　　　丹凤城头秋月白，为君捣衣乌夜啼。

　　　　凄凄露下碧梧叶，月落清砧声转急。

　　　　驿使明朝向玉关，回头却望关山泣[4]。

其《乐府·独不见》云：

　　　　荡子紫骝马，行行振绿发。

　　　　朝嘶洛城青楼烟，暮度天山玉关雪。

　　　　玉关隔云端，迢迢音尘阔。

　　　　深闺独不见，怅望魂欲绝。

　　　　自君之出矣，几度换时节。

　　　　桃李园中已暮春，芙蓉匕首空明月。

---

〔1〕 申钦：《象村集》卷十八，影印标点《韩国文集丛刊》第71册，第483页。

〔2〕 金世濂：《东溟集》卷一，影印标点《韩国文集丛刊》第95册，第136页。

〔3〕 金世濂：《东溟集》卷一，影印标点《韩国文集丛刊》第95册。

〔4〕 金世濂：《东溟集》卷一，影印标点《韩国文集丛刊》第95册。

不信妾相思，归看泪成血[1]。

其《明妃怨》七首之一云：

> 玉门西望尽沙尘，春到关山不似春。
> 忽过于阗惊汉地，往来时有采花人[2]。

又如金尚宪（1570—1652）《闻捣衣》云：

> 谁家历历捣衣声，露冷风凄欲五更。
> 遥想长安月明里，青砧素手玉关情[3]。

李裕元（1814—1888）亦有《乐府》诗数首语及玉门愁思，如《明妃怨》三首之二：

> 玉门落日尽黄沙，触目伤心感物华。
> 听得汉皇新诏下，几番虚伫使还家[4]。

四

历史上中原王朝与朝鲜半岛政权之间长期以"册封—朝贡"模式构成邦交关系，简称朝贡体系或宗藩体系[5]。这种关系在 14 世纪后半叶至 19 世纪末最为典型、稳固。当时，半岛政权（高丽、朝鲜）每年向中原王朝（明、清）派遣使臣进行朝贡，这些使者被称为"朝天使"或"燕行使"。燕行使者跋涉山水，行迈道路，对于旅途遭逢往往有特殊感悟。偏在河西的玉门关不属于燕行使者履涉之地，却频繁出现在他们的诗篇里。

李珥（1536—1584）是朝鲜后期儒学大家、实学理论奠基者，曾于明穆宗隆庆二年（1568）出使明朝。明神宗万历二年（1574），即将前往北京朝贡的冬至使安自裕、书状官李彦愉等来访话别，李珥于江阁作诗送别，其诗云：

---

[1]　金世濂：《东溟集》卷一，影印标点《韩国文集丛刊》第 95 册。
[2]　金世濂：《东溟集》卷二，影印标点《韩国文集丛刊》第 95 册，第 400 页。
[3]　金尚宪：《清阴先生集》卷二，影印标点《韩国文集丛刊》第 77 册，第 26 页。
[4]　李裕元：《嘉梧稿略》第一册，影印标点《韩国文集丛刊》第 315 册，第 11 页。
[5]　杨雨蕾：《燕行与中朝文化关系》，上海辞书出版社，2011 年，第 20 页。

　　江阁逢佳客，征途指玉关。

　　交情无远近，人事有悲欢。

　　水净天光迥，晖清石影寒。

　　川原马前阔，几日到燕山[1]。

　　李廷龟（1564—1635）是 16 世纪末至 17 世纪前期朝鲜文坛著名的汉文四大家之一，在仁祖朝官至右相、左议政。他曾四次奉命入明进贡。万历四十八年（1620），李廷龟以"辨诬行正使"身份赴北京进谒，将所见所闻撰成《庚申朝天录》，其中有《东关路上口占三首》，其第三首云：

　　辽塞尘犹暗，燕山客未还。

　　梦惊豺虎里，心折鼓鼙间。

　　明月生东海，秋风动玉关。

　　龙湾亦旅馆，合眼在龙湾[2]。

　　李民宬（1570—1629）曾在明熹宗天启三年（1623）以书状官身份出使北京，所作诗文汇入《燕槎唱酬集》中，其中有一首《忆登州》记录了当时的心情：

　　遥忆东牟郡，苍茫云海间。

　　还同班定远，愿入玉门关。

　　登莱何处在，日出近扶桑。

　　去国三千里，并州是故乡[3]。

　　崇祯二年（1629）九月，朝鲜使团取海路进贡，遇风船覆，唯书状官郑之羽、进贺使李忔幸免于难。然而祸不单行，次年二月，李忔又客死在北京玉路馆（即南同和馆）。消息传回朝鲜，朝野悲惋。金德谦（1552—1633）为李忔作挽诗云：

　　生别因成死别哀，海风吹送旅魂回。

　　皇恩护路鲸波稳，圣教颁家泪眼开。

　　使节忠劳垂竹帛，玉关遗迹寄莓苔。

　　葬今以礼先茔侧，定省还忘是夜台[4]。

---

[1]　李珥：《栗谷先生全书》卷二，影印标点《韩国文集丛刊》第 44 册，第 32 页。

[2]　李廷龟：《月沙集》卷八《庚申朝天录》，影印标点《韩国文集丛刊》第 69 册，第 303 页。

[3]　李民宬：《敬亭集》卷七，影印标点《韩国文集丛刊》第 76 册，第 300 页。

[4]　金德谦：《青陆集》卷四，影印标点《韩国文集丛刊续》第 7 册，第 378 页。

清康熙八年（1669）十月，朝鲜"三节年贡行"使团从平壤出发，赶赴北京。途经山海关，负责记录日闻的书状官朴世堂（1629—1703 年）有感而发，作《山海关》二首，其第二首云：

> 兵来谩说欲封泥，敌到那知未报鸡。
>
> 万古玉关长对峙，乾坤开闭户东西[1]。

清雍正九年（1731）十一月，朝鲜"谢恩兼三节年贡行"使团赴北京进贡，副使赵尚絅（1681—1746）作《与书状同次伴送使韵》诗云：

> 我马明朝西渡湾，君今先入玉门关。
>
> 离怀旅榻诗盈轴，客路辽阳雪满山。
>
> 行色月悬榆塞晓，归期春送野花斑。
>
> 家乡隔远音书阻，卧看空林宿鸟还[2]。

以玉门为典而与燕行使者有关的诗篇还有李埈（1560—1635）《送李尚书（而远）朝天》：

> 浮生聚散苦难料，曾逐鹓鸿上碧霄。
>
> 衡泌一区收病骨，山河万里隔清标。
>
> 玉关夜静胡星落，漆水秋晴瘴雾消。
>
> 仍忆旧游如梦寐，五云何处赤栏桥[3]。

在朝鲜士大夫笔下，玉门代表着边塞、异域、战争、苦寒，因而幻化为战士出征、使节远行、亲友伤别、离人相思等诸多情境。这些情境各不相同，但又彼此连缀，形成具有特定历史文化内涵的玉门意象。东国玉门意象的形成，既源于历史记录中玉门特有的魅力，又是历史时期汉字文化圈内文化融通的结果。研究玉门历史文化，发掘玉门旅游资源，应当对朝鲜半岛乃至日本、越南等汉字文化圈的玉门意象予以必要的关注。

---

〔1〕 朴世堂：《西溪集》卷一，影印标点《韩国文集丛刊》第 134 册，第 17 页。

〔2〕 赵尚絅：《鹤塘遗稿》第二册，影印标点《韩国文集丛刊续》第 63 册，第 43 页。

〔3〕 李埈：《苍石先生文集》卷二，影印标点《韩国文集丛刊》第 64 册，第 234、235 页。

汉代玉门关的管理

薛瑞泽　河南科技大学人文学院

玉门关作为丝绸之路上的重要关口，是西域与汉朝的分界点。自张骞出使西域、丝绸之路开通后，玉门关成为东来西往使节、商旅通行必经之路上的重要关口。在汉匈争夺激烈的年代，守住玉门关对于内地的安全至关重要。正因为如此，玉门关在汉朝时驻扎有军队，实行屯田，并在这里设置行政管理机构，构建了相对稳固的防护体系。

一　玉门关的战略地位

关于玉门关设立，《汉书》卷二十八下《地理志下》记载，"敦煌郡，武帝后元年分酒泉置"，境内"有阳关、玉门关，皆都尉治"[1]。阳关、玉门关故址在唐代沙州寿昌县境内，两关作为通往西域的重要关口，成为敦煌以西的战略要地。"阳关，在（寿昌）县西六里。以居玉门关之南，故曰阳关。本汉置也，谓之南道，西趣鄯善、莎车。后魏当于此置阳关县，周废。"这说明阳关是与玉门关南北并列的关口。"玉门故关，在（寿昌）县西北一百一十七里。谓之北道，西趣车师前庭及疏勒。此西域之门户也，班超在西域上疏曰：'臣幸得护西域，如自以寿终屯部，诚无所恨，恐后代谓臣没西域，臣能无依风首丘之思哉！臣不敢望酒泉郡，但愿生入玉门关。'即此是也。"[2]《太平寰宇记》卷一百五十三《陇右道四·沙州》"寿昌"县条云："玉门故关，在县西北一百一十八里。昔匈奴冒顿质于月氏亡归，乃射杀其父头曼，举兵西击走月氏。后为霍去病所破，因开玉门关，通西道七十余国。《汉·地理志》云'龙勒县有玉门关，都尉治。'《西域传》云：'东则接汉，阨以玉门、阳关。'又后汉班超上书：'愿生入玉门关。'是此处。"关于阳关，乐史又云："阳关，在县西六里。以居玉门关南，

---

[1]　关于敦煌郡设置年代又有元鼎六年说，《汉书》卷六《武帝纪》载，元狩二年，"秋，匈奴昆邪王杀休屠王，并将其众合四万余人来降，置五属国以处之。以其地为武威、酒泉郡"。元鼎六年秋，"乃分武威、酒泉地置张掖、敦煌郡，徙民以实之"。《汉书》卷六《武帝纪》，中华书局，1962年，第176、189页。

[2]　[唐]李吉甫：《元和郡县图志》卷四十《陇右道下·沙州》，中华书局，1983年，第1027页。

故曰阳关。关之西三百余里，有蒲昌海，一名盐泽，广袤三百余里，即葱岭、于阗两河之所注。"[1] 汉唐时期史书中关于玉门关与阳关的地理沿革的记述正显现出两关所具有的重要战略地位。

因国力的减弱，汉时曾经废掉玉门关屯，将其所属的人口迁到酒泉郡，并在其下设玉门县，王莽改称"辅平亭"。师古曰："阚骃云汉罢玉门关屯，徙其人于此。"[2] 这是两汉时期因玉门关而设的县。玉门从西汉开始设县，北魏亦是如此。北魏阚骃《十三州志》云："玉门县置长三百里，石门周匝山间，才经二十里，众泉北流入延兴海。汉罢玉门关屯，徙其人于此，故曰玉门县。"[3] 到唐代玉门仍然是肃州下辖三县之一，"玉门县，中下。东至州二百二十里。本汉旧县，属酒泉郡。汉罢玉门关屯戍，徙其人于此，因以名县。后魏孝明帝改为玉门郡，周武帝省入会川县，隋开皇十年复改为玉门县。皇朝因之"。[4] 贞观年间，玉门废县。

如果从西域地区的角度着眼，西域"东则接汉，阨以玉门、阳关"。孟康曰："二关皆在敦煌西界。"师古曰："阨，塞也。"西域境内的"蒲昌海，一名盐泽者也，去玉门、阳关三百余里"。玉门关是出使西域的必经关口，"自玉门、阳关出西域有两道"[5]。又有"玉门去沙头九十九里"的记载，"沙头"即沙头县，是酒泉郡的属县[6]。从西域诸国到玉门关的距离可以看出玉门关在当时人心目中的重要性。但因为史书记载的欠缺，或者史家记述的习惯，留给我们的关于从西域诸国到玉门关的距离资料非常有限，而留下了从西域诸国到阳关的距离，而两关作为平行的关隘，可以彰显出玉门关的重要性。《汉书》卷九十六上《西域传》云：

> 西域都护（神爵三年，朝廷设西域都护，治乌垒城），去阳关二千七百三十八里，与渠犁田官相近，土地肥饶，于西域为中，故都护治焉。
>
> 婼羌国去阳关千八百里，去长安六千三百里，辟在西南，不当孔道。
>
> 鄯善国本名楼兰，王治扞泥城，去阳关千六百里，去长安六千一百里。
>
> 乌秅国其西则有县度，去阳关五千八百八十八里，去都护治所五千二十里。
>
> 乌弋山离国自玉门、阳关出南道，历鄯善而南行，至乌弋山离，南道极矣。
>
> 大夏国有五翕侯：一曰休密翕侯，治和墨城，去都护二千八百四十一里，去

〔1〕［宋］乐史撰、王文楚等点校：《太平寰宇记》，中华书局，2007年，第2958页。

〔2〕《汉书》卷二十八下《地理志下》，第1614页。

〔3〕［宋］乐史撰、王文楚等点校：《太平寰宇记》卷一百五十三《陇右道三·肃州》引，中华书局，2007年，第2958页。

〔4〕［唐］李吉甫：《元和郡县图志》卷四十《陇右道下·肃州》，第1024页。

〔5〕《汉书》卷九十六上《西域传上》，第3871、3872页。

〔6〕胡平生、张德芳：《敦煌悬泉汉简释粹》，上海古籍出版社，2001年，第58页。

阳关七千八百二里；二曰双靡翕侯，治双靡城，去都护三千七百四十一里，去阳关七千七百八十二里；三曰贵霜翕侯，治护澡城，去都护五千九百四十里，去阳关七千九百八十二里，四曰肸顿翕侯，治薄茅城，去都护五千九百六十二里，去阳关八千二百二里；五曰离附翕侯，治高附城，去都护六千四十一里，去阳关九千二百八十三里。

　　西域诸国以阳关作为地理坐标，表明其在西域诸侯国中的地位，而在其北的玉门关仅在乌弋山离国时被提及，但从两关作为丝绸之路上的"双星"关隘来看，玉门关的重要性也是不言而喻的，或许是因为记述习惯的原因所致。

　　玉门关战略地位的形成与彰显与汉朝完成对匈奴作战的胜利联系在一起。随着张骞通西域之后，楼兰、姑师等国利用地处交通要道的有利位置，"攻劫汉使王恢等尤甚"，加之匈奴的骑兵又常常拦截汉使，在使节的建议下，"天子遣从票侯破奴将属国骑及郡兵数万以击胡，胡皆去。明年（元封三年，前108年），击破姑师，虏楼兰王"。到了正月，"酒泉列亭障至玉门矣"。韦昭曰："玉门关在龙勒界。"[1] 玉门关成为军事防御的关键所在。太初元年（前104），汉武帝以李广利为贰师将军向西域进军，结果败退回到敦煌，"士不过什一二"。汉武帝闻知后大怒，"使使遮玉门关"，并且放下狠话："军有敢入，斩之。"李广利由于害怕，"因留屯敦煌"[2]。在贰师将军李广利出兵之前，"天子使使告乌孙大发兵击宛"，乌孙派遣二千骑兵，却不肯进攻，李广利在退兵时，西域各国纷纷跟随入汉为人质。李广利撤回玉门关，"军还，入玉门者万余人，马千余匹"[3]。从西域通往内地一些新的道路也是以玉门关为关键点，汉平帝元始年间，"车师后王国有新道，出五船北，通玉门关，往来差近，戊己校尉徐普欲开以省道里半，避白龙堆之阨"。车师后王姑勾以道通为不便，"即驰突出高昌壁，入匈奴"。在西域混乱无主的状态下，西域小国去胡来王唐兜，与赤水羌相互攻击而不胜，向西域都护但钦求助，但钦未及时相救，"唐兜困急，怨钦，东守玉门关。玉门关不内，即将妻子人民千余人亡降匈奴"。匈奴虽然接受了唐兜，但告知汉朝廷，最后朝廷下诏西域诸王国，在阵前斩杀唐兜[4]。从西汉时期玉门关在内地与西域交通中的战略地位来看，玉门关是汉政府扼守的战略要道，也是西域进入内地必经的关隘。班固曰："孝武之世，图制匈奴，患其兼从西国，结党南羌，乃表河西，列四郡，开玉门，通西域，

---

〔1〕《汉书》卷六十一《张骞传》，第2695页。

〔2〕《汉书》卷六十一《李广利传》，第2699页。

〔3〕《汉书》卷六十一《李广利传》，第2703页。

〔4〕《汉书》卷九十六下《西域下·车师后国传》，第3924、3925页。

以断匈奴右臂，隔绝南羌、月氏。单于失援，由是远遁，而幕南无王庭。"〔1〕由此可以看出，汉武帝时期，地处东西交通要冲的玉门关成为联通西域，抵抗匈奴的战略桥头堡。同时，它也是西域诸国进入汉朝的必经之路。控制了玉门关，就保证了汉朝的安全。

东汉时期，玉门关在维护东汉王朝安全中仍然发挥着重要作用。玉门关的重要性随着东汉政府对西域政策的变化而发挥不同的作用。建武二十一年（45），"其冬，鄯善王、车师王等十六国皆遣子入侍奉献，愿请都护。帝以中国初定，未遑外事，乃还其侍子，厚加赏赐"。李贤注云："都护，宣帝置，始以郑吉为之，秩比二千石。都，总也。言总护南北道。居乌垒城，察西域诸国动静以闻。"〔2〕这是西域诸国请求东汉朝廷继续设立西域都护，但光武帝借口中原地区刚刚稳定，无暇顾及而作罢。范晔评价光武帝的做法是"闭玉门以谢西域之"〔3〕。到永平十七年（74），朝廷派遣窦固"复出玉门击西域，诏耿秉及骑都尉刘张皆去符传以属固"〔4〕，实现了破车师的战略目的，并且"始置西域都护、戊己校尉"，西域诸国逐步归附汉朝。东汉朝廷仍然派遣军队在西域经营。建初元年（76）年初，戊己校尉耿恭在西域遭遇暴雪，加之后面少数民族军队的追赶，"发疏勒时尚有二十六人，随路死没，三月至玉门，唯余十三人"。李贤注云："玉门，关名，属敦煌郡，在今沙州。臣贤案：酒泉郡又有玉门县，据《东观记》曰'至敦煌'，明即玉门关也。"〔5〕此事件再次证明玉门关的重要性。汉和帝永元十二年（100），出使西域三十余年的班超在上书中道："今臣幸得奉节带金银护西域，如自以寿终屯部，诚无所恨，然恐后世或名臣为没西域。臣不敢望到酒泉郡，但愿生入玉门关。"李贤注云："玉门关属敦煌郡，今沙州也。去长安三千六百里。关在敦煌县西北。酒泉，今肃州也。去长安二千八百五十里也。"〔6〕可见在时人的眼中，玉门关内就是国内，班超只是表达了自己落叶归根的愿望。到了汉安帝时期，东汉上层甚至出现了"公卿多以为宜闭玉门关，遂弃西域"的论调，邓太后召集群臣讨论，最后接受了班勇建议，"复敦煌郡营兵三百人，置西域副校尉居敦煌"〔7〕。其目的还是为了保证丝绸之路的畅通。

---

〔1〕《汉书》卷九十六下《西域下·车师后国传》，第3928页。

〔2〕《后汉书》卷一下《光武帝纪下》，第73页。

〔3〕《后汉书》卷十八《臧宫传》，第697页。

〔4〕《后汉书》卷二十三《窦融传附弟子固传》，第810页。

〔5〕《后汉书》卷十九《耿弇传附国弟子恭传》，第722页。

〔6〕《后汉书》卷四十七《班超传》，第1583页。

〔7〕《后汉书》卷四十七《班超传附子勇传》，第1587—1589页。《后汉书》卷八十八《西域传》云："其后北房连与车师入寇河西，朝廷不能禁，议者因欲闭玉门、阳关，以绝其患。"第2911页。

二　玉门关候及其属员

　　扬雄《解嘲》中有玉门关"西北一候"之称。孟康曰："敦煌玉门关候也。"[1]两汉时期，玉门关候掌管军队，为国守边。永建四年（129），北匈奴呼衍王率兵入侵车师后部，汉顺帝"以车师六国接近北虏，为西域蔽扞，乃令敦煌太守发诸国兵，及玉门关候、伊吾司马，合六千三百骑救之，掩击北虏于勒山，汉军不利"[2]。这是史书中唯一关于玉门关候的记载。玉门关候为"驻守玉门关之军候"[3]，隶属于敦煌太守管辖，需要配合敦煌太守带兵打仗。关于玉门关候的讨论，吴礽骧曾根据出土简牍作过系统研究，胪列出关于玉门关与玉门关候的 31 条简文，其中斯坦因发现的敦煌汉简有八枚，1979 年在编号 D21 烽燧遗址发现了四枚玉门关候的简文。他进而推论，昭、宣以前称"玉门候"，元、成以后称"玉门关候"，二者可以互称。"玉门关候"至东汉称"玉门障尉"[4]。笔者在梳理《敦煌汉简》时又发现了几枚关于玉门候的简文，兹抄录如下。

　　　　十一月乙巳，玉门关候延寿、丞待，谓候长 □ 等，写移檄到，□□□□□□□出外塞，檄杨姓从弟田翔病，□律令。(764)[5]

　　　　☑丙申，玉门候长高辅，字□☑ 1057B)[6]

　　　　八月乙巳，敦煌玉门都尉宫谓玉门候官，写移书到，如大守府

　　　　书、律令/掾恩、属汉昌。(1254)[7]

　　　　《疏勒河流域出土汉简》亦有：

　　　　四月乙巳，玉门候田▉移递所。按："递"《校文》释"过"，是。(385)[8]

　　　　《敦煌悬泉汉简释粹》亦云：

　　　　元延二年二月癸巳朔甲辰，玉门关候临、丞猛移效谷移自言六事，书到，愿

---

〔1〕《汉书》卷八十七下《杨雄传下》，第 3568 页。

〔2〕《后汉书》卷八十八《西域传》，第 2930 页。

〔3〕胡平生、张德芳编撰：《敦煌悬泉汉简释粹》，上海古籍出版社，2001 年版，第 54 页。

〔4〕吴礽骧：《玉门关与玉门关候》，《文物》1981 年第 10 期。

〔5〕甘肃省文物考古研究所：《敦煌汉简》，中华书局，1991 年，第 248 页；吴礽骧、李永良、马建华释校：《敦煌汉简释文》，甘肃人民出版社，1991 年，第 78 页；白军鹏《敦煌汉简校释》释文为："候洒令奸人犯重棰移□从事田掾府檄律令，第 367 页。"他还指出上述两书"释文未知从何而来"。白军鹏：《敦煌汉简校释》上海古籍出版社，2018 年。

〔6〕《敦煌汉简》，第 259 页。

〔7〕《敦煌汉简》，第 267 页。

〔8〕《疏勒河流域出土汉简》，第 56 页。

令史验问，收责（债）以钱与士吏程，严报如律令。（A）啬夫政（B）[1]

上述史料中出现了玉门关候的姓名，延寿、高辅、田▣、临等人。简牍中留下了关候的姓名，足以说明其所具有的责任。玉门关候负责东西往来人员的审核，通行证"过所"的发放，均须严格按照律令执行，对于债务收取也应当"严报如律令"。玉门候的基本史料可以反映出玉门关在汉代边防具有重要地位，是值得关注的重要内容。

作为玉门关候的机构设置和僚属，"玉门部：士吏五人，候长七人，候史八人，隧长廿九人，候令史三人（806）"[2]。这些僚属总人数共计52人。吴礽骧还考证了玉门关候所辖的范围，其东界为仓亭燧，西界在显明燧，东西直线距离三十四公里。除了上述僚属设置外，玉门关候属员设有"丞"一职。前文764简中有"丞待"，职位较之于关候的级别低。敦煌汉简中有两条"玉门丞"的记载。

以修行除为玉门丞（861）
玉门丞犯□□王防，移书延寿，调从吏白▣（2322）[3]

《疏勒河流域出土汉简》亦有"玉门丞 □□□□ 移书爰 □ 调从吏 □（835）"[4]。这说明在玉门关候的属员中有"丞"一级属员，是否与郡县丞平行，则不得而知。秦汉郡、县均设有丞，玉门关在龙勒县境内，"玉门丞"显然不能是龙勒县丞，而只能属于玉门关候之丞。还有"玉门关佐孙相兄赏读（Ⅱ98DXT2：18）"[5]这一"玉门关佐"应当是关候的属员。"关佐"一职在敦煌汉简中仍出现，简云：

其一封，大煎都候，诣府。
东书二封正月己亥昏时，受关佐杨禹。
一封□□□□（803A）[6]

这里"关佐"之名为杨禹。"关佐"作为沿边地区关隘"关候"的属员应当可以确认。在居延汉简中也有"关佐"的简文。

▣百八十，给关佐邦霸▣（116·24）
给肩水关佐过当（131·9）

---

〔1〕 胡平生、张德芳：《敦煌悬泉汉简释粹》，上海古籍出版社，2001年，第54页。
〔2〕 白军鹏：《敦煌汉简校释》，第271页。
〔3〕 白军鹏：《敦煌汉简校释》，第252、310页。
〔4〕 《疏勒河流域出土汉简》，第86页。
〔5〕 白军鹏：《敦煌汉简校释》，第321页。
〔6〕 白军鹏：《敦煌汉简校释》，第270页。

　　☑午府移书曰关佐杨充☑（232·10）

　　□月癸巳关佐□（393·3）[1]

　　从居延汉简中关于"关佐"的简文可以看出其作为"关候"的属员应当是准确的。

　　如果按照806号简文所云，玉门关候有二十九个隧长，那么极有可能其下辖二十九个烽燧。其中最具典型意义的是"玉门千秋䜴"。我们不可能对二十九个烽燧作全部的考证，特选取玉门千秋隧作为代表，以考察"玉门部"下辖相关机构与人员的基本情况。兹将有关简文胪列如下。

　　玉门千秋䜴（32A）（570）

　　皇帝陛下始建国天凤三年十二月壬戌，书敦德玉门千秋隧。（180）

　　千秋隧戍卒輂步昌所假留署所，曲旃一，伤，毋鍉。

　　□丙午，告远望候史、千秋䜴长。☑（805A）

　　千秋䜴长诉敢言之。官卒王可之。（771）[2]

　　神爵三年五月庚子朔辛亥，候史充决　□□迺五月辛丑千秋隧长到自言有牛一，黄。（787）[3]

　　元康元年七月壬寅朔甲辰，关啬夫广德、佐熹敢言之，敦煌寿陵里赵负趣自言，夫欣为千秋隧长，往遗衣用。以令出关敢言之。（797）

　　丙午，官告远望候史、千秋隧长。（805A）

　　☑甲午，千秋隧长护，敢言之。□☑（932B）[4]

　　□千秋隧长安汉劾捕亡未得，写移龙勒狱，以律从事，敢言之。（995）

　　请千秋士吏张长宾，龙勒移书召幸君，愿长宾为记，告幸君。

　　段长宾记

　　教其对。（1007）

　　右廿四人，居千秋☑（1019）

　　右，千秋隧长□长☑（1020）第297页

　　千秋亭戍卒东冯里张常喜，有方一，完。（1040）第298页

　　千秋□□□□

　　☑

---

〔1〕 谢桂华、李均明、朱国炤：《居延汉简释文合校》，文物出版社，1987年，第187、215、380、490页。

〔2〕 白军鹏：《敦煌汉简校释》，第190、244、205、256页。

〔3〕 白军鹏：《敦煌汉简校释》，第269页。此简文原来皆作"私府出一卒二马□已遣□□□决以□□□过五月辛丑千秋隧护□自言有牛一黄"。

〔4〕 白军鹏：《敦煌汉简校释》，第270、271、287页。

□载六十三两，其四两□（1075）[1]

殷通光叩

十月丙辰，千秋隧长汉昌以来。☑（1162A）

千秋隧付张游成，未得九日食，（1169）

玉门千秋隧长，敦煌武安里公乘吕安汉，年卅七岁，长七尺六寸。神爵四年六月辛酉除，功一，劳三岁九月二日。其卅日，（1186A）父不幸死。宪定功一，劳三岁八月二日。讫九月晦庚戌。故不史，今史。（1186B）

千秋隧，六石具弩一，完。（1188）

十二月甲辰，官告千秋隧长，记到，转车，过车，（1236A）

令载十束苇，为，有教。

千秋隧长故行。（1236B）[2]

通过考察简文的记载，我们可以得出以下结论。首先是千秋隧的使用年代与盛期。上述简文中有明确纪年简是元康元年（前65）、神爵三年（前59）、神爵四年、始建国天凤三年（16）等，其中前三个年代属于汉宣帝时期，最后一个是王莽时期，反映出汉代在千秋隧长期驻守军队的事实。其次，"玉门部"的属员士吏、候长、候史、隧长、候令史等在简文中都出现，兹分别考述如下。

"士吏"之职。前引文《敦煌悬泉汉简释粹》"五四"简云：

元延二年二月癸巳朔甲辰，玉门关候临、丞猛移效谷移自言六事，书到，愿令史验问，收责（债）以钱与士吏程，严报如律令。（A）啬夫政（B）[3]

元延二年（前11）二月十二日，玉门关候临、丞猛等，移送"自言"六件，传送状到，希望令史"验问"有关当事人，收回债款，交给士吏程，并按照法律规定上报处理结果。士吏是玉门关候所属职员。

请千秋士吏张长宾，龙勒移书召幸君，愿长宾为记告幸君。

段长宾记

教其对。（1007）

这里千秋士吏指千秋隧的士吏，龙勒指龙勒县，正是玉门关所在县。除了千秋隧的资料之外，在敦煌县其他遗址中也有关于"士吏"的简牍出土。1981年，甘肃酥油土烽燧遗址出土汉简180号简云："七月丁未，敦煌中部士吏福，以私印行都尉事，谓

――――――

〔1〕　白军鹏：《敦煌汉简校释》，第293、295、303页。

〔2〕　白军鹏：《敦煌汉简校释》，第311、312、314、318页。

〔3〕　胡平生、张德芳：《敦煌悬泉汉简释粹》，上海古籍出版社，2001年，第54页。

平望破胡、吞胡万岁，候官写移檄到。"[1] 这是士吏福假都尉私印处理政务，显然其级别不低。士吏有的还有一定级别的爵位。1978 年，出土于青海省大通县孙家寨 115 号西汉晚期墓葬的 256 号简文云："十一，军吏六百以上，兵车御右及把摩干鼓正钺者拜爵赐，论爵比士吏。"268 号简文云："其士吏以上拜爵者，皆禅行，得至。"[2] 士吏可用来比作其他人的爵位，且能够享受爵位的待遇。敦煌汉简中关于"士吏"一职的简文记载颇多，不再一一列举。沈刚先生指出："疑士吏仅边郡有之。"属于"候官属吏。分驻诸部，秩百石""月俸一千二百钱，秩级与候长同。"[3]

"候长"之职。汉代西北边塞每百里置有候官，其下分若干部，由候长主之，下领若干亭燧，秩二百石，月俸一百二十钱。王莽时期降为百石，东汉时减为比百石[4]。在玉门关候之下的候长，因为职责非常重要，故而要求颇为严格，不得擅自离开岗位。如简文所述。

> 六月甲戌，玉门候丞予之，谓西塞候长可择、将候长福将□候长□等，记到，谨□
>
> 望，府檄：惊备多虏党来，重正甚数，毋令吏卒离署，持七月候记将稟，毋忽。臧记，令可课。(483A)[5]

这是要求候长"毋令吏卒离署"，如果离开岗位，"持七月候记将稟，毋忽"，即使自己的家属出关时也不能搞特殊。"元始三年七月，玉门大煎都万世候长马阳，所赍操妻子、从者、奴婢出关致藉□（795）"[6]。候长的妻子、从者、奴婢出关时仍然需要严格执行出入关的凭证制度[7]。玉门关候在巡行时，需要严格约束部下。"玉门关，隧次行"时，对下属的违纪行为应当做出严肃处理。疏勒河流域出土汉简中有简文云：

> 玉门关，隧次行
>
> 永和二年五月戊申朔廿九日丙子，虎猛候长异，叩头死罪敢言之。
>
> 官录曰：今朝，宜秋卒胡孙诣官，□□虎猛卒冯国之东部责。

〔1〕 李均明、何双全：《散见简牍合辑》，文物出版社，1990 年，第 20 页。

〔2〕 李均明、何双全：《散见简牍合辑》，文物出版社，1990 年，第 31、32 页。

〔3〕 沈刚：《居延汉简语词汇释》，科学出版社，2008 年，第 5 页。

〔4〕 张政烺：《中国古代职官大辞典》，河南人民出版社，1990 年，第 861 页；沈刚：《居延汉简语词汇释》，第 209 页。

〔5〕 白军鹏：《敦煌汉简校释》，第 234 页。

〔6〕 白军鹏：《敦煌汉简校释》，第 270 页。

〔7〕 王万盈：《两汉守边戍卒管理初探》，《简牍学研究》第 3 辑，甘肃人民出版社，2002 年，第 279 页。

边塞卒戍不得去离亭尺寸，□□□☒

代适，卒有不然，负罚当所请☒　（443）[1]

这里提出了"边塞卒戍不得去离亭尺寸"，即烽燧的守卫者"候长"不能远离所守卫的地点。

"候史"之职。候史为候长的副手，协助候长督促烽火及候望，协调各部之间的行动，月俸六百钱，秩次与尉史、燧长相同。敦煌汉简记载候史简文云：

□玉门却适候史，敦煌如昌里公乘

☒

魏护，年卅一　（944）

玉门候史敦煌广　（2071）[2]

从上述两条简文可以看出玉门候史有来自敦煌本地的人员，且拥有公乘的爵位；而在汉文帝之后，九级爵位五大夫以上为高爵，公乘为八级爵位，还需服役。

"隧长"之职。隧长又写作"燧长"。沈刚指出："汉代边塞候望系统一般分为都尉、候官、部、燧四级。隧长为最基层吏员，月俸六百钱，下有戍卒三四人，主一燧之徼迹候望。"[3] 敦煌汉简中有多条关于千秋隧燧长的简文。千秋隧的隧长有自己的财产，787 号简文云："神爵三年五月庚子朔辛亥，候史充决 □□酒五月辛丑千秋隧长到自言有牛一，黄。"[4] 这里说到千秋隧隧长有黄牛一头。简中也有千秋隧隧长与他人交往的记载。797 号简云："元康元年七月壬寅朔甲辰，关啬夫广德、佐熹敢言之，敦煌寿陵里赵负趣，自言夫近为千秋隧长，往遗衣用。以令出关敢言之。"这是关啬夫广德、关佐熹与敦煌寿陵里赵负趣等三人给千秋隧隧长送衣物的记载。简中还有记载千秋隧隧长向上级汇报未能抓捕逃犯的经过。"□千秋隧长安汉劾捕亡未得，写移龙勒狱，以律从事，敢言之。"（995）千秋隧隧长因为没有抓获逃犯，向龙勒县狱汇报，并请"以律从事"。千秋隧隧长的功劳在见闻中也有披露，1186 号简云："玉门千秋隧长，敦煌武安里公乘吕安汉，年卅七岁，长七尺六寸。神爵四年六月辛酉除，功一，劳三岁九月二日。其卅日，（1186A）父不幸死。宪定功一，劳三岁八月二日。讫九月晦庚戌。故不史，今史。（1186B）"这是玉门千秋隧隧长吕安汉从神爵四年辛酉除吏

[1]　《疏勒河流域出土汉简》，第 60 页。

[2]　白军鹏：《敦煌汉简校释》，第 288、93 页。

[3]　沈刚：《居延汉简语词汇释》，科学出版社，2008 年，第 287 页。

[4]　白军鹏：《敦煌汉简校释》，第 269 页。此简文原来皆作"私府出一卒二马□已遣□□□决以□□□过五月辛丑千秋隧护□自言有牛一黄"。

到九月晦庚戌所积的功与劳，据学者考证时间从神爵四年辛酉即神爵四年（前581）十一月初一到九月晦庚戌即甘露三年（前51）九月三十。即吕安汉为吏的实际时段是六年十一个月。[1] 据说"玉门千秋牒（32A）"是1979年甘肃省考古队在方盘城西十一公里处的马圈湾发掘时，在约二百米的汉长城的一座烽隧中挖得。本牌短而宽，是这座烽隧的士兵挂在腰间的证件[2]。

　　两汉时期，玉门关作为汉朝与西域地区的重要交通关口，发挥着沟通中原王朝与西域的重要作用。两汉时期西域地区政治环境特殊，为了保护中原地区不再遭受来自西域匈奴势力的威胁，汉政府在玉门关驻扎有军队以保护丝绸之路的畅通。为了更好地发挥并保证玉门关的战略地位，汉政府在玉门关、阳关一线，在玉门关候之下设置了近三十处烽燧，构建了彼此联防的防卫体系，形成了士吏、候长、候史、隧长、候令史等关与烽燧管理的管理层级。

---

〔1〕 尚永琪：《浅议敦煌汉简中的功与劳》，崔向东主编《历史与社会论丛》，长江出版社，2006年，第27页。
〔2〕 王志艳、张杨：《寻找"河西走廊"的足迹：走进甘肃文明》，黑龙江人民出版社，2006年，第80页。

汉简中的玉门县

袁延胜　郑州大学历史学院

摘要：从汉简来看，汉代的玉门有玉门县、玉门关、玉门置等不同的指称。从肩水金关汉简来看，敦煌郡曾辖玉门县。玉门县很可能是在酒泉郡分置敦煌郡时改属敦煌郡。到了汉宣帝时期，酒泉郡东部数县划归张掖郡后，其辖境缩小，中心西移，此时玉门县再次改属酒泉郡。当然，玉门县的改属也应该与敦煌郡辖境的扩大、玉门关的西迁有关。汉简中的玉门资料大多是指玉门关，因此，有关玉门县的资料显得尤为珍贵。

关键词：汉简；玉门关；玉门县

玉门县在《汉书》《后汉书》中都有记载，是酒泉郡的属县。《汉书·地理志》载酒泉郡辖县："玉门，莽曰辅平亭。"颜师古注曰："阚骃云汉罢玉门关屯，徙其人于此。"[1] 阚骃是北凉、北魏时期人，尽管生卒年不可考，但从他初仕北凉、再仕北魏来看，他应该是 4 世纪后期到 5 世纪前期的人，这距西汉设酒泉郡时间已经五六百年了，他作的注未必符合汉代的实际。东汉时期，《续汉书·郡国志》载酒泉郡仍辖"玉门"县，似乎"玉门"县一直设在酒泉郡。近年出土的汉简，则表明敦煌郡一度辖有"玉门"县。肩水金关汉简载：

例 1：☑敦煌玉门富昌里高般年☑（73EJT27∶61）[2]

例 2：　　　　　　　　　　　辎车三乘

从者玉门临泉里程不诗年廿五　用马六匹　闰月辛卯北出（73EJT37∶53）[3]

例 1 明确记载"敦煌玉门富昌里"，这里的"敦煌"应指敦煌郡，"玉门"应指玉

---

〔1〕《汉书》卷 28 下《地理志下》，中华书局，1962 年，第 1614 页。

〔2〕甘肃简牍博物馆、甘肃省文物考古研究所、甘肃省博物馆、中国文化遗产研究院古文献研究室、中国社会科学院简帛研究中心：《肩水金关汉简（叁）》下册释文，中西书局，2013 年，第 73 页。

〔3〕甘肃简牍博物馆、甘肃省文物考古研究所、甘肃省博物馆、中国文化遗产研究院古文献研究室、中国社会科学院简帛研究中心：《肩水金关汉简（肆）》下册释文，中西书局，2015 年，第 17 页。

门县，应为玉门后面是"富昌里"，完全是郡、县、里的记载格式。因此这里的"玉门"并非指敦煌郡的"玉门关"，而只能是指玉门县。该简文所在的27号探方，共出土简文一百四十二枚，其中纪年简九枚，记载的年份有七个，具体为：地节三年（前67）（73EJT27：52）、元康元年（前65）（73EJT27：28）、甘露二年（前52）（73EJT27：71、73EJT27：79）、初元元年（前48）（73EJT27：32A）、初元二年（前47）（73EJT27：23、73EJT27：48）、河平二年（前27）（73EJT27：29）、元始元年（1）（73EJT27：51）。从纪年简来看，最早的是宣帝地节三年，最晚的是平帝元始元年，但基本上是宣帝、元帝、成帝时期的，也就是西汉中后期的。简文表明，在西汉宣帝到西汉末年的某一段时期，敦煌郡辖有玉门县，而不是酒泉郡辖有玉门县。此外，敦煌汉简也有一枚玉门富昌里的简，文："隧长玉门富昌里凡崇□"（简2331）[1]。按照例1的记载，这里的"玉门富昌里"应该也是属于敦煌郡所辖。

例2"从者玉门临泉里程不诗年廿五"中的"玉门临泉里"，表明这里的"玉门"应指玉门县。但简文并没有明确该玉门县是属于敦煌郡或者酒泉郡。简文中的"临泉"在悬泉汉简、敦煌汉简中也有记载，但多为"临泉亭""临泉隧"，这与"临泉里"是否是同一个地点，是否属于敦煌郡所辖，还需要分析。

首先看一下"临泉亭"的简文：

例3：鸿嘉四年十月丁亥，临泉亭长褒敢言之：谨案官牛一，黑，犗，齿八岁，夹鼻车一两（Ⅰ90DXT0110①：1)[2]

例4：甘露元年七月甲午朔辛丑，临泉亭长贺敢言之：谨移戍卒廪致一编敢言之（Ⅰ90DXT0112③：5)[3]

例5：　　　　　　　其一马定印诣府

　　　　西檄三　一酒泉大守章诣府

　　一广至丞印诣府　　　建昭二年闰月辛卯晨时临泉亭长王安受鱼离置即付遮要御王忠（Ⅰ90DXT0116②：77)[4]

例6：出粟三石六斗　　临泉亭　　毋穷亭

　　平望亭　　　　　以廪治掾☑（Ⅰ90DXT0110②：12)[5]

例7：入东军书一封。皁缯纬，完，平望候上王路四门。始建国二年九月戊

〔1〕甘肃省文物考古研究所：《敦煌汉简》，中华书局，1991年，第312页。

〔2〕甘肃简牍博物馆等：《悬泉汉简》（壹）上册，中西书局，2019年，彩色图版第52页。

〔3〕甘肃简牍博物馆等：《悬泉汉简》（壹）上册，中西书局，2019年，彩色图版第150页。

〔4〕甘肃简牍博物馆等：《悬泉汉简》（壹）上册，中西书局，2019年，彩色图版第254页。

〔5〕甘肃简牍博物馆等：《悬泉汉简》（壹）上册，中西书局，2019年，彩色图版第71页。

子，日蚤（早）食时，万年亭驿骑张同受临泉亭长阳。（A）

戊子日蚤（早）食。（B）（Ⅱ0115①：59）[1]

这五枚简所言的临泉亭属地还不明确，但从例 5 "建昭二年闰月辛卯晨时，临泉亭长王安受檄鱼离置，即付遮要御王忠" 中的 "鱼离置" "遮要" 属于敦煌郡所辖来看[2]，临泉亭也应属于敦煌郡所辖。例 7 中，"平望候：候官，属敦煌中部都尉。中部都尉平望、吞胡、步广、破胡、万岁五候官，平望位在最西。"[3] 该简中的 "万年亭驿" 常与悬泉驿连称，则万年亭也应属于敦煌郡所辖。而与平望候、万年亭联系密切的临泉亭亦应属于敦煌所辖。

再看一下 "临泉隧" "临泉" 驿 "临泉" 邮的简文：

例 8：□□临泉隧元始三年二月吏卒□□□□□▨　（简 819）[4]

例 9：入上书一封，车师己校、伊循田臣疆。九月辛亥日下铺时，临泉译（驿）汉受平望马益。（以上为 124 页）（Ⅴ1310③：67）[5]

例 10：出东书入封，板檄四，杨檄三。四封太守章……九月丁亥下铺时，临泉禁付石靡卒辟非。（Ⅴ1611③：308）[6]

例 11：▨正月戊戌日夜过半时临泉宣受石靡玄▨　（Ⅰ90DXT0111②：49）[7]

例 12：八月癸巳夜人定时临泉卒护付石靡卒音（削衣）（Ⅰ90DXT0112①：115）[8]

这五枚汉简都与 "临泉" 地点有关，但又有不同。例 8 明确记载有临泉隧，但该隧隶属哪个候官，还不清楚。例 9 所记为临泉驿，该驿是否与临泉亭是一个地点，也不清楚。但该简与例 7 一样，都与 "平望" 有关系，则临泉驿很可能与临泉亭是同一

[1] 胡平生、张德芳：《敦煌悬泉汉简释粹》，第 90 页，上海古籍出版社，2001 年。

[2] 简文 "永光四年闰月丙子朔壬辰，县泉厩啬夫奉光敢言之：龙勒敦煌遮要鱼离置"（Ⅰ90DXT0116②：48）见甘肃简牍博物馆等：《悬泉汉简》（壹）上册，中西书局，2019 年，彩色图版第 250 页；又悬泉汉简 "□效谷、遮要、悬泉、鱼离、广至、冥安、渊泉写移书到……其课田案劾岁者，白太守府，毋忽。如律令。"（Ⅱ0214③：154）胡平生、张德芳注曰："效谷、遮要、悬泉、鱼离、广至、冥安、渊泉：此处七个地名，皆当为驿置名，而非县名。其中 '效谷、广至、冥安、渊泉'，皆敦煌郡属县名，四置与县同名，在悬泉出土的其他简牍中有记载。" 简文及注释见胡平生、张德芳：《敦煌悬泉汉简释粹》，上海古籍出版社，2001 年，第 51 页。

[3] 胡平生、张德芳：《敦煌悬泉汉简释粹》，上海古籍出版社，2001 年，第 90 页。

[4] 甘肃省文物考古研究所编：《敦煌汉简》，中华书局，1991 年，第 250 页。

[5] 胡平生、张德芳：《敦煌悬泉汉简释粹》，上海古籍出版社，2001 年，第 124 页。

[6] 胡平生、张德芳：《敦煌悬泉汉简释粹》，上海古籍出版社 2001 年，第 91 页。

[7] 甘肃简牍博物馆等：《悬泉汉简》（壹）上册，中西书局，2019 年，彩色图版第 95 页。

[8] 甘肃简牍博物馆等：《悬泉汉简》（壹）上册，中西书局，2019 年，彩色图版第 126 页。

地点。例 10、11、12 相同，都是临泉卒把信交给石靡卒。但这里的"临泉"和"石靡"是亭或是邮呢？对于例 10，胡平生、张德芳先生注曰"禁、辟非：皆亭卒名"，显然是把临泉和石靡当作了亭。但这也不排除"临泉"和"石靡"是邮的可能。悬泉汉简"入西书八，邮行。……永平十五年三月九日人定时，县（悬）泉邮孙仲受石靡邮牛羌。"（ⅦF13C①：5）[1] 这里明确提到石靡邮，对此胡平生、张德芳先生注曰："县泉邮、石靡邮：邮驿机构。文献中每每'邮亭驿置'并称，称呼不同，但功能基本相同。在悬泉简中，西汉时似未见专称'邮'者，东汉以后才有'邮'的称谓。牛羌：人名。"石靡既然是邮，则例 10、11、12 中的临泉也有可能是邮。但不管临泉是隧、驿或者邮，从简文中的相关信息看，它们应该都在敦煌郡境内。

不管是临泉亭、临泉隧或者临泉驿，它们是否与例 2 中"玉门临泉里"有关还不能确认，但也不排除在一地的可能。如果在是同一地点，则从临泉亭、临泉驿等属于敦煌郡所辖的推断看，例 2 中"玉门临泉里"也应属于敦煌郡所辖。如果此推论成立，则例 2 中的玉门县应是敦煌郡的属县。

综合以上意见，玉门县曾属敦煌郡管辖，这应该没有问题。但问题时，在敦煌郡辖玉门县的时候，酒泉郡是否也存在一个玉门县？我们知道，悬泉汉简中就有玉门县属于酒泉郡的记载，"玉门去沙头九十九里，沙头去乾齐八十五里，乾齐去渊泉五十八。·右酒泉郡县置十一·六百九十四里。（A 第三栏）"[2] 胡平生、张德芳先生注："玉门去沙头九十九里：玉门，汉酒泉郡属县，故城当今玉门市赤金镇。"当然，由于《汉书·地理志》《续汉书·郡国志》都记载玉门县属酒泉郡所辖，因此玉门县属敦煌郡就显得很特别。因此这里就存在如下三种可能：一是玉门县原属酒泉郡，后从酒泉郡分出敦煌郡时，一度把玉门县划归敦煌郡管辖；二是玉门县是随着敦煌郡的分立而设置的；三是敦煌郡和酒泉郡两郡中都有玉门县，也就是在某个时段同时存在两个玉门县。

与这三种可能相关的还有玉门关址的迁移问题。李并成先生认为两汉时期的玉门关曾迁移两次。他说："西汉最早设置的玉门关位于今甘肃省嘉峪关市石关峡，置关时间约在武帝元鼎六年（前 111 年或稍后）；约在太初三、四年（前 102—前 101）李广利第二次伐大宛之际，玉门关遂西迁至敦煌西北一带；约在东汉永平十七年（74）随着瓜州径通伊州（哈密）伊吾路的开通，玉门关又东迁至今瓜州县双塔堡附近。"[3] 对于玉门关的迁移与玉门县的设立问题，他认为玉门关在第一次迁移时设立了玉门县。

〔1〕 胡平生、张德芳：《敦煌悬泉汉简释粹》，上海古籍出版社，2001 年，第 95 页。
〔2〕 胡平生、张德芳：《敦煌悬泉汉简释粹》，上海古籍出版社，2001 年，第 56 页。
〔3〕 李并成：《玉门关历史变迁考》，《石河子大学学报》（哲学社会科学版）2015 年第 3 期，第 9 页。

他说:"汉罢玉门关屯,徙其人于此,故曰玉门县。汉玉门县城即今玉门市赤金镇古城,位于石关峡西 68 千米。所云玉门关应指最早的玉门关——今石关峡。这里自有流水,可供屯田,今黄草营村即昔之玉门关屯田区。汉罢此关后,其人自然是就近徙于赤金绿洲(为石关峡西最近的一块绿洲),因以置县,名玉门县。"[1] 李先生所论很有道理,但即便按照太初三、四年玉门关西迁至敦煌西北、原玉门关设玉门县的说法,也并不能解决玉门县为何属敦煌郡所辖问题。

我们知道,汉武帝元狩二年(前 121)设酒泉郡。元鼎六年(前 111)分其东部置张掖郡,分其西部置敦煌郡,郡的辖境大大缩小。宣帝地节三年(前 67),又割东部数县以益张掖郡,此后至汉末未变[2]。笔者推想,在元鼎六年酒泉郡分置敦煌郡之时,由于酒泉郡辖县还比较多,就有可能把西部的玉门县等划归敦煌郡。但到了宣帝地节三年,酒泉郡割东部数县给张掖郡之时,它的辖境缩小,中心西移,可能就在此时玉门县又从敦煌郡改属酒泉郡。当然,事实是否如此,还有待更多的简牍资料来验证!

---

〔1〕 李并成:《玉门关历史变迁考》,《石河子大学学报》(哲学社会科学版) 2015 年第 3 期,第 11 页。

〔2〕 周振鹤、李晓杰、张莉:《中国行政区划通史·秦汉卷》,复旦大学出版社,2016 年,第 487 页。

玉门都尉与玉门关

张德芳　陕西师范大学人文社会科学高等研究院
　　　　甘肃简牍博物馆
樊　钧　甘肃简牍博物馆

百余年间，敦煌西北的小方盘城及其附近出土汉简总共有 571 枚[1]，其他小方盘城以外河西出土汉简中，包括悬泉汉简、居延汉简以及疏勒河流域出土的所有汉简中，用"玉门"作为关键词搜索，有 130 条左右。这 700 多条出土汉简及其相关材料，是研究两汉玉门都尉及玉门关的第一手资料，为我们提供了很多过去未曾知晓的知识。

关于玉门都尉的相关研究，笔者已写成专文发表在 2019 年北京大学汉学家研修基地的会议论文集上。此文只涉及与玉门都尉相关的玉门关的关址问题。请大家批评。

玉门都尉下属大煎都候官和玉门候官，驻防的防线东西有 100 公里，南北有 50 公里，他同敦煌郡中部都尉、宜禾都尉和阳关都尉一样，属于边郡的部都尉。已故吴礽骧先生在甘肃调查长城多年，他在《汉代玉门关及其入西域路线之变迁》一文中，从建制与吏员人数、管辖范围、建筑形制与布局、辖境与郡县区划的关系等方面论证了玉门都尉为"部都尉"而非"关都尉"。这种思路和结论笔者是赞同的[2]。同时陈梦家先生在其《汉简所见居延边塞与防御组织》也说到"敦煌郡的玉门关和阳关都尉实际上也是部都尉。"《西汉都尉考》中说："《地理志》所载玉门、阳关都尉，玉门似为部都尉。"在《玉门关与玉门县》中，干脆说："西汉玉门所置乃是都尉，非关都尉"[3]。可见玉门都尉为"部都尉"的性质，不能否认。

但是，问题还有另一方面。玉门都尉和阳关都尉地处边关，不仅有驻守边疆的任

---

[1]　包括斯坦因第二次中亚考察时在 T14 发现的 80 枚（敦煌汉简 1880—1959）、T14a 发现 8 枚（1960—1967），敦煌驻军周炳南发现 17 枚，夏鼐、阎文儒在 1944 年发现 49 枚，1949 年以后敦煌文博部门陆续在小方盘城附近及其南一燧和南二隧发现 36 枚，1998 年发掘 381 枚。

[2]　吴礽骧：《汉代玉门关及其入西域路线之变迁》，《中亚研究》第 2 辑，中华书局，1987 年。此文发表于 30 年多年前，有些内容尚可商榷。如说小方盘城距河仓城 7.5 公里，而实际直线距离 11 公里；还有如"玉门关外有大量粮食运入关内之郡仓，非有大面积屯田，是难以做到的"，这也需要进一步论证；还有如：小方盘城南北长 24.40 米，东西宽 23.60 米，这只是现在还高出地面的障城，而整个城址东西大约 47 米，南北大约 48 米。但不影响玉门都尉属于"部都尉"的判断。

[3]　《汉简缀述》，中华书局，1980 年。

务，还有负责通关的使命。敦煌地区连接西域，是汉王朝郡县管辖的最西端。张骞"凿空"后，在敦煌西部设关通使是一个必然的过程，所谓"设四郡"，"据两关"，此之谓也。即使后来西域都护府设置后，天山南北已归入汉王朝管辖，但由于西域地区的管理体制和内地的郡县乡里绝然不同，阳关、玉门关的职能并没有因为汉朝国土的向西延伸而失去作用。所以阳关都尉与玉门都尉既是"部都尉"，同时也是"关都尉"。这种特殊的功能作用是由他们所处的特殊地位决定的。《汉书·地理志》敦煌郡龙勒县条下："有阳关、玉门关，皆都尉治。"如果都尉治在两关，而本身又不是关都尉，这才是难以理解的。严耕望先生研究地方制度几十年，把玉门都尉和阳关都尉都列为关都尉，是有道理的[1]。安作璋、熊铁基《秦汉官制史稿》亦认为："西汉以后，边郡多有关都尉，如《汉书·地理志》记载，敦煌郡有阳关都尉，治阳关；玉门都尉，治玉门关。……关都尉和一般都尉一样，其下也有丞及其他属官。设关之地，不拘于在郡县治所，但必为扼要之地，故以都尉掌治。"又说："部都尉、关都尉大体上都为郡守佐官。"[2] 这都指出了阳关都尉、玉门都尉同时具有"关都尉"的性质，以及与郡太守的隶属关系。

既然玉门都尉是关都尉，而且治玉门关。那么现在的敦煌小方盘城被认为玉门都尉的驻地，自然亦应为玉门关的关址。

但是《史记·大宛列传》记载，太初年间（前104—前101）李广利伐大宛，往来二岁，还至敦煌，愿且罢兵，益发而复往。天子闻之，大怒。而使使遮玉门，曰："军有敢入者辄斩之！"贰师恐，因留敦煌[3]。法国汉学家沙畹在整理斯坦因河西发掘的汉简时发现，按照上面的记载，玉门在东而敦煌在西。进而根据《汉书》的记载认为，最早的玉门关在敦煌之东，而后来的玉门关乃太初以后才迁到敦煌之西。王国维赞同沙畹的说法，并进一步确指太初以前的玉门关即酒泉郡的玉门县[4]。但王国维忽略了汉代的玉门县和清代的玉门县不是一个地方。劳干《两关遗址考》同意西迁说，但指出汉代的玉门县在今天的赤金峡一带，而清代的玉门县则在安西（今瓜州）以东的双塔[5]，两者相距一百公里。其后方诗铭、张维华、赵永复、赵评春大都赞同上述

〔1〕　严耕望：《中国地方行政制度史——秦汉地方行政制度》，台北历史语言研究所，1997年，第166页。

〔2〕　安作璋、熊铁基：《秦汉官制史稿》，齐鲁书社，2007年1月第2版，第581、582页。

〔3〕　《史记》（点校本二十四史修订本），中华书局，2014年8月，第3854页。《汉书·李广利传》作：天子闻之，大怒，使使遮玉门关。曰："军有敢入，斩之。"贰师恐，因留屯敦煌。多了一个"关"字和"屯"字。

〔4〕　罗振玉、王国维：《流沙坠简》一书中王国维序言，1993年中华书局影印本。

〔5〕　劳干：《两关遗址考》，见历史语言研究所集刊第11本，1948年。另见《劳干学术论文集》甲编，艺文印书馆，1976年，第537—546页。

意见[1]。而李并成先生则把太初以前的玉门关确认到了今天嘉峪关以北 10 公里的石关峡,距今天敦煌西北的小方盘城 400 多公里,相当于汉里 1000 里开外[2]。并成先生的主要根据是唐代僧人道宣《释迦方志》遗迹篇第四的如下记载:"从凉州西而少北四百七十里至甘州,又西四百里至肃州,又西少北七十五里至故玉门关,关在南北山间。"[3] 问题是道宣(596—667)是唐初僧人,距西汉元封间(前 110—前 105)已达七八百年之久,所谓"故玉门关"的"故",究指何时,并不确定。单靠一个"故"来推定太初以前的玉门关即在今嘉峪关北面的石关峡,似嫌过于单弱。退一步讲,即使太初以前的玉门关曾经设在这里,也是一个存在极短的临时机构。这样一个只存在了几年时间的临时机构,经过六七百年的干戈扰攘和风雨侵蚀,还能有人路过时确指它的故址,可能性几乎微乎其微。因而道宣的记录还应辅之以其他的证据。《释家方志》的本子并不难找,从民国以来的一个多世纪里,已出版过多种不同版本。遗憾的是上述所有论著中凡是引据《释迦方志》的地方都误作《释家方志》。

其实,从大的历史背景和具体的西进过程看,不管在太初以前还是在太初以后(前 104—前 101),玉门关根本就不可能在敦煌之东。向达先生和夏鼐先生指出过两条材料:一是《汉书·地理志》敦煌郡效谷县下师古注曰:"本渔泽障也。桑钦说孝武元封六年济南崔不意为鱼泽尉,教力田,以勤效得谷,因立为县名。"就是说,至少在元封六年(前 105),汉朝的势力已进入敦煌,而且箭在弦上,摆出了继续向西延伸的态势。在这种情况下,驻军设关自然应该在西部边境,而不可能在敦煌之东。二是李广利代大宛,"军正任文将兵屯玉门关,为贰师后距"。敦煌与西域相连,作为李广利监军或后援的军正任文,只能在敦煌西部的玉门关,而不可能远在千里之外的嘉峪关石关峡。向达先生认为,汉武帝所谓使使遮玉门,应该指酒泉郡的玉门县,而非玉门关。只是班固作《汉书》时,在司马迁《史记·大宛列传》"使使遮玉门"后面加了一个"关"字。夏鼐先生则认为,即使"使使遮玉门"所指为玉门关,也不能说明玉门关

---

[1] 方诗铭:《玉门位置辨》,《西北通讯》1947 年第 1 期;《方诗铭文集》第 3 卷,第 21—30 页;张维华《汉置边塞考略》,《齐鲁学报》1941 年第 1 期;赵永复《汉代敦煌郡西境和玉门关考》,《历史地理》第 2 辑,上海人民出版社,1982 年,第 88—91 页;赵评春:《西汉玉门关、县及其长城建置时序考》,《中国历史地理论丛》1994 年第 2 期,第 45—57 页。

[2] 李并成:《河西走廊历史地理》,甘肃人民出版社,1995 年,第 238 页;《汉玉门关新考》,郝春文主编《敦煌文献论集:纪念敦煌藏经洞发现一百周年国际学术研讨会论文集》,辽宁人民出版社,2001 年,第 129—139 页;《石关峡:最早的玉门关与最晚的玉门关》,《中国历史地理论丛》2005 年第 2 期,第 120—125 页;《玉门关历史变迁考》,《石河子大学学报》2015 年第 3 期,第 9—16 页;《有关玉门、玉门关研究中几个重要问题的再探讨》,《丝绸之路》2017 年第 16 期,第 10—13 页。

[3] 范祥雍:道宣《释迦方志》遗迹篇第四,上海古籍出版社,2011 年,第 11 页。

就在敦煌之东[1]。马雍先生则从另一个角度解释了玉门关并未迁徙的观点。他认为，敦煌的地理范围很大，玉门关以西还有大片土地归属敦煌，而李广利被遮在玉门关外而留屯敦煌并不矛盾。还有一个问题，就是时间上的误差。夏鼐先生说：

> 原文（指《大宛列传》的记载）并未确定说贰师还至敦煌以后，才奏请罢兵。如果汉武知道贰师已还抵敦煌，仍使使遮玉门，这"玉门"不论是关名或是县名，它的位置必定在敦煌以东。但是原文的意义似乎可解释作贰师由西域引兵东还，同时奏请罢兵"益发而复往"……等到汉武的使臣抵达敦煌时，贰师不待答诏，早已罢兵入玉门关。

夏先生虽只是提出一个假设，但却给了我们很大启发。李广利从敦煌上书到接到汉武帝诏书，中间有一个时间差。司马迁和班固都没有交代清楚，以致让后人产生了很大误解。笔者曾研究过从长安到敦煌的时间，有《古代从长安到敦煌走多长时间》一文，认为过去几千年来，从长安（今西安）到敦煌需要多长时间？要看选择的行走路线、乘坐的交通工具、面对的社会环境和肩负的不同使命。历史上最快的例子是赵充国出兵金城。原文如下：

> 神爵元年（前61），先零羌反，宣帝派赵充国率大军出兵金城（郡治允吾，在今河口一带）。当时朝廷议决的方略是先剿依附先零但势力比较弱小的罕、开二种（羌人种落），然后再集中力量平定先零。但是赵充国上书陈策，不同意这种方案。他认为对罕、开可采取招抚，施以恩惠，瓦解先零与罕、开二种的盟约，起到孤立先零的作用，然后再集中力量平定先零。大军出征，箭在弦上。两种意见，截然相反。赵充国的上书需要以最快的速度在最短的时间上奏皇上，由皇上来作出裁夺。史书记载："六月戊申奏，七月甲寅玺书报从充国计焉。"这是我们看到的有准确记载的速度最快的奏报。公元前61年8月20日上奏，8月26日得到皇帝的玺书，前后七天时间。七天中，包括了上奏到达朝廷后，皇上召集公卿大臣廷议决策的时间，至少得一天。如此，六天时间，从金城到长安一个来回，三天一个单趟，700多公里，每天至少要240公里。马不停蹄，日夜兼程，每小时10公里，6分钟1公里。这在当时驿路畅通的情况下，每个驿站快马飞报，才可实现。按此速度，长安到敦煌1800公里左右，如果是皇帝的紧急诏书和出征将领的

---

[1] 向达（方回）：《玉门关阳关杂考》，《真理杂志》1944年第1卷第4期；《唐代长安与西域文明》之《两头杂考》，商务印书馆，2017年，第380—400页；夏鼐（夏作铭）：《太初二年以前的玉门关》，《中央日报》之《文史周刊》第70期，1947年12月1日；《夏鼐文集》三卷本中册，社会科学文献出版社，2000年，第87—91页；《夏鼐文集》5卷本第2卷，2017年，第367—374页。

军情急报，至少需要七到八天时间。也就是说，河西边郡包括敦煌在内，一旦有紧急情况，汉塞烽燧和沿途驿站，可在八天之内上报朝廷[1]。

上面只是单趟。如果来回，至少16天。可以想见，李广利的大军劳师袭远，经过几千里荒芜之地的长途跋涉，人困马乏，饥渴困顿，怎么可能在半个多月的时间里，一直停留在敦煌边外的某个地方就地待命呢？因此，《史记·大宛列传》和《汉书·李广利》所谓"使使遮玉门，留屯敦煌"，只是当时李广利上书和汉武帝下诏在空间和时间上的错位，而不是玉门关位置的东西。

既然我们不能否认驻扎在玉门关的玉门都尉既有"部都尉"的性质又同时具有"关都尉"的性质。那么作为玉门都尉管辖下的玉门关，就应该在玉门都尉的管辖范围之内，而不能跨过好几个都尉的辖区而游离于千里开外的其他地方。

1907年从斯坦因以来的一百多年里，中外人士先后对敦煌西北的小方盘城（参见李岩云人、傅立诚《汉代玉门关址考》，《敦煌研究》2006年第4期。）进行过多次考察，下面引述一些主要的记载：

斯坦因在地图上把小方盘城标为T14（ⅩⅣ），在北面的土包上挖出汉简80多枚。

这个遗址特别使人感兴趣的地方在于，不少文书中都明确提到了玉门关的军官。其中有几个文书是发自或写给地位相当高的人的，而普通长城烽燧的文书中涉及的人物一般官衔没这么高。本节开头时我已说过，这里的地形特征和考古学特征已使我意识到，它必定是古长城西端的一个重要关口。所获的文书很快使我得出了结论：公元前1世纪初到东汉末年的玉门关一定就在这里[2]。

1944年，西北科学考察团考古组夏鼐和阎文儒先生到敦煌考察，在小方盘城附近掘得汉简49枚[3]。阎文儒先生的《河西考古杂记》则保留了对小方盘城的勘测数据：

小方盘城就是汉玉门关。关城方形如盘，所以叫小方盘。城垣每面二十六公尺二寸，高七公尺五寸。垣顶每面长二十四公尺八寸，宽三公尺八寸。开西、北二门，西门宽二公尺五寸，高二公尺七寸，北门宽三公尺，高四公尺。北门堵以土还。城垣版筑，每层板痕约一公尺。北门外不及百公尺即疏勒河，河两岸芦草

---

〔1〕《甘肃日报》2016年9月20日。

〔2〕斯坦因，巫新华等翻译：《西域考古图记》，广西师范大学出版社，1998年，第390页。

〔3〕夏鼐：《新获之敦煌汉简》，《考古学论文集》，科学出版社，1961年；新编五卷本《夏鼐文集》第二册，社会科学文献出版社，2017年，第375页。

丛生。河北的北山，是汉匈奴境界。汉代在这里设关城，一面为通西域，一面也是为防御匈奴[1]。

1963 年，罗哲文先生到敦煌，也曾对小方盘城进行过考察，但却只进行过一般描述，而未留下详细数据：

> 玉门关正处于南北两山对峙的夹口之中，疏勒河流经此处，河水不时从地下浸涌出来，成为一个个的小湖泊。关城紧靠在一个小湖泊的南岸，这一脉潜流和水泊即是古代玉门关之所以设在这里的主要自然条件，它可以供士卒饮用，可以饮马和牲畜饮用。长城即在其北面二点五公里多的地方东西伸展，保护着这片水草和玉门关[2]。

1992—1995 年，甘肃文博部门岳邦湖、钟圣祖考察河西长城，发表了《疏勒河流域汉代长城考察报告》，他们的丈量是：

> 障城为方形，早期障门位于北壁，晚期西壁重开一门。障城南北长 15.7 米、东西宽 15.3 米。墙高 9.7 米，夯层厚 0.9-10 厘米。北门宽 2.5 米，高度不详（已坍毁）。西门宽 2.1 米、高 2.85 米。障墙宽 5.1 米、顶宽 3.6 米，收分明显。顶部女墙高 0.9 米[3]。

1981 年全国第二次文物普查，时间长、规模大，成果丰硕，最后由国家文物局主编，出版了《中国文物地图集》，各省以分册出现，而《甘肃分册》迟至 30 年后的 2011 年才得以出版。其中对小方盘城的描述是：

> 城平面呈长方形，东西长 27 米，南北宽 24 米。城墙黄土夯筑，基宽 5 米，顶宽 3.8 米、高 10 米，顶上有内外女墙，外女墙残高 1.15 米，厚 1.5 米，内女墙厚 0.8 米，走道宽 1.3 米。西、北两面开门，西门宽 2.1 米，高 2.95 米、进深 5 米。北门宽 3 米，高 6.3 米，下部用大土块封堵，残高 1.1 米。城址北 70 米处有一烽燧基址和房屋遗迹，出土过"玉门都尉"的汉简[4]。

上面我们不惮烦琐，引述了各家对小方盘城的考察、测量和基本观点。不难发现，

---

[1] 阎文儒：《河西考古杂记》，《文物参考资料》1953 年第 12 期，第 53—71 页；《社会科学战线》1986 年第 4 期、1987 年第 1 期。

[2] 罗哲文：《临洮秦长城、敦煌玉门关、酒泉嘉峪关勘查简记》，《文物》1964 年第 6 期。

[3] 岳邦湖、钟圣祖：《疏勒河流域汉代长城考察报告》，文物出版社，2001 年，第 33 页。

[4] 国家文物局：《中国文物地图集·甘肃分册》，测绘出版社，2011 年，第 252 页。

各家的测量都是对现存障城的记录，障城以外，除岳、钟《疏勒河流域汉代长城考察报告》注意到了障城西部 150 米的长城和障城以东 115 米有南北走向大约 75 米的围墙外，其他的测量都未发现和丈量周围的情况；其二是各家记录不尽相同。主要不是城墙本身的盈缩，而是测算的起点和方法不同，对我们认识小方盘城的性质并不影响。

现在跟过去不同，随着技术的进步，GPS 定位、遥感技术、卫星地图等都可以给我们提供更为精确的数据。我们在谷歌地图上测量的结果是这样：以障城外缘的城墙为准，南北长 25 米，东西宽 25 米。障城外面有一坞院，南北东西各长 47 米。东边 100 米处有一道南北走向的围墙，残长 80 米左右。南坞墙以南 30 米处，有一道东西走向的围墙痕迹，长 140 米左右。这样一个规制，大概应该是当年玉门都尉及其下属机构和玉门关守关官员办公的地方。总之，现在的小方盘城，是西汉的玉门都尉府，亦是最早的玉门关。其关口究在何处？岳邦湖、钟圣祖提出的小方盘城以西 150 米左右的长城线上以及李岩云、傅立诚画出的地图应该更接近真实。日本学者广濑薰雄亦有专文[1]，在此基础上有更细密的研究。

我们的结论是：太初以前的玉门关和太初以后的玉门关始终都在今天的小方盘城，从建关之初到西汉末年，从未发生过迁移。沙畹当年提出的问题，只是《汉书》记载中对李广利上书和汉武帝下诏在时间和空间上留下的模糊给后世造成的误解。

---

[1] [日] 广濑薰雄：《也谈玉门都尉府与玉门关》，《丝绸之路与敦煌历史文化学术研讨会论文集》，万卷出版公司，2019 年。

说"玉门枣"：丝路"远方""名果"象征[*]

王子今　中国人民大学国学院

摘要："玉门"是丝绸之路上重要的交通地理坐标和文化地理坐标。"玉门"与"玉门关"也被看作丝绸之路草原通道交通的重要界点。关于汉代历史文化的文献记录中可见"玉门枣"，相关信息具有神秘色彩，在一定程度上反映了中原人对于西北远方世界的认识。作为丝绸之路"远方""名果"，"玉门枣"具有象征性符号的意义。与"西王枣""西王母枣"具有神异关联的"玉门枣"传说，体现出有关丝绸之路开通的历史记忆。相关文化现象，值得交通史和中外文化交流史研究者予以关注。

关键词：玉门；玉门枣；地理坐标；丝绸之路；交通

有关"玉门枣"的历史记忆见于关于汉代历史文化的文献记录中。相关信息具有神秘色彩，在一定程度上反映了中原人对于"玉门"的认识。玉门，是丝绸之路上重要的交通关口。"玉门"亦作为中土文化与域外文化的交界，作为世俗世界与神仙世界的交界，是显著的文化地理坐标。"玉门枣"传说发生于汉代以后，却以汉武帝时代为背景，可以看作西汉张骞"凿空"事业的历史记忆的片段遗存。"玉门枣"故事或许有来自玉门以西方向传入"枣"之历史真实以为构成元素，从一个特殊侧面反映了丝路交通条件对于中外文化交流的重要意义，值得交通史和中外文化交流史研究者予以关注。

一　上林苑"玉门枣"

《西京杂记》卷一"上林名果异木"条写道："初修上林苑，群臣远方，各献名果异树，亦有制为美名，以标奇丽者。""余就上林令虞渊得朝臣所上草木名二千余种。邻人石琼就余求借，一皆遗弃。今以所记忆，列于篇右。"其中信息不仅有植物学的意

---

* 基金项目：中国人民大学科学研究基金（中央高校基本科研业务费专项资金资助）项目"中国古代交通史研究"（项目批准号10XNL001）。

义，也有文化史的意义。所谓"草木名二千余种"中，列有果品"梨""枣""栗"
"桃""李""柰""查""椑""棠""梅""杏""林檎""枇杷""橙""安石榴"
"樗"等。"枣"列于"梨"之后，位列第二：

枣七：弱枝枣，玉门枣，棠枣，青华枣，樗枣，赤心枣，西王枣出昆仑山[1]。

"枣七"名目，或因树种，或因形貌，或因味品。可能因产地得名的"玉门枣"
名列第二[2]。"玉门枣"和"出昆仑山"的"西王枣"都应当来自西北方向。

清陈元龙《格致镜原》卷七四《果类一·枣》引《西京杂记》有关"玉门枣"的
内容文字略异：

《西京杂记》上林苑名果有弱枝枣、玉门枣、棠枣、青华枣、樗枣、赤心枣、西王
母枣。

"西王枣"写作"西王母枣"。同卷引《广志》说到"西王母枣"。又引《晋宫阙
名》："华林园王母枣十四株。""王母枣"应当就是"西王枣""西王母枣"[3]。所谓
"出昆仑山"，言其来路，应当经丝绸之路传入中土。

"王母枣""西王枣""西王母枣"，应当都与西北方向所谓"西王母"之邦有一定
关系。西汉时期形成广泛社会影响的西王母崇拜[4]，是认识"王母枣""西王枣"
"西王母枣"之植物学指向不宜忽略的文化背景。

"西王母枣"在后来记录中西文化交往史的文献中依然可以看到值得重视的遗存。

《艺文类聚》卷八七引《晋宫阁名》曰："华林园枣六十二株，王母枣十四株。"[5]
晋陆翙《邺中记》："石虎园中有西王母枣，冬夏有叶，九月生花，十二月乃熟。三子
一尺。"[6]《十六国春秋》卷一七《后赵录七·石虎下》："（华林苑）种名果奇花。
……又有西王母枣，冬夏有叶，九月生华，十二月乃熟。三子一尺。"[7]《太平御览》

---

〔1〕 [晋] 葛洪集，成林、程章灿译注：《西京杂记全译》，贵州人民出版社，1993 年，第 34、35 页。《太平御
　　　览》卷九六五引《西京杂记》："初修上林苑，群臣各献名果树，亦有制有美名。弱枝枣、西王母枣、棠枣、
　　　王门枣、青华枣、樗枣、赤心枣。""玉门枣"作"王门枣"。"西王母枣"注："出昆仑山。"[宋] 李昉等：
　　　《太平御览》，（据上海涵芬楼影印宋本 1960 年 2 月复制重印版），中华书局，第 4282 页。

〔2〕 关于上林，北魏贾思勰《齐民要术》卷一〇《五谷果蓏菜茹非中国物产者》"枣"条引《东方朔传》曰：
　　　"武帝时，上林献枣。上以杖击未央殿槛，呼朔曰：'叱叱，先生来来，先生知此箧里何物？'朔曰：'上林
　　　献枣四十九枚。'上曰：'何以知之？'朔曰：'呼朔者，上也；以杖击槛，两木，林也；朔来来者，枣也；
　　　叱叱者，四十九也。'上大笑，帝赐帛十匹。"[后魏] 贾思勰原著，缪启愉校释，缪桂龙参校：《齐民要术
　　　校释》，农业出版社，1982 年，第 574 页。

〔3〕 [清] 陈元龙：《格致镜原》（文渊阁《四库全书》本），第 949 页。

〔4〕 王子今、周苏平：《汉代民间的西王母崇拜》，《世界宗教研究》1999 年第 2 期。

〔5〕 [唐] 欧阳询撰，汪绍楹校：《艺文类聚》，上海古籍出版社，1965 年，第 1486 页。

〔6〕 [晋] 陆翙：《邺中记》（清《武英殿聚珍版丛书》本），第 9 页。

〔7〕 [南北朝] 崔鸿：《十六国春秋》（明万历刻本），第 115 页。

卷九六五引《邺中记》曰："石虎园中有西王母枣，冬夏有叶，五月生花，十二月乃熟。三子一尺。"[1] 北魏学者杨衒之《洛阳伽蓝记》卷一《城内》："景阳山南有百果园，果列作林，林各有堂。有仙人枣，长五寸，把之两头俱出，核细如针。霜降乃熟，食之甚美，俗传云出昆仑山。一曰西王母枣。"[2] 《初学记》卷二八引《广志》曰："西王母枣，三月熟，在众果之先。"[3] 《太平御览》卷九六五引《广志》曰："西王母枣，大如李核，三月熟，众果之先熟者也。种洛阳宫后园。"[4] 宋人罗愿《尔雅翼》卷一〇《释木·枣》亦称"西王母枣"[5]。

二　汉家宫苑的"殊方异物"收聚

西来之"枣"栽植于宫苑，与当时汉帝国上层社会乐于收集欣赏四方珍物的习好有关。

《汉书》卷九六下《西域传下》以"赞曰"形式对西汉时期的世界眼光和外域政策有所总结：

赞曰：孝武之世，图制匈奴，患其兼从西国，结党南羌，乃表河西，列四郡，开玉门，通西域，以断匈奴右臂，隔绝南羌、月氏。单于失援，由是远遁，而幕南无王庭。

遭值文、景玄默，养民五世，天下殷富，财力有余，士马强盛。故能睹犀布、玳瑁则建珠崖七郡，感枸酱、竹杖则开牂柯、越巂，闻天马、蒲陶则通大宛、安息。自是之后，明珠、文甲、通犀、翠羽之珍盈于后宫，蒲梢、龙文、鱼目、汗血之马充于黄门，巨象、师（狮）子、猛犬、大雀之群食于外囿。殊方异物，四面而至。于是广开上林，……[6]

"殊方异物，四面而至"，而"充""盈"于宫苑。汉家帝王的博物之好，收集所涉空间，至于"天下""四方"。这一现象的发生，与"开玉门，通西域"的进取性攻略的成功，有直接的关系。

---

〔1〕 [宋] 李昉等：《太平御览》（据上海涵芬楼影印宋本复制重印版），中华书局，1960 年，第 4282 页。

〔2〕 范祥雍："《太平御览》九百六十五引《晋宫阙名》：'华林园枣六十二株，王母枣十四株。'"范祥雍：《洛阳伽蓝记校注》，上海古籍出版社，1978 年，第 66、70 页。

〔3〕 [唐] 徐坚等：《初学记》，中华书局，1962 年，第 676 页。

〔4〕 [宋] 李昉等：《太平御览》（据上海涵芬楼影印宋本复制重印版），中华书局，1960 年，第 4282 页。

〔5〕 [宋] 罗愿：《尔雅翼》（文渊阁《四库全书》本），第 75 页。

〔6〕 《汉书》，中华书局，1962 年，第 3928 页。

三 汉代饮食生活中"枣"的神秘意义

将枣与神话中的西王母联系起来，并不是偶然的。在汉代人的意识中，枣是仙人所食的宝物。《史记》卷二八《封禅书》记载方士李少君对汉武帝说到仙人安期生"食枣"的故事：

少君言上曰："祠灶则致物，致物而丹沙（砂）可化为黄金，黄金成以为饮食器则益寿，益寿而海中蓬莱仙者乃可见，见之以封禅则不死，黄帝是也。臣尝游海上，见安期生，安期生食巨枣，大如瓜。安期生仙者，通蓬莱中，合则见人，不合则隐。"于是天子始亲祠灶，遣方士入海求蓬莱安期生之属，而事化丹砂诸药齐为黄金矣。

所谓"巨枣"，司马贞《索隐》引包恺云："巨，或作'臣'。"[1]《史记》卷一二《孝武本纪》作"臣尝游海上，见安期生，食臣枣，大如瓜"。关于"安期生"，司马贞《索隐》："服虔曰：'古之真人。'案：《列仙传》云安期生，琅邪人，卖药东海边，时人皆言千岁也。"张守节《正义》引《列仙传》云："安期生，琅邪阜乡亭人也。卖药海边。秦始皇请语三夜，赐金数千万，出，于阜乡亭，皆置去，留书，以赤玉舄一量为报，曰'后千岁求我于蓬莱山下'。"[2] 可能正是据安期生故事，北魏贾思勰《齐民要术》卷一〇《五谷果蓏菜茹非中国物产者》"枣"条引傅玄《赋》曰："有枣若瓜，出自海滨，全生益气，服之如神。"又引《神仙传》曰："吴郡沈羲，为仙人所迎上天。云：'天上见老君，赐羲枣二枚，大如鸡子。'"[3]

汉代铜镜铭文多见这样的词句："尚方作镜真大好，上有仙人不知老，渴饮玉泉饥食枣，浮游天下遨四海，寿如金石为国保。"[4] 理解"浮游天下遨四海"语，可以参考北京大学藏西汉简《赵正书》所见"出斿天下"[5]。很可能正是基于"仙人""食枣"的思想，汉武帝在祀太一神时，祭品中"加醴枣脯之属"。据说"置脯枣，神人

---

〔1〕《史记》，中华书局，1959年，第1385页。

〔2〕《史记》，中华书局，1959年，第455页。

〔3〕[后魏] 贾思勰原著，缪启愉校释，缪桂龙参校：《齐民要术校释》，农业出版社，1982年，第575页。

〔4〕如湖南出土博局镜铭文："新有善铜出丹阳，涷。尚方佳竟真大好，上有仙人不知老，渴饮玉泉饥食枣，浮游天下遨四（海）。"洛阳东汉早期墓出土铜镜铭文："尚方作竟真大巧，上有仙人不知老，渴饮玉泉饥食枣，寿而金石天之保兮。"洛阳东汉中期墓出土铜镜铭文："尚方作竟真大巧，上有仙人不知老，渴饮玉泉饥食枣，寿而金石天之保，长乐未央如侯王，子孙□居中央，富贵昌，□益□兮。"孔祥星、刘一曼：《中国铜镜图典》，文物出版社，1992年，第267、269、270页。

〔5〕王子今：《论〈赵正书〉言"秦王""出斿天下"》，《鲁东大学学报》（哲学社会科学版）2016年第2期。

宜可致也"〔1〕。《初学记》然二八引卢谌《祭法》："春祠用枣油。"〔2〕 也是祠祀用
"枣"的例证。《文选》卷一六潘岳《闲居赋》："周文弱枝之枣，房陵朱仲之李。"李
善注："《西京杂记》曰：'上林苑有弱枝枣。'《广志》曰：'周文王时有弱枝之枣，甚
美。禁之，不令人取。置树苑中。'王逸《荔枝赋》曰：'房陵缥李。'《荆州记》：'房
陵县有好枣，甚美，仙人朱仲来窃。'"〔3〕 说到"仙人"对"枣"的特殊喜好。又有
直接定名"仙人枣"者。《洛阳伽蓝记》卷一："有仙人枣，长五寸，把之两头，俱出
核，细如针。霜降乃熟，食之甚美。俗传出昆仑山，一曰西王母枣。"〔4〕《酉阳杂俎》
卷一八《广动植之三·木篇》"仙人枣"条："仙人枣，晋时太仓南有翟泉，泉西有华
林园，园有仙人枣，长五寸，核细如针。"〔5〕

　　"仙人""食枣"这种意识究竟是由何产生的呢？《齐民要术》卷一〇《五谷果蓏
菜茹非中国物产者》"枣"条引《神异经》曰："北方荒内，有枣林焉。其高五丈，敷
张枝条一里余。子长六寸，围过其长，熟，赤如朱。干之不缩。气味甘润，殊于常枣。
食之可以安躯，益气力。"〔6〕《艺文类聚》卷八七引文略同〔7〕。同卷又引《刘根别
传》："今年春，当有病。可服枣核中仁二七枚。能常服之，百邪不复干也。"〔8〕 原来，
当时人们在将枣作为果品或作为果腹食粮之余，已经发现了它的保健功能和药用价值，
而且注意到某些品种尤具安神益寿的特效。张仲景《金匮要略》被看作"中医文献里
的古典著作"〔9〕，录262方，其中40方用到大枣、枣膏、酸枣仁等，大枣用量甚至可
多至百枚。《金匮要略》卷下《果实菜谷禁忌并治第二十五》也指出："生枣多食，令
人热渴气胀，寒热羸弱者，弥不可食，伤人。"〔10〕 或许枣可入药又不宜多食的特性，
容易使人对它产生某种神秘感，也很容易使人将仙人的神力同枣的功效联系起来。

　　我们推想，"仙人""食枣"的神话之产生，首先是以民间普遍的对枣的食用为背
景，同时又促进了人们尤其是上层社会对这种食品的追求，又使得食枣风习在民间饮

---

〔1〕《史记》卷二八《封禅书》，第1394、1400页。

〔2〕［唐］徐坚等：《初学记》，中华书局，1962年，第676页。

〔3〕［梁］萧统编、［唐］李善注：《文选》（据胡克家刻本缩小影印版），中华书局，1977年，第226页。

〔4〕［南北朝］杨衒之：《洛阳伽蓝记》，《四部丛刊》（景明如隐堂本），第9页。

〔5〕［唐］段成式撰，方南生点校：《酉阳杂俎》，中华书局，1981年，第174页。

〔6〕［后魏］贾思勰原著，缪启愉校释，缪桂龙参校：《齐民要术校释》，农业出版社，1982年，第575页。

〔7〕《艺文类聚》卷八七引《神异经》曰："北方荒中，有枣林焉。其高五丈，敷张枝条一里余。子长六七寸，
　　围过其长，熟赤如朱。干之不缩。气味甘润，殊于常枣。食之可以安躯，益气力。"［唐］欧阳询撰，汪绍楹
　　校：《艺文类聚》，第1485页。

〔8〕［唐］欧阳询撰，汪绍楹校：《艺文类聚》，第1486页。

〔9〕何任：《金匮要略通俗讲话》，上海科学技术出版社，1958年，第2页。

〔10〕［汉］张仲景述、［晋］王叔和集：《金匮要略方论》，人民卫生出版社，1963年，第87页。

食生活中实现更深度地普及[1]。

四 神仙世界中的"玉门枣"

前引《西京杂记》说到的"玉门枣",透露出汉代社会意识所见信仰世界中有关神仙饮食生活的相关信息,值得我们重视。

《艺文类聚》卷八七引《真人关令尹喜内传》曰:"尹喜共老子西游,省太真王母,共食玉门之枣,其实如瓶。"[2]"玉门"是"西游"行程中的重要地点。"共食玉门之枣",是神仙领袖接见时的饮食节目。《焦氏易林》"中孚之鼎":"西历玉山,东入玉门。登上福堂,饮万岁浆。"[3] 说到"入玉门"之后可以"登上福堂,饮万岁浆"的情节。"玉门"与"玉山"的关系,构成玉的开采与运输的线路。"玉门"与"万岁"的联系,则体现了"玉门"在当时神秘主义信仰中的地位。徐传武、胡真【集注】:"颐之蛊、损之豫同。"[4] 而文字其实稍有异。"颐之蛊":"南历玉山,东入生门。登福上堂,饮万岁浆。""损之豫"则作:"南历玉田,东入玉关,登上福堂,饮万岁浆。"尚秉和曰:"玉关,玉门关。《汉书·班超传》:'但愿生入玉门关。'玉田,疑指和阗,和阗在南疆,出玉。"[5] 今按:"但愿生入玉门关"是可以体现"玉关""玉门关"重要地位的名言,出《后汉书》卷四七《班超传》:"臣不敢望到酒泉郡,但愿生入玉门关。"[6] 言"《汉书·班超传》",误。

北魏贾思勰《齐民要术》卷一〇《五谷果蓏菜茹非中国物产者》"枣"条引《神仙传》曰:"吴郡沈羲,为仙人所迎上天。云:'天上见老君,赐羲枣二枚,大如鸡子。'"[7] 也说到"仙人"世界食用异常之"枣"的情形。

清人李玮《高士篇》写道:"丘园有高士,内外辨之早。内不失所性,外不扬文藻。瓜芋未全贫,琴书足怡老。未能准箕由,私怀慕绮皓。爵禄何为者,春荣亦海枣。李斯身致相,空忆东门道。淮阴树战勋,临风叹高鸟。高鸟罹良弓,山云一何好。"[8]

---

[1] 王子今:《秦汉食枣风俗谈》,《中国食品》1986 年第 11 期。

[2] [唐] 欧阳询撰,汪绍楹校:《艺文类聚》,第 1485 页。

[3] 《焦氏易林》,《士礼居丛书》(景刻陆校宋本),第 136 页;[旧题汉] 焦延寿撰,徐传武、胡真校点集注:《易林汇校集注》,上海古籍出版社,2012 年,第 2223、2224 页。

[4] [旧题汉] 焦延寿撰,徐传武、胡真校点集注:《易林汇校集注》,上海古籍出版社,2012 年,第 2223、2224 页。

[5] [旧题汉] 焦延寿撰,徐传武、胡真校点集注:《易林汇校集注》,第 1017、1018、1527 页。

[6] 《后汉书》,中华书局,1965 年,第 1583 页。

[7] [后魏] 贾思勰原著,缪启愉校释,缪桂龙参校:《齐民要术校释》,农业出版社,1982 年,第 575 页。

[8] [清] 胡文学:《甬上耆旧诗》卷二二《三桥诗叟李玮》(文渊阁《四库全书》本),第 400 页。

其中"春荣亦海枣"句，所说体现"高士""怡老"隐逸生活，而与"爵禄"形成鲜明对应的"海枣"，有较早的渊源。前引《史记》卷二八《封禅书》记载方士李少君言仙人安期生"食枣"的故事："臣尝游海上，见安期生，安期生食巨枣，大如瓜。安期生仙者，通蓬莱中，合则见人，不合则隐。"[1]《晏子春秋》卷八《外篇第八》"景公谓晏子东海之中有水而赤晏子详对"条："景公谓晏子曰：'东海之中，有水而赤，其中有枣，华而不实，何也？'晏子对曰：'昔者秦缪公乘龙舟而理天下，以黄布裹烝枣，至东海而捐其布，破黄布，故水赤；烝枣，故华而不实。'"[2] 其传说虽背景在"东海之中"，却与西北政治人物"秦缪公乘龙舟而理天下"联系。又《艺文类聚》卷八二引刘孝威《谢东宫赉藕启》写道："楚后江萍，秦公海枣，凡厥水羞，莫敢相辈。"[3] 所谓"海枣"也与活动于西北的"秦公"相关。题晋人嵇含《南方草木状》卷下说到"海枣"形貌、"海枣树"样态，以及"海枣""实""核"："海枣树身无闲枝，直耸三四十丈，树顶四面共生十余枝，叶如栟榈。五年一实。实甚大，如杯盌。核两头不尖，双卷而圆。其味极甘美。安邑御枣无以加也。泰康五年，林邑献百枚。昔李少君谓汉武帝曰：臣尝游海上，见安期生，食臣枣，大如瓜。非诞说也。"[4]《南方草木状考补》"海枣树 date palm，海枣 Phoenix dactylifera L."条下所引文字略同，"如杯盌"作"如杯碗"。有校记。[5] 研究者在有关"海枣树"的"考释"中指出："海枣树多视为北非至小亚细亚原产。据 De Candolle（1984）说，在温暖干旱地带，从塞内加尔到印度河流域，主要在北纬15°～20°地区，史前就有海枣树。现多栽于热带国家，有许多变种，华南也有栽培。"[6] 有学者通过《南方草木状》"海枣树"的记述，得出如下认识："西亚产的海枣"，"传入华南，体现中西海路交通，沿南方丝绸之路进行文化交流的古老成就。"[7] 是有一定依据的。中国早期有关"海枣"的知识，可能与"番枣""椰枣""波斯枣"有关[8]。相关信息提供了与草原丝绸之路路径不同的

〔1〕《史记》，中华书局，1959年，第1385页。

〔2〕 吴则虞：《晏子春秋集释》，中华书局，1962年，第512页。

〔3〕 ［唐］欧阳询撰，汪绍楹校：《艺文类聚》，上海古籍出版社，1965年，第1405页。

〔4〕 ［晋］嵇含：《南方草木状》（宋《百川学海》本），第7页；［晋］嵇含撰：《南方草木状》卷下（影印版），广陵书社，2003年，第4页。

〔5〕 校记："'杯'：中国书店1981年影印咸淳《百川》本、博古斋等影印《百川》本、万历刻《广汉魏丛书》本、嘉庆重刻《广汉魏丛书》本、大通石印《汉魏丛书》本、顺治宛委山堂百廿卷《说郛》本均作'柸'。""'甘'：大通《汉魏丛书》本误作'茸'。""'泰'：万历、嘉庆重刻《广汉魏丛书》本误作'秦'。"第324、325页。

〔6〕 中国科学院昆明植物研究所：《南方草木状考补》，云南民族出版社，1991年，第325页。

〔7〕 杨竞生：《〈南方草木状考补〉弁言》，《南方草木状考补》，云南民族出版社，1991年，第9页。

〔8〕 王子今：《说"海枣"：有关丝绸之路的传说和史实》，《中华文化论坛》2020年第3期。

海洋丝绸之路实现文化交流的信息。[1] 而"海枣"传说与"秦公"的联系，其方位指示的意义，又是发人深思的。

五　玉门：世俗生活与神仙生活的交界

比照前引《艺文类聚》卷八七引《汉武内传》"七月七日，西王母当下。帝设玉门之枣"，《太平御览》卷九六五引《汉武内传》曰："七月七日，西王母当下，为帝设玉门之枣。"又《格致镜原》卷七四引《汉武内传》"西王母为帝设玉门之枣"，"为"字或许为衍文。

又《汉武帝内传》："元封元年正月甲子，登嵩山，起道宫。帝斋七日，祠讫，乃还。至四月戊辰，帝夜闲居承华殿。东方朔、董仲舒在侧。忽见一女子着青衣，美丽非常。帝愕然，问之，女对曰：我墉宫玉女王子登也，向为王母所使，从昆山来[2]，语帝曰：闻子轻四海之禄，寻道求生，降帝王之位，而屡祷山岳，勤哉，有似可教者也。从今百日清斋，不闲人事[3]，至七月七日，王母暂来也。帝下席跪诺。言讫，女忽然不知所在。帝问东方朔：此何人？朔曰：是西王母紫兰室玉女，常传使命，往来扶桑，出入灵州交关。常阳传言，玄都阿母，昔以出配北烛仙人，近又召还，使领命禄真灵官也。帝于是登延灵之台，盛斋存道，其四方之事，权委于冢宰焉。至七月七日，乃修除宫掖之内，设坐殿上，以紫罗荐地，燔百和之香，张云锦之帐，然九光之灯，设玉门之枣，蒲桃之酒，宫监肴物，为天宫之馔。帝乃盛服立于阶下，敕端门之内，不得有妄窥者。内外寂谧[4]，以候云驾至。二唱之后[5]，忽天西南如白云起，郁然直来，径趋宫庭间。中有箫鼓之声，人马之响。复半食顷，王母至也。……"[6]所谓"设玉门之枣，蒲桃之酒"，《天中记》卷五"七月七日"条引《汉武内传》作"列玉门之枣，酌蒲（葡）萄之酒"[7]，《广博物志》卷四三《草木二》及《剑荚》卷一九《羽袂篇》引《汉武内传》作"列玉门之枣，酌葡萄之醴"[8]，《香乘》卷八

---

〔1〕 王子今：《丝绸之路交通的草原方向和海洋方向》，《丝路文明》第5辑，上海古籍出版社，2020年11月。

〔2〕 原注："昆山，昆仑山也。"

〔3〕 原注："不浩也。"

〔4〕 原注："静肃也。"

〔5〕 原注："即二更也。"

〔6〕 ［汉］班固：《汉武帝内传》（明正统《道藏》本），第1页。

〔7〕 ［明］陈耀文：《天中记》（文渊阁《四库全书》本），第181页。

〔8〕 ［明］董斯张：《广博物志》（文渊阁《四库全书》本），第791页；［明］钱希言：《剑荚》（明陈斿谟翠幄草堂刻本），第256页。

《香异》"百和香"条引《汉武外传》作"列玉门之枣，酌蒲（葡）萄之酒"[1]。《太平广记》卷三《神仙三·汉武帝》记载了"出《汉武内传》"的故事："燃九光之灯，列玉门之枣，酌蒲（葡）萄之醴。"[2]字句略异，但是"设""列""玉门之枣"迎候西王母的情节是一致的。

　　无论"帝"为"西王母""设玉门之枣"，还是"西王母为帝设玉门之枣"，"玉门枣"都是仙界与俗界交接的神秘文化象征。而"玉门"成为神仙生活与世俗生活的神秘的界位。

　　理解和说明"玉门枣"联系仙境和俗世的意义，梁简文帝《赋枣诗》亦可参考："谷城逾石蜜，蓬岳表仙仪。已闻安邑美，永茂玉门垂。"列说各地名枣，还涉及"齐水""郑都"[3]。而所谓"蓬岳""仙仪"和"玉门""永茂"，是言及"仙"的。其意义特殊，可以看作象征海洋丝路和草原丝路的遥远的对应[4]。体现"玉门"与"仙""门"之神秘关系的龚深之诗句也值得注意："华阳新报便门开，应为高人受箓来。试问玉门砂远近，未饶元放是仙才。"[5]

六　玉门：中土文化与外域文化的交界

　　西汉王朝关注世界的视线，在汉武帝之后已经在两个方向聚焦，即西北和东南。西北与东南两条主要路径的对外经济联系与文化交往，使得汉王朝的军事战略与外交政策必须关照两个方向。于是出现"东南一尉""西北一候"的说法。

　　扬雄《解嘲》写道："今大汉左东海，右渠搜，前番禺，后陶涂。东南一尉，西北一候。"这段文字说到"大汉"的"左""右"和"前""后"。所谓"右渠搜""后陶涂"，是说"西北"方向。关于"东南一尉"，颜师古注："孟康曰：'会稽东部都尉也。'"然而扬雄原文，"东南一尉"对应的是"左东海"，"前番禺"。所谓"西北一候"，颜师古注："孟康曰：'敦煌玉门关候也。'"[6]

　　《后汉书》卷八〇上《文苑列传上·杜笃》："立候隃北，建护西羌。"对于"立候

〔1〕　[明]周嘉胄：《香乘》（文渊阁《四库全书》本），第47页。

〔2〕　[宋]李昉等：《太平广记》，中华书局，1961年，第14页。

〔3〕　《初学记》卷二八引。[唐]徐坚等著：《初学记》，中华书局，1962年，第677页。

〔4〕　王子今：《丝绸之路交通的草原方向和海洋方向》，《丝路文明》第5辑，上海古籍出版社，2020年。

〔5〕　[宋]吴曾：《能改斋漫录》卷一八《神仙鬼怪》"华阳洞门开"条，上海古籍出版社，1979年，第506页。

〔6〕　《汉书》，中华书局，1962年，第3568页。

隅北"的解释，李贤注："杨雄《解嘲》曰：'西北一候。'孟康注云：'敦煌玉门关候也。'"[1]

或说"西北一候"秦代已置。《水经注》卷三七《浿水》："秦并天下，略定扬、越，置东南一尉，西北一候。"[2]《后汉书》卷八八《西域传》明确可见"玉门关候"："（永建）四年春，北匈奴呼衍王率兵侵后部，帝以车师六国接近北虏，为西域蔽扞，乃令敦煌太守发诸国兵，及玉门关候、伊吾司马，合六千三百骑救之，掩击北虏于勒山。"[3]《隶续》卷一二《刘宽碑阴门生名》亦出现"玉门关候"："玉门关候□□□段琰元经。"[4]

元人柳贯《打枣谱·名》列有异方之枣名号，包括："波斯枣（生波斯国，长三寸）"，"西王母枣（三月熟）"，"弱枝枣"，"玉门枣"，"溟海枣（李少君食之，大如瓜）"，"玉□枣（西王母食之，大如瓶）"，"仙人枣（长四寸，其核如针）"，"万岁枣（出三佛齐国）"，"西玉枣（出昆仑山）"。[5]这些中原人可能并不熟悉的枣品，很多代表着"远方"地理知识和人文风情。而"玉门枣"以"玉门"方位的特殊，在文化交流史中尤其具有代表性的意义。

明王衡《轮台赋》自汉武帝轮台诏宣布国家政策的扭转说起，评价了刘秀"宁闭关""毋动远"，截至"征车赋马之为"决策的意义："出玉门兮千里，览轮台之故墟。望燉煌而渐远，逝张掖以犹纡。联昆漠之外藩，系车师之攸居。殷斥卤以难籍，羌秉来其焉如。""……于是黯然动色，穆然遐思。伤心于桂海冰天之日，绝意于征车赋马之为。宁闭关而东西南北自在，毋动远而要荒绥甸皆离。"[6]刘秀在西北方向取消积极政策，见于《后汉书》卷八八《西域传》的记载："鄯善王上书，愿复遣子入侍，更请都护。都护不出，诚迫于匈奴。天子报曰：'今使者大兵未能得出，如诸国力不从

〔1〕《后汉书》，中华书局，1965年，第2600页。后世也有"西北一候"未必"玉门关候"的理解，如《文选》卷四五扬雄《解嘲》"西北一候"，李善注："如淳曰：《地理志》曰：龙勒玉门、阳关有候也。"〔梁〕萧统编，〔唐〕李善、吕延济、刘良、张铣吕向、李周翰注：《六臣注文选》，第843页，中华书局，1987年8月。以为"西北一候"也有可能是"阳关候"。沈钦韩《汉书疏证》："《地理志》：中部都尉治敦煌步广候官。《续志》：张掖属国有候官城。"〔清〕沈钦韩等撰：《汉书疏证》（外二种）（据清光绪二十六年浙江官书局刻本影印）第2册，第137页，上海古籍出版社，2006年4月。《艺文类聚》卷五九引周庾信《庆平邺表》曰："东南一尉，立于北景之南。西北一候，置于交河之北。"（〔唐〕欧阳询撰，汪绍楹校，上海古籍出版社，1965年11月，第1074页。）"交河之北"者，显然也不是"玉门关候"。

〔2〕〔北魏〕郦道元著，陈桥驿校证：《水经注校证》，中华书局，2007年，第872、873页。

〔3〕《后汉书》，中华书局，1965年，第2930页。

〔4〕〔宋〕洪适：《隶释 隶续》（据洪氏晦木斋刻本月影印），中华书局，1985年，第402页。

〔5〕〔元〕柳贯：《打枣谱》（清《说郛》本），第1、2页。

〔6〕〔清〕陈元龙：《历代赋汇》卷一〇八《览古》（文渊阁《四库全书》本），第1699页。

心，东西南北自在也。'于是鄯善、车师复附匈奴，而贤益横。"[1] 王衡《轮台赋》所谓"闭关"之"关"，是玉门关。两汉西域政策的变化，"玉门"是具有特殊地位的界点。从这一视角观察"玉门枣"的历史文化价值，应当也是有意义的。

---

[1] 《后汉书》，中华书局，1965 年，第 2924 页。参看王子今：《论"西北一候"：汉王朝西域决策的战略思考》，《西域研究》2020 年第 4 期。

玉门花海汉简中的买卖契约[*]

晋　文　南京师范大学历史系

摘要：玉门花海汉简中的买卖契约具有很高的史料价值，其完整记录了买方、卖方和中间人以及实物交换的内容、时间、违约规定等，对全面认识昭宣之际的货币流通和商品经济多有启迪。其实物交换的赍卖方式，更充分证明：在金属货币被越来越多使用的同时，实际也还存在"以物易物或实物货币"的买卖方式。而讨价还价和小规模酿酒的问题，则展现了汉代西北边疆的一些生活场景。

关键词：玉门；花海汉简；经济史料；学术价值

玉门花海汉简是 1977 年出土于甘肃玉门花海汉代烽燧遗址的一批珍贵简牍。这批简牍共有 91 枚，其中一份买卖契约具有很高的经济史料价值。现据《敦煌汉简》将其简文转引如下：

> 元平元年七月庚子，禽寇卒冯时卖橐络六枚杨卿，所约至八月十日与时小麦七石六斗，过月十五日以日斗计。盖卿任。（1449A）
>
> 麴小麦。（1449B）

简 1449 记录的是一份完整的买卖契约。其中约定：戍卒冯时把六枚橐络赍卖给杨卿，交易的形式是卖方冯时先在七月庚子向买方杨卿交货，然后到八月十日杨卿再付给冯时小麦七石六斗，并宽限杨卿可推迟交付五天；若五天后仍未交付，则逾期一天要加付一斗小麦。契约的中间人为盖卿。可以说，这是一份具备合同要素和内容的买

---

[*] 本文系国家社科基金重大项目"秦汉三国简牍经济史料汇编与研究"（19ZDA196）阶段性成果。

甘肃省文物考古研究所编：《敦煌汉简》（全二册），第 274 页，中华书局，1991 年。按：简 1449B 的原先编号为 77·J·H·S：2B，其中"麴"字，《玉门花海汉代烽燧遗址出土的简牍》（嘉峪关市文物保管所：《玉门花海汉代烽燧遗址出土的简牍》，甘肃省文物工作队、甘肃省博物馆编《汉简研究文集》，第 28 页，甘肃人民出版社，1984 年）未能释读，以"□"形替代。

卖契约[1]。

　　冯时所卖"橐络"应为何物今已不明。原考古简报认为，"简二乃冯时赀卖丝絮给杨某人的契券"[2]。根据《说文·糸部》："络：絮也，一曰麻未沤也。从糸，各声。"[3]并参证居延汉简对"币橐絮三枚"（346·30，346·43）的记录[4]，把"橐络"释为"丝絮""橐絮"也确有一些道理。而且"橐絮"在汉简中比较常见，一般理解为用"驼毛絮装的套裤"[5]。但"络"字还有经络、网络、网兜、网袋、缠绕、络子和络头等词义，如《楚辞·招魂》："郑绵络些。"[6]《汉书·扬雄传下》："绵络天地。"[7]《乐府诗·陌上桑》："黄金络马头。"[8] 而"橐"字则有袋子和风箱的意思，亦可通"驼"，即指骆驼。如《康熙字典·木部》：

　　橐：古文，《唐韵》《集韵》他各切，音拓。《说文》："橐也。"《唐韵》："橐无底。"《诗·大雅》："于橐于囊。"《毛传》："小曰橐，大曰囊。"《左传·宣二年》："赵盾见灵辄，为箪食与肉，置诸橐而与之。"又冶器也。《老子·道德经》："天地之闲，其犹橐籥乎。"《注》："橐者外之椟，所以受籥也；籥者内之管，所以鼓橐也。"《淮南子·本经训》："鼓橐吹埵，以消铜铁。"……又橐驼，兽名。言其负橐囊而驼物也。扬雄《长杨赋》："毆橐驼，烧熿蠡。"[9]

　　按：从骆驼和网状物品的关联来看，"橐络"亦很可能是指"驼络"，是一种专门用于骆驼的网络织品，或即络子和络头。另据简文可知，一枚橐络的价值约等于一石二斗七升的小麦（7.6÷6≈1.27），在昭宣之际通常应低于百钱[10]。就其价格而言，一枚橐络或许仅值五十钱左右，"橐絮"的解释也不如"驼络"合理。

　　简 1149 的内容有以下三点值得注意：

---

〔1〕 嘉峪关市文物保管所：《玉门花海汉代烽燧遗址出土的简牍》，《汉简研究文集》，第 18 页；许海军：《玉门汉简价值初探》，《青年时代》2015 年第 13 期。

〔2〕 嘉峪关市文物保管所：《玉门花海汉代烽燧遗址出土的简牍》，《汉简研究文集》，第 18 页。

〔3〕 ［东汉］许慎：《说文解字》（附检字，影印本），中华书局，1963 年，第 276 页。

〔4〕 谢桂华、李均明、朱国炤：《居延汉简释文合校》上下册，文物出版社，1987 年，第 539 页。

〔5〕 中国简牍集成编委会编：《中国简牍集成（标注本）》第 10 册，敦煌文艺出版社，2001 年，第 81 页。

〔6〕 《文选》卷 33《骚·招魂》，中华书局，1977 年，第 473 页。

〔7〕 《汉书》卷 87 下《扬雄传下》，中华书局，1962 年，第 3577 页。

〔8〕 《乐府诗集》卷 28《相和歌辞三·陌上桑》，中华书局，1979 年，第 411 页。

〔9〕 《康熙字典》第 2 册，第 26 页，成都古籍书店影印本，1980 年。

〔10〕 关于汉代河西地区的物价问题，学界已有较多研究成果。参见高维刚：《从汉简管窥河西四郡市场》，《四川大学学报》1994 年第 2 期；黄冕堂：《中国历代粮食价格问题通考》，《文史哲》2002 年第 2 期；刘金华：《汉代西北边地物价考——以汉简为中心》，《中国社会经济史研究》2008 年第 4 期；丁邦友：《从汉简管窥河西地区部分产品的比价》，《文博》2008 年第 6 期。

　　首先，这份经济合同是以实物交换的形式买卖的，并没有使用汉代通行的金属货币。证诸西北汉简，在同批花海汉简和其他汉简中，我们都可以找到相同事例。如《敦煌汉简》：

　　　　所卖布踈：
　　　　□厌郭成买布三尺五寸，直（值）一石四斗。
　　　　始乐尹虎买布三尺五寸，直（值）一石四斗。索卿以
　　　　万赍范融买□一丈二尺，直（值）四石二斗。（1464A）
　　　　长生赵伯二石。
　　　　·凡九斛前付卿为人。（1464B）[1]

　　又如《居延新简》：

　　　　临木隧卒程当，受阁帛一匹，甲渠尉取直，谷卅三石。出谷十六石五斗五升布买绛，出谷三石三斗买□三斤庄繻，出谷三石五斗买履一两（双）。·凡出谷廿三石三斗五升。当已给。今余谷九石六斗五升。（EPT65：330A）[2]

　　这就充分说明，在西北边疆地区实物交换是被时人所认可的一种买卖方式。以往有学者认为："西汉时，金属货币进入社会生活的各个领域。在汉文明的主要区域，终西汉一朝，史籍中几乎看不到以物易物或实物货币的记载。"[3] 从宏观历史背景来看，此说确有一些《史记》《汉书》的依据，但其结论却明显有些夸大，至少没有注意简1149等新出汉简的记载。应该说，在金属货币被越来越多使用的同时，实际也还存在"以物易物或实物货币"的买卖方式。

　　其次，这份买卖契约的成立有着清晰的讨价还价的痕迹。从总价"小麦七石六斗"可以看出，每枚橐络的单价是不能被总价整除的。而作为竞价基础的单价，无论其买方还是卖方，也无论其整数还是分数，通常都应该能被总价整除。之所以简1149A的单价不能被总价整除，显然是因为买卖双方在大体确定合同总价的基础上又进行了讨价还价，各自都做了一些让步。通过简单计算便可以得知，卖方提出的单价应为每枚橐络换得小麦一石三斗，即总价为七石八斗（1.3×6＝7.8）；而买方提出的单价则应为一石二斗，即总价为七石二斗（1.2×6＝7.2）。最终是在卖方的总价上又减少二斗的情况下成交，从而才造成了上述单价不能被总价整除的问题。前揭简1464A记载，郭成和尹虎的买布价格是每匹换谷十六石（4×1.4÷0.35＝16），而范融买布的价格则为每匹

〔1〕　甘肃省文物考古研究所：《敦煌汉简》（全二册），第275页。

〔2〕　甘肃省文物考古研究所、甘肃省博物馆、文化部古文献研究室、中国社会科学院历史研究所：《居延新简》（甲渠候官与第四隧），文物出版社，1990年，第441页。

〔3〕　秦晖：《汉唐商品经济比较研究》，《陕西师大学报》1991年第2期。

换谷十四石（4×4.2÷1.2＝14），也应当作如是观。在同一枚简的记载中就出现了两种布的价格，除了物价突然波动和质量差别外，这多半应归因于其讨价还价的不同。有的人精于此道，因而买布的价格较低；有的人则相反，因而买布的价格较高。这充分说明讨价还价是当时民间小规模商贸的一种普遍现象。

第三，这份契约很可能是以戍卒冯时的私人名义而实际代表烽燧签订的经济合同。其中"元平元年"的纪年和"麴小麦"的说明，便为此提供了足以想象的空间。元平元年（公元前74年）是昭帝去世、霍光迎立刘贺27天后又废黜刘贺而改立宣帝之年。此前七年，朝廷曾召开了著名的盐铁会议。这次会议的一个重要成果，就是罢除郡国酒榷，允许民间私人酿酒。如《汉书·昭帝纪》载，始元六年"秋七月，罢榷沽官，令民得以律占租，卖酒升四钱"[1]。而简1149B附记的"麴小麦"，则表明冯时以橐络换得的小麦实际是用来制造酒曲的，亦即小规模酿酒。[2] 这种生产活动显然不是一名戍卒能够完全胜任的。考虑到烽燧的特殊背景，我们便不难推断，此类生产应当是一种集体行为。不管是酿酒供戍卒饮用也好，还是对外卖酒盈利也好，它的种种活动都必定要围绕烽燧进行，而展现了一个戍边士卒生活面貌的侧影。或许冯时就是一位专门为烽燧采买的戍卒。

〔1〕《汉书》卷7《昭帝纪》，第224页。

〔2〕吴慧：《桑弘羊研究》，齐鲁书社，1981年，第262页；晋文：《桑弘羊评传》，南京大学出版社，2005年，第141页。

略论中国古代的关塞与关塞地域文化特色

王绍东　内蒙古大学历史与旅游文化学院
中国民族学学会昭君文化研究会

摘要：在农牧交错带的战略要地及山口关隘，形成了一个个关塞，它在农耕民族与游牧民族的征战交融中发挥着重要作用。是中原王朝防御游牧民族南下的战略要地，也是中原王朝进攻游牧民族的出发地。战争年代，关塞发挥着集结军队，抵御防守，预警报警，收拢失散军人等多重作用。和平时期，关塞则起着中原王朝与北方游牧民族间和平往来，关市贸易，维持秩序，提供交往便利等作用。关塞地区呈现出生业形式多样与文化生态多元、军事色彩突出与和平渴望热切、思乡情结浓郁与和爱国热情高涨的鲜明地域特色。

关键词：关塞；关塞文化；农耕民族；游牧民族

关塞通常是指位于中原王朝与游牧民族地区之间的战略要塞，包括依赖自然关隘修建的战略要塞和人工修建的战略要塞。关塞一般位于交通要道，险要山口。关塞所在地区往往既是农耕民族防止游牧民族南下的战略要地，也是游牧民族南下争夺优势生存资源的关键地区；既是双方战争争夺的焦点，又是和平时期互市往来的基地。中原王朝在各地关塞重兵驻守，游牧民族则对各地关塞强力争夺，关塞对于农耕民族与游牧民族都有着重要意义。关塞具有特殊的地理位置和战略价值，生活着不同于内地的负有特殊使命的人群，也形成了鲜明的地域文化特色。

一　关塞地点的选择

关塞地点的选择，一般来说包括这样几个基本原则：

第一，设置在交通关口，往来咽喉，游牧民族与农耕民族交通往来的必经之路。以河西走廊的玉门关为例，河西走廊是阿尔金山和马鬃山、合黎山、龙首山之间的狭长地带，因位于黄河以西，故称河西走廊。河西走廊西端与古代的西域交界，玉门关是通向西域的门户，处在阿尔金山北麓戈壁与疏勒河冲积平原交接带上。汉代"丝绸之路"就取道于此。"丝绸之路"从长安出发经河西走廊到敦煌后就分成南北两道。玉门关是北道的出发点，到今哈密后，沿天山南麓一直向西，经过西域的许多城邦，然后越过葱岭（帕米尔高原），通向大秦（古罗马帝国）。古代战士赴西域作战和一些使者、僧侣出西域都取道于此。早在汉武帝时，张骞两度出使西域都是从玉门关出行的。张骞在西域十数年，历尽千辛万苦。回国后把在西域的见闻介绍给国人，扩大了国人的视野，促进了东西文化、经济的交流。

玉门关一带保存了许多汉代的遗迹，其中就包括玉门关的城堡，"玉门关的城堡呈方形，均为黄土夯筑而成。四垣完整，东西长 24 米、南北宽 26 米、垣高 9.7 米。堡西、北各有一门，总面积 630 平方米。在汉代，为都尉的治所，是中国通往西域的重要孔道。"[1] 玉门关地区曾出土许多有价值的文物，包括文具、织锦、狩猎工具、生活用品和武器等。更重要的是大量汉简，有诏书、奏记、檄文、律令、药方等。这一大批出土文物为研究汉代近百年的边塞屯戍、生活、文化、外交等方面的历史提供了珍贵的资料。

第二，处于高耸的位置，居高临下，视野开阔，登塞瞭望，一般可以侦知对方的情况。

第三，选择在地势险要或位置重要之处，利用天险地利，再加上人工堡垒，从而使关塞易守难攻，一夫当关，万夫莫开。

一般说来，关塞地点的选择往往是上述三种情况兼备，特别是在一些位于农耕区与游牧区交界处的高山地带，关塞的地位尤其重要。六盘山南段的陇山，是渭河平原与陇西黄土高原的分界区，陇山纵横在东西交通的主要线路上，在古代，跨越陇山，只有少数山道可通，因此在山道沿途设置了很多关塞，控扼交通，故陇山至今仍被当地人称为"关山"，重要的关塞有南道的大震关，中道的陇城关，北道的萧关。贺兰山是宁夏与内蒙古的界山，山脊是温带荒漠与温带荒漠草原、季风区与非季风区以及内外流域的分界线。束锡红、李祥石先生认为："贺兰山地处北方游牧民族迁徙的十字路口。在我国北方有一条内陆草原地带，大体上是以大兴安岭以西，阿尔泰祁连山以北由东向西延伸的一条经过西亚到达俄罗斯南部的草原，最后到达南欧黑海沿岸，历史上历次大规模的民族迁徙，主要是通过这条草原之路。贺兰山处于这条民族迁徙之路的中段，游牧民族通过贺兰山可向西部、东部、北部和南部流动，向西进入天山和阿尔金山之间的草原，向东到达呼伦贝尔草原，向北穿越蒙古草原，向南渡过黄河就可以到达中原。"[2] 贺兰山脉自古就是农耕民族与游牧民族反复争夺的地区。从贺兰山的特点来看，西坡较缓，水流冲击而成的沟谷切割较浅；东坡陡峭险峻，沟谷深切。

〔1〕 马建华、张力华：《长城》，敦煌文艺出版社，2004 年，第 82 页。
〔2〕 束锡红、李祥石：《岩画与游牧文化》，上海古籍出版社，2007 年，第 77 页。

有些沟谷横切山脉，形成较低的山口，这些山口中的沟谷通道跨越贺兰山脉，成为打通贺兰山东西交通的要道。岳飞在《满江红》中的"驾长车，踏破贺兰山缺"的诗句妇孺皆知，使贺兰山名声遐迩。穿越贺兰山的三关口、大武口、头关等就成为岳飞诗句中的"贺兰山缺"。这些谷口平时是贸易交通要道，战时就是兵家必争之地。唐代诗人王维有诗写道："贺兰山下阵如云，羽檄交驰日夕闻。"以"阵如云"、"羽檄交驰"形象地描绘了历代政权对贺兰山关口的激烈争夺。在祁连山、日月山、阿尔金山、天山等农耕民族与游牧民族交汇的山脉，都有许多关口贯通，成为险关要塞。

　　阴山山系隔绝大漠南北，政治军事价值极高。具体而言，阴山山系由西到东分别是狼山、乌拉山、大青山、灰腾凉山和大马群山，山脉高耸，便于监视大漠。阴山河套段有多个贯通大漠南北的山口谷地，其中的 4 个山口军事价值极高，因此，控制这四个要隘对于控制河套具有十分重要的作用，可以说，只要这平行的 4 个关口有一个被攻破，那么整个河套平原将无险可守。这四个关口分别是鸡鹿塞（今巴彦淖尔市磴口县狼山哈隆格乃山谷）、高阙塞（今巴彦淖尔市乌拉特后旗那仁宝力格苏木那仁乌布尔嘎查北侧的达巴图沟口，一说为狼山石兰计谷口）、光禄塞（今包头市昆都仑河谷）和白道口（今呼和浩特市市区北蜈蚣坝），中原王朝大力巩固在河套的统治，也往往利用这四个隘口出击北方少数民族政权，两汉之于匈奴、北魏之于柔然、隋唐之于突厥，概莫能外。而对北方游牧民族来说，阴山是其南下的屏障，如果没有夺取阴山诸山口的控制权，游牧部族永远无法进入河套平原，也就无法获得水草丰美的"河南地"，只能在碛外苦寒之地驻牧，史载："幕北地平，少草木，多大沙"[1]，河套对于少数民族的吸引力可想而知。

　　西汉初年匈奴据有河套，屡屡南下威逼关中，给汉政府造成极大地损失，政治军事上极其被动。于是元朔二年（前 127）卫青西出定襄，从土默特平原进攻河套地区，逆河而上至于陇西，灭匈奴白羊、楼烦二王，夺回河套地区。"得胡首虏数千，牛羊百余万。于是汉遂取河南地，筑朔方，复缮故秦时蒙恬所为塞，因河为固。"[2]扭转了关中直接暴露在游牧民族面前的被动局势，"匈奴来寇，少所蔽隐；从塞以南，径深山谷，往来差难"[3]。主父偃曾言："朔方地肥饶，外阻河，蒙恬城之以逐匈奴，内省转输戍漕，广中国，灭胡之本也。"[4] 匈奴失去阴山以南的丰美草原后，"匈奴右贤王怨汉夺之河南地而筑朔方，数寇盗边，及入河南，侵扰朔方，杀略吏民甚

---

〔1〕 班固：《汉书》卷 94 下《匈奴传》，中华书局，1962 年，第 3803 页。

〔2〕 司马迁：《史记》卷 110《匈奴列传》，中华书局，1959 年，第 2906 页。

〔3〕 班固：《汉书》卷 94 下《匈奴传》，中华书局，1962 年，第 3803 页。

〔4〕 司马迁：《史记》卷 112《平津主父列传》，中华书局，1959 年，第 2961 页。

众。"[1] 所以武帝大力经营河套地区，击退了匈奴的反攻，移民屯边，筑城修障，极力将其打造成为进攻匈奴的大本营。元朔五年（前124），卫青率师出高阙塞，"其明年春，汉遣卫青将六将军十余万人出朔方高阙。……汉将军得右贤王人众男女万五千人，裨小王十余人"[2]。"其明年春，汉复遣大将军卫青将六将军，十余万骑，仍再出定襄数百里击匈奴，得首虏前后万九千余级。"[3] 元狩四年（前119）汉武帝命卫青、霍去病大举出击匈奴，其中西路卫青出定襄、白道口，大败匈奴单于于阴山北，从此匈奴转入被动局面，再也无法在漠南立足，"是后匈奴远遁，而幕南无王庭"[4]，只好远遁漠北，西汉获得了最终的胜利。纵观整个战局，河套的夺取、阴山诸口的运用实为关键。以后汉武帝命光禄勋徐自为出石门障（今包头昆都仑河谷），在阴山北筑著名的光禄塞，史称"外长城"，《史记·匈奴列传》称："汉使光禄徐自为出五原塞数百里，远者千余里，筑城障列亭至卢朐"，《汉书·地理志》五原郡稒阳县下注云："北出石门障，得光禄城，又西北得支就城，又西北得头曼城，又西北得虖河城，又西北得宿虏城"。河套阴山北部的亭障西与居延相连，目的就是在于保护阴山诸关口的安全，以捍庇河套，从而保证关中的稳定。

二　关塞的重要性

战国秦汉时期，关塞在以中原王朝为代表的农耕文明与以匈奴族为代表的游牧文明的碰撞与交融中起到了难以替代的作用。

关塞是中原王朝防御游牧民族南下的战略要地，也是中原王朝向北方进攻游牧民族的出发地。关塞本身具有极强的防御功能。汉代边疆地区的关塞，都建立了完整严密的军事防御体系，包括烽火预警体系和自身防御体系。关塞的军事组织系统包括由都尉、候、候长、燧长组成的各级军事组织。预警方式包括设置斥候骑士，主动出塞侦知匈奴人情况，及时报警；设置天田观察匈奴人的活动痕迹，天田是沿关塞铺设的人工沙带，宽5—7米，凡人马经过都会留下痕迹，通过这些痕迹就能了解对方接近关塞的人马数量等情况，从而防止敌军的偷袭行为；传递烽火报告敌情，这是关塞预警体系的核心部分。烽燧一般建筑在视野开阔之地，而且也很注意利用天然形成的有利于观察四野的制高点。每座烽燧都有戍卒把守，遇有敌情，白天煨烟，夜晚举火，所燃烟火在三十里外都能看到，通过层层传递，把敌情及时传递到后方，以便上级长官

[1]　班固：《汉书》卷94上《匈奴传》，中华书局，1962年，第3766页。
[2]　班固：《汉书》卷94上《匈奴传》，中华书局，1962年，第3767页。
[3]　班固：《汉书》卷94上《匈奴传》，中华书局，1962年，第3768页。
[4]　班固：《汉书》卷94上《匈奴传》，中华书局，1962年，第3770页。

及时组织人马应对。当烽燧受到敌方攻击时，除了及时报警之外，还要坚持战斗固守抵抗，以待援军的到来，不得弃燧逃走。传递烽火信号的具体规定称之为"烽火品约"。通过"烽火品约"，可以将敌人的具体情况，包括来犯敌人的数量、具体方位等及时传递到边郡决策者手中。

关塞作为防御游牧民族南下的中心，往往筑有城障。《战国策·魏策》鲍彪注曰："障，隔也，筑城垒为之。"《汉书·武帝纪》颜师古注曰："汉制，每塞要处别筑为城，置人镇守，谓之候城，此即障也。"同书《李陵传》颜师古又注："障者，塞上险要之处，往往修筑，别置候望之人，所以自障蔽而伺敌也。"由此可知，城障实际上就是驻有戍卒守卫的长城沿线的支撑点，它们往往都建筑在地势险要或位置重要之处。城障一般都建在长城的内侧，但也有少数建在长城外侧者。它们的位置，大多处在长城防御体系内的防御要点之上，成为戍卒守卫长城沿线的支撑点。

秦汉时期设置的重要关塞，既是防御匈奴等北方游牧民族南下的要地，也是汉朝军队北上进攻游牧民族的出发地。以秦汉时期的汉匈战争为例，在阴山山脉设置的鸡鹿塞、高阙塞、光禄塞和白道川，成为历次中原王朝对匈奴进行战争的主要出发地、驻军地和争夺的重点地区（表一）。

表一　秦汉时期中原王朝出击匈奴使用阴山四关塞统计表

关塞名称	时间	主将	兵力	作战目标	战果
鸡鹿塞	西汉武帝天汉四年（前97）春	李广利	主力步骑十三万	匈奴	无功而还
	东汉永元元年（89）六月	窦宪	主力近两万	北匈奴单于	大胜
高阙塞	秦皇三十四年（前214）	蒙恬	主力	匈奴	胜
	西汉武帝元朔五年（前124）	卫青	主力骑兵三万	匈奴右贤王	大胜
	西汉武帝元鼎六年（前111）冬	公孙贺	非主力步骑一万五千	匈奴	无功而还
	西汉武帝天汉二年（前99）	公孙敖	非主力约万人	匈奴	无所获
	西汉武帝天汉四年（前97）	韩说	非主力三万	匈奴单于	战平
	西汉武帝征和三年（前90）三月	李广利	主力七万	匈奴单于	战败

续表

关塞名称	时间	主将	兵力	作战目标	战果
高阙塞	西汉宣帝本始二年（72）	田顺	非主力三万	匈奴	无功而还
	东汉明帝永平十六年春（前73）	祭肜	非主力一万一千	匈奴	无功而还
光禄塞	西汉武帝天汉四年（前97）	公孙敖	非主力四万	匈奴单于	战平
	西汉武帝征和三年三月（前90）	商丘成	非主力三万	匈奴	无功还
	西汉宣帝本始二年（前72）	韩增	非主力三万	匈奴	无功还
	东汉明帝永平十六年春（前73）	来苗	非主力一万一千人	匈奴	无功还
	东汉永元元年（89）	南单于、邓鸿	非主力两万	北匈奴	胜
白道川	西汉武帝元朔五年秋（前124）	卫青	主力十余万	匈奴单于	胜
	西汉武帝元狩四年秋（前119）	卫青	主力五万	匈奴单于	胜

（注：该表为贾伟根据《资治通鉴》的相关资料整理而成）

　　由于关塞的特殊重要性，农耕民族与游牧民族之间的战争，往往围绕关塞展开。卫青、霍去病率领军队出塞进击匈奴，"两军之出塞，塞阅官及私马凡十四万匹，而后入塞者不满三万匹。"[1] 说明出塞之时，要检阅军队及战马数量，战争过后，回到边塞的人马才算安全返回。李陵与匈奴作战，在弹尽粮绝之时，与部下约定，各自分散突围，然后到遮虏鄣会合。遮虏障作为重要的关塞，必为广大士兵所熟知，因此被约定为突围后的会合地点。李陵投降匈奴后，"军人分散，脱至塞者四百余人。"[2] 由此可以看出，关塞还具有收拢失散军人的功能。

　　和平时期，关塞则起着沟通农耕民族与游牧民族友好关系媒介的作用。两汉时期，汉匈双方实行和亲，往往是通过关塞进行的。汉文帝时期，汉朝与匈奴和亲，双方约

---

〔1〕 班固：《汉书》卷55《霍去病传》，中华书局，1962年，第2488页。
〔2〕 班固：《汉书》卷54《李广传》，中华书局，1962年，第1255页。

定：“匈奴无入塞，汉无出塞，犯（令）〔今〕约者杀之，可以久亲，后无咎，俱便。”[1]双方互不跨越对方界限，以关塞作为和亲友好的见证。经过汉武帝时期对匈奴的战争，匈奴对北部边疆地区的威胁已经解除，关塞由战争的工具变成了汉匈双方交往的重要地点。汉宣帝甘露二年（前52），“呼韩邪单于款五原塞，愿朝三年正月”[2]，通过关塞向汉方表达了愿意朝见汉天子的愿望。第二年正月，呼韩邪单于在甘泉宫朝见汉宣帝，汉朝举行了盛大的欢迎仪式。呼韩邪单于在长安停留了一个多月后回到匈奴故地。“单于自请留居光禄塞下，有急保汉受降城”，这一时期，光禄塞不再是汉军出击匈奴的基地，而成为汉匈友好关系的见证地。“汉遣长乐卫尉高昌侯董忠、车骑都尉韩昌将骑万六千，又发边郡士马以千数，送单于出朔方鸡鹿塞。诏忠等留卫单于，助诛不服，又转边谷米糒，前后三万四千斛，给赡其食。”[3]这时的关塞，没有了刀光剑影，征战厮杀，而呈现出胡汉双方交杯换盏、其乐融融的和平友好局面。

昭君出塞后，汉匈之间的关系进一步友好，关塞原来所具有的战争支撑点作用逐渐消失。汉元帝竟宁元年（前33），呼韩邪单于“上书愿保塞上谷以西至敦煌，传之无穷，请罢边备塞吏卒，以休天子人民。”[4]尽管由于侯应的反对，汉元帝拒绝了这一请求，但这一事件说明，通过和亲友好，关塞阻止匈奴人南下与支持中原王朝军队北上的作用已明显降低，而关塞在农耕民族与游牧民族之间贸易互市、友好往来的作用则得到了强化。在关塞地区，往往设有关卡，来检查过往商旅、行人，防止关卡内外之人不按规定随意往来，对正常往来人员则提供便利和保障，“起到了稽查行人，维持秩序，提供饮宿，保障中外使节及商人安全的作用。”[5]

三　关塞的地域文化特色

关塞基本上位于农牧交错带和环境过渡带，在中原王朝与北方民族间起到了适度隔绝与必要沟通的作用，由此，也形成了不同于其他地区的文化特色。

（一）生业形式多样与文化生态多元

关塞所在的区域，大多分布着山脉、丘陵、平原等。复杂的地理环境，独特的气候条件，往往使关塞地区的生业形式呈现出多样化的特征。在关塞以里，农业生产一

〔1〕 司马迁：《史记》卷110《匈奴列传》，中华书局，1959年，第2903页。
〔2〕 班固：《汉书》卷94下《匈奴传》，中华书局，1962年，第3798页
〔3〕 班固：《汉书》卷94下《匈奴传》，中华书局，1962年，第3798页。
〔4〕 班固：《汉书》卷94下《匈奴传》，中华书局，1962年，第3803页。
〔5〕 马建华、张力华：《长城》，敦煌文艺出版社，2004年，第94页。

般占据主导地位。为了保证对关塞地区的控制，中原王朝往往在关塞地区屯田。汉代的晁错建议汉文帝："陛下幸忧边境，遣将吏发卒以治塞，甚大惠也。然令远方之卒守塞，一岁而更，不知胡人之能，不如选常居者，家室田作，且以备之。"[1] 晁错的建议被文帝采纳，此后，在边塞地区进行民屯和军屯，成为历代统治者的重要治边策略。中原政权还通过移民实边、安置灾民、开放关禁等方式，在关塞地区进行农业开发。发展农业可以解决关塞地区的人员给养，也可以为往来关塞的人员提供食宿安全等服务保障。"无论是繁荣丝路贸易，促进中西经济文化的交流，还是维护祖国统一，防止外敌入侵，两汉的西域屯田都为后世提供了多方面的借鉴意义。"[2] 正如张金光先生所言："农民的前进，更多的则是以守为攻，步步为营，稳扎稳打。他们最终的利器并不是攻战之具，而是锄头犁耙。每前进一步便在那里发展农业，让农业吃掉牧业，以室屋代替毡帐，只要那里长出了庄稼，就是对游牧者的彻底胜利，也便是中华农民的天下。"[3]

关塞一般设置于农牧交错地带，具有发展畜牧业的良好条件，牧业经济占据重要地位。"天水、陇西、北地、上郡与中国同俗，然西有羌中之利，北有戎翟之畜，畜牧为天下饶。"[4] 畜牧业作为农业的补充，对保障关塞地区的物资及战马供应都起到了重要作用。关塞地区一般处于高山、丘陵地带，森林资源密布，野生动植物资源丰富，狩猎采集都成为当地居民重要的生业形式。关塞地区具有与北方游牧民族交往的便利，手工业生产、关市贸易也比较发达。相对于内地，关塞地区气候环境恶劣、资源贫瘠，只有因地制宜、综合运用各种生业形式，才能满足人民的生产生活需要，而多种生业形式的并存，也造就了关塞地区的多元文化。

一般说来，关塞所处的地区，农牧交错，生态多样，北方民族南下，中原民族北上，以及不同民族间的融合交汇不断在这里发生，从而使这里的文化具有了多元性、交融性的特点。农耕文化、游牧文化、长城文化、边塞文化、移民文化、商旅文化等在这里同时并存，"这些文化之间既有共性，又有其个性特征，它们始终是在碰撞—融合—再碰撞—再融合的互动过程中发展的。每一种都为中华文化的丰富、繁荣和发展做出了自己卓越的贡献"[5]。正如陈寅恪先生所言，大唐盛世的开创，得益于农耕文化与游牧文化的交融，"唐一族之所以崛兴，盖取塞外野蛮精悍之血，注入中原文化颓

〔1〕 班固:《汉书》卷49《晁错传》，中华书局，1962年，第2286页。
〔2〕 田澍、何玉红:《西北边疆社会研究》，中国社会科学出版社，2009年，第314页。
〔3〕 张金光:《秦制研究·自序》，上海古籍出版社，2004年，第55页。
〔4〕 司马迁:《史记》卷129《货殖列传》，中华书局，1959年，第3262页。
〔5〕 乌恩:《论北方草原文化在中华文化大系中的地位及其影响》，《内蒙古社会科学》2004年第5期。

废之躯，旧染既除，新机重启，扩大恢张，遂能别创空前之世局。"[1]在不同文化间的碰撞与交融中，中华文化得以升华，并显示出丰厚的内涵与强大的生命力。

（二）军事色彩突出与和平渴望深切

关塞的设置与北方游牧民族关系密切，无论是防御游牧民族南下，还是利用关塞对北方地区进行征伐，都需要在关塞地区重兵驻守。游牧民族本身具有浓厚的尚武色彩，在游牧民族眼中，"可以用流血的方式获取的东西，如果以流汗的方式得之，未免太文弱无能了"[2]。匈奴人"宽则随畜，因射猎禽兽为生业，急则人习占攻以侵伐，其天性也"[3]。羌人："强则分种为酋豪，弱则为附落，更相抄暴，以力为雄""以战死为吉利，病终为不祥"[4]。北方民族这种骁勇强悍、崇尚武力的特点，也必然影响到关塞地区的文化风貌。

关塞作为战争的前沿，军事冲突甚至战争随时可能发生，战备成为常态。特别是在今甘肃、宁夏、内蒙古所在的北方地区，关塞密布，地域文化具有突出的军事特点。"天水、北地、山多林木，民以板为室屋。及安定、北地、西河、皆迫近戎狄，修习战备，高上气力，以射猎为先。故秦诗曰：'在其板屋'，又曰：'王于兴师，修我甲兵，与子偕行。'及《车辚》《四载》《小戎》之篇，皆言车马田猎之事。"[5]关塞所在的地区，地方官的职责也把军事放在重要地位。汉代武威以西各郡，"保边塞，两千石治之，咸以兵马为务"[6]。地方官吏的选拔，也与内地郡国有明显不同。汉成帝元延元年（前12）曾经下令："与内郡国举方正能直言极谏者各一人，北边二十二郡举勇猛知兵法者各一人。"[7]为了战争的需要，关塞地区"吸引了全国的兵员和物资，作为民族英华的青壮年军人，和作为农耕成就的精粮粟米，都曾经以空前的规模向北边区集中"[8]。

中国古代大量的边塞诗中，反映军事生活的占据重要篇幅。以吟咏玉门关为题材的诗歌为例，唐代诗人王昌龄的《从军行七首》（其四）写道："青海长云暗雪山，孤城遥望玉门关。黄沙百战穿金甲，不破楼兰誓不还。"表达了将士们不胜不还的决心。李白《从军行二首》（其二），则表达了出征将士扫清边患的雄心与壮志。"从军玉门

---

〔1〕 陈寅恪：《李唐氏族之推测后记》，《金明馆丛稿二编》，上海古籍出版社，1980年，第303页。

〔2〕 ［古罗马］塔西陀. 阿古利可拉传：《日耳曼尼亚志》，商务印书馆，1959年。

〔3〕 司马迁：《史记》卷110《匈奴列传》，中华书局，1959年，第2879页。

〔4〕 范晔：《后汉书》卷87《西羌传》，第2869页。

〔5〕 班固：《汉书》卷28下《地理志下》，中华书局，1962年，第1644页。

〔6〕 班固：《汉书》卷28下《地理志下》，中华书局，1962年，第1645页。

〔7〕 班固：《汉书》卷10《成帝纪》，中华书局，1962年，第326页。

〔8〕 王子今：《秦汉区域文化研究》，四川人民出版社，1998年，第145页。

道，逐虏金微山。笛奏梅花曲，刀开明月环。鼓声鸣海上，兵气拥云间。愿斩单于首，长驱静铁关。"戎昱的《塞下曲》则描绘了一幅战士得胜凯旋的壮美景象。"汉将归来虏塞空，旌旗初下玉关东。高蹄战马三千匹，落日平原秋草中。"

　　战争带给人民的往往是苦难、伤害及生命财产的巨大损失，对此，关塞地区的人民感受最直接、最深切。正如《盐铁论》中所记载的大夫之言："缘边之民，处寒苦之地，距强胡之难，烽燧一动，有没身之累。故边民百战而中国恬卧者，以边郡为蔽扞也。"[1] 在众多的边塞诗中，也深切反映了战争给关塞地区的人民带来的深重创伤。明代金幼孜在《悲平城》中写到："防边有奇策，北筑万里城。民命半为土，白骨乱纵横。"长城边关的防御与国家的安全是用将士的生命换来的。许多边防将士终身奋战在抗敌前线，甚至不知道自己的白骨将埋葬何处。"关西老将能苦战，七十行兵仍未休。"（岑参《胡歌》）"我今老去死即休，白骨填海何人收。"（成廷珪诗《哀老族》）深受战争之苦的关塞地区的人们，自然对和平的渴望最深切，对和平的生活也最向往。人们希望"边城无事烽尘静，坐听鸣笳送夕阳"（于谦《塞上即景》）的和平生活。也向往着各民族之间以和平交往的方式取代战争，"九月天山风似刀，城南猎马缩寒毛。将军纵博场场胜，赌得单于貂鼠袍。"（岑参《赵将军歌》）昭君出塞，化干戈为玉帛，给汉匈两族人民带来了和平安定的生活。我们看到，在关塞地区，昭君的形象最为光辉，昭君的故事流传最广，这也反映了边塞地区人民对和平的珍惜与渴望。

（三）思乡情结浓郁与爱国热情高涨

　　关塞大多位于远离内地、地势险要、人烟稀少的农牧交错地带，因为战争与防御的需要，地位逐渐变得重要起来。关塞地区的人员，多为从内地调防、迁徙而来。面对寒苦荒凉的环境和完全不同的风土人情，促进他们对家乡更加充满了眷恋和思念。秦始皇北击匈奴，在河南地设置郡县，为了充实关塞地区，"徙谪，适之初县，禁不得祠"[2]。不允许他们进行祭祀活动，就是为了防止他们因思乡而逃离。当遇到环境变化时，这些被征调戍边者还会千方百计返回故乡。秦朝末年，"蒙恬死，诸侯畔秦，中国扰乱，诸秦所徙谪戍边者皆复去，于是匈奴得宽"[3]。戍守边关的战士更是告别父母妻儿，远离家乡，在艰苦的战争环境下，他们时刻思念家乡的亲人，亲人也在牵挂着他们。

　　到关塞地区从军、出使、任职的诗人，更是留下了许多以思乡、闺怨为题材的边

---

〔1〕《盐铁论》第16《地广》，《诸子集成》（第十一册），河北人民出版社，1992年，第18页。
〔2〕司马迁：《史记》卷6《秦始皇本纪》，中华书局，1959年，第252页。
〔3〕司马迁：《史记》卷110《匈奴列传》，中华书局，1959年，第2887页。

塞诗。"东去长安万余里,故人何惜一行书,玉关西望堪肠断,况复明月是岁除。"(岑参《玉关寄长安李主簿》)在除夕的前夜,远离长安的作者,思念着家乡的亲人,希望友人能给自己写信,以纾解有家难回的郁闷。亲人对戍关将士的思念与关怀,更是令人刻骨铭心。"夫戍边关妾在吴,西风吹妾妾忧夫。一行书信千行泪,寒到君边衣到无?"(陈玉兰《寄夫》)丈夫戍守边关、万里之外的妻子急着给丈夫寄送冬衣。夫妻间天涯相隔,丈夫出征命运莫测,信短情长,无尽思念,无尽悲伤,令人感慨万千。

关塞地区的战争胜负,关系到国家的安危。战争是残酷的,但也带给人们报效祖国、建功立业、大展宏图的机会。边塞地区的人民更加关注国家命运,更加懂得保家卫国的责任。王维在《老将行》中写了一位 25 岁就在边关作战的将士,他武艺超群、韬略出众,威震敌胆,后来却被当权者所忽视。老将军依然保留着浓郁的爱国热情,当听到边疆敌警传来,立即做好了战斗准备。"试拂铁衣如雪色,聊持宝剑动星文。愿得燕弓射大将,耻令越甲鸣吾军。"在老当益壮的将军看来,自己还能够再战成名,为国立功。"莫嫌旧日云中守,犹堪一战取功勋。"关塞地区的人们在战争面前,需要上下同心,共御敌侮,彼此间具有更高的融合度。"酒礼之会,上下通焉,吏民相亲。是以其俗风雨时节,谷籴常贱,少盗贼,有和气之应,贤于内郡。"[1]当国家需要时,可以面对和忍受一切困难,抛弃个人私利与儿女情长。"万里勤王事,一身无所求。也知塞垣苦,岂为妻子谋。"(岑参《初过陇山呈宇文判官》)王昌龄则在《从军行·大漠风尘日色昏》中,描述了战士们为保家卫国在大漠之中迎着黄沙的战斗场景和不畏艰苦的乐观精神。"大漠风尘日色昏,红旗半卷出辕门。前军夜战洮河北,已报生擒吐谷浑。"关塞人民的最大愿望,就是打败敌人,早日结束战争,过上和平安定的生活,迎来国泰民安的局面。"长安一片月,万户捣衣声。秋风吹不尽,总是玉关情。何日平胡虏,良人罢远征。"(李白《子夜吴歌·秋歌》)边塞人民把个人的命运与国家的和平安定紧密结合,赋予其深厚的爱国主义的内涵。

---

[1]　班固《汉书》卷 28 下《地理志下》,中华书局,1962 年,第 1645 页。

诏书语境与汉代民间社会

王　健　江苏师范大学历史文化与旅游学院

摘要：本文打破既往文书学架构的考察局限，借助于政治传播的理论方法，从更广阔的基层社会史视野切入，透过诏书"布告天下"功能、地方官员的"奉宣诏书"职守、朝野士人诏书观以及民间乡里、边塞侯燧的诏书传播景观，来复原"诏书语境"塑造的汉代基层社会生态，解读诏书对于民间基层治理的社会意义以及皇权与社会的互动效应。

关键词：诏书；政治传播；语境；民间社会

打开 20 世纪以来陆续面世的西部汉代简牍，扑面而来的是频繁出现的各类"诏书简"。随着文献与简牍研究的深入，学术界从"文书行政"的角度考察汉代诏书获得重要进展[1]，但对诏书的社会传播及其造就的基层社会生态尚缺乏系统探索。本文打破既往文书学架构的考察局限，借助于政治传播的理论视角，从更广阔的基层社会史视野切入，透过诏书"布告天下"功能、地方官员的"奉宣诏书"职守、朝野士人诏书观以及民间乡里、边塞侯燧的诏书传播景观，来复原"诏书语境"构造下的汉代基层社会生态，解读诏书对于民间基层治理的社会意义以及皇权与社会的互动效应。

一　"布告天下"类型的两汉诏书及其功能

诏书是汉代君主治理国家的重要文书，用以传达政令、颁布法规、记录国事活动，是有效统治国家的工具，也成为连接朝堂与民间基层社会的关键枢纽。考察诏书语境

---

[1] 本文摘要曾提交 2012 年 8 月在中国人民大学举办的"日常秩序中的秦汉社会与政治"国际学术研讨会。目前国内外的研究，代表作有富谷至《文书行政的汉帝国》（江苏人民出版社，刘恒武等译，2013 年）论及简牍诏书话题，认为文书行政支撑了汉帝国的运转。国内学者的主要论文有张明华《试论西汉诏书的独特性》（《青海社会科学》2004—3）、许生根《两汉时期朝廷诏书在边塞的邮递管理》（《重庆邮电学院学报》2006—2）、郎在廷《简论西汉诏书的传播内容、渠道及效果》（《北京印刷学院学报》2013—3）等。总的看来，诸如诏书在基层社会的传播、对民间社会的影响等问题的研究尚较薄弱，有待推进。

与民间社会生态的关系，首先要了解进入民间传播的诏书类型。

在汉承秦制的大背景下，两汉诏书沿袭秦代传统，发展为制、诏、令、策四种基本类型。南朝刘勰提出"诏有四品"说："汉初定仪则，则命有四品：一曰策书，二曰制书，三曰诏书，四曰戒敕。"[1] 这种分类已在文献和出土简牍中得到证实。"诏书"，按照蔡邕《独断》说法，"诏书者，诏告也，有三品。"[2] 据研究，诏书三品其实可归为两类，一种是单一式的，只有皇帝的命令，这是第一品；第二品是皇帝批复章奏文书形成的，即由群臣章奏、"制曰"和皇帝批答构成。[3] 但就广义的诏书而言，凡皇帝下达的文书皆"总名曰诏"[4]，本文所论主要指广义诏书[5]。

就诏书下行对象和范围来分类，可分成下达到朝廷三公九卿各行政机关和地方各级官府、面向个人和下行至基层乡亭烽燧面向民众等三种类型。

下达到某级官府部门或针对某地域的诏书。如《史记·三王世家》："六年四月戊寅朔，癸卯，御史大夫汤下丞相，丞相下中二千石，二千石下郡太守、诸侯相，丞书从事下当用者。如律令。"这篇"世家"将诏书文本记录得较为完整，可知最终下行到郡国长官。《汉书·东平思王传》："诏书又敕傅相：自今以来，非五经之正术，敢以游猎非礼道王者，辄以名闻。"这篇诏书是下达给东平国相的。《后汉书·章帝纪》：（永平）"十八年……京师及三州大旱，诏勿收兖、豫、徐州田租、刍稿。"无疑该诏书是下达到兖、豫、徐州三州官府。再如《甘谷汉简》中的"延熹元年十二月示章诏书"，从内容和出土墓葬情况考察，该文件首起于朝廷，即宗正臣的上书和皇帝的批诏。然后是凉州刺史部和汉阳郡官府的转发文，最后收文单位是汉阳郡冀县。该诏书仅下发

---

〔1〕 刘勰：《文心雕龙·诏策篇》。

〔2〕 蔡邕《独断》："其文曰'告某官'。官如故事，是为诏书。群臣有所奏请，尚书令奏之，下有'制曰'，天子答曰'可'。若'下某官'云云，亦曰'诏书'、群臣有所奏请，无尚书令奏'制'之字，则答曰'已奏如书，本官下所当至'，亦曰诏。"

〔3〕 代国玺：《汉代公文形态新探》，《中国史研究》2015 年第 2 期。

〔4〕 《唐六典》卷九有详尽归纳："汉制，天子之书一曰策书，二曰制书，三曰诏书，四曰戒策。敕（策）者以简为之，其制长三尺，短者半之，其次一长一短两编；下附篆书，题年月日，称皇帝曰；以命诸侯三公。制书，帝者制度之命也，其文曰制诏三公，敕令、赎令之属是也；近道印付使，远道皆玺封尚书令即准；敕赎令召三公诣朝堂受。制书司徒露布州郡。诏书有三品，其文曰告某官，某官如故事，是为诏书；群臣有所奏请，尚书令奏下，有制诏天子答之曰可，以为诏书。群臣有所奏请，无尚书令奏制之字，则答曰已奏如书；本官下所当至亦曰诏。戒书戒敕刺史，太守及三边营官，被敕曰有诏敕某官，是为戒敕。自魏晋以后因循，有册书、诏敕，总名曰诏。"

〔5〕 据研究，出土居延汉简中有"诏书""制书""敕书"的具体文例，唯短缺"策书"。在一些文书中，实际上"制""令"兼蓄，诚免并云，诏、制差异确实不明显，难以划分。参见薛英群：《居延汉简通论》，甘肃教育出版社，1991 年，第 172 页。

到冀县官府〔1〕。

诏书下达给个人的，如对士人征召拜官的诏书。《汉书·龚胜传》："使者与郡太守、县长吏、三老官属、行义诸生千人以上入胜里致诏。"《后汉书·姜肱传》："姜肱得诏……即拜太中大夫，诏书至门。"

面向全国民众、下行到基层乡亭的诏书，是本文重点探讨的类型。如何确认该类型的诏书呢？可从两个途径来定位：一是诏书文献中凡标有"布告天下"行文的诏书，皆为下行发布到民间的。如《汉书·匈奴传》载，汉文帝后二年"制诏御史：匈奴大单於遗朕书，和亲已定。亡人不足以益众广地，匈奴无入塞，汉无出塞，犯今约者杀之。可以久亲，后无咎，俱便，朕已许，其布告天下，使明知之。"传世文献中的汉代诏书中，"布告天下"类诏书占相当比重，兹列出含有该关键词的诏书文件，见表一：

表一　前四史中所见"布告天下"类诏书一览表〔2〕

在位皇帝	诏令名称	发布时间	出处
汉高帝	布告天下诏	十一年二月	《汉书·高帝纪》
汉高帝	擅起兵者天下共伐诛诏	十二年三月	《汉书·高帝纪》
汉文帝	和亲诏	后二年六月	《汉书·匈奴传》
汉文帝	遗诏	后七年六月	《汉书·文帝纪》
汉景帝	重农诏	后二年四月	《汉书·景帝纪》
汉武帝	诏封萧何曾孙	元狩三年	《汉书·萧何传》
汉武帝	超拜卜式诏	元狩四年	《汉书·卜式传》
汉武帝	赐卜式关内侯诏	元鼎五年	《汉书·卜式传》
汉元帝	遣使循行天下诏	初元元年四月	《汉书·元帝纪》
汉元帝	初陵勿置县邑诏	永光四年十月	《汉书·元帝纪》
汉哀帝	大赦改元诏	建平二年六月	《汉书·李寻传》
汉平帝	禁举赦前事诏	元寿二年九月	《汉书·平帝纪》
新莽帝	更高句骊为下句骊诏	始建国四年	《汉书·王莽传》
光武帝	薄葬诏	建武七年正月	《后汉书·光武帝纪》
汉章帝	东作缓刑诏	建初元年正月	《后汉书·章帝纪》
汉和帝	罢盐铁诏	章和二年四月	《后汉书·和帝纪》
汉顺帝	录用杜根子孙诏	永建元年	《后汉书·杜根传》
汉灵帝	逮捕党人诏	建宁二年	《后汉书·党锢列传》

〔1〕　甘谷汉简出土于 1971 年，是当时汉阳郡太守转发给所属县、乡的诏书律令及奉行诏令的敕命文书。第一至二十一枚记的是东汉桓帝刘志延熹二年（159 年），宗正府卿刘柜上奏关于刘姓皇帝宗室特权不断被侵，陈述先帝对宗室实行优待政策的实施情况，要求继续推行优待政策。参见蒋小牛等：《浅说甘谷汉简》，《天水师专学报》，1996 年第 1 期；何双全：《简牍》，敦煌文艺出版社，2004 年，第 49 页。

〔2〕　表中诏书名称，参用了《两汉诏令》中的命名。参见［宋］林虙：《两汉诏令》，清文渊阁四库全书本。

　　以上"布告天下"标记的诏书，无疑都是下行到基层，颁宣到乡亭和边塞侯燧，面向百姓和戍卒发布的。需指出的是，由于正史抄录诏书时往往将头尾的格式化文字删除，所以还有很多正史中的诏书，无法单靠这种标记来确认。

　　第二个途径是使用出土诏书简提供的线索。这方面最珍贵的实物资料为悬泉置的《使者和中所督察诏书四时月令五十条》，该诏书用墨书抄写在邮传建筑的粉刷泥墙上，保存了"扁书"发布的原始形态，是面向基层民众和边塞戍卒发布的[1]。至于居延、敦煌、疏勒河等地侯官烽燧遗址中出土的诏书简片段，绝大多数也属于布告天下的类型。其中有些可与传世文献中的汉诏比对，有些则是文献失载的[2]。还有出土于汉墓中的诏书简，如武威市磨咀子汉墓的"王杖诏书令"木简等，大多属于布告天下、面向百姓的类型。

　　"布告天下"类诏书的内容相当丰富，涉及前人所分的诏书四品，包含了国家权力运行的各个方面。将文献所载及出土所见下行基层的诏书合观，其内容可分为四类：一是国家重大政治变故，如即位改元、君主遗诏；二是国家对外重大政策举措，如击匈奴、和亲等；三是出台施政制度和法治举措，如颁布月令、求贤、追逃、惩罪等；四是民生层面的政策制度，如劝农、养老、赈流民、减盐价等[3]。

　　上述诏书为何要"布告天下"、直面基层民众呢？

　　首先，此类诏书关涉到国家重大决策、关涉到民生的状况和利益。因此，"布告天下"类诏书的主要功能是宣明施政理念，推行各种治理举措。

　　其次，此类诏书规定了民众生活的法律环境。诏书作为皇帝命令，皆针对特定的人和事，是临时的施政方针。但诏书所颁布新制或新例，或补充旧律的，可以成为"令"。杜周说"前主所是著为律，后主所是疏为令"[4]，后者指时主的诏书可编定为"令"。通过颁布诏令形式来推行国家法律治理。

　　三是引导与教化。除了实质性的施政举措外，两汉诏书广泛征引儒经，采用儒家意识形态的话语"缘饰"政策依据，体现了政治权威、国家权力和思想说教的共谋，希望借此实现教化人心、移风易俗[5]。

------

〔1〕　胡平生、张德芳：《敦煌悬泉置汉简释粹》，上海古籍出版社，2001年。

〔2〕　对这类诏书片段的文献比对，陈梦家做过专门研究。参见氏著《西汉施行诏书目录》，《汉简缀述》，中华书局，1980年。

〔3〕　将汉诏内容分为四大类。参见郧在廷：《简论西汉诏书的传播内容、渠道及效果》，《北京印刷学院学报》2013年第3期。

〔4〕　《汉书》卷六十，《杜周传》

〔5〕　王健：《汉代君主研习儒学的传统》，《中国史研究》1995年第3期；孟祥才：《从秦汉时期皇帝诏书称引儒家经典看儒学的发展》，《孔子研究》2004年第4期。

二　地方主官的"奉宣诏书"职守与扁书发布方式

"布告天下"类诏书如何发布和传播呢?

两汉时期在中央集权的体制背景下,帝国已建有相当完备的邮传制度,承担着将朝廷诏书传递地方各级官府乃至基层部门的功能,这方面学术界有具体的研究。[1] 本文关注的是,诏书在通过邮传旅途跋涉而到达地方官府之后,又是如何迅速、高效地传达到基层社会呢? 这是诏书进入民众日常生活的终端环节问题。

在《史》《汉》的政治人物传记中可以看到,汉代各刺史部、郡国县邑各级主官履行职守,安排部吏为百姓宣讲诏书,并身体力行地落实诏书指令。通过由地方行政长官"奉宣诏书"的制度安排,来高效、快捷和可靠地传播到基层社会。

西汉王褒为益州刺史作文,讲到这个话题:"褒既为益州刺史王襄作中和乐职宣布之诗,又作传,名曰《四子讲德》,以明其意焉。故自刺史之来也,宣布诏书,劳来不怠。今百姓遍晓圣德,莫不沾濡,眉耆之老,咸爱惜朝夕,愿济须臾,且观大化之淳流。于是皇泽丰沛,主恩满溢,百姓欢欣,中和感发。"[2]。东汉隐士台佟与刺史对话,也提到官员的这方面职责:"台佟字孝威,魏郡邺人也。隐于武安山,凿穴为居,采药自业。建初中,州辟,不就。刺史行部,乃使从事致谒。佟载病往谢。刺史乃执赞见佟曰:'孝威居身如是,甚苦,如何?'佟曰:'佟幸得保终性命,存神养和。如明使君奉宣诏书,夕惕庶事,反不苦邪?'遂去,隐逸,终不见。"[3]。在隐士眼中,"奉宣诏书,夕惕庶事"被视为苦差。

"奉宣诏书"属于汉代郡守的基本职守。汉和帝与王涣对话:"王涣为太守陈宠功曹,当职割断,不避豪右。宠风声大行,入为大司农。和帝问曰:'在郡何以为理?'宠顿首谢曰:'臣任功曹,王涣以简贤选能,主簿镡显拾遗补阙,臣奉宣诏书而已。'"[4]汉代碑刻中记济阴太守孟郁的政绩称:"孟府君奉宣诏书,行县到成阳。"[5] 所谓行县是汉代郡府官员的巡视制度,可知郡守巡视下辖县邑时,要履行奉宣诏书的职责。

那么,"奉宣诏书"是否均由行政主官躬亲而为? 从上揭案例看,两汉州郡奉宣诏

〔1〕 从邮传制度考察诏书如何下行传递到基层政府,参见熊铁基:《秦代的邮传制度——读云梦秦简札记》,《学术研究》1979 年第 3 期;高敏:《秦汉邮传制度考略》,《历史研究》1985 年第 3 期;高荣:《秦汉邮驿的管理系统》,《西北师大学报》2004 年第 4 期;连劭名:《〈二年律令〉与汉初传驿制度》,《四川文物》2004 年第 4 期。

〔2〕 《全前汉文》卷四十二,《四子讲德论》序。

〔3〕 《后汉书》卷八三,《逸民列传》。

〔4〕 《后汉书》卷七六,《循吏列传》。

〔5〕 《济阴太守孟郁修尧庙碑》,《隶释·隶续》,中华书局,2012 年。

书，行政主官有可能在郡府驻地亲力亲为，但更多情况下要由主官委派下属官吏专司宣讲，太守黄霸就是典型："时，上垂意于治，数下恩泽诏书，吏不奉宣。太守霸为选择良吏，分部宣布诏令，令民咸知上意。"[1] 不仅郡守无法亲临所辖乡亭奉宣，即便县一级主官，其所辖乡亭众多，县令长也不可能胜任全部任务[2]。富谷至认为，即使将其扁书于行政末端的里和燧，大家也不可能将看到的文字都读解出来。为了让目不识丁的所有百姓都能了解简文的内容，奉宣诏书的任务是"由书记官当众宣读"[3]。书记官指官府、乡亭机构中的史掾类文职小吏。

上引《黄霸传》中，还透露出地方大员奉宣诏书不力的问题："上垂意于治，数下恩泽诏书，吏不奉宣"。颜师古注曰："不令百姓皆知也。"皇帝推行善治的诏书，颁布至地方官府后被冷遇，官吏出于各种原因而不愿及时向民众宣传。所以对于积极奉宣诏书、致力于郡县建设的循吏，宣帝特意增益官秩表彰之："颍川太守霸，宣布诏令，百姓向化，孝子弟弟贞妇顺孙日以众多，田者让畔，道不拾遗，养视鳏寡，赡助贫穷，狱或八年亡重罪囚，吏民向于教化，兴于行谊，可谓贤人君子矣。《书》不云乎？'股肱良哉！'其赐爵关内侯，黄金百斤，秩中二千石。""后数月，征霸为太子太傅，迁御史大夫。"[4]

汉代流行的各类朝廷使者中，有专门委派到州郡传达诏书并监督诏书执行的使者，如东汉时就有"清诏使"之职。《后汉书·第五种传》："永寿中，以司徒掾清诏使冀州，廉察灾害，举奏刺史、二千石以下，所刑免甚众，弃官奔走者数十人。"李贤注："《风俗通》：'汝南周勃辟太尉清诏，使荆州'，又此言以司徒清诏使冀州，盖三公府有清诏员以承诏使也。"《后汉书·党锢列传》："时冀州饥荒，盗贼群起，乃以滂为清诏使，案察之。"也有派遣郎官担任这个使命的，《武都太守耿勋碑》（熹平三年）：

"……熹平二年三月六日癸酉，郎官奉宣诏书，哀闵垂恩，猛不残义，宽不宥奸，熹不纵愆，威不戮仁，赏恭罚否，异□奥流。其于统系，宠存赠亡，笃之至也。"[5]

君主发布诏书时，还对各级官吏如何贯彻执行专门下达明确指令。如汉文帝诏书

---

[1]《汉书》卷八九，《黄霸传》。汉县所辖乡里众多，郡县长吏个人不可能胜任全部任务，更多情况下是委派基层吏员来承担的。

[2] 以东海郡为例，成帝时东海郡有县邑侯国38个，乡170个，里2534个，亭688个，平均每县邑侯国所辖乡4.5个，辖亭18个。见《尹湾汉墓简牍综论》，科学出版社，1999年，第23页。

[3] 富谷至著，刘恒武译：《文书行政的汉帝国》，江苏人民出版社，2013年，第109页。

[4]《汉书》卷八九，《黄霸传》。

[5] 洪适：《隶续》卷十一，清文渊阁四库全书本。

称："吾诏书数下，岁劝民种树，而功未兴，是吏奉吾诏不勤，而劝民不明也。且吾农民甚苦，而吏莫之省，将何以劝焉？"[1]。东汉顺帝下诏时也表达过类似的不满和指责："长吏亲躬，无使贫弱遗脱，小吏豪右得容奸佞。诏书既下，勿得稽留，刺史明加督察尤无状者。""吾诏书数下，冠盖接道，而吏不加理，人或失职，其咎安在？勉思旧令，称朕意焉。"[2] 从中可知，纵然处于汉代治世阶段，也存在诏书被各级长吏稽留甚至忽视的惰政问题。

东汉后期，皇权趋于衰落，诏书对地方的权威性不断降低乃至丧失。崔寔《政论》："今典州郡者，自违诏书，纵意出入。每诏书所欲禁绝，虽重恳恻，骂詈极笔，由复废舍，终无悛意。故里语曰：'州郡记，如霹历，得诏书，但挂壁。'"[3]

两汉时期，与"奉宣诏书"配合的文本颁布方式，称为"明白扁书"。根据史料和简牍记载，下达到民众的"布告天下"类诏书，除了宣讲之外，还采用了特殊的颁布展示方式。在简牍中可以看到以下格式化的公文语言：

《额济纳汉简牍释文校本》[4]：

十一月壬戌张掖太守融守部司马横行长史事守部司马焉行丞事下部都尉承书从事下当用者

书到明白大扁书乡亭市里门外谒舍显见处令百姓尽知之如诏书=到言（2000ES7S：4A）

十一月丁亥□□□大保□□以秩次行大尉事□□下官县丞〈承〉书从事…当用者明白扁

乡亭市里显见处令吏民尽知之具上壹功（切）蒙恩勿治其罪人名所坐罪别之如诏书（2000ES9SF4：1）

闰月丙申甲沟候获下部候长等丞〈承〉书从事下当用者明白扁书亭隧显见处令吏卒尽知之具上壹功（切）蒙恩勿治其罪者罪别之会今如诏书律令（2000ES9SF4：2）

扁书郷亭市里显见处令吏民尽诵之具上吏民壹功（切）蒙恩勿治其罪者名会今罪别

以赍行者如诏书=到言

书佐曷（2000ES9SF4：3）

---

〔1〕《汉书》卷四，《文帝纪》。

〔2〕《后汉书》卷六，《顺帝纪》。

〔3〕《政论》轶文，见《初学记》二十四，《意林》，《御览》十三，又四百九十六，又五百九十三。

〔4〕孙家洲：《额济纳汉简牍释文校本》，文物出版社，2009年。

《疏勒河流域出土汉简》[1]：

凌胡隧厌胡隧广昌隧各请输札两行隧五十绳廿丈须写下诏书（正面）

凌胡以次写传至广昌县便处令都尉到□可得（背面）（疏＊146）

《肩水金关汉简》[2]：

（23）十月己亥张掖大守谭守部司马宗行长史

书从事下当用者明扁乡亭显见处令吏民皆知之如诏书（73.E.J.F1：13）

（25）十一月辛亥肩水候宪下行尉事谓关啬夫吏承书从事明扁亭隧门

处如诏书　　　　　士吏猛（73.E.J.F1：15）

《悬泉置汉简》[3]：

（21）十月己卯、敦煌太守快·丞汉敢告部都尉卒人、谓县、督盗贼史赤光·刑（？）世写移今□□□□□部督趣、书到各益部吏、□泄□捕部界中、明白大编书亭市里□□□□、令吏民尽知□□。（Ⅰ0309③：222）LC.

从传世文献中，可以了解到诏书在基层公共空间发布形式的沿革概况。《风俗通》轶文：“光武中兴以来，五曹诏书题乡亭壁，岁补正，多有阙误。永建中，兖州刺史过翔笺撰卷别，改著板上，一劳而久逸。”[4]

据此可知，汉代基层颁布诏书的所谓“扁书”，有两种文本抄录形式：

一是“题乡亭壁”，即在乡亭机构门外的墙壁上直接抄写。近年来在甘肃悬泉置坞内北组房屋倒塌堆积中，发现《使者和中所督察诏书四时月令五十条》，敦煌悬泉置壁书以隶体墨书于泥墙上，文本由题记、诏书、诏书的行下之辞以及多种形式符号等构成。诏书经敦煌太守的代理人——名“护”的敦煌长史，转发给下级都尉，并最终传到悬泉置，题写于“显见处”，并由负责宣讲诏书的吏员“文学史”召集百姓当众宣读、解释。反映了西汉从中央到地方官文书的分抄制度以及下行路线和报告制度。时隔两千年后重见天日，为今人呈现了颁布诏书的“扁书”实物，堪称汉代出土文物珍品中的极品[5]。

---

[1]　李均明等：《疏勒河流域出土汉简》，文物出版社，1984年。

[2]　《肩水金关汉简》壹，中华书局，1990年。

[3]　胡平生、张德芳：《敦煌悬泉置汉简释粹》，上海古籍出版社，2001年。

[4]　《太平御览》五九三。

[5]　中国文物研究所：《敦煌悬泉月令诏条》，中华书局，2001年。该扁书原件今存于国家博物馆通史陈列秦汉厅。

二是"改著板上",就是抄写在木板上再悬挂于公共空间。除了上引《风俗通》佚文外,汉代人的俚语民谣中也有透露:"得诏书,但挂壁"。早在东汉时已出现"扁表":"三老掌教化。凡有孝子顺孙贞女义妇,让财救患,及学士为民法式者,皆扁表其门,以兴善行。"[1]《辞源》释"匾额"称:"以大字题额,悬挂在门头、堂室、亭圃等处。旧时多刻木为之。"[2]从语源学角度分析,后世"匾额"样式的最初源头,应该来自这种"改著板上"的"扁书"[3]。

三　汉代朝野士人的诏书观

汉代朝野士人对诏书的看法,反映了当时社会各阶层普遍的诏书观,两汉史料中有不少记载值得注意。

西汉夏侯胜的驳议诏书事件,体现了士大夫对诏书的理性态度。据《汉书·夏侯胜传》记载,宣帝初即位,欲褒先帝,诏丞相御史曰:"朕以眇身,蒙遗德,承圣业,奉宗庙,夙夜惟念。孝武皇帝躬仁谊,厉威武,……功德茂盛,不能尽宣,而庙乐未称,朕甚悼焉。其与列侯、二千石、博士议。"于是群臣大议廷中,皆曰:"宜如诏书。"长信少府夏侯胜独曰:

> 武帝虽有攘四夷广土斥境之功,然多杀士众,竭民财力,奢泰亡度,天下虚耗,……亡德泽于民,不宜为立庙乐。
>
> 公卿共难胜曰:此诏书也。胜曰:诏书不可用也。人臣之谊,宜直言正论,非苟阿意顺指。议已出口,虽死不悔。

于是丞相翟义、御史大夫田广明"劾奏胜非议诏书,毁先帝,不道,及丞相长史黄霸阿纵胜,不举劾,俱下狱。有司遂请尊孝武帝庙为世宗庙。"这一事件在汉史上很有典型意义,展现了正直士大夫守死善道、敢于用儒家君道原则抵制皇帝诏书、制衡权力的可贵精神。

东汉士人第五伦初为领长安市督铸钱掾之吏时,透过诏书感受到光武帝的圣明魄力,遂有向往君臣际遇的感慨:

---

[1]《续汉书》志第二八,《百官志五》。

[2]《辞源》,商务印书馆,1988年修订第1版,第1201页。

[3]扁书问题,参见陈槃《汉晋遗简释小七种》,《中央研究院史语所集刊》,六三,1975年;《悬泉简牍》一书附录部分,胡平生等有专文探讨;上揭富谷至《文书行政的汉帝国》也有探讨;吴旺宗《汉简所见"扁书"探析》,《兰州学刊》2006年第7期。以上各家对扁书两字含义的理解有分歧,但均承认这是一种将诏书公之于众的基本传播方式。

"每读诏书，常叹息曰：'此圣主也，一见决矣。'等辈笑之曰：'尔说将尚不下，安能动万乘乎?'伦曰：'未遇知己，道不同故耳。'"[1]

这则材料反映，君臣个体之间借助于诏书管道来实现政治理念的沟通。光武帝诏书拨乱反正的气象，寄托了有为之君非同寻常的治国魄力和远大目标，从而引起有志之士的心灵共鸣。

两汉诸子中较多论及诏书话题的，主要有王符和王充。《潜夫论》的作者王符，尤为关注诏书所反映的朝廷治理与郡县政治生态之间的复杂关系，有很具体的政治分析。他将尽力执行诏书视为官吏忠君操守的核心环节，主张官吏必须"有号者必称于典，名理者必效于实"，"群臣所当尽情竭虑称君诏"。"称君诏"意味着履行诏书对官吏的指令和要求。君臣之间要以诏令为纽带互动调谐：

"明君之诏也若声，忠臣之和也当如响应，长短大小，清浊疾徐，必相和也。"[2]

他认为，忠臣的品格，意味着对君主诏书的无条件执行，要如声随响，处处和谐。《潜夫论》对大赦诏令的作用提出质疑："岁岁洒之，然未尝见奸人冗吏，有肯变心悔服称诏者。"对于诏书部署选举而有违常制的做法提出批评：

"诏书横选，犹乃特进，而不令列侯举，此于主德大洽，列侯大达，非执术督责总览独断御下方也。今虽未使典始治民，然有横选，当循王制，皆使贡士，不宜阙也。"[3]

《潜夫论》中还揭露地方各级政权往往废忽诏令的惰政现象："今者刺史、守相，率多怠慢，违背法律，废忽诏令，专情务利，不恤公事。"由于地方官吏专断，不能遵照诏令行事，妨害民生："郡县长吏，幸得兼此数者之断已，而不能以称明诏、安民氓。"[4]

王符讨论用贤制度时指出，朝廷诏令在凉州边郡遇阻而无法兑现：

"诏书法令：二十万口，边郡十万，岁举孝廉一人；员除世举廉吏一人。羌反以来，户口减少，又数易太守，至十岁不得举。当职勤劳而不录，贤俊蓄积而不

─────────────

[1]《后汉书》卷四一，《第五伦传》。

[2]《潜夫论》卷三，《实贡》。

[3]《潜夫论》卷四，《三式》。

[4]《潜夫论》卷五，《劝将》。

悉，衣冠无所觊望。"[1]

从这些言论中，我们可以了解东汉中期皇权控制力趋衰、选举制度颓坏的深刻危机，这番批评也成为反映诏书与边疆政治关系演变的珍贵史料。

上述可见，身为一介布衣，王符交游广泛，超越了僻居西州民间士人的狭隘视野。他洞悉地方政治生态，直击州郡官员废忽诏令的惰政，鞭辟入里地针砭时弊，表达了期望朝廷重振诏书权威的治理愿望。

《论衡》的作者王充，凭借多年盘桓于郡府小吏的职业历练，对诏书价值更有切身的体验。他以为，对于远离政治中心的郡县民众来说，诏书无疑是了解朝廷圣治的直接渠道：

"圣者垂日月之明，处在中州。隐于百里，遥闻传授，不实。形耀不实，难论。得诏书到，计吏至，乃闻圣政。"[2]

这段话将传统社会中诏书连接君民的特殊功能充分揭示出来，值得给予特殊的关注。

他对诏书审美提出了"文、义、经、传"四科的文学判断标准："诏书每下，文义经传四科，诏书斐然，郁郁好文之明验也。上书不实核，著书无义指，万岁之声，征拜之恩，何从发哉？"[3] 王充赋予诏书更多的审美意涵，期待诏书能够承担文学示范的完美功能，可见王充的关注点与王符有所不同。

他在书中还讨论了诏书与文臣的互动，及其对朝廷文学的积极影响：

"孝武之时，诏百官对策，董仲舒策文最善。永平中，神雀群集，孝明诏上〔神〕爵颂，百官颂上，文皆比瓦石，唯班固、贾逵、傅毅、杨终、侯讽五颂金玉，孝明览焉。"[4]

王充对诏书的兴趣广泛，《符验篇》记载了一则地方发现大批金币后，朝廷下达诏书干预的事件。此外，还记载了汉章帝下诏告示灵芝的瑞应：

"建初三年，零陵忽生芝草……太守沈酆遣门下掾衍盛奉献，皇帝悦怪，赐钱衣食。诏会公卿郡国上计吏民皆在，以芝告示天下。天下并闻，吏民欢喜，咸知

〔1〕《潜夫论》卷五，《实边》。
〔2〕《论衡》卷三，《初禀篇》。
〔3〕《论衡》卷十九，《验符篇》。
〔4〕《论衡》卷十九，《验符篇》。

汉德丰雍，瑞应出也。"[1]

这个事件说明，朝廷采用诏书形式来昭告和传播祥瑞事件，发挥了诏书颁布影响巨大、信息传递快捷的优势，充分彰显"汉德丰雍"亮色，达到美化时政的宣教功能。这则记载，章帝的举动在本质上并未跳出透过诏书来营造合法性的窠臼。

汉代民间的诏书观，在《太平经》中有重要线索。东汉中后期流行的道教经典《太平经》称：

> "若民臣暗昧无知、困穷，当上自附归明王圣主，求见理冤结。今反太明下入闇昧中，是象诏书施恩下行者，见断绝闇昧而不明下治，内独乱而闇蔽其上也。又象比近下民所属长吏，共蔽匿天地灾变使不得上通，与民臣共欺其上，共为奸之证也。"[2]

这些议论，反映了民众对诏书惠民政策被基层官吏搁置而得不到执行的怨愤，揭露了长吏"共蔽匿天地灾变，使不得上通"的现象，揭露了社会政治的严重危机。

汉代民间宗教人士不满于政治昏聩的黑暗现实，《太平经》论及诏书治国的理想境界，描述了作者心目中的乌托邦图景：

> "欲知其大效，天下所疾苦灾异悉尽，民臣悉善应诏书而行，不失铢分，下不欺其上之明效也"[3]。

很明显，早期道教人士将社会治理的失败，归咎于官吏对诏书宗旨的背离，君主仍旧不失为明君。这种政治观是本土早期道教信仰中根深蒂固的理念。

四　汉代民众生存场域中的诏书语境

在汉代，诏书传播具有超越后世想象的广泛程度，从而塑造了一种与汉代民众生存状态密切相连的文化氛围和政治语境。一旦打破单纯的文书行政视角，史料就会更呈现出更为开阔的文化生态景观，笔者将其命名为"诏书语境"。这是本文力图复原的一种历史现场。

汉代基层民众与诏书的关联，除了上揭《潜夫论》和《太平经》等文献记载之

---

〔1〕《论衡》卷十九，《验符篇》。
〔2〕《太平经》卷八六。
〔3〕《太平经》钞己部卷六。

外，在两汉正史中还有几条珍贵的记录。一是西汉文帝时文臣贾山上疏：

> "臣闻山东吏布诏令，民虽老羸癃疾，扶杖而往听之，愿少须臾毋死，思见德化之成也。"[1]

另一条是西汉元帝时文臣王吉上疏云："陛下躬圣质，总万方，帝王图籍日陈于前，惟思世务，将兴太平。诏书每下，民欣然若更生。"[2]

上引史料描述基层的颁宣诏书，构建了强烈的在场感。在政治清明之时，基层民众从对善治的切身感受出发，对诏书充满关注和期待，期盼治世的到来。从这种特定场景中，可以窥见诏书对汉代基层社会的治理意义和凝聚民心的作用。黄庭坚展现这种场景的诗作云："除书日日下，有耳家相庆。满意见升平，父老扶杖听。"[3]

诏书作为政治生活中的关键词，被收入习字的启蒙书。《额济纳汉简》中有秦代启蒙字书《仓颉篇》的片段，其中出现"诏"字：

> 苍颉作书，以教后嗣，幼子承诏☒（2000ES7SF1：123+2000ES7SF1：124）

传世的西汉黄门令史游所著字书《急就篇》：

> "闾里乡县趣辟论，鬼薪白粲钳釱髡，输属诏作溪谷山，……斩伐材木斫株根。"

颜师古注："输属，言配入其处也。诏敕别有所输作也。一曰，诏书处罚，令其输作也。"按照这种解读，体现了诏书对于违法民众实施惩处的权威性。同样，在居延和敦煌汉简中也发现不少写有《急就篇》的片段简牍[4]。

远离内地、守卫边陲的吏卒，同样生活在诏书广泛传播而塑造的文化语境中。例如，在居延简牍中充斥了诏书片断的残简，这是诏书传达到边塞侯官烽燧的档案遗存，此类简牍数量相当可观[5]。据研究，居延出土的诏书简有两类。一为武帝末年在居延设塞后各帝当时所下的诏书，多附各级行下之辞；二是作为"令"的诏书，出于编定

---

[1]　《汉书》卷五一，《贾山传》。

[2]　《汉书》卷七二，《王吉传》。

[3]　《宋文鉴》卷二十九，《重赠徐天隐》。又见宋人史容所注《山谷外集》卷十七。

[4]　富谷至认为，《急就篇》作为习字书，属于吏员以撰制行政文书为目的的使用的文字学习书。可备一说。见《文书行政的汉帝国》，第115页。

[5]　陈梦家曾参照《史》、《汉》，逐条核对了一批居延出土的西汉诏书残简，见《西汉施行诏书目录》，载《汉简缀述》，中华书局，1980年。1990年在悬泉置遗址出土大量简牍中发现皇帝诏书，大部分残缺，能复原成册者较少。但种类很多，视内容大多是根据重要事件颁发的诏文。其中保存最完整的是上文提到的《使者和中所督察诏书四时月令五十条》。

的《施行诏书》或《令甲》等篇者，其中有些显然为西汉初期的诏书文本。由此推想，边塞军吏甚至戍卒有机会读到从建朝至当下的历朝诏书文本。新朝虽然短祚，但边塞简牍中也有诏书出土，如《金关汉简（贰）》中也发现了王莽登基诏书简[1]，《额济纳汉简》中就有一件残缺的"始建国二年诏书"册[2]。

边防军吏收到上级的诏书抄本后，要加以誊写后保存，因此，西部简牍中有关于烽隧抄写诏令而申请文具的请求：

《疏勒河流域出土汉简》[3]：

凌胡隧厌胡隧广昌隧各请轮札两行隧五十绳廿丈须写下诏书（正面）

凌胡以次写传至广昌县便处令都尉到□可得（背面）（疏 * 146.）

在玉门花海烽燧遗址出土的简牍中，有木觚一枚，上面书写了西汉皇帝《遗诏》残简，篇幅达到二百一十二字：

敦煌汉简释文：1681：释 HH. 1448　　制诏皇大子腾体不安今将绝矣与地合同众不复起谨视皇大之箭……

根据出土的纪年简分析，书写者是一个名叫冯时的戍卒，时间在昭帝元平元年（前74）七月。经认定，这枚觚是冯时习字的作品，而不是正规的公文。其临本应是西汉早期的诏书抄本。所抄录诏书的片段基本完整，但存在语法错误。这件木觚颇有象征意义，它真实展示了边塞戍卒生活世界里的诏书语境，这是文献未曾提供的历史细节。通常认为，对于中古民众来说"天高皇帝远"，就这种成见而言，这件木觚的出土有振聋发聩意义[4]。

汉代民间墓葬中，曾发现有特殊意义的诏书抄本。1957 年在甘肃武威磨咀子十八号汉墓中曾出土授予老人"王杖"诏令简册共十枚，习称"王杖十简"[5]。1981 年武威县文物管理委员会征集到出土于磨咀子汉墓的"王杖诏书令"木简二十六枚，较"王杖十简"内容更加丰富，编联完整，序号清楚[6]。上述简牍涉及的年号中，本始

〔1〕 王莽登基诏书简，参见刘乐贤：《肩水金关汉简中的王莽登基诏书》，《文物》2015 年第 3 期。

〔2〕 关于《始建国二年诏书》册的研究，参见邬文玲：《始建国二年新莽与匈奴关系史事考辨》，《历史研究》2006 年第 2 期。

〔3〕 李均明等：《疏勒河流域出土汉简》，文物出版社，1984 年。

〔4〕 对该木觚的书写可能及意义，富谷至教授有独到的解释。他不赞成习字说和识字教材说，认为是一种"示文简"，将亲友寄来的信件、皇帝给太子的遗训誊写在觚上，将之像座右铭一样展示出来，是供个人观阅的示文之物。参见上揭《文书行政的汉帝国》，第 85 页。

〔5〕 中国科学院考古研究所、甘肃博物馆：《武威汉简》，文物出版社，1964 年，第 120—147 页。

〔6〕 武威县博物馆：《武威新出王杖诏令策》，《汉简研究文集》，甘肃人民出版社，1984 年。

是宣帝年号，建始、和平、元延均为成帝年号。按简文内容的性质来看，本始、和平、元延诸令均指授王杖而言，而建始令则是成帝对传统的养老制度的改进。

"王杖诏书令"对非礼杖主行为规定了严厉的惩罚措施：

> 元延三年正月壬申下第七
>
> 　制诏御史：年七十以上杖王杖，比六百石，入官府不趋；吏民有敢殴辱者，逆不道，第廿一。
>
> 弃市令在兰台第册三第廿二

抄录的案例有汝南郡男子王安世、南郡亭长司马护、长安东乡音夫田宣、陇西男子张汤诸人坐"桀默""击留""殴辱""折伤王杖"等罪被弃市，以作为判决时的参照。东汉的王杖制度更趋严格。1989 年在甘肃武威柏树乡下五畦大队旱坡的一座约为东汉中期墓中出土的诏令木简载："制诏御史：奏年七十以上，比吏六百石，出入官府不趋，毋二尺告勤，吏擅征召长安乡音夫田顺，坐征召里老人荣长，骂管殴。"[1] 虽简文残缺，诏令全文不详，但养老诏书用来为墓主人陪葬，反映了朝廷养老诏书深入人心，对基层民众晚年生活和尊严起到了一定的保障作用。

20 世纪 70 年代初，在甘肃甘谷刘家山坪汉墓出土 23 枚诏书简，是东汉晚期凉州刺史（刘）治与汉阳太守（刘）济逐级下移"属县令长"优复宗室的诏书[2]。简文云："自讼为乡县所侵、不行复除""言即被书不奉行""州郡奉行，或悉承章"，因为"施行缪错"，故令"上恩偏隔"。这位刘姓宗室身份的墓主，死后将保障宗室利益的诏书带入墓中随葬。虽然其身份并非普通民众，但也颇能说明诏书对汉代郡县社会的价值和意义。

五　诏书语境：构建民间社会的意义及局限

诏书颁宣过程，是一个上情下达的垂直传递过程。对于民众来说，皇权高远但又切近，诏书将最高层统治者的治国理念、对各级官吏的吏治要求、有关国计民生的施政措施和对元元大众的教化宣示，传播、渗透到社会每个角落，实现中央集权体制下的权力覆盖和意识形态覆盖。根据政治传播学的研究，在历史时期政府政治传播的追

---

〔1〕　武威地区博物馆：《甘肃武威旱滩坡东汉墓》；李均明《武威旱滩坡出土汉简考述——兼论"挈令"》，《文物》1993 年第 10 期。

〔2〕　甘谷汉简是当时汉阳郡太守转发给所属县、乡的诏书律令及奉行诏令的敕命文书。何双全：《简牍》，敦煌文艺出版社，2004 年，第 49 页。

求目标是"政治合法性建构"、"推行政治社会化"和"实施行政治理"[1]，这为分析汉代诏书传播提供了一种富有参考价值的理论视角。而就诏书传播的社会效应来看，是造就了两汉时期特色鲜明的民众文化生态，可以借鉴"文化语境"范畴来深化分析。

文化语境，研究者将它宽泛地看作"说话者生活在其中的社会文化。"[2]、"语言交际活动参与者所处的整个文化背景"[3]，或者是"社会结构的产物，是整个语言系统的环境"[4]。从上述意义而言，诏书的规定决定着民众生活价值取向，引导民众的生活理想，型塑着时代文化。因此，诏书语境就是指诏书话语作为核心要素之一，建构着民众日常生活的文化氛围和社会文化形态。

（一）诏书传播的主导功能与效应

1. 权威树立与国家认同。

合法性是任何一个政权得以和平维系统治秩序，实现有效治理的基本条件之一。政治传播的主要功能就是争取受众的政治认同，因此也是皇朝建构统治合法性的重要手段。汉代皇权实际上代表着封建国家，认同皇权也就是认同国家。刘勰《文心雕龙》说："皇帝御宇，其言也神。渊嘿黼扆，而响盈四表，其唯诏策乎！"[5] 可见，诏书是皇帝法权和权威最集中的体现，颁布诏书是皇帝行使权力、实现统治的基本方式之一，诏书构成汉代政治传播的重大载体形式。通过诏书传播，皇帝及其文臣煞费苦心，精心塑造亲民、倡俭和廉政的形象，用道德感召力赢得民众对权威合法性的认同、信任和拥戴。诏书传播也把皇帝意志覆盖到整个社会管控机制下的各个社会层面，影响到整个社会及其成员个人的命运。正如汉代民间的说法："虽京师大远，畏诏书不敢语也。"[6]

君主继位和立太子、立皇后等诏书，让基层民众了解当下最高皇权相关的变动状况。诏书在社会基层的长期传播，造就了汉代乡里民众虽然身为刍荛，但却常常关切时政动向、基于皇权崇拜心态下对诏书的顶礼膜拜态度等草根民俗生态，这种传统诏书语境下的生活氛围延续到整个中古时期，长期笼罩着历代的基层社会。

---

〔1〕 白文刚：《中国古代政治传播研究》，中国社会科学出版社，2014年，第20页。今按，政治传播学兴起于西方，着力研究媒体条件下政治传播的途径、功能、作用等问题。借鉴该学科方法来解释中古时期诏书传播的特征和规律，有待学术界共同探索。

〔2〕 冯志伟：《现代语言学流派》，陕西人民出版社，1987年，第156—160页。

〔3〕 朱永生：《语境的动态研究》，北京大学出版社，2005年，第7页。

〔4〕 胡壮麟等：《系统功能语法概论》，湖南教育出版社，1989年，第172、173页。

〔5〕《文心雕龙》第十九，《诏策》。

〔6〕《太平经》钞己部，卷六。

2. 社会教化与文化认同

政治文化的传承，需要特定的政治传播活动，即政治社会化。中古时期推行"政治社会化"，与之对应的话语便是"社会教化"。在两汉皇权体制下，政治治理和思想教化并重，发展了一套精密的教化方法。其中，诏书也承担了传播儒家治国理念和教化精神的基本功能，引导民众遵循儒家的生活伦理和效忠皇权的政治规范，以儒家为核心的政治文化才能不断延续和传承。这是实现朝野文化认同的重要途径。民众生活覆盖在权力话语之下，民众的权力崇拜和皇权主义也由此而滋生。

政治传播的动员功能。匈奴之战最为突出。汉武帝下诏强调对汉民族文化的保卫赋予反击战的正义性。民谣乐府诸子的言论，反战之外，颂扬反击战争。

3. 行政治理和秩序的确立

诏书传达体系是朝廷诏书颁宣、实现治理的基本保障。国家自上而下的治理，需要通过基层政权的具体实施，将其落实到每个县乡亭里和边疆侯官烽燧。这些印证了汉帝国君主对编户齐民的法律控制和伦理控制，表现了汉代垂直行政网络的高效性。

这些皇帝诏书的主题，从重大的治国决策的颁布、法纪案件的追查乃至道德人物的表彰，都是民众高度关心的问题并关系到其切身利益和福祉，必然牵动民众的神经。诏书决策中的贪腐治理和倡导廉政，给贪官庸吏带来压力，对净化政治起到积极作用。灾荒之年的国家救荒赈济，更是关系到民众的生死存亡。朝廷的民生举措通过诏书载体加以颁布，获得民众的期待；诏书也承担了对民众弱势群体心理抚慰的功能。

如上所述，诏书治国的境界，成为民众心目中理想社会的图景。在缓和各种社会矛盾和追求国家的长治久安方面，诏书传播起到了疏导和调谐的重要作用，封建治世秩序的达成，在一定意义上说也仰赖于此。

（二）诏书传播造就的汉代民众生存境况

从受众角度分析，诏书为载体的政治传播最大的意义，在于营造了汉代民众的政治、法律和社会的生存语境。诏书传达的国家意志、社会教化和具体施政，转化为汉代民众的生活氛围。

1. 诏书语境是一种规范民众生存的政治和法律环境。诏书的倡导和禁止的行政法令，其中包含了面向基层民众的生活规范和法律规范，划定了该做什么和不该做什么的范围和界限。诏书语境还提供了民众道德楷模的尺度和典范人物，树立了民众伦理生活的高层次追求目标。而这种传统政治传播塑造的社会心态，是一种期待明天子、期待善政的皇权主义心态。

2. 在中古专制主义体制之下，民众生活在诏书语境中是一种被动的命运，与政治参与几乎无缘的状态。反馈通道的不足乃至缺席。汉代诏书传播最突出的局限，在于单通道问题。专制主义体制下的民众成为单纯的受众，而丧失对皇权意志的信息回路和反馈机制，从而使皇权政治失掉了主动调整的政治机制，加剧了政治危机的发展和升级。民谣、谣言、乐府采风，弱渠道，弱反馈。不可能解决根本的矛盾和冲突，膜拜心态逆转为反抗心理，最终爆发的暴力反叛，激发农民革命的浪潮，秦汉时代三次农民大起义与政治传播的阻滞现象也有一定的关系。

第二届玉门·玉门关历史文化学术研讨会综述

王　璞　玉门市博物馆

玉门位于酒泉地区中心地区，左通西域，右达中原，北望蒙古，南靠祁连，古往今来都是交通要冲。疏勒河联通西域沙漠绿洲，黑水又通达蒙古草原，东西南北文化汇合，在中华民族与文明形成过程中历史地理意义非常突出。2020 年 9 月 12——14日，第二届玉门·玉门关历史文化学术研讨会在甘肃玉门举办。会议由中国秦汉史研究会、中国科学院空天信息创新研究院主办。大家围绕最早玉门关位置、玉门与玉门关关系等议题展开了深入的探讨和分析。

一、最早玉门关位置考证。谭世宝认为王国维、斯坦因之说正确，西汉最早的玉门关就设在西汉及清代的玉门县内，也就是在今玉门市的范围内。王心源认为今玉门市黄花营段长城的十一墩遗址所在区域符合关城的设置条件。推测此关城或为汉武帝时期即公元前 101 年前的玉门关，而敦煌西北小方盘处的玉门关是从十一墩在公元前101 年之后西迁去的。张俊民以小方盘遗址 1944 年出土简 T14N3 释文的再认定为出发点，探讨了玉门都尉的归属及其带来的玉玉门迁移之说。他认为玉门都尉府初属酒泉郡，敦煌设郡后西移，玉门关随之西边是成立的。他认为敦煌郡设立之前的玉门都尉在今天玉门附近，当然玉门关也应该在今天的玉门附近。谭世宝、马晓菲提出以下观点：（1）西汉最早玉门关在玉门县，亦即在今玉门市境内；（2）《汉书》中的"玉门阳关""玉门关"与"阳关"，实为同一关口。

二、玉门历史文化探讨。贾小军提出，在西汉时期，玉门还存在一个玉门置的邮驿机构。王子今认为，有关"玉门枣"的相关信息具有神秘色彩，在一定程度上反映了中原人对于"玉门"的认识。"玉门枣"传说可以看作西汉张骞"凿空"事业的历史记忆的片段遗存。"玉门枣"故事从一个特殊侧面反映了丝路交通条件对于中外文化交流的重要意义，值得交通史和中外文化交流史研究者予以关注。晋文认为，玉门花海汉简中的买卖契约具有很高的史料价值。其中完整记录了买方、卖方和中间人，以及实物交换的内容、时间、违约规定等，对全面认识昭宣之际的货币流通和商品经济多有启迪；特别是实物交换的赍卖方式，更充分证明：在金属货币被越来越多使用的同时，实际也还存在"以物易物或实物货币"的买卖方式。而讨价还价和小规模酿酒的问题，则展现了汉代西北边疆的一些生活场景。

袁延胜认为，从汉简来看，汉代的玉门有玉门县、玉门关、玉门置等不同的指称。从肩水金关汉简来看敦煌郡曾辖玉门县。玉门县很可能是在酒泉郡分置敦煌郡时改属敦煌郡。到了汉宣帝时期，酒泉郡东部数县划归张掖郡后，其辖境缩小，中心西移，此时玉门县再次改属酒泉郡。当然，玉门县的改属也应该与敦煌郡辖境的扩大，玉门关的西迁有关。

史党社认为《山海经》的内容，有许多玉（包括金）的记载，这些记载主要与祭祀山川、治病求长生有关，代表了此时方士之流对玉用途的基本看法。这反映了中国古代自新时期时代以来玉之社会意义的重大转折和重要的历史阶段的到来，具有社会、文化史、思想史的多重意义。由此我们也可思考汉代"玉门"的另一层内涵。此外，《山海经》的个别内容，例如《大荒西经》所记日月所入的"丰沮玉门"，也可提供思考"玉门"的视角，可看作十分重要的历史资料。

易华讨论了地名玉门玉门关与玉矿玉器之关系。认为汉武帝主要功绩是"开玉门、通西域"，而不是设玉门关，收取贡玉。玉门常在玉门关不常有，因为玉门所在地区并非总是中国或中央王朝边界，而是东西文化交流要冲和南北文化结合部，在中华民族与文明形成史上具有特别意义。玉门西有旱峡玉矿，北有马鬃山玉矿，东有齐家文化玉器大量存在，标志着中国进入真玉（透闪石）文化时代，玉门酒泉地区是玉石出产转运中心。

玉门本是日月出入之天门，其功能在开不在关。金张掖银武威，春风已到玉酒泉。玉门市位于酒泉中心地区，左通西域，右达中原，北望蒙古，南靠祁连，古往今来都是交通要冲。疏勒河联通西域沙漠绿洲，黑水又通达蒙古草原，东西南北文化汇合，在中华民族与文明形成过程中历史地理意义日益清楚。

赵凯认为，作为中国历史地名的玉门关，在古代朝鲜、日本、越南等汉字文化圈诸国中具有比较高的知名度。域汉外籍中有大量与玉门有关的诗赋作品。研究玉门历史，发掘玉门历史文化资源，应当对域外汉籍中的玉门资料予以关注。

覃春雷通过研究火烧沟出土珠饰的材料、工艺、工具等，窥视四千年前火烧沟的生业方式、与周边交流及远程贸易。

三、关塞文化。李迎春认为，玉门关和阳关都是汉代以来西出敦煌通向西域的主要关塞。两座关塞有着深厚的文化积淀，不仅是通行道路上的关卡，更凭借历史记忆，而具有文化象征意义。魏晋以来的诗歌中多有关于玉门关和阳关的内容。但通过考察这些诗歌可以发现，以玉门关为主题的诗歌，多为边塞诗，以描绘军旅生活，歌颂报国情怀为主要内容。而以阳关为主题的诗歌则多离别诗，以描绘惜别情景，抒发离情别恨为主要内容。

　　薛瑞泽认为，两汉时期，玉门关作为汉朝与西域地区的重要交通关口，发挥着沟通中原王朝与西域的重要作用。由于两汉时期西域地区特殊的政治环境，为了保护中原地区不再遭受来自西域匈奴势力的威胁，汉政府在玉门关驻扎有军队以保护丝绸之路的畅通。为了更好地发挥并且保证玉门关的战略地位，在以玉门关、阳关一线，在玉门关候之下设置了近三十处烽燧，构建了彼此联防的防卫体系，形成了士吏、候长、候史、隧长、候令史等关与烽燧管理的管理层级。

　　乌文玲认为汉代敦煌郡设有四个都尉，分别是阳关都尉、玉门都尉、中部都尉、宜禾都尉。其性质为部都尉，受郡节制，在此基础上，她进一步梳理了玉门都尉府及其属官的情况。

　　王绍东认为，在农牧交错带的战略要地及山口关隘，形成了一个个关塞，它在农耕民族与游牧民族的征战交融中发挥着重要作用。是中原王朝防御游牧民族南下的战略要地，也是中原王朝进攻游牧民族的出发地。战争年代，关塞发挥着集结军队，抵御防守，预警报警，收拢失散军人等多重作用。和平时期，关塞则起着中原王朝与北方游牧民族间和平往来，关市贸易，维持秩序，提供交往便利等作用。关塞地区呈现出生业形式多样与文化生态多元、军事色彩突出与和平渴望热切、思乡情结浓郁与和爱国热情高涨的鲜明地域特色。

　　王健认为，从更广阔的基层社会史视野切入，透过诏书"布告天下"功能、地方官员的"奉宣诏书"职守、朝野士人诏书观以及民间乡里、边塞候燧的诏书传播景观，来复原"诏书语境"构造下的汉代基层社会生态，解读诏书对于民间基层治理的社会意义以及皇权与社会的互动效应。

　　原文曾发表于《中国古代史研究动态》2021 年第 1 期。

西汉最早玉门关在古玉门县境（今玉门市）

——以 2017、2020 年"玉门·玉门关历史文化"学术研讨会为中心

杨永生　甘肃省酒泉市人大常委会

摘要：玉门与玉门关故址问题是一个跨越千年的学术命题，百年多来在国内外历史地理学界异常争纷活跃。本文通过梳理归辑 2017、2020 年两届"玉门·玉门关历史文化"学术研讨会专家学者观点，尤其是澳门理工学院谭世宝教授团队和中国科学院王心源研究员团队的项目研究成果，基本得出"西汉最早玉门关在古玉门县境（今玉门市）"的学术结论。

关键词：西汉；玉门与玉门关；地望研究

关于玉门与玉门关的历史文化研究，是一个百年来学术界异常活跃纷争的历史课题。自 1907 年 4 月英国考古学家斯坦因实地考察敦煌西北的小方盘城遗址，肇始玉门关的研究后，学术界围绕玉门关的研究已经延续了 110 多年的历史。自汉、隋、唐、五代、宋初等以来，玉门关最早设立何处，玉门关与古玉门县（今玉门市）是何关系，玉门关在不同历史时期的迁移路径及地点等等，既是学术界众说纷纭的历史命题，也是地方政府在文化发展战略中纠结不清的时代课题。

廓清历史迷雾，还原历史真想，是学术研究者的历史使命。玉门市把历史课题交付社会科学研究机构来完成，政府担当文化传承发展的历史责任。2017 年 8 月 28 日、2020 年 9 月 13 日，玉门市政府联合国内相关高校和社科研究机构及考古文博单位，分别召开两届"玉门·玉门关历史文化"学术研讨会，主要围绕最早玉门关在玉门市之历史考证、玉门与玉门关之关系、玉门与玉石之路、玉门与丝绸之路等学术问题，展开多学科、多维度、深层次的学术研讨。

一　玉门·玉门关故址问题是一个跨越千年的学术命题

玉门关是中国最早的陆路海关，设置于西汉时期，迄今已有 2100 多年历史，这是学术界无可争议的历史事实。探幽涉远，沧桑巨变，最早的玉门关设置何处，在各个

历史时期是否迁移，分别迁移在何处？这又是一个争讼纷纭、莫衷一是的学术难题。澳门理工学院谭世宝教授认为："可知最古的玉门关遗址，由汉魏以后至元明，便逐渐成为千古难解之谜案。[1]"甚至有学者著文发出了"历史上漂移的玉门关""民族融合中流动的国门"之感慨[2]！

2016年6月，酒泉市文物局杨永生在《玉门关设置时序变迁学术观点归辑与推论》[3]一文中指出：近现代以来，国内外研究玉门关的专家学者有斯坦因（英国）、沙畹（法国）、王国维、劳榦、向达、陶保廉、方诗铭、夏鼐、阎文儒、陈梦家、马雍、孙修身、吴礽骧、赵永复、李正宇、李并成、赵评春、纪宗安、刘兴义、何双全、侯晓星、侯玉臣、潘发俊、潘竟虎、刘满、宁瑞栋、纪永元、李宏伟、李岩云、傅立诚、刘常生、王奕心、王乃昂等30多位国内外专家学者，以及中国建筑设计院历史研究所"丝绸之路申遗"专家团队，将玉门关设置划分为西汉、东汉、隋代、唐代、五代宋初、明代等六个历史时期，梳理出约21种以上的学术观点。通过对专家学者学术观点的悉心梳理，将玉门关设关地点归辑为：嘉峪关市石关峡、玉门市赤金峡口、敦煌市小方盘城周围地区、安西县以东晋昌一带、瓜州县锁阳城内城东北角外、瓜州县双塔堡附近、瓜州县马圈古城、瓜州县破城子、瓜州县"六工古城"、嘉峪山麓西北余脉处等10处。

2019年3月，澳门理工学院谭世宝教授发表论文《最早的"玉门关"：研究史的回顾与批评》[4]（全文约6万字）。该文将100多年来有关研究玉门关的论著作了述评，依时间先后著录了71篇部研究玉门·玉门关问题的论著，依次是斯坦因（英国）、沙畹（法国）、王国维、翟理斯（英国）、张维华、劳榦、向达、贺昌群、方诗铭、夏作铭（夏鼐）、阎文儒、比野丈夫（日本）、陈梦家、马雍、吴礽骧、赵永复、李并成、赵评春、纪宗安、李正宇、刘兴义、侯玉臣、侯晓星、何双全、纪忠元、纪永元、李树若、潘发俊、潘竟虎、李岩云、傅立诚、李殿元、段新生、王蕾、刘常生、林健（美国）、梁秉合、杨永生、谭世宝、洪光慧、何艳杰、周运中、高荣、郗惠莉、张怀德、王璞、魏杰、杨瀚林等48名专家学者的论著。在细致综合梳理、辩驳各种学术观点的基础上，重新梳正解读了《史记》《汉书》等古籍中有关玉门、玉门关的原始记

〔1〕 谭世宝：《最早的"玉门关"：研究史的回顾与批评》，《中国历史评论》（第14辑），上海文化出版社，2019年。

〔2〕 叶舒宪：《游动的玉门关——从兔葫芦沙丘眺望马鬃山》，《丝绸之路》2014年第19期；梁秉合：《再说玉门关——民族融合史中流动的国门》，《丝绸之路》2017年第16期。

〔3〕 杨永生：《玉门关设置时序变迁学术观点归辑与推论》，《大明宫研究》（内刊）2016年第19期，《丝绸之路》2017年第16期。

〔4〕 谭世宝：《最早的"玉门关"：研究史的回顾与批评》，《中国历史评论》（第14辑），上海文化出版社，2019年。

载；补正了百年多来有关学者对玉门关研究史记述的漏误，尤其是对王国维、斯坦因观点的误漏看法。力破流行的两种误说：一是主张最早的玉门关在敦煌以西的小方盘城，二是主张最早最晚的玉门关皆在嘉峪关石关峡。最终重新确立王国维以二重证据法确定的最早的玉门关遗址应当在西汉及清代的玉门县内，即今玉门市范围内。

玉门关自西汉设置至宋初收尾，历时 1500 多年历史。玉门·玉门关在《史记》《汉书》《十三州志》《高居诲使于阗记》《钦定皇舆西域图志》等古典历史文献中多有记载，在出土的马圈湾汉简、玉门关汉简、悬泉汉简中不断发现新材料记证，在不断出现的宋、元、明、清等古地图中被清晰标注，斯坦因、沙畹、陶保廉、王国维、劳榦等国内外学者早期有关玉门关的考古报告、考古札记、研究论著等享誉学界已达百年之久，现代学者的专题性研究论著频频交锋于学界，大有长盛不衰之势。可以说，玉门关的历史就是一部中外关系史，更是一部专题学术研究史。

二　第一届玉门·玉门关历史文化学术研讨会有关"最早玉门关设置玉门市"之学术观点

2017 年 8 月 28、29 日，由中共玉门市委、市政府，酒泉市文物管理局，甘肃省敦煌学学会、甘肃省历史学会共同主办的"玉门·玉门关历史文化"学术研讨会在甘肃省玉门市举行。来自中国社会科学院、上海交通大学、四川大学、厦门大学、兰州大学、山东大学、华东师范大学、美国俄亥俄州立大学、澳门理工学院、内蒙古大学、西北师范大学、河南大学、重庆大学、河北师范大学、暨南大学、兰州财经大学、敦煌研究院等 30 多所大学和科研机构专家学者及地方文史文博工作者 95 人参加会议。会议共收到学术论文 77 篇。知名学者李并成、李正宇、谭世宝、易华、叶舒宪、刘再聪、杨富学、杨宝玉、李炳泉等参加会议，并发表学术演讲。

澳门理工学院教授谭世宝、洪光慧提交了论文《西汉初设的"玉门关"故址新探——以厘清各说的源流及破误立正为中心》[1]。该文对玉门关故址所在地问题，从目前所流行工具书籍及网络文章略加举例，说明该问题新旧异说、误漏甚多；初步梳理述评了 45 篇有关学者讨论玉门关故址论著的主要观点，略论了前人对玉门关研究史的一些误述及相关错误；得出简要结论：从嘉峪关的"石关""山石关""石关峡""石门"等古今沿用的土名来看，该地绝对不可能是玉门关之所在地。最早的玉门关是在西汉的玉门县以及今天的玉门市，是无可置疑的。

---

〔1〕　谭世宝、洪光慧：《西汉初设的"玉门关"故址新探——以厘清各说的源流及破误立正为中心》，《玉门·玉门关与丝绸之路历史文化学术研讨会文集》（内部资料），2017 年 8 月。

河北师范大学何艳杰教授的论文《饴盐之贡与玉门关的初设探讨》[1] 认为：玉门赤金峡是"玉门"一词的来源之地，是古今重要交通要道，又是饴盐的唯一产地。据诸文献传记所载，最初汉塞玉门关所设之地应在玉门赤金峡。

厦门大学周运中的论文《西汉玉门关最初在今玉门市考》[2] 研究认为：最早的玉门关在今玉门市；霍去病率领的汉军首次到达河西走廊，最远到达的皋兰山就在今玉门市东南的黑山。

厦门大学周运中的论文《宋代地图证明古玉门关在今玉门市》[3]，通过研读南宋淳祐《地理图》标注的玉门关、南宋咸淳《舆地图》标注的"汉玉门关"位置，可以得知古玉门关在今玉门市东南的黑山之南。"开当代中国学者之先，有独特意义。[4]"

厦门大学周运中、周志鑫的论文《阿拉伯人记载的玉门关在今玉门市》[5]，从源自五代时期到中国的阿拉伯人穆哈黑尔的中国游记所记里程计算推断，认为唐宋时期的玉门关在今玉门市，即今玉门市东南的黑山和祁连山之间。

玉门市委党史办魏杰主任的论文《最早玉门关位置再辩》[6] 研究认为：最早的玉门关既不在敦煌以西的小方盘城一带，也不在嘉峪关市石关峡；最早玉门关所管理事务的范围在酒泉以西、敦煌以东；劳榦关于最早的玉门关"在赤金峡的可能性较大"的推测似乎更贴切一些。

玉门市委党史办魏杰主任的论文《〈释迦方志〉所记玉门关是最早的玉门关吗?》[7]，根据《释迦方志》、高居海《使于阗记》等文献的不同解读，质疑否定了李并成教授据《释迦方志》等记载得出"最早的玉门关在今嘉峪关的石关峡"之说。

玉门市高级中学梁秉合老师的论文《再说玉门关——民族融合史中流动的国门》[8]，从玉门县的来历、《史记》与《汉书》的记载、玉门关的得名、赤金峡地区

〔1〕　何艳杰：《饴盐之贡与玉门关的初设探讨》，《玉门·玉门关与丝绸之路历史文化学术研讨会文集》（内部资料），2017 年 8 月。

〔2〕　周运中：《西汉玉门关最初在今玉门市考》，《丝绸之路》2017 年第 16 期。

〔3〕　周运中：《宋代地图证明古玉门关在今玉门市》，《玉门·玉门关与丝绸之路历史文化学术研讨会文集》（内部资料），2017 年 8 月。

〔4〕　谭世宝：《最早的"玉门关"：研究史的回顾与批评》，《中国历史评论》（第 14 辑），上海文化出版社，2019 年。

〔5〕　周运中、周志鑫：《阿拉伯人记载的玉门关在今玉门市》，《玉门·玉门关与丝绸之路历史文化学术研讨会文集》（内部资料），2017 年 8 月。

〔6〕　魏杰：《最早玉门关位置再辩》，《玉门·玉门关与丝绸之路历史文化学术研讨会文集》（内部资料），2017 年 8 月。

〔7〕　魏杰：《〈释迦方志〉所记玉门关是最早的玉门关吗?》，《玉门·玉门关与丝绸之路历史文化学术研讨会文集》（内部资料），2017 年 8 月。

〔8〕　梁秉合：《再说玉门关——民族融合史中流动的国门》，《丝绸之路》2017 年第 16 期。

独特的地理特点等 10 个方面研究认为：西汉最早的玉门关在玉门赤金峡。

玉门市博物馆馆长王璞副研究员的论文《玉门赤金峡地望小考》[1]，根据赤金峡的一些"形胜遗迹"，以及转述"几则清代和民国时期文献记载及名人记述"，以证赤金峡被"部分学者考证为西汉最早的玉门关位置，也是有其道理的"。

玉门会议期间，玉门市向参会学者赠送了玉门本地学者刘常生编著的《玉门简史》[2]一书，书中收录了刘常生的论文《玉门与玉门关新考》一文。该文研究认为：古玉门关的始建时间在西汉置玉门县之前，西汉最早的玉门关就在玉门市赤金古玉门县遗址西北的赤金峡口。

综上所述，2017 年 8 月召开的第一届"玉门·玉门关历史文化"学术研讨会收到有关最早西汉玉门关问题研究的论文，有谭世宝、洪光慧、何艳杰、周运中、周志鑫、魏杰、梁秉合、王璞、刘常生等 9 名学者的 10 篇学术论文，初步得出"西汉最早玉门关在今玉门市"的结论。

诚然，在这次学术研讨会上，西北师范大学李并成教授在其论文《有关玉门、玉门关研究中几个重要问题的再探讨》[3] 中称："自己曾考得嘉峪关西北约 10 千米的石关峡，为历史上设置最早的玉门关与最晚的玉门关"。河西学院高荣教授的《汉代玉门关研究述评》、敦煌研究院邸惠莉研究员的《玉门关研究综述》[4] 等论文，对玉门关研究的相关学术史进行了回顾与评述，对部分学术观点提出质疑与否定。四川美术学院杨瀚林的《试论西汉时期玉门关与玉门县的关系》[5] 一文认为，西汉时期的玉门关位于敦煌郡境内。西北师范大学历史文化学院戴亚伟的《玉门关与丝绸之路》[6] 一文认为，西汉时期的玉门关只能初置于"玉石山"，不可能在敦煌。上述五文，均没有支持"最早玉门关在古玉门县境（今玉门市）"之观点。

---

〔1〕　王璞：《玉门赤金峡地望小考》，载《玉门·玉门关与丝绸之路历史文化学术研讨会文集》（内部资料），2017 年 8 月。

〔2〕　刘常生：《玉门简史》，甘肃文化出版社，2017 年，第 205~216 页。

〔3〕　李并成：《有关玉门、玉门关研究中几个重要问题的再探讨》，《玉门·玉门关与丝绸之路历史文化学术研讨会文集》（内部资料），2017 年 8 月；《丝绸之路》2017 年第 16 期。此观点见李并成《石关峡：最早的玉门关与最晚的玉门关》一文，载《中国历史地理论丛》2005 年第 2 辑。

〔4〕　高荣、邸惠莉等 2 人文章均载《玉门·玉门关与丝绸之路历史文化学术研讨会文集》（内部资料），2017 年 8 月。

〔5〕　杨瀚林：《试论西汉时期玉门关与玉门县的关系》，《玉门·玉门关与丝绸之路历史文化学术研讨会文集》（内部资料），2017 年 8 月。

〔6〕　戴亚伟：《玉门关与丝绸之路》，《玉门·玉门关与丝绸之路历史文化学术研讨会文集》（内部资料），2017 年 8 月；《丝绸之路》2017 年第 16 期。

三　关于向第二届玉门·玉门关历史文化学术研讨会提交的"玉门市境内玉门关遗址考古项目"研究成果

2017 年 8 月第一届玉门·玉门关历史文化学术研讨会后，玉门市将"玉门·玉门关历史文化"研究提升到全市文化长远发展的战略高度。2018 年初玉门市政府启动了"玉门市境内玉门关遗址考古项目"，以课题项目形式，分别委托中国科学院空天信息创新研究院王心源研究团队和澳门理工学院谭世宝教授研究团队，开展靶向性科学研究。王心源研究团队还邀请国内著名考古学专家王仁湘教授、秦汉史专家王子今教授等担任学术顾问，组成课题组。三年来，两支科研团队发挥各自学术领域的技术和资源优势，将高科技手段与现场考古调查勘察相结合，将重新检视历史文献和研习辩驳近现代既有研究文献成果相融合，对赤金峡、汉长城等区域进行了遥感、物探、文献考古和文物遗址勘察调查，先后在玉门市和北京市召开两次"玉门·玉门关历史文化"座谈会，对阶段性成果进行研究补正，大胆推陈出新，成果初显。在 2020 年 9 月 13、14 日的第二届玉门·玉门关历史文化学术研讨会上，两个团队分别汇报了各自的最新研究成果。

9 月 13、14 日，第二届玉门·玉门关历史文化学术研讨会在玉门市举行。这次会议由中国秦汉史研究会、中国科学院空天信息创新研究院主办，来自中国社会科学院、中国科学院、中国人民大学、澳门理工学院、西北大学、南京师范大学、江苏师范大学、西北师范大学、内蒙古大学、甘肃省文物考古研究所等 10 多所大学和科学研究机构学者及玉门地方文史文博工作者共 70 多人参加会议。学术名家王子今、谭世宝、王心源、易华、晋文、王健、张德芳、邬文玲、张俊民等参加会议并发表学术报告。

澳门理工学院谭世宝教授向大会提交了《玉门关、河西四郡、西域等问题的古今文献论著新研究》[1]，分上下篇，全文约 19 万字，在大会由其他学者代为发言交流。上篇为《对〈史记〉〈汉书〉等有关玉门关与河西、西域等记述的摘录笺正》，其自述主要创新成果为 13 个方面，在其中的第 1 条创新成果中就"确定西汉玉门关位于西汉玉门县（今玉门市）的管辖范围内，排除在敦煌以西和嘉峪关之说"。下篇为《最早"玉门关"故址研究史最新评述》，其自述主要创新成果为三点：（1）本篇将清初以降有关西汉玉门关遗址所在地点的不同意见综合研究，尤其是将自近代陶保廉、斯坦因、沙畹、王国维等论著以后，一百多年间的有关中外论著都做了述评（依时间先后著录

---

[1]　谭世宝：《玉门关、河西四郡、西域等问题的古今文献论著新研究》，《第二届玉门·玉门关历史文化学术研讨会文集》（内部资料），2020 年 9 月。

了 71 篇部论著），是对有关玉门关问题的研究史首次较为全面的研究总结，纠正了当今很多论著对研究史的不断重复抄袭的片面概述，及其必然产生的各种误解错说。尤其是对斯坦因、沙畹、王国维的观点之误解错说。（2）继承发展了沙畹、王国维、斯坦因等人之正说，既纠正出于 20 世纪 40 年代，目前成为主流成说的玉门关在敦煌西北之论，又纠正滥觞于 20 世纪 90 年代，盛行于当今的最早的玉门关位于今嘉峪关市西北石关峡之论。以更充分的理由，证明西汉玉门关就在稍后设置的玉门县城附近，亦即位于今玉门市范围内。（3）对《史记》《汉书》以及阚骃《十三州志》、后晋高居诲《使于阗记》以及陶保廉《辛卯侍行记》等文献的有关记载，作了更精准的研究分析，纠正了今人误解而引作"石关峡"误说之错证。

中国科学院空天信息创新研究院、联合国教科文组织国际自然与文化遗产空间技术中心副主任、二级研究员、博士生导师王心源团队，向大会提交了题为《玉门市黄花营汉长城关城的空间考古研究——兼论斯坦因关于 T. XLII. d 墩的猜想》[1] 的研究成果。该研究报告称，玉门关是汉帝国西北边境与西域交流往来的国门要塞，在河西走廊边塞系统设置中具有独特的地位。本文的"关城"是长城的"关口"及与关口守卫防御相关的"城堡"的概称。使用空间考古新方法，意图解读出在公元前 110—前 101 年，即贰师李广利伐大宛所经过的玉门关。研究的主要方法与步骤是：（1）把河西西汉边境防御系统长城主体及其附属的遗址作为一个整体的系统研究对象，以便更完整地理解玉门关的设置；（2）根据《史记》《汉书》记录的时间为主要线索，进行有关时间与事件、地点的互校，归纳标志性事件的时间段，使得时间——事件——人物的统一；（3）遥感图像解译分析，并借助 Google Earth、百度地图等地理信息平台，结合甚高分辨率的无人机遥感、地球物理地下勘测，野外考察，对研究区真实的地理环境背景进行全方位科学认知，深刻认识长城选址的目的与意图；（4）关门的逻辑推理。基于与已知关城的比较研究与宏观——中观——微观考察与分析，考得今玉门市黄花营段汉长城的十一墩遗址（斯坦因编号为 T. XLII. d 烽燧，甘肃省文物考古研究所编号为 Y11 烽燧）所在区域符合关城的设置条件。进一步推测此关城或为汉武帝时期即公元前 101 年前的玉门关，而敦煌西北小方盘处的玉门关是从十一墩（斯坦因编号为 T. XLII. d 烽燧）在即公元前 101 年之后西迁去的可能。当然，一切的揭示与证明，或许要等待此区域的考古发掘来说明。

甘肃省文物考古研究所张俊民研究馆员的论文《汉代玉门关早年移徙的新证

〔1〕 王心源、姚娅、骆磊：《玉门市黄花营汉长城关城的空间考古研究——兼论斯坦因关于 T. XLII. d 墩的猜想》，《第二届玉门·玉门关历史文化学术研讨会文集》（内部资料），2020 年 9 月。

据——敦煌小方盘汉简 T14N3 拾遗》[1]，以小方盘城遗址 1944 年出土汉简 T14N3 释文的再认定为出发点，探讨玉门都尉的归属及其带来的玉门关迁移之说。玉门都尉府初属酒泉郡，大致在今天玉门市境。敦煌设郡后西移，玉门关随之西迁。敦煌郡设立之前的玉门都尉在今天玉门附近，当然玉门关也应该在今天的玉门附近；因此之故，贰师将军伐大宛兵败而归，不得入玉门关，而屯敦煌。敦煌郡设立（公元前 94 年）后，管理东西交往的玉门关也随着玉门都尉府西移；玉门都尉府转移到了今天小方盘遗址，原来酒泉郡玉门都尉府使用的公文档案也随衙署搬迁，以至于我们今天看到的小方盘遗址出土的汉简有酒泉玉门都尉府的公文；作为初创之时的机构，都尉府下属人员还没有得到合理安排，也就有简 2 玉门都尉护众对千人尚所言的"尉丞无署就"。

澳门理工学院教授谭世宝、滨州学院讲师马晓菲的论文《古今地图的西汉"玉门关"等位置及通西域之路线辨误》[2] 研究认为："西汉最早玉门关在玉门县，亦即在今玉门市境内"的观点。

在第二届玉门·玉门关历史文化学术研讨会上，共有谭世宝、王心源、姚娅、骆磊、张俊明、马晓菲等 6 名学者提交的 4 篇论文，专题研究西汉玉门关问题，得出"西汉最早玉门关在古玉门县境（今玉门市）"的结论。

四 关于"西汉最早玉门关在古玉门县境（今玉门市）"的结论

综上所述，在 2017、2020 年两届"玉门·玉门关历史文化"学术研讨会上，谭世宝、王心源、张俊明、洪光慧、何艳杰、周运中、姚娅、骆磊、马晓菲、周志鑫、魏杰、梁秉合、王璞、刘常生等 15 名学者提交的 14 篇学术论文，从不同学术维度和角度开展学术研究，基本得出"西汉最早玉门关在今玉门市"的结论。

澳门理工学院谭世宝教授向大会提交的"玉门市境内玉门关遗址考古项目"成果，从重新释读梳理古典历史文献入手，勠力辩驳厘清《史记》《汉书》有关玉门、玉门关与丝绸之路等内容的原始记载，补正了百年多来相关学者对玉门关研究史记述的漏误错讹，着眼深邃，铺陈宏大，宏微兼备，殚精竭虑，见微知著，以其扎实的史学功底和厚实的学术立论，得出"西汉最早玉门关在古玉门县境（今玉门市）"的结论。

中国科学院空天信息创新研究院王心源团队向大会提交的"玉门市境内玉门关遗址考古项目"科研成果，擅长于利用现代高科技的卫星遥感、地球物理地下勘测、野

[1] 张俊民：《汉代玉门关早年移徙的新证据——敦煌小方盘汉简 T14N3 拾遗》，《第二届玉门·玉门关历史文化学术研讨会文集》（内部资料），2020 年 9 月。

[2] 谭世宝、马晓菲：《古今地图的西汉"玉门关"等位置及通西域之路线辨误》，《第二届玉门·玉门关历史文化学术研讨会文集》（内部资料），2020 年 9 月。

外考察，并注意运用《史记》《汉书》等历史文献提供的时间、事件和地点要素，证明玉门市黄花营汉长城遗址处十一墩符合关城的设置条件，最有可能是贰师将军李广利通过的玉门关。该研究团队不但得出"西汉最早玉门关在古玉门县境（今玉门市）"的结论，还提出了玉门关设置的具体位置，即玉门市黄花营汉长城遗址处十一墩。当然，该团队也谨慎地说明还需考古发掘来进一步确证。王心源教授团队的研究成果，文理结合，科学严谨，注重从遗址考古的系统性、整体性研究中，缜密检索有关"玉门关"的蛛丝马迹，所得出的初步结论审慎而严谨，为考古学研究带来了"新气象"。

谭世宝教授与王心源教授两家团队的科学研究，一个偏重于历史文献研究，一个擅长于现代高科技考古，文科与理科并进，古典文献考据与现代科技考证兼容，文献释读与场景考察相互印证，共同取得了"西汉最早玉门关在古玉门县境（今玉门市）"的学术结论。

关于"西汉最早玉门关在古玉门县境（今玉门市）"的具体设关关址问题，学者们主要提出了4种观点：一是在玉门市赤金峡；二是古玉门县城附近（今玉门市赤金堡一带）；三是玉门黄花营段汉长城第十一墩遗址；四是玉门市东南之黑山。

明镜所以照形，古事可以知今。2017、2020年两届"玉门·玉门关历史文化"学术研讨会有关西汉玉门关遗址考古研究得出的结论可能并非终极性结论，佐证此结论或推翻此结论，都需新材料的发现和现代考古发掘来完成。中国社会科学院易华研究员在《玉门关开通四方》[1]一文中也说："其实玉门常开通四方，玉门常在，玉门关不常有。"我们期待在建设中国特色、中国风格、中国气派的考古学的宏大背景下，有关玉门关故址的考古学研究取得新发现和新气象。

---

〔1〕　易华：《玉门关开通四方》，《丝绸之路》2017年第16期。

玉门、玉门关名义再思考

——第十二次玉帛之路考察札记

叶舒宪　上海交通大学、中国文学人类学研究会

摘要： 2017 年 6 月，第十二次玉帛之路（玉门道）考察在玉门花海汉长城遗址采集到马鬃山玉矿的玉料，这表明马鬃山玉是在新疆和田玉之外很早就输送中原的战略物资，其路线有北道（草原戈壁道）和南道（河西走廊道）。目前可知马鬃山玉进入河西走廊的路线有三条支线，即音凹峡—桥湾线、玉门花海线和小马鬃山—金塔线。这三条支线中的前两条路线都必经汉代玉门县，可知最早的玉门关应在汉代玉门县，最初的玉门和玉门关二名可兼指新疆玉、敦煌玉和马鬃山玉的入关门户。

关键词： 玉门花海；马鬃山玉石；西玉东输；玉门关；四重证据法

一　第十二次考察缘起

2014 年 7 月的第二次玉帛之路考察，聚焦齐家文化、四坝文化与河西走廊的关系。曾经在 7 月 18 日这一天途径酒泉，却没有逗留。那是自高台县考察地埂坡遗址后，直奔玉门考察火烧沟遗址的一天，一整日大部分时间都在连霍高速上奔驰。当时有新闻说玉门遭遇鼠患，所以临时决定只看火烧沟遗址和新市区一个私人博物馆，然后便继续快马加鞭，奔到瓜州去住宿。这样，我们启动的玉帛之路系列考察活动第一次穿过河西走廊，竟然错失了对酒泉这座历史名城的探访，也没有走访旧玉门市的所在，只在新玉门市稍作逗留，这不能不说是一大遗憾。

2015 年 6 月完成的第五次玉帛之路（草原道）考察，最远目标地是甘肃与新疆交界处的明水汉代古城和肃北马鬃山古代玉矿，去程走的是草原戈壁，即从兰州经过银川，北越贺兰山，穿越阿拉善沙漠到额济纳，再从额济纳西行八百里大戈壁无人区抵达马鬃山镇。返程安排的是驱车从马鬃山到酒泉，途径玉门也没有停留。在酒泉短暂考察和召开座谈会后，当日下午乘动车返回兰州。这是五次考察以来第一次在酒泉逗留，对玉酒泉的地方传说留下初步印象（图一）。酒泉方面负责接待和对接的主人是甘肃社科院酒泉分院的孙占鳌院长，他带领考察团成员走访酒泉的文化地标和肃州区博

图一　用一大块酒泉玉作为"玉酒泉"新地标（叶舒宪摄，2015 年）

物馆，并热情赠送他主编的酒泉文史丛书。

　　整个 2016 年，玉帛之路考察进行了第九次和第十次，都是围绕泾河与渭河自甘肃进入关中的天水和陇东地区。没有时间和精力顾及河西这边。2017 年的田野考察活动重头戏是 4—5 月间进行的第十一次玉帛之路（陇东陕北道）考察，其路线设计是延续第九和第十两次考察而来的，共覆盖两个省区的 25 个县市，日程安排的紧张而有序。连五一长假都是在延安芦山峁遗址和延安文管所库房里的考察中度过的。本来没有考虑在 2017 年内举行第十二次考察的计划。第十一次考察返回之后，还没有来得及放松和休整，考察所得资料也还没有及时整理，就接到甘肃玉门市方面的邀请。玉门市为落实文化强市策略，要在 8 月下旬召开有关丝路上的玉门和玉门关的学术研讨会，先期邀请国内相关专家前来调研。我们玉帛之路考察团的主要成员积极响应，在 6 月出席天水市的伏羲文化高层论坛之后，就趁此次年内第三次来甘肃的机会，与玉门方面协商，将此次活动与当地的文化建设实现一次无缝对接。这样，我们就把 6 月 26 至 7月 1 日到玉门和酒泉的考察命名为"第十二次玉帛之路（玉门道）考察"。就连考察团从酒泉出发取道小马鬃山，再度探访马鬃山古代玉矿时打出的旗帜，都是从在玉门市政府举办的座谈会现场借来的会场横幅（图二）。这次考察有三个内容：玉门地区的考察，酒泉市玉文化遗迹，酒泉至小马鬃山（马鬃山苏木）和马鬃山的路线及玉石资源情况。

图二　第十二次玉帛之路考察团再度探访马鬃山玉矿遗址合影（考察团摄，2017 年）

二　玉门得名与玉石无关吗？

位于我国甘肃省的河西走廊，在古代是中原文明通往西域的必经之路，如今被视为丝绸之路旅游的黄金路段。从武威、张掖到酒泉、嘉峪关、玉门和敦煌，这里曾经留下多少远程跋涉的商队、使团、军队和僧侣的足迹。值得如今中国人深思的一个话语问题是：在德国人李希霍芬 1877 年提出命名的"丝路"上，为什么我们中国本土的地名都不反映丝或者帛？而是一而再再而三地反映"玉"呢？这里面当然有一个话语权的问题。从先秦时代中原人对"昆山玉"路线的想象和记忆，到《山海经·西山经》和《穆天子传》记述的"玉山""群玉之山"等名目，再到西汉武帝时代开辟"河西四郡"以来的新命名的"玉石障""玉石置""玉门县""玉门镇""玉门关""玉门军"这会使每一个来到玉门的访客首先联想到玉石：玉门有玉吗？游览一番的结果，对这个新兴的石油城市会留下工业社会的充分印象，而玉石则是难得一见的。除了四坝文化先民留下的一件白玉凿（又被称为白玉杵）和一件青玉的矛尖，考察团在玉门博物馆的文物库房里搜寻，总算寻觅到一件清代羊脂白玉的玉扳指。

如果没有玉的话，玉门这个名称是怎么来的？当今的玉门市政府为打造城市文化名片，不惜花费数千万元巨资在进入玉门市区的公路上修建起一座汉白玉的仿古拱门建筑（图三），上面用红字大书特书"玉门"二字，好像是要提醒所有从这里路过的人，这里就是两千年前以玉为名的汉代玉门县的所在地！

在 2017 年 8 月 28 日玉门市召开的"玉门、玉门关与丝绸之路历史文化学术研讨

图三 玉门市新建的地标式仿古建筑——汉白玉拱楼（叶舒宪摄，2017年）

会"上，我的发言是《玉石之路与玉门》，发言的第一个问题是提给玉门市的东道主的："汉白玉是玉吗？"答案显然让所有人感到惊讶：汉白玉根本就不是玉，而是一种白色大理石。之所以要美其名曰汉白玉，是为了攀龙附凤式地追逐以和田白玉为至高无上的华夏文明价值理想。我国境内使用汉白玉材料最多也最奢侈的地方无疑是北京紫禁城。其各个大殿前的坛台、栏杆、华表和装饰性的巨型雕龙石壁，都是用上等的汉白玉。要问其石材出处在哪里，答案是北京房山县的山里，盛产最优质的白色大理石。

来到玉门市，仔细一问才知道：玉门市公路上新建的地标性的拱门建筑所用石材，果然就是遥远的华北地区房山县运来的，也难怪其造价如此高昂。汉白玉新造的玉门市地标，仅仅是在符号名称上呼应了一下玉门有没有玉的问题。要让这个古老的地名能够名副其实，还需要从历史深处去发掘各种与玉石相关的隐情。

与玉门相关的地名，最有名的一个，莫过于敦煌西北80公里通往新疆的道路上的关口玉门关（小方盘城）（图四）。不过，一般人大都不清楚，这个被边塞诗歌咏唱得名满天下的玉门关，不是最初的玉门关，而是后起的。以玉门为名称的地方本不在这里，而远在这以东数百公里的地方。学界认为，西汉武帝时代开设酒泉、武威、张掖、敦煌四郡，首先设立的是酒泉郡。酒泉西边的敦煌郡，是在原酒泉郡的管辖范围里分立出来的一部分。而最初的玉门县就隶属于酒泉郡，为什么要以玉门来作为县名？因为那里先有玉门关，即运输玉石进入中原的重要地埋关口所在。后来，新设立的敦煌郡，将这个重要关口向西方向大大挪移得更远了，也就是在玉门县的老玉门关之后，有了敦煌以西的新设玉门关。此后，老玉门关便不宜再称玉门关，避免造成对汉朝国家海关位置认知上的混乱不一，所以改称玉石障（障，即亭障，长城上的要塞）或玉石置，为汉代酒泉十一置（置，即邮驿路上的邮置）之一。但是，依据老玉门关而得名的汉代玉门县的名称，则无法改动了，一直相沿到后世，在唐代则改称玉门军。这个名称如同今日中国的八大军区之称。

图四　敦煌西北的玉门关遗址（小方盘城　考察团摄，2017 年）

　　陈梦家先生曾关注有关玉门的地名和官职名，他依靠出土汉简作为二重证据的重要补充和纠错作用，写成考据文章《玉门关与玉门县》，其中指出，古人写"玉门"二字时有两种情况：或是指县名，或是指关名。

　　酒泉汉简中的玉门是县名，与敦煌汉简中的玉门不同。后者是玉门都尉、侯官或玉门关之省。《史记·大宛传》三见玉门，也指关而言。敦煌汉简如"玉门都尉""玉门候""玉门某某隧"是玉门都尉、玉门侯官或玉门侯官塞上的某隧。又有"玉门关候""玉门关亭"是玉门关口的侯官或亭。

　　今天的学者考证此类地名背后的隐情，出现多种不同观点，彼此争论不休。2014年 8 月在玉门召开的"火烧沟与玉门历史文化国际学术研讨会"后所编的论文集《火烧沟与玉门历史文化研究文集》（甘肃文化出版社，2015 年 12 月），厚厚的大册 700 多页，其中相关的考证就占了很多篇幅。其中有资深学者李正宇和李树若写的《玉门关名义新探——金关、玉门二名互匹说》一文，原文先发表在 2014 年 9 月出版的《金塔文化遗产研究文集》（甘肃文化出版社，2014 年）中。

　　李正宇等的文章认为玉门关的得名与玉石无关，而是一种金玉并称的对仗修辞式地名，金关对玉门，其意义是取自《周易·乾卦》为"西北之卦"，其卦象"为玉为金"之说。金关指张掖郡肩水都尉防区的肩水金关（位于今甘肃金塔县北面150公里的弱水河畔）。西汉在此置关以制匈奴之暴，故名金关。史书中缺乏相关记述，唯有新出土的居延汉简中看到"肩水金关"的大名（图五）。李先生特别强调说，玉门关的得名不是因为现实中西域贡玉，而是寓意在于温润之德，以结好于西域诸国。一金一玉，二关分踞南北，刚柔兼备，力制与仁怀亦如两臂之相济，近乎后世所谓"镇北""抚西""威虏""柔远"之例。不过文章中并没有给出相关的汉代文献证据，看来也显然是今人的一种推测吧。文章开篇还有一段前情介绍：1979年及此前旧版《辞海》对玉门关得名的说法是：由于西域玉石由此输入而得名。李先生对此说持怀疑态度，认为没有什么根据。还于1998年11月致函给上海辞书出版社史地编辑室主任谈宗英，请代询出处。谈氏回信称是撰稿人取流行之说，依据不详。待《辞海》再版时宜加修订。1999年11月修订本《辞海》出版，果然删去"因西域输入玉石取道于此得名"的释义。好一个李正宇先生，居然一封质疑的信就能够让权威的工具书《辞海》改变对玉门关解说！这种不落俗套、追求无一字无来历的怀疑和探索精神是可贵的，可是其推翻旧说和提出的新观点的依据似乎不够充分，也还是有待求证的。《辞海》不是一般的书，关系到全体国民对古汉语词语的正确理解，所以笔者也不得不辨，求教于李先生。关键在于中国玉文化史知识能够给出玉门关得名与玉石有关的充分论证。试说如下。

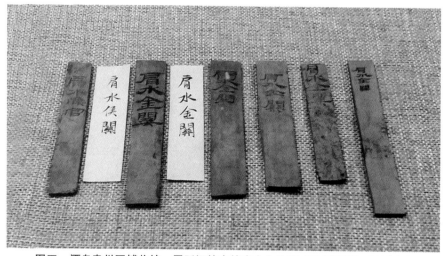

图五　酒泉肃州区博物馆，居延汉简中的肩水金关简（叶舒宪摄，2015年）

第一，从空间地理方面论证：玉门和玉门关得名，都和西玉东输的三四千年持续运动有关。早在先秦时期中原人就知道西玉盛产最好的玉石——"昆山之玉"（《战国策》）。而新疆和田的美玉输入中原必经河西走廊。从商周时代到战国时代都是如此。汉代酒泉郡的玉门县、敦煌郡的玉门关，其地理位置均在河西走廊西段通往西域的交通要道上，要说这两个名称都与运输玉石无关，乃是违反常识的。要让每一种常识的说法都拿出证据和出处，这就需要不断进取的深入研究。在研究之前或新证据出现之前，似不宜轻易否定旧说。另创新说当然更需要实实在在的证据。

　　第二，从得名时间方面论证。从西汉先置酒泉郡，后置敦煌郡的情况看，玉门关先设在玉门县（今赤金峡一带），后来随着敦煌郡的设立而西移到今小方盘城。其设关时间，按照《汉书·武帝纪》的说法，置酒泉郡在公元前 121 年，置敦煌郡在公元前 111 年。按照《汉书·地理志》的另一种说法，置酒泉郡的时间在公元前 104 年，置敦煌郡的时间在公元前 88 年。我们知道张骞使团两次出使西域的时间，分别是公元前 138 年和公元前 119 年，两次出使的归来时间则是公元前 126 年和公元前 116 年。就此而言，西汉政权在河西第一次设置行政单位即酒泉郡的时间，恰在张骞使团归来之后不久，这当然不会是偶然的。两件事之间是有联系的，即有其前因后果。张骞第一次出使的百人使团，历经十三年之后，归来仅有二人，没有带回什么珍贵物资；第二次出使的三百人使团，历经三年，是满载而归的。具体带回来的西域物资是什么呢？有西域良马，不在话下。《史记·大宛传》的记载是：

　　　　汉使穷河源，河源出于阗，其山多玉石，采来，天子案古图书，名河所出山曰昆仑。

　　张骞使团自西域归国时带来的珍贵玉石，惊动朝野，这件事当然是那个时代具有破天荒意义的头等国家大事。西汉国家的最高统治者汉武帝亲自去查验古书，为一座距离中原王朝异常遥远的大山即于阗南山命名为"昆仑"，其所关注的作为昆仑圣山的标志性对象，就是那里特产的优质玉石（和田玉）。汉武帝为此山命名的原因是两个，即认为昆仑兼为黄河之源、美玉之源。史书上虽然没有明文记载玉门与玉门关的名称是不是西汉最高统治者汉武帝亲自为之的，但是仅从他为于阗南山命名昆仑山这件事看，汉家新设置的边关之大名，至少是经过统治者默许的吧。为什么这类汉朝地名会与玉石有关的问题，只要结合着张骞使团沿着河西走廊带回新疆和田玉标本的事实看，应该是因果分明、毫无争议的。李正宇先生的文章却认为在汉代不看重西域之玉：

　　查《史记》《汉书》，汉兴以来至武帝之崩，悉无西域贡玉之事。虽曾言及鄯善、于阗、两夜、莎车产玉，但不言于阗等国献玉之事。《汉书·西域传赞》在指出汉武帝"开玉门、通西域"的政治军事意义之后，也对西域奇珍异宝之输入进行过如下的铺叙：

　　"自是之后，明珠、文甲、通犀、翠羽之珍盈于后宫；蒲稍、龙文、鱼目、汗血之马充于黄门；钜象、师（狮）子、猛犬、大雀之群食（饲）于外囿。殊方异物，四面而至。"

　　这里值得注意的是，《汉书·西域传赞》列举了那么多西域输入的珍奇异物，却偏不提西域输入的"玉石"。当然，史书不载西域贡玉之事，不等于于阗等国无贡玉之事，不妨假设于阗等国宜有美玉之贡，但《史记》《汉书》毕竟不予一载，这恐怕不是史学家司马迁、班固的疏漏，至少反映了西汉并不特重西域贡玉。

　　为什么说汉代并不特重西域贡玉呢？考西域贡玉并不始于西汉，商汤时，西域已有"白玉"之献。西汉时即使西域续有玉石之贡又何足为奇？班固略而不提西域贡玉，正反映了汉代不将西域玉当成奇珍异宝而大惊小怪。不提西域之贡玉，乃是符合当时实情的。

　　于阗南山特产的玉石，是张骞率领的汉朝使团自己带回来的，不是西域的产玉之国进贡而来的，这就是铁一般的事实。在国家之间正式邦交尚未建立的情况下，也就不会有官方的贡玉之事。这需要等到汉武帝之后的年代才有可能出现。如果西汉人不看重新疆的玉石，又何必不远千里不辞辛劳地将它们带回长安朝廷，并当下呈给皇帝呢？西域的美玉，就这样明文记录在司马迁的《史记》文本中，怎么能说没有记载呢？在张骞通西域并与各国建立邦交之前，西域的玉石资源不是通过国家官方渠道进贡而来的，而主要是通过民间的转口贸易形式输入中原的。要在汉武帝开玉门、通西域和设置河西四郡的时代之前去寻找西域贡玉的明文记录，当然会是勉为其难的。

　　中原文明崇玉之风由来已久。早在西周时代的最高统治者周穆王，就不远万里去到昆仑山，归来时其团队即"载玉万只"。《穆天子传》说他晋见西王母时拿着"白圭玄璧"。既然现实中就存在同时出产白玉和墨玉的昆仑山，白圭玄璧的色彩对应，可在新疆当地找到和田玉原料的实物原型。中原的最高统治者亲自带来西域结交的圣物，其原材料本来就出自西域。其珍稀的性质，不言自明。这不是一般的殊方异物之类所能比拟的。笔者曾经据此推论："由国王采玉的垄断性质可知，在此类珍稀物品从遥远的西域输入中原的路途上，为什么会有官方设置的'玉石障'、'玉门关'之类设施，完全是为了有效保障国家利益至上的西玉东输大通道，让统治者以征税形式，在获得战略资源的同时也能实现最大化的利益。"如今再看，玉石作为国家战略资源的运输意义，还可以给玉关命名找到最有说服力的理由。这不是照搬《山海经·大荒西经》中的神话地名"丰沮玉门"，而是现实中的汉家王朝运送大量美玉进入河西走廊、进而送往中原的必经关口。

　　既然是张骞使团从新疆带来和田玉标本，汉朝的皇帝目验这些美玉原石后，亲自查验古书，再为产玉的于阗南山命名，称之为"昆仑"。这就给"昆仑"这个美名之中注入了潜台词，使之能够喻指新疆特产的和田美玉。所以，西汉武帝以后在敦煌通往新疆的道路上设立的昆仑障此名首见《汉书·地理志》敦煌郡广至县班固原注："宜禾都尉治昆仑障"、昆仑塞之类名目，其实也可以从玉门关的命名上得到启示，其名义也相当于"玉石障"。以汉武帝亲自命名昆仑山的这一事件为分水岭，昆仑这个名称的意义发生了从泛指到特指的转变：即从泛指"西部产玉之大山"，到特指"新疆于阗南山"。自此之后，祁连山、天山和阿尔金山等，虽然都出产玉石，但都不能再笼统地等同于昆仑山了。昆仑成为新疆南疆特有的山名，其延伸则为青海格尔木的昆仑山。除此以外，再无昆仑。

三　四重证据法提供玉门得名的新物证

玉门和玉门关，作为西玉东输的通道关口，历经两千载的戎马倥偬，时过境迁，旧的玉门县城早已经不存在，当年运玉的迹象也早已烟消云散，不像酒泉市的市中心鼓楼一带的地下那样，还掩埋着明清两代大量的玉石贸易和玉石加工的实物和遗迹。不过，文学人类学倡导的新方法论四重证据法，强调物证的可信度和物证所带来的求索空间，在此研究宗旨引导下的玉帛之路系列田野考察，也就能和新证据不期而遇。6月27日，在玉门博物馆王璞馆长和玉门文管所李所长驱车带领下，第十二次玉帛之路考察团来到位于玉门市东北方的花海乡汉长城遗址（图六）做实地探访，就在从汉长城遗址碑向东面的烽燧遗址（图七）行进中，在距离汉代烽燧不远的地面上，有幸采集到一块略成长方形的马鬃山玉料（图八）。

图六　玉门花海汉长城遗址（叶舒宪摄，2017 年）

图七　玉门花海汉长城烽燧（叶舒宪摄，2017 年）

图八　玉门花海汉长城附近采集的马鬃山玉料（有人工切割痕迹）（叶舒宪摄，2017 年）

由于此前已经对马鬃山玉矿做过考察并熟悉马鬃山玉料的基本特征，拿起这块玉石时的第一反应就是意识到它属于马鬃山玉料。它是在何时由什么人带到此地的？它又是怎样遗落在距离马鬃山玉矿三百多里之外的玉门花海汉长城一带的？面对四顾无人的大戈壁中的汉代烽燧，我们的思考不得不向汉代聚焦，推测这是当年汉代的人们开采和运输马鬃山玉所留下的遗物。在 2015 年 6 月第五次玉帛之路（草原道）考察之后，我们初步判断马鬃山玉向东直接走居延道是一条捷径，即可以不南下取道河西走廊，而是直接向东穿越巴丹吉林沙漠，到巴彦淖尔和包头，沿着黄河南下中原地区。如今这块出于花海乡汉代烽燧下的马鬃山玉料，虽然仅仅只有一块，也足够给我们带来新的启示：马鬃山玉矿东输的途径可能不只北道即戈壁草原道，还应有南下取道河西走廊的运输路线，其南下河西走廊的方式也不拘一格。玉门花海道，或仅为其中的

一条支线。我们这次从马鬃山驱车返回走的是马鬃山向正南的道，途径音凹峡，南下
至桥湾，即汇合到今日的连霍高速路。这条古道大体沿着今日 S216 公路的路线。此
外，随后在 8 月进行的第十三次考察，聚焦酒泉北面的金塔县羊井子湾四坝文化遗址
和汉代遗址，那里称"合水"，是祁连山流经酒泉一带的讨赖河与祁连山张掖方向流过
来的黑河汇流之处，那里也存在着一条通往马鬃山的捷径古道，是金塔、酒泉经过小
马鬃山去往马鬃山的古道。但如今早已荒废，罕为人知。

　　综上所述，我们可以把马鬃山玉进入河西走廊的三条支线，以及马鬃山玉输入中
原地区的北道和南道的路线基本明晰。

　　要证明玉门花海乡一带就有古代道路通往马鬃山古玉矿，需要弄清楚其自然地理
条件。地图上的测距结果显示，花海汉长城距马鬃山镇的直线距离是 177 公里，这应
该有马鬃山玉进入河西走廊的一条捷径。就在花海汉长城遗址一带的地貌条件看，可
以看到祁连山雪水流淌地下形成的水泉，还能够形成水塘和芦苇荡，越过水塘向北方
望去，基本是一马平川的戈壁，路途较为平坦（图九）。只要有水源，就可以方便
交通。

图九　祁连山融雪水形成的地下泉，给花海戈壁带来小块绿洲，其背后的远山即马鬃山

　　当天晚上，在我们的建议下，王璞馆长还带领走访了位于下榻的玉门明珠宾馆旁
街道上的一家玉器商店，在我们询问下，店主拿出其柜台中唯一的一块马鬃山玉料，
其糖色鲜明，玉质优良（图十）。可知当地如今还有流散的马鬃山玉料出售。而酒泉市
和玉门市的公立博物馆中，目前都还没有马鬃山玉的痕迹。这是非常令人遗憾的。我
们当即建议玉门博物馆尽可能也收藏一些马鬃山玉石标本，给当地玉文化留下更丰厚
的证据。6 月 28 日晚从玉门赶到酒泉，在去马鬃山玉矿之前夜，酒泉市的玉石收藏家

们热情宴请考察团成员，也当场展示了较多的马鬃山玉料标本（图十一）。

图十　玉门市玉器店出售的马鬃山玉

图十一　酒泉市私人收藏的马鬃山玉

在 28 日玉门市举办的考察座谈会上，我讲出对玉门得名的新思考方向：玉门之所以为玉门，或玉门关之所以为关，如果把"关"和"门"理解为关口之门，两种称谓就可以统一起来了。由于古代玉矿的新发现，玉门得名的意义也就呈现出前所未有的思考空间：这里不光是和田玉进入中原的关口，也是马鬃山玉和敦煌玉进入中原的道路关口!

　　敦煌玉和和田玉一样都来自一个方向,西方。但是从距离远近看,中原人认识敦煌玉一定先于认识和田玉。这也就意味着,如果运玉的路上有关口,那么一定是先有运送敦煌玉意义上的玉门关,后有运送新疆玉意义上的玉门关。这个先在的玉门关,假如真的存在过,那它只能位于当今玉门市一带,不可能位于敦煌以西的小方盘城。因为敦煌玉矿的位置在敦煌以东约百里的祁连山里,不在敦煌之西。

　　玉门之所以为玉门,还可以含有来自北面的马鬃山玉矿之玉料进入河西走廊的门户之意:无论是从马鬃山向正南方行进的桥湾道,还是向南方偏东方向的花海道,都要必经汉代玉门县所在地,这就给汉代玉门县为何得名的问题也带来重新思考的线索。最早的玉门关,如果有的话,只能是位于汉代酒泉郡玉门县旧址附近,而不可能设在敦煌以西的任何地方。就此而言,西汉国家先设立的酒泉郡玉门县,兼有迎接肃北马鬃山玉和新疆和田玉进入河西走廊的性质,最初的玉门关当在西汉玉门县附近,即今玉门市赤金峡一带。随后从酒泉郡中分立出去的敦煌郡,在其西北方再设立玉门关,则只有迎接新疆玉石入关的性质,不具有迎接马鬃山玉石和敦煌玉石入关的性质。

四　小结与展望

　　玉门,这个西汉地名意味着西域美玉入关门:其关门则兼有朝向西方的和朝向北方的双重意义。这就是马鬃山上古玉矿新发现和玉门花海汉长城遗址的马鬃山玉料新发现,所带来的新思考,权且抛砖引玉,求证于方家。

　　路,都是人走出来的。没有人走,就不会有路。玉路也好,丝路也好,都是以其运输的物资而得名的。玉门这个至少在西汉时代就以玉命名的地方,能够找到上古时期运玉的蛛丝马迹,尤其是在新疆玉东输以外的其他古代玉矿资源的东输线索,这对重建中国西部玉矿资源区版图及其向外传播和源流脉络,全面梳理西玉东输的系统路网,其文化再发现的意义和重建本土话语的意义,在举国呼唤文化自觉和文化信息的当下语境中,都是可以预期的。

　　原文曾发表于《民族艺术》2018 年 第 2 期。

叩问玉门

王仁湘　中国社会科学院古代史研究所

2018 年 7 月下旬，应邀往玉门市做田野考察，踏察了戈壁上的汉长城与烽燧遗迹，旷野里的古代采玉遗址，山崖上的石窟等等，又读到相关文献与研究论文，对于玉门与玉门关的故事，留下深刻印象。

古关小唱

赤日炎炎锁空蒙，飙风匆匆扫大漠。
祁连冰雪寒四季，总使柳色青陂陁。
叩问荒野觅边关，依稀古道梦铃驼。
但见汉武遮虏障，一墩一台筑烽火。
关关相护分南北，阳关金关再悬索。
小关大关似分明，唯有玉门多疑惑。
日月所入玉山憩，金玉齐集玉关过。
一闻玉关带金关，千载阳关叹蹉跎。

三门归一

叩问玉门

玉门何谓？

玉门一山，玉门一宫，玉门一关，玉门一县。

玉门一山

玉门之山，见于《山海经·大荒西经》所云："大荒之中，有山名曰丰沮玉门，日月所入。"这日月所入的西荒之山，玉出昆仑，称昆仑作玉山，也是名副其实。

刘向的《楚辞·九叹·远游》说："回朕车俾西引兮，褰虹旗於玉门。"王逸注：

"玉门，山名也。"向西远游，游至玉门，理解为山名，应当就是昆仑了。曹操的《陌上桑》诗也说到玉门："驾虹霓，乘赤云，登彼九疑历玉门。济天汉，至昆仑，见西王母谒东君。"这玉门显然也是山，也与昆仑相关联。

玉门一宫

夏商周三代，宫中皆有玉门，是为玉宫之门。《晏子春秋·谏下》说："及夏之衰也，其王桀背弃德行，为璿室玉门。"璿室，又写作璇室，或以为玉饰之旋转宫殿。《淮南子·本经训》也说："晚世之时，帝有桀、纣，为琁室、瑶台、象廊、玉床。"高诱注云："琁、瑶，石之似玉，以饰室台也。……琁或作旋，瑶或作摇，言室施机关，可转旋也，台可摇动，极土木之巧也。"这个说法显然是臆断，未必要往旋转方面理解。唐谢偃《惟皇诫德赋》也说道："夏桀以瑶台璇室为丽，而不悟鸣条、南巢之祸"，理解那玉宫只是华丽而已。

又在《淮南子·道应训》中读到："文王归，乃为玉门，筑灵台，相女童，击钟鼓，以待纣之失也。"这玉门很容易让人理解为饰玉的门，其实还应当是一座玉宫。

按照这样的理解，战国楚王也建过玉门，刘向《楚辞·九叹·怨思》说道："背玉门以犇骛兮，塞离尤而干诟。"王逸注："玉门，君门。"这玉门，当然是指王宫之门，并不一定是确指，泛指帝王宫殿之门也。

古人也明释过玉门即王门。《尸子》卷下有云："文王幽于羑里，武王羁於王门。"《太平御览》卷四八六又引作"玉门"。《吕氏春秋·首时》也提及武王"亦不忘王门之辱。"清代毕沅说"王门即玉门，古以中画近上为'王'字，'王'三画正均即'玉'字。"王门即指玉门，也因为两个字的写法相同，有时会难分彼此。

汉时若是将王门作玉门筑在河西长城，那不即是国门么？

玉门一关

古关玉门，也是名关一座。玉门关有过移动，所以它的遗址又不会止有一座。

玉门关频繁出现在古代文献里，也大量见于出土文献中。《汉书·张骞传》记"酒泉列亭鄣至玉门矣"，注曰"玉门关在龙勒界"，大约是当今认定的敦煌玉门关故址。

又《汉书·西域传序》说到西域的地理范围，是"东则接汉，阸以玉门、阳关，西则限以葱岭。"这样的位置，玉门关与阳关并提，而且是先提及玉门关，也说明它的位置应当邻近阳关，也即是敦煌玉门关。

不过，敦煌的这个玉门关，显然并不是唯一的玉门关，也不一定是早期的玉门关。

很多学者注意到这条史料：汉武帝非常想得到大宛天马，先派壮士车令携千金与金马前去换取，却遭到宛王拒绝，杀了汉使，抢了财物。武帝震怒，派贰师将军李广利前往讨伐大宛。长途行军，粮草不济，损失惨重，李广利不得已回师退至敦煌，剩下人马十之一、二。他给武帝上书，请求缓兵，"天子闻之大怒，而使使遮玉门，曰军有敢入者辄斩之。贰师恐，因留敦煌。"（《史记·张骞列传》《大宛列传》）不让退兵玉门之东，惶恐的李广利只得暂屯敦煌，这里指明的玉门方位，是在敦煌以东。玉门在往东什么地望，有学者主张在今玉门赤金峡，也有说在嘉峪关附近石关峡的，两说均可再作探论，但此玉门非敦煌玉门，则是无疑的。

1907 年英国人斯坦因（Marc Aurel Stein）在敦煌西北的小方盘城挖出汉简，因见书写有玉门，声称发现了玉门关。王国维和沙畹（Emmanuel-Edouard Chavannes）指明玉门关是由敦煌以东迁来，夏鼐、向达和陈梦家则坚持认为玉门关始于敦煌。

河西四关，玉门与阳关名声很大，但关址争议也大，现在都不能说有了最终定论。倒是文献失载的金关与悬索关之关址由考古发掘得以揭示，也是很难得的。

此外，还要再写到几句题外话，要说的是玉门关之名。似乎是斯坦因初倡玉门关之得名，是因输入昆仑玉的缘故，其实玉门之名也不一定要与玉联系在一起。

首先，这玉关也许与金关有牵连，金玉其宝，设了金关，再设玉关，或者就是同时拟定的关名。

其次，玉关也可能与阳关有牵连，玉关即是阴关，读《管子·侈靡篇》说，"玉者，阴之阴也。"以玉为阴，并不明称为阴关，而以玉作美称，也在情理之中。

金关与玉关，阳关与阴关，放在一起思考，可能会多出一条认识它们的路径。

还有，《史记·封禅书》索隐"公玉带"说："玉又音肃"，《后汉书·光武纪》说"留太守玉况为大司徒"，注云"玉，音肃，京兆人"。玉和肃有这样的关联，让人想到河西肃北、肃州这样的地名，它们的来历也是很有故事的吧，肃北之马鬃山就有规模很大的古玉矿遗址发现。

汉代河西的四郡四关，四郡留在文献中，可四关却只是在考古学介入后才找齐了名称。不过要找到关隘遗址的确定方位，尤其是前后玉门关的具体位置，还有待时日。

玉门一县

玉门为县，是废玉门关之后所置，或是本来玉门设关同时也同名置县。

东晋阚骃《十三州志》记载说："玉门县置长三百里，石门周匝山间，才经二十里，众泉北流入延兴。汉罢玉门关屯，徙其人于此，故曰玉门县。"

汉玉门县治有人认定即今赤金峡地界，众泉北流入延兴，即是北面的花海。

今之玉门，可谓宫门、山门、关门三门归一，只是可憾，那个应当在玉门的玉门关址，它还隐没着真面目，切切等待着它面世的那一日。

附：在玉门考察座谈会上的发言：

谢谢这次玉门给我们创造了这次机会，来和玉门亲密接触，了解玉门，进一步为玉门的研究做出自己应有的贡献。

玉门的名字当然是了不得的，一般的有一点知识的人都知道，当然对玉门关，是因为玉门关那么深入人心，也是因为那一首诗。现在列入文化遗产的敦煌的玉门关，我也没去过，但是看了一些资料和一些图片。这次我是第二次到玉门，实地考察这是第一次，我也理解玉门领导和这里的人们是希望更有资格享有这个名字，不仅仅是玉门市，主要惦记的是玉门关。

其实我本人的研究范围也关注过玉器的研究，但是不深入，曾经在17—18年前，东方时空早间有一个连续的节目叫玉石之路，我参与了这个节目的策划和实地调查，从昆仑、和田、白玉河开始一直往下走，有这样的一些经历，所以对玉石有一定的感情。除了现有的这些研究，我也关注过其他方面，比如彩陶的研究，其他还有饮食，饮食就包括一些物种的传播，比如怎么吃面，易华教授对这样的一些历史也有过一些研究，涉及东西方文化交流，还有比如说铜器、冶金术，我们说的主要是铜，其实还有金，黄金。对于黄金文化影响，东西方之间的交流，说得挺多，其实都是在我们河西走廊的通道上面，而且玉门是这个通道比较重要的一个点，特别是我们发现的火烧沟，火烧沟恰恰在我刚才说的这几点上面都有表现，所以，这个地方，比较能引起人们注意的是玉、玉门，其实涵盖了金门了、铜门了，其他的灵动的这样一个孔道，我们的名字可能就是这样一个意思吧。其实还可以把眼界放宽一点，我们更加认识到这个地方的重要，当然可以以玉作为一个主线进行考察，过去很多学者作过一些研究，其实除了敦煌的玉门关，有过考察，有过小规模的发掘，在我们玉门境内，还没有这样好好的调查，好好做一些重点的发掘，这个非常重要，仅只是文献，当然文献非常重要，但是文献常常你可以这样理解，他可以那样理解，容易莫衷一是，所以可以结合一下来做实地的研究，将来如果有有关的学术论坛，有发掘资质的学术部门能介入那是最好的，把这个工作落到实处，我们才不是空谈，所以论远程的规划应该有这个考虑，比较全面的调查，还有发掘。

还要说一点的就是保护，保护问题，例如我们昨天看到的汉长城，一些古道，一些烽燧遗址，都是很难保护的点，都是比较伤脑筋的事，所以更值得我们考虑。我们也看到玉门的文物部门对此做了很多工作，比如说划定保护范围，评定它的等级，建立围栏等，很不容易，做得也很好，这也可以说表明了我们这种态度，我们要保护，提醒人们要保护，也避免一些人为的破坏，但是自然的破坏还在继续，还应该考虑去采取怎样的措施，去吸取一些经验，而且还有投资，当然不光是我们地方政府的投资，可以争取文物部门的投资，这个钱也是不会少花的，尽量避免这种破坏继续下去，比如现在我们可能还有三个墩，但是如果不注意保护，以后就会变成 2 个墩，或一个墩，甚至最后就没了，虽然现在也看不出什么眉目了，但是还是很重要的象征，如果全部抹平了，那感觉就是另一码事了，我觉得这也要从长计议，要考虑的。除了划定在文物圈之内的范围，其实，外部的环境也应当适当的整治，一个也是为了保护，再一个也是有利于观瞻，如果有一些专门的人员，将来如果说有旅游的开发，显得更好看一些，所以文物周围环境的整治，我们也要有更多考虑吧！我就说这么多，谢谢大家！

原文曾发表于《丝绸之路》2018 年第 9 期。

走读玉门识雍州

易 华 中国社会科学院民族学与人类学研究所

玉门关位于敦煌西北，作为丝绸之路上"长安—天山廊道路网"的关键节点已被列入世界文化遗产名录。百年前，英国探险家斯坦因曾在此发现纪年汉简上有"玉门关侯"字样，法国汉学家沙畹等人据此推定小方盘城就是汉代玉门关之一。

一 寻玉访古到玉门

《史记·大宛列传》记载，太初三年（前102年）贰师将军李广利西征大宛失利回到敦煌，武帝大怒，下令遮蔽玉门关，有敢入者斩。李广利无奈滞留敦煌，待重整旗鼓，继续西征，九死一生终于勉强获胜，带回来了汉武帝梦寐以求的天马，即汗血宝马。由此推测，太初三年时的玉门关应在敦煌以东，李广利西征获胜之后才迁往敦煌西北，与阳关分别扼守南北丝绸之路。虽然敦煌小方盘城作为玉门关遗址之一，在学界已达成共识，但最早的玉门关究竟在何处，却成了百年学术悬案。

汉武帝时代开拓西域，在河西走廊先后建四郡立四关，故最早的玉门关应该位于酒泉与敦煌之间。北朝时的敦煌人阚骃《十三州志》有"汉罢玉门关屯，徙其人于此，故曰玉门县"的说法，认为玉门关位于赤金峡。唐代玉门关可能已沉入瓜州双塔堡水库中。最近，学者李并成等人通过实地调查研究，认为嘉峪关市石关峡不仅是最晚的也是最早的玉门关，关键证据是唐初僧人道宣《释家方志》卷上《遗迹篇》："从凉州西而少北四百七十里至甘州，又西四百里至肃州，又西少北七十五里至故玉门关。"嘉峪关悬臂长城旁边石关峡中的天然巨石上已刻有"最早最晚玉门关遗址"的字样。

双塔堡、石关峡和赤金峡都没有发现最早的玉门关遗迹，论据均不充分。历史上，玉门关经历了多次搬迁，可能有四处地点，但玉门关遗址仍未找到。

玉门关作为边关，其使用年代并不长，历史作用亦相对有限。如汉代设立过西域都护府，唐代设立过安西都护府，而玉门实际上都只是置、驿站或地名，并不起边关的作用。汉代悬泉置遗址曾出土了一枚珍贵的里程简，记述了酒泉郡设有十一置，共计 694 汉里。其中就包括位于石关峡的玉石障（置）和赤金峡的玉门县（置），意味着在汉代的大部分时间里，玉门并不是边关。

二　但到玉门不见关

玉门市与嘉峪关市、敦煌市和瓜州县、肃北蒙古族自治县接壤。从地理上看，在昌马河或疏勒河畔可以遥望祁连雪山，"黄河远上白云间，一片孤城万仞山"。玉门市在河西走廊西部的低洼地区，远古时代这里曾是海洋世界，形成了丰富的石油和煤炭资源。

上古时代，河西走廊地区降雨量低、蒸发量高，只能依赖祁连山雪水，唯有低洼地区水量相对充沛，万物生长，适合人类生存发展。玉门是沙漠中的绿洲，不仅适合农耕，也适合游牧。昌马河谷、饮马农场和骟马城这几处地名，表明当地曾经是嘉峪关外的养马天堂，可与关内的山丹马厂遥相呼应。

历史上，羌与戎狄、吐火罗、月支、乌孙、匈奴在此较量过；游牧与农耕文化在此交汇过。"羌笛何须怨杨柳"，河西走廊是羌人的"大本营"；祁连山是南山，故西羌又称南羌。大禹出西羌，其子启建立夏朝。后来，党项羌人元昊建立王国仍然称大夏，辅郡凉州即河西走廊是大后方。

《史记·匈奴传》开宗明义道："匈奴其先祖夏后氏之苗裔也"，"失我焉支山，令我妇女无颜色。失我祁连山，使我六畜不蕃息。"匈奴首领赫连勃勃认黄帝轩辕氏为祖先，建立的王国亦称大夏。羌与匈奴均是河西走廊的主人，不约而同追认夏人为祖先。此外，还有吐火罗、乌孙、月支亦活跃其中，他们是丝绸之路前身青铜之路、玉石之路的开拓者。

从考古学上看，这里从新石器时期的马厂文化到青铜时代的四坝文化、骟马文化连续发展，几乎没有中断过。长城绵延，烽燧密布，魏晋墓葬众多。《尚书》《山海经》中早有零星记述，但汉代开始才有确凿的系统记载。

火烧沟遗址位于玉门市清泉乡，发现至今已 40 余年，其重要性一直没有引起足够的重视。这里出土了 200 余件青铜器，是正式考古发掘出土夏代青铜器最多的遗址。其中，遗址出土的四羊首权杖头是当时最复杂的青铜器。青铜权杖是王权的象征。此外，遗址还出土了夏代罕见的金耳环、金鼻环和白玉凿。罕见的白玉凿亦不是工具或饰品，而是具有"开天辟地""凿破鸿蒙"之用。

玉振金声的文物标志着火烧沟遗址集东西文化之大成，意味着河西走廊确实是三代时期的文化重镇。遗憾的是，火烧沟遗址的考古发掘报告至今没有出版，遗址规模和内容也不太清楚，研究和保护工作还停留在 20 世纪。

而今，国道高速公路、铁路、高压电线、油管、气管还有光缆从遗址附近的空中地表地下穿过，也从另一个侧面说明，火烧沟遗址从古到今都是交通要冲，上古时期的彩陶之路、青铜之路、玉石之路亦相汇于此。玉门开通四方，火烧沟遗址正是东西南北文化交流互动的结晶。

玉门关位于今酒泉地区。人们常说：金张掖银武威玉酒泉，有玉有酒有泉。肃北马鬃山玉、敦煌旱峡玉、祁连山玉和新疆和田玉都汇集于酒泉。肃北马鬃山玉矿位于玉门市正北方约 200 公里处，开采高峰在汉代。通过发现的骟马文化和四坝文化陶片，推断开采玉矿时间，亦有可能始于周代或夏代。

玉门市西的敦煌旱峡亦发现了古玉矿遗址和齐家文化陶片，其开采年代可能略早于马鬃山玉矿。肃北马鬃山和敦煌旱峡出产的透闪石玉属于广义和田玉，是三代至秦汉玉器制造原料主要来源之一。祁连山盛产蛇纹石玉，"葡萄美酒夜光杯"用的正是这种玉。到了汉代，真正的新疆和田玉开始大量进入中原，玉门或酒泉是主要通道。

三　黑水西河惟雍州

根据《禹贡》记载，陕甘宁青地区大体属于雍州。大禹治水的地标：积石山、鸟鼠山、三危山、合黎山均在甘青。"黑水西河惟雍州"正是指河西走廊：黑河又称弱水，经过沙漠入居延海，疏勒河亦是黑河西流入罗布泊。《禹贡》言，黄河中下游以及淮河流域和长江下游四州为夷人所居：冀州岛夷，青州嵎夷、莱夷，徐州淮夷，扬州鸟夷。大禹出西羌，羌与夏最可能生活于雍州。《禹贡》："厥贡惟球琳琅玕浮于积石，至于龙门西河，会于渭汭。织皮、昆仑、析支、渠搜，西戎即叙。"这里的"球琳琅玕"，指的就是各种美玉或料器。

河西走廊特别是酒泉地区不仅盛产多种玉石，而且是玉石运输通道和加工基地。笔者曾在瓜州兔葫芦遗址和金塔羊井子湾合水古城遗址发现了玉石转运与加工遗迹。武威海藏寺遗址的年代可以追溯到齐家文化时代，是已知中国最早的玉器作坊遗址。夏代继承了东亚玉帛古国传统，齐家文化是中国玉文化发展高峰。《禹贡》九州之雍州在大西北，那里正是齐家文化与四坝文化分布区。

汉代以前就出现了玉门观念，指玉门或玉做的门，亦可指天门或生门。《古本竹书纪年》："后发即位，元年，诸夷宾于王门，诸夷入舞。"又有"（桀）筑倾宫，饰谣台，作琼室，立玉门"。夏王好玉，王门即玉门。至汉武帝时代，玉门才落实到河西走廊西部地区，但仍然具有象征意义。例如，班超曾说："臣不敢望到酒泉郡，但愿生入玉门关。"曹操并不知道玉门具体位置，却心向往之："驾虹霓、乘赤云，登彼九疑历玉门。济天汉，至昆仑，见西王母谒东君。"

汉武帝根据古图书和张骞等人提供的信息确认了玉门、阳关及昆仑山脉与江河源头，从此后人普遍相信"河出昆仑""玉出昆岗"。玉门、昆仑、河源均与雍州有关，而雍州夏代文化遗址确实众多，河西走廊尤其密集。火烧沟遗址位于古雍州，正是夏代考古学文化的代表。

河西走廊现有国家重点文物保护单位或已有正式考古报告发表的夏代文化遗址还有西河滩、沙锅梁、火石梁、缸缸洼、干骨崖、西城驿（黑水国）、东灰山、皇娘娘台，还有昌马、黑山岩图等亦反映夏代羌人的畜牧生活场景。此外，河西走廊还发现了大量铜矿和冶炼遗址、遗迹，数以百计的铜器表明，雍州已率先进入青铜时代。马厂、西城驿、四坝文化与齐家文化交错发展，表明早在夏代就进入了多族群构成的复杂社会。

原文曾发表于《中国社会科学报》2018 年 9 月 25 日第 1543 期。有改动。

寻玉访古到玉门

多丽梅　故宫博物院

易　华　中国社会科学院

摘要：故宫收藏有上万件玉器，其中有上百件齐家风格玉器和数千件乾隆玉器原料来自西北，河西走廊玉门地区是必经之道。本文结合实地考察探讨河西走廊的历史地位：作为《禹贡》九州雍州的重要组成部分羌人、月支、匈奴等古代民族活跃于此，留下了丰富多样的文化遗存如马厂、西城驿、齐家、四坝、骟马、沙井文化，为探讨夏、周、秦、汉文化来源提供了线索。

关键词：玉门；齐家文化；羌；故宫玉器

一

　　故宫收藏有上万件玉器，其中有上百件齐家风格玉器"养在深闺人未识"。[1] 各种玉璧最多，玉琮也不少，还有玉刀、玉环、玉斧、玉锛玉璜和玉璋，作为上古玉器代表深受乾隆皇帝喜爱。但他并不知晓齐家玉器来源和功能，误以为是汉代玉器。有一件流行于夏商的有领玉璧引起了乾隆特别兴趣，他推测是碗托，但又怀疑："谓碗古所无，托子从何来？谓托后世器，古玉非今材。""不可无碗置，定窑选一枚"。[2] 他挑选了一件定窑瓷碗与有领玉璧配成对，分别题刻上御制诗。现在玉璧和瓷碗分别藏于大英博物馆和故宫博物院：有领玉璧作为"百物展"代表器物已闻名世界，瓷碗亦在故宫库房中发现。故宫寿康宫旧藏中有一件乾隆孝敬崇庆皇太后的玉琮，当时亦无人能识；乾隆二十六年十一月二十一日恭进"昙华春永汉玉扛头花囊一件"。这些上古透闪石玉器属于广义和田玉，显然来自西北，但未必来自新疆和田。最近甘肃相继发现马衔山、马鬃山、旱峡古玉矿，引起了玉器研究和爱好者的极大兴趣，为确认上古

---

〔1〕　徐琳：故宫博物院藏齐家文化玉器综述，《齐家文化与华夏文明国际研讨会论文集》，文物出版社，2016 年。

〔2〕　尼尔青格雷戈著，余燕译：《大英博物馆世界简史》下，新星出版社，第 578—584 页 。

玉器材料来源提供了机会。

玉门市位于嘉峪关市、敦煌市和瓜州县、肃北蒙古族自治县之中，敦煌、瓜州、嘉峪关都声称有玉门关，而玉门市赤金峡玉门关还没有举世公认。玉门市政府特此邀请中国人民大学秦汉史学家王子今、中国社会科学院边疆考古学家王仁湘、中国科学院遥感与数字地球专家王心源等组成多学科综合考察团队系统研究玉门关来龙去脉。有幸和历史学、考古学、地理学、民族学、珠宝学者与当地文物干部一起对玉门市文化古迹和地理环境进行五天综合考察，重点考察了汉代长城与烽燧、赤金峡、昌马－疏勒河流域、火烧沟遗址、骟马城遗址和肃北蒙古旗自治县马鬃山玉矿、嘉峪关市石关峡以及玉门博物馆、嘉峪关长城博物馆。

一般认为玉门关位于敦煌西北，作为"丝绸之路：长安－天山廊道路网"关键节点已被列入世界文化遗产名录；但是它既不是最早的也不是最晚的玉门关。百年前英国探险家斯坦因曾在此发现纪年汉简，上有"玉门关侯"字样，法国汉学家沙畹等据此推定小方盘城就是汉代玉门关之一。《史记·大宛列传》记载太初三年贰师将军李广利西征大宛失利回到敦煌，武帝大怒使使遮玉门关，令军有敢入者斩。贰师将军无奈滞留敦煌，重整旗鼓，继续西征，九死一生终于勉强获胜，带回来了汉武帝梦寐以求的天马即汗血宝马。由此推测太初三年玉门关应在敦煌以东；李广利西征获胜之后才迁往敦煌西北，与阳关分别扼守南北丝绸之路。王国维、夏鼐、陈梦家、向达、劳幹等大家都发表过高见，敦煌小方盘城作为玉门关遗址之一已达成共识，但最早的玉门关在何处遂成了百年学术悬案。

汉武帝时代开拓西域在河西走廊先后建四郡立四关，最早的玉门关应该位于酒泉敦煌之间。北朝敦煌人阚骃《十三州志》"汉罢玉门关屯，徙其人于此，故曰玉门县"，玉门人认为玉门关位于赤金峡；已建成四 A 级旅游风景区，其中新建了玉门关。《大慈恩寺三藏法师传》记载唐初玄奘西游取经时玉门关在瓜州："从此北行五十余里有瓠芦河，下广上狭，洄波甚急，深不可渡；上置玉门关，路必由之，即西境之襟喉也"。唐代玉门关可能已沉入瓜州双塔堡水库中。最近李并成等通过实地调查研究发表论文宣称嘉峪关市石关峡不仅是最晚也是最早玉门关，关键证据是唐初僧人道宣《释家方志》卷上《遗迹篇》"从凉州西而少北四百七十里至甘州，又西四百里至肃州，又西少北七十五里至故玉门关"。嘉峪关悬臂长城旁边石关峡中天然巨石上已刻上"最早最晚玉门关遗址"[1]。

双塔堡、石关峡和赤金峡都没有发现最早玉门关遗址，论据均不充分，只是可能而已。玉门关经历了多次搬迁，可能有四处玉门关。众说纷纭玉门关，作为边关的玉门

---

[1] 李并成：《石峡关：最早的玉门关和最晚的玉门关》，《中国历史地理论丛》2005 年第 2 期。

关遗迹仍在扑朔迷离中。

二

正史无明载，考古无发现，最早玉门关地址还是难以确考。玉门关作为边关使用年代并不长，其历史作用亦相对有限。汉代设立西域都护府、唐代设立安西都护府或元代统一之后，玉门实际上只是置、驿站或地名，并不起边关作用。汉代悬泉置遗址出土了一枚珍贵的里程简，记述了酒泉郡设有十一置，共计694汉里；其中包括位于石关峡的玉石障（置）和赤金峡玉门县（置），意味着汉代大部分时间玉门并不是边关。中国历史有4000余年，玉门关作为边关的历史不会超过400年，在百分之九十的时间里玉门是开放的，并且向多个方向开放，东西交流，南北汇合，进进出出才是这个地方的特色。

从地理上看昌马河或疏勒河畔可以遥望祁连雪山，"黄河远上白云间，一片孤城万仞山"。玉门市位于河西走廊西部低洼地区，远古时代是海洋世界在此形成了石油和煤炭，玉门鸟化石、硅化木、火山口、丹霞地貌、昌马冲积扇表明玉门是露天地质博物馆。上古时代河西走廊远离海洋降雨量低蒸发量高，依赖祁连雪水，唯有低洼地区水量相当充沛万物生长适合人类生存发展。玉门是沙漠中的绿洲，不仅适合农耕，也适合游牧。水草丰盛，人口相对稠密，玉门市所在地汉代曾置四县。昌马河谷、饮马农场和骟马城表明此地曾经是嘉峪关外养马天堂，可与关内山丹马厂遥相呼应。马是古代战略武器或硬实力的标志。

从历史上看考古学文化丰富，从新石器时代马厂文化到青铜时代四坝文化、骟马文化连续发展，几乎没有中断。位于东西交通要冲，率先进入青铜时代。《尚书》《山海经》中早有零星记述，汉代开始才有确凿系统记载，长城绵延烽燧密布，魏晋墓葬众多……悲欣交集火烧沟。火烧沟遗址位于玉门市清泉乡，已经发现了四十余年，其重要性可与二里头遗址相提并论，但一直没有引起足够的重视。这里出土了两百余件青铜器，是正式考古发掘出土夏代青铜器最多的遗址，其中四羊首权杖头是当时最复杂的青铜器；还出土了夏代罕见的金耳环、金鼻环和白玉凿。青铜权杖是王权的象征，罕见的白玉凿亦不是工具或品而有"开天劈地""凿破鸿蒙"之用。玉振金声火烧沟标志着集东西文化之大成，意味着河西走廊确是三代改革开放前沿阵地。考古发掘报告至今没有出版，遗址规模和内容也不太清楚，研究和保护还停留在20世纪。另一方面现代化突飞猛进，国道高速公路、铁路高铁、电线高压电线、油管气管还有光缆不约而同从遗址附近空中地表地下穿过，说明火烧沟遗址从古到今都是交通要冲，上古彩陶之路、青铜之路、玉石之路亦相会于此。清泉乡天高地厚水美，附近古城密布，其中骟马古城是明代茶马互市之城，还有汉代城址，现代民居亦密集。玉门常开通四方，火烧沟遗址是东西南北文化交流互动的结晶。玉门市真正有全国影响和世界历史意义的文化古迹是火烧沟遗址，不仅是中国文明形成关键，亦是中国进入青铜时代世界体系标志。

从民族文化看，羌与戎狄或吐火罗、月支、乌孙、匈奴在此较量；宜农宜牧，游牧与农耕在此交汇。"羌笛何须怨杨柳"，河西走廊是羌人大本营；祁连山是南山，故西羌又称南羌。大禹出西羌，其子启建立夏朝。后来党项羌元昊建立王国仍然称大夏，辅郡凉州即河西走廊是大后方。《史记·匈奴传》开宗明义"匈奴其先祖夏后氏之苗裔也"。"失我焉支山，令我妇女无颜色。失我祁连山，使我六畜不蕃息。"赫连勃勃追认黄帝轩辕为祖先，建立王国亦称大夏。统万城是大夏都城，试图恢复夏王朝。羌与匈奴均是河西走廊的主人，不约而同追认夏人为祖先。还有吐火罗、乌孙、月支亦活跃其中，是丝路之路前身青铜之路、玉石之路的开拓者[1]。

玉门关位于今酒泉地区。金张掖银武威玉酒泉，有玉有酒有泉。肃北马鬃山玉、敦煌旱峡玉、祁连山玉和新疆和田玉都汇聚于酒泉。肃北马鬃山玉矿位于玉门市正北方约两百公里，开采高峰是汉代；还发现了骟马文化和四坝文化陶片，开采玉矿亦有可能始于周代或夏代。马鬃山玉矿占地约五平方公里，发现了至少 266 个矿洞，和拣选玉料的作坊[2]。玉料多为青色糖玉，亦有黄玉和白玉，还有少是墨玉和稀奇的黑里透红玉。玉门市西敦煌旱峡亦发现了古玉矿遗址和齐家文化陶片，开采年代可能略早于马鬃山玉矿。肃北马鬃山和敦煌旱峡出产透闪石玉属于广义和田玉，是三代秦汉玉器制造原料主要来源之一。祁连山盛产蛇纹石玉，葡萄美酒夜光杯用的正是这种玉。汉代真正新疆和田玉开始大量进入中原，玉门或酒泉是主要通道。玉崇拜是中国特色，亦是文化软实力的象征。

三

根据《禹贡》记载，陕甘宁青大体属于雍州。大禹治水地标积石山、鸟鼠山、三危山、合黎山均在甘青地区。黑水西河惟雍州正包括河西走廊，黑河又称弱水进流沙入居延海，疏勒河亦是黑河西流入罗布泊。《禹贡》明言黄河中下游以及淮河流域和长江下游四州为夷人所居：冀州岛夷，青州嵎夷、莱夷，徐州淮夷，扬州鸟夷。如果有夏，最可能生活于雍州。《禹贡》："厥贡惟球琳琅玕，浮于积石，至于龙门西河，会于

---

〔1〕 林梅村：《开拓丝绸之路的先驱——吐火罗人》，《文物》1989 年第 1 期。

〔2〕 赵建龙、王辉、陈国科一等：《甘肃肃北马鬃山玉矿遗址 2011 年发掘简报》，《文物》2012 年第 8 期。

渭汭。织皮、昆仑、析支、渠搜，西戎即叙"。球琳琅玕正是各种美玉或料器；羌西戎牧羊人也，即是西戎。河西走廊特别是酒泉地区不仅盛产多种玉石，而且是玉石运输通道和加工基地。我们在瓜州兔葫芦遗址和金塔羊井子湾合水古城遗址发现了玉石转运与加工遗迹。武威海藏寺遗址可以早到齐家文化时代，是已知中国最早的玉器作坊遗址。夏代继承了东亚玉帛古国传统，齐家文化是中国玉文化发展高峰。《禹贡》九州之雍州在大西北，正是齐家与四坝文化分布区！

《山海经·大荒西经》："大荒之中，有山名曰丰沮玉门，日月所入。有灵山，巫咸、巫即、巫盼、巫彭、巫姑、巫真、巫礼、巫抵、巫谢、巫罗十巫从此升降，百乐爰在"。汉武帝根据古图书和张骞等提供的信息确认了玉门阳关及昆仑山脉位置与江河源头，从此国人普遍相信"河出昆仑""玉出昆岗"。玉门、昆仑、河源均与雍州有关，而雍州夏代文化遗址确实众多，河西走廊尤其密集。火烧沟遗址位于古雍州，正是夏代考古学文化的代表。河西走廊已列入国家重点文物保护单位或已有正式考古报告发表的夏代文化遗址还有西河滩、沙锅梁、火石梁、缸缸洼、干骨崖、西城驿（黑水国）、东灰山、皇娘娘台……还有昌马、黑山岩图等亦反映夏代羌人畜牧生活场景。河西走廊不仅率先进入青铜时代，马厂、西城驿、四坝文化与齐家文化交错发展，表明早在夏代就进入了多族群构成的复杂社会。雍州实际上是《禹贡》九州之首，大西北正是华夏文明根脉所在。

汉代以前确有玉门观念，指王门或玉做的门，亦可指天门或生门。《古本竹书纪年》："后发即位，元年，诸夷宾于王门，诸夷入舞。"又"桀倾宫，饰谣台，作琼室，立玉门"。夏王好玉，王门即玉门。汉武帝时代玉门才落实到河西走廊西部地区，但仍然具有象征意义。例如，班超曾说："臣不敢望到酒泉郡，但愿生入玉门关"。曹操并不知道玉门具体位置却心向往之："驾虹霓、乘赤云，登彼九疑历玉门。济天汉，至昆仑，见西王母谒东君"。

玉门本是王宫之门，现在故宫与玉门相隔四五千里。在嘉峪关长城博物馆我们很高兴看到了从故宫调拨的一批文物正在展出，故宫与边关确实密切相关。无双国宝大禹治水山子是故宫镇官之宝，玉料亦经河西走廊来自和田密勒塔山。寻访玉门关，发现玉门开，始知雍州原是夏故乡。金玉早已入中华，春风已度玉门关。但见玉门不见关，玉门新城已是"全国生态文明先进市"和"国家级园林城市"，重新走在了全国现代化前列。

原文曾发表于《丝绸之路》2019年第1期。